소동파(蘇東坡) 문학의 현장 속으로 2

소동파(蘇東坡) 문학의 현장 속으로 2

초판 1쇄 인쇄 2015년 11월 20일
초판 1쇄 발행 2015년 11월 25일

지은이 류종목
펴낸곳 서울대학교출판문화원
펴낸이 성낙인

책임편집 박희자
디 자 인 장혜원

출판등록 제15-3호
주소 08826 서울 관악구 관악로 1
대표전화 02-880-5252 | 팩스 02-888-4148
마케팅팀(주문상담) 02-889-4424, 02-880-7995
이메일 snubook@snu.ac.kr
홈페이지 www.snupress.com

ISBN 978-89-521-1752-6 94820
978-89-521-1750-2 (세트)

이 책은 2013년 서울대학교 인문대학 인문학 '교양총서 출간' 지원 사업의 지원을 받았음.

소동파(蘇東坡) 문학의 현장 속으로 2

류 종 목

서울대학교출판문화원

일러두기

1. 고대와 현대의 인명·지명 및 음식 이름 등을 모두 한국 발음으로 통일하여 표기했다.
2. 중국의 화폐 단위도 '위안'으로 표기하지 않고 '원'으로 표기했다.
3. 오늘날의 날짜는 양력으로 표기하고 옛날의 날짜는 음력으로 그냥 두었으며, 날짜와 시각의 표기는 아라비아 숫자로 통일했다.
4. 절 제목과 본문에는 이해를 돕기 위해 필요한 한자를 병기하고, 장 제목과 항 제목에는 시각적 효과를 고려하여 한자를 사용하지 않았다.
5. 본문 속에 인용된 옛날 문헌의 원문 즉 한문은 주석으로 옮기되 현장에 쓰여 있거나 새겨져 있는 문구 및 현지인들 사이에 구전되는 말은 본문 속에 그냥 두었다.
6. 옛날 문헌의 원문을 직접 인용한 경우에는 정확성을 기하기 위해 해당 문헌의 구체적인 판본 사항을 밝혀 주었지만, 대략적인 내용만 요약하여 간접적으로 인용한 경우에는 판본에 따른 차이가 없기 때문에 해당 문헌의 서명과 편명만 밝혔다. 그리고 답사 현장에 쓰여 있거나 새겨져 있는 원문은 현장감을 살리기 위해 현장에 있는 것을 그대로 옮겼다.

Field Studies on the Creation Sites of Su Dongpo's Literature 2

Liu Jong Mok

Seoul National University Press

머리말

소동파(蘇東坡, 본명 蘇軾, 1036-1101)가 중국문학사에서 얼마나 큰 비중을 차지하는지, 그리고 그의 문학이 우리 고전문학에 미친 영향이 얼마나 큰지는 새삼 이야기할 필요가 없을 것이다. 그의 영향이 그토록 컸음에도 불구하고 그의 시가 우리나라에 들어온 지 천 년이 다 되어 가는 지금까지 소동파 시집이 우리말로 번역된 적이 없음을 안타깝게 여긴 나머지, 나는 무모하게도 그의 시집을 완역하기로 작정하고 서울대학교 강사와 대학원 학생들을 중심으로 소식시독회를 구성했다. 독회 운영의 가장 큰 장점은 여러 사람이 지혜를 모음으로써 난해한 소동파의 시를 보다 정확하게 이해할 수 있다는 것일 테지만, 이렇게 하면 또 나 자신이 나태해지지 않으므로 중도에 포기하는 일 없이 끝까지 지속할 수 있다는 장점도 있을 것이라고 생각되었다.

이렇게 하여 1998년 4월 8일에 첫 번째 모임을 갖고, 그 뒤로 매주 한 번씩 모여서 매번 두 시간씩 소동파의 시를 함께 읽어 나갔다. 여러 사람이 지혜를 모으니 역시 좀처럼 이해하기 어려운 구절들도 술술 잘 풀려 나갔다. 유난히 모호하여 좀처럼 안 풀리던 부분이 오랜 토론 끝에 마침내 뻥 뚫렸을 때의 쾌감은 정말이지 말로는 도저히 표현해 낼 수가 없다.

그러나 소동파의 시를 읽어 나가는 동안 우리는 아무리 지혜를 모아도 잘 풀리지 않는 난해한 구절을 접하곤 했는데, 그 요인 가운데 하나가 소동파 시의 창작 현장을 모르기 때문이라는 사실을 깨닫게 되었다. 이리하여 우리는 소동파 시의 창작 현장을 답사하여 시에 묘사되어 있는 구체적인 장면들을 우리 눈으로 직접 관찰하기로 했다.

2002년 8월 11일부터 25일까지 15일 동안 드디어 제1차 답사가 이루어졌다. 이 기간에 우리는 소동파의 고향인 사천성 미산(眉山) 일대와 그의 첫 번째 부임지인 섬서성 봉상(鳳翔) 일대를 답사하기로 계획하고, 이 지역에서 창작된 유명한 작품들을 미리 읽은 후 그것을 들고 가서 문제의 구절을 현장과 대조해 가며 분석해 보기도 하고, 현장에서 직접 시를 낭송해 보기도 했다. 설렘과 조바심 속에서 이루어진 첫 번째 답사에 대하여 참여자 모두가 대만족이었다. 재미있고 유익했다며 다들 제2차 답사가 기다려진다고 했다.

제1차 답사가 성공적으로 끝남으로써 자신감이 생긴 나는 해마다 한 번씩 답사를 가기로 했다. 그러나 2003년 여름에는 중국에 중증급성호흡기증후군(SARS)이라는 전염병이 창궐하는 바람에 아쉬운 마음을 달래며 중국행을 자제해야 했다. 그 뒤로 우리는 2004년 8월 12일부터 8월 26일까지 산동성·하남성·안휘성·하북성 일대를, 2005년 8월 10일부터 8월 25일까지 절강성 일대를, 2006년 8월 13일부터 8월 27일까지 호남성·호북성 및 강서성 북부 일대를, 2007년 8월 9일부터 8월 23일까지 강소성 일대를, 2009년 2월 10일부터 2월 23일까지 광동성·광서장족자치구·해남성 및 강서성 남부 일대를 답사했다.

원래 여섯 차례에 걸쳐서 소동파가 장기간 거주한 지역을 답사할 계획이었는데, 답사가 끝나는 것을 아쉬워하는 사람이 많아서 소동파가 모친의 삼년상을 마친 후 다시 개봉(開封)으로 들어가며 배 안에서 부친 및 동생과 함께 시를 주고받은 장강 상류의 중경 및 호북 지역을 추가하여 2010년 8월 5일부터 8월 19일까지 마지막으로 이 지역을 한 차례 더 답사했다. 총 일곱 차례의 답사가 이루어지는 동안 여러 가지 개인 사정으로 인하여 참여자가 매번 조금씩 바뀌기는 했지만, 전체 인원은 늘 적정 인원인 열 명 정도씩이어서 답사가 매우 효율적으로 이루어질 수 있었다.

우리는 원래 소동파 시의 창작 현장을 관찰하기 위해서 답사를 시작했지만, 기왕 가는 김에 소동파의 다른 작품은 물론 그 부근에 있는 여타 문인의 대표적 작품이 창작된 현장에 대해서도 욕심을 내지 않을 수 없었다. 이리하여 우리의 답사는 총 105일에 걸쳐 중국 안에서만 2만 킬로미터, 즉 5만 리 이상을 이동한 대장정이 되었다.

이 책은 소동파의 장기 거주지를 중심으로 그 일대에 있는, 소동파를 비롯한 여러 문인들의 대표적인 문학작품의 창작 현장을 두루 둘러본 구체적인 답사 과정을 답사가 이루어진 순서대로 서술했다. 소동파가 옮겨 다닌 순서대로 재구성하지 않고 이처럼 답사 순서대로 서술한 것은, 그렇게 해야 답사를 통하여 직접 보고 느낀 21세기 초 중국 각지의 이모저모를 효율적이고 생동감 있게 그려낼 수도 있고 이후의 중국문학 답사자에게 유용한 정보를 제공할 수도 있는데, 이것 역시 매우 의미 있는 일이라고 생각되었기 때문이다.

지금까지 소동파의 장기 거주지 및 그 일대를 모두 답사했다는 글을 읽은 적도 없고 그런 사람이 있었다는 말을 들은 적도 없다. 그러므로 나의 이 답사가 소동파의 장기 거주지 및 그 일대를 완전히 살펴본 세계 최초의 소동파 문학 답사가 되는 셈이다. 그렇다면 이 답사기의 역사적 의의가 더욱 커지고, 따라서 이 책에 대한 독자들의 기대가 한층 더 커질 수밖에 없는데, 이 책이 과연 독자들의 이러한 기대를 충족시켜 줄 수 있을지 걱정이다. 아무쪼록 이 책이 소동파 애호가들이 그의 작품을 감상하고 연구하는 데 조금이나마 도움이 되기를 희망한다.

어느 지역을 관광할 때 미리 관련 정보를 많이 가지고 있으면 그만큼 관광의 효율을 높일 수 있음은 당연한 이치인데, 우리가 답사한 지역 가운데는 중국의 대표적 명승지도 많이 있으므로 이들 지역을 관광하고자 하는 일반 관광객들에게도 유익한 정보를 많이 제공해 줄 수 있으면 좋겠다.

끝으로 사진 자료가 많아 출판에 적지 않은 어려움이 예상됨에도 불구하고 이 책을 서울대학교출판문화원 학술도서로 출판할 수 있도록 승인해 준 출판위원회와 정성 들여 편집하고 세심하게 교정해 준 출판문화원 관계자 여러분께 심심한 감사를 드린다.

2015년 10월

류종목

차례

1권 차례

[소동파 장기 거주지]

제5장

강소 지역

강소성 의흥(宜興)의 해당원(海棠園)에 있는 동파해당
소동파가 손수 심은 서부해당(西府海棠)으로 바람을 맞아 부러져 버린 뒤 그 뿌리에서 새로 난 것이다.

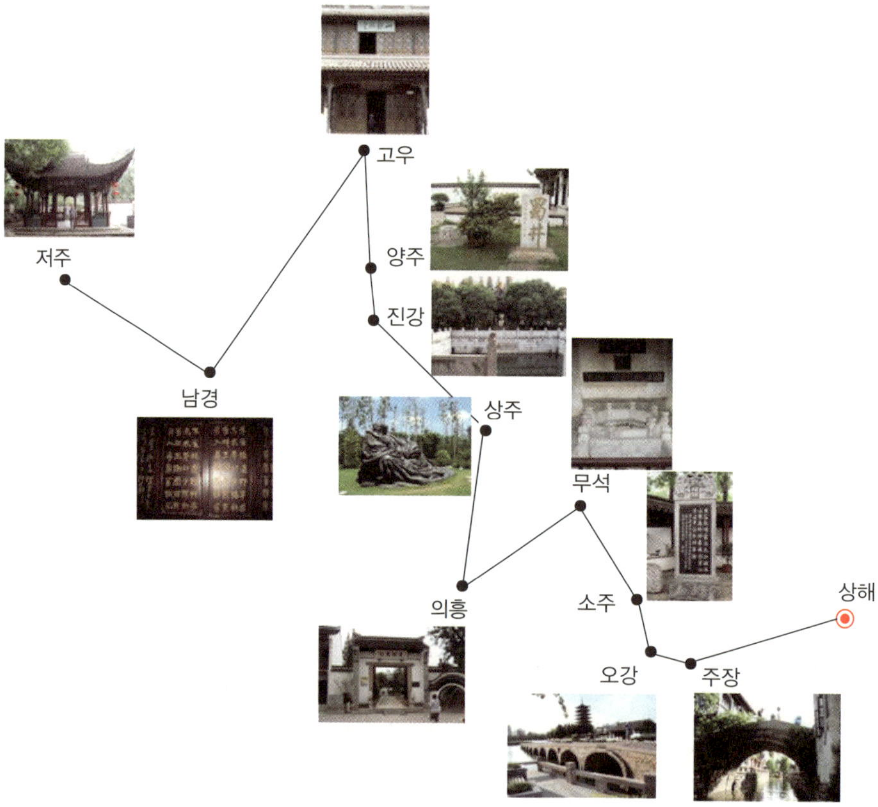

[제5차 답사 이동 경로]

다섯 번째인 이번 답사에는 나 이외에 강민호 · 김명성 · 김수희 · 류소진 · 박신순 · 박재현 · 신원철 · 오세범 · 이현정 · 이화진 · 홍금주 등이 참가하여 참가자가 모두 열두 명이다. 이번에 답사할 소동파 관련 주요 유적지로는 오강(吳江) · 소주(蘇州) · 무석(無錫) · 의흥(宜興) · 상주(常州) · 진강(鎭江) · 양주(揚州) · 고우(高郵) · 남경(南京)이 있다. 오강의 수홍교는 소동파가 항주통판(杭州通判)에서 밀주태수(密州太守)로 옮겨 갈 때와 개봉(開封)에서 항주태수로 부임해 갈 때 들러서 노닐었던 곳이고, 소주 · 무석 · 진강 · 고우 · 남경은 임지를 옮길 때 지나갔거나 항주통판으로 재임할 때 출장을 다닌 곳이다. 의흥은 농지와 집을 구입하여 잠시 은거한 곳이고, 상주는 항주통판으로 재임할 때 출장을 다닌 곳이기도 하지만 그의 인생을 마감한 곳이라는 더욱 큰 의미를 지닌 곳이기도 하다. 양주 역시 여러 차례 지나다녔을 뿐만 아니라 반년 동안 태수로 재임한 곳이기도 하다.

1. 주장(周莊)에서 소주(蘇州)까지

2007년 8월 9일 아침 8시 55분 비행기를 타기 위해 6시 20분까지 인천공항에 나가기로 약속이 되어 있었다. 몇 달 전에 들은 언론보도에 의하면 요즘은 보안검사를 하는 데 옛날보다 한 시간 정도 더 걸리기 때문에 이륙하기 세 시간 전에 공항에 도착해야 한다지만, 워낙 이른 아침이라 기다리는 사람이 좀 적을 것이고 우리는 이제 상당히 숙련되어 있기 때문에 두 시간 반 전에 만나기로 한 것이다. 내가 탄 버스는 6시 10분에 공항에 도착했다.

탑승수속을 마친 뒤 우선 햄버거 등으로 간단한 아침을 먹고 출국수속을 하러 갔다. 보안검사에 걸리는 시간이 예전보다 별로 더 길지 않았다. 한 시간이 더 걸린다고 한 언론보도는 실제와 많이 달랐다. 물론 줄 선 사람이 많다 보면 꽤 많은 시간이 걸릴 수도 있겠지만 그래도 한 시간씩이나 더 걸릴 것은 없을 것 같았다. 아무래도 특종의식에 사로잡혀 사는 우리나라 기자들의 강박관념이 과장법을 좀 많이 구사한 것이 아닌가 싶었다. 탑승시각까지는 아직 한 시간이나 남아 있었다. 각자 볼일을 보다가 8시 30분에 탑승구에서 만나기로 했다.

만나는 시간이 너무 이르다며 원망하는 말투로 조금 늦추자는 요구가 있었는데도 단체가 움직이려면 시간이 너무 빠듯해서는 안 된다며 들어주지 않은 나를 일행이 어떻게 생각할지 신경이 쓰였다. 홍금주의 경우 자기 집 앞에서는 공항버스 첫 차를 타도 7시는 되어야 공항에 도착할 수 있다면서 7시에 도착하면 안 되겠느냐는 요구를 내가 받아들이지 않는 바람에 그녀의 동생이 자가용으로 인천공항까지 데려다 주었다고 하고, 박재현은 6시 20분까지 도착할 자신이 없어서 어제 저녁에 와서 공항 벤치에서 잤다고 하여 이들 두 사람에게 특히 미안했다.

비행기는 중국시각으로 9시 40분에 상해 포동(浦東)공항에 도착했다. 아직 아침인데도 기온이 벌써 31.7도라고 하니 이번 답사도 더위와의 전쟁이 만만치 않을 것 같은 예감이 들었다.

산동성 청도(靑島)에 계시는 친정어머니를 뵙기 위해 7월 28일에 먼저 들어온 박신순에게 부탁하여 상해에서 주장(周莊)·오강(吳江)을 거쳐 소주(蘇州)까지 태워 줄 중형버스를 미리 준비해 둔 덕분에 10시 30분에 바로 포동공항을 출발하여 한 시간 뒤인 11시 30분에 홍교(虹橋)공항에서 기다리는 박신순과 이화진을 태우고 주장으로 갈 수가 있었다.

❄ 주장

오후 1시 30분에 주장에 도착한 우리는 먼저 점심 먹을 식당부터 찾았다. 출입구 부근에 있는 수향미식루(水鄕美食樓)에서 주장의 명물이라는 만삼제(萬三蹄)를 먹었다. 만삼제는 돼지다리를 동파육처럼 푹 삶은 것으로 이곳 출신인 심만삼(沈萬三)이 개발했다고 한다. 식사를 마치고 나오니 주위에 '노자호주장심가만삼제총부(老字號周莊沈家萬三蹄總部)'처럼 만삼제를 파는 식료품 가게가 많았다. 본격적으로 주장 관람이 시작되는 강가에 이르니 한국어로 쓰인 안내문이 우리를 반겼다.

거미줄처럼 얽혀 있는 좁은 물길 중간중간에 길이가 10미터 정도밖에 안 되는 작은 돌다리들이 놓여서 강의 이쪽과 저쪽을 연결해 주고 있었다. 이 다리들 가운데 원나라 지정 15년(1355)에 처음 지은 것으로 다리 양쪽 끝에 교루(橋樓)가 있어 강남 수향의 특징을 잘 보여 준다는 부안교(富安橋) 및 명나라 때 지었다는 태평교(太平橋)와 쌍교(雙橋)가 관광객들의 관심을 특히 많이 끌었다. 명나라 태조 주원장(朱元璋)의 지인이었던 심만삼의 고거(故居)라는 심청(沈廳)과 역시 명나라 때 지었다는 장청(張廳)도 방대한 규모와 고색창연한 분위기로 관광객들의 발길을 끌고 있었다.

두 사람이 간신히 비켜 다닐 만한 좁디좁은 골목길을 사이에 두고 양쪽에 다닥

주장 태평교

다닥 붙어 있는 오래된 건물에 저마다 비단 제품과 그림·엽서·부채·도장재료 따위가 진열되어 있었다. 관광객들이 지나갈 때마다 한 집에 한두 명씩 앉아 있던 점원들이 목청을 돋우어 구경하고 가라고 소리쳤다. 그러나 물건을 사는 사람은 좀처럼 보이지 않았다.

무엇보다 강남 수향의 정취를 돋우는 것은 고색창연한 건물들 사이사이에 골목길과 나란히 뻗어 있는 좁다란 물길과 강가에 늘어선 수양버들, 그리고 그 위를 끊임없이 오가는 작은 배들이었다. 우리도 그 배를 한 번 타보기로 했다. 1인당 100원이라는 거금의 입장료를 냈는데 또 한 대당 80원씩이나 하는 배를 두 대 세내는 것이 상당히 부담스럽기는 했지만, 거기까지 가서 강남 수향의 정취를 제대로 한번 느껴 보지 않을 수는 없는 노릇이었다.

배가 제운교(梯雲橋) 옆에 있는 부두를 출발한 지 얼마 안 되었을 때 50대 중반쯤 되어 보이는 얼굴이 거무스름한 남자 뱃사공이 자청하여 강남 민가를 한 곡 불러 주겠다고 했다. 뱃사공에게 노래를 시키면 한 곡조에 10원씩 받는다는 사전 정보를 가지고 있는 터인데 이 아저씨는 우리가 시키지 않았는데도 자발적으로 부르겠다는 것이었다. 10원씩 주고라도 노래를 들어 볼 참이었는데 자진해서 불러 주겠다는 것을 듣지 않을 이유가 없었다. 우리는 열렬한 박수로 노래값을 대신했다. 아저씨는 구성진 목소리로 스스로 '장강소조(長江小調)'라고 소개한 민가를 다 부르고 나더니 다시 한 곡조를 더 부르겠다고 했다. 다다익선이니 역시 마다할 이유가 없었다. 그러나 두 번째 곡조를 다 부르고 난 아저씨가 노래값으로 20원을 요구했다. 공짜가 아니었던 것이다. 한순간 너무 순진한 생각, 아니 너무 욕심스러운 생각을 한 것 같아 쑥스러웠다. 세 번째 노래는 사양했다. 공짜였다면 사양하지 않았을까? 어쨌든 10분 정도 만에 20원, 한국 돈으로 약 2,500원의 순수입을 올린다면 결코 적지 않은 수입이라고 할 수 있다. 그러나 그 사공의 말에 의하면 함께 일하는 사공이 너무 많기 때문에 네 조로 나누어서 하루 일하고 사흘을 쉰다고 한다. 그렇다면 결코 많은 수입이 아니다.

배는 부안교와 태평교를 지나 쌍교까지 갔다가 쌍교를 반환점으로 삼아 돌아오더니 제운교 옆에 있는 선착장까지 가지 않고 태평교 밑으로 방향을 바꾸어 입구 쪽으로 갔다. 우리가 가려는 방향을 알고 그럴 턱이 없겠기에 원래 여기서 내리게 되어 있느냐고 물었더니 그렇다고 했다. 우리처럼 볼거리를 다 본 다음에 마지막으로 배를 타는 것이 관례인 모양이었다. 배부터 먼저 탔더라면 좀 귀찮아질 뻔했다.

❃ 수홍교유지공원

4시 30분에 주장을 떠난 우리는 5시 20분에 오강시(吳江市) 송릉진(松陵鎭)에 있는 수홍교유지공원(垂虹橋遺址公園)에 도착했다. 수홍교는 소동파가 두 차례 들러서 노닐었던 곳이다.

첫 번째는 항주통판의 임기를 마치고 밀주(密州, 지금의 산동성 諸城)태수로 옮겨 가는 도중이던 희령 7년(1074) 9월이었다. 그의 일행이 호주(湖州, 지금의 절강성 호주)에 이르렀을 때 그곳 태수로 재임 중이던 친구 이상(李常, 1027-1090)이 그를 위해 수홍정에서 송별연을 벌여 주었다. 그 자리에 참석한 사람은 소동파와 이상을 비롯하여 장선(張先, 990-1078)·양회(楊繪, 1027-1088)·유술(劉述, 1050 전후)·진순유(陳舜兪, ?~1074) 등 모두 여섯 명이었는데 그 가운데 북송의 유명 사인(詞人)인 장선이 여든다섯 살로 가장 연장자였다. 이에 장선이 <정풍파령(定風波令)>이라는 곡조에 맞추어 가사, 즉 사(詞)를 지었다. 이것이 이른바 육객사(六客詞)다.

두 번째는 자청하여 한림학사지제고(翰林學士知制誥)의 자리에서 물러나 항주태수로 부임해 가는 도중이던 원우 4년(1089) 6월이었다. 그는 이때도 이곳에서 연회를 벌였는데 공교롭게도 참석자가 또 여섯 명이었다. 다만 옛날의 육객 가운데 다섯 명이 빠지고 새로이 다섯 명이 추가되었다. 소동파 자신을 제외한 다섯 명이 모두 유명을 달리한 것이다. 그리고 옛날에는 가장 젊은 사람이었던 자신이 지금은 가장 늙은 사람이 되어 있었다.[1]

15년이라는 시간적 간극에 대하여 그는 이렇게 노래했다. 이것이 이른바 후육객사(後六客詞)다.

초계를 메운 달이 전당을 비추는 밤　　月滿苕溪照夜堂
오성과 노인성이 다투어 빛을 내누나.　　五星一老鬪光芒
십오 년의 세월이 정말 꿈만 같나니　　十五年間眞夢裏
무슨 일로　　何事
태백성은 달을 보며 홀로 처량하였나?　　長庚對月獨凄凉

검은 머리와 창백한 얼굴이 함께 취하여　　綠鬢蒼顔同一醉
예전처럼 여전히　　還是
여섯 명이 물의 고장에서 읊고 웃고 하나니　　六人吟笑水雲鄉
주객간의 이 말발을 누가 흉내 내겠나?　　賓主談鋒誰得似
조 씨와 유 씨가 지금　　看取
두 소 씨와 장 씨를 마주하고 있구나.　　曹劉今對兩蘇張[2]

---

1 소동파의 <수홍정에서 노닌 일에 관하여(書遊垂虹亭)> 및 <정풍파(定風波)—내가 옛날에……장중모가 나에게 후육객사를 지을 것을 청했다(余昔……仲謀請作後六客詞)—> 서문 참조.

2 추왕본 ≪소식사집≫ 677쪽 <정풍파>. 이 사에는 "나는 옛날에 장자야·유효숙·이공택·진영거·양원소와 오흥(지금의 절강성 호주)에서 만났는데 당시 장자야가 육객사를 지어 그 마지막 장에서 '현인들이 오 땅에 모였다고들 하는데, 어디 한번 물어보자, 그 옆에 노인성도 있어야 되겠는지'라고

수홍교유지공원 서쪽 끝에 세워져 있는 <수홍교유적>이라는 안내문에, 당시 사람들의 연회 장소로 애용되었던 수홍정은 원래 '강남제일장교(江南第一長橋)'라는 영예를 안고 있을 정도로 긴 다리인 수홍교에 있었다고 기록되어 있었다. 그 다리가 지금은 동쪽과 서쪽에 각각 약간씩의 잔재만 남아 있고 가운데 부분은 거의 다 없어졌다. 동쪽에는 반원형의 교동(橋洞, 물이 지나가도록 일부러 뚫어 놓은 다리 아래의 구멍) 열 개에 길이가 30미터 정도 되는 잔재가 남아 있으며, 서쪽에는 교동 여덟 개에 해당하는 잔재가 남아 있고 다리 옆에 정자도 하나 있는데 정자에는 현판이 붙어 있지 않아 이름을 확인할 수 없었다.

이 안내문은 또 이 다리가 북송 경력 8년(1048)에 처음 나무로 지어졌고 원나라 태정 2년(1325)에 교동 일흔두 개짜리 돌다리가 다시 지어졌는데, 다리 전체가 무지개가 드리워진 것처럼 둥그스름하고 길쭉했으며 다리 안에 '수홍정'이 있을 뿐만 아니라 다리 양쪽 끝에도 각각 정자가 하나씩 있었다고 했다. 그리고 이 다리가 명나라 시기부터 민국 시기 사이에 여러 차례 수선되었으나 1967년 5월에 대부분이 무너졌는데, 1995년 11월에서 1996년 4월 사이에 오강시 인민정부가 유적을 손질할 때 반쯤 무너진 서쪽의 교동 여덟 개를 수선했다고 했다.

소동파가 원풍 4년(1081) 10월에 쓴 <수홍정에서 노닌 일에 관하여(書遊垂虹亭)>에 "장자야·유효숙·진영거는 모두 고인이 되고 송강교의 정자는 금년 7월 9일에 해풍이 조수를 몰고 와서 평지에 한 길이 넘는 파도를 일으켜 깡그리 다 쓸어 버린지라 더 이상 남은 것이 없다"[3]라고 했다. 그렇다면 소동파가 노닐면서 후

했다. 15년이 지난 지금 다시 오흥에 들르니 다섯 사람은 이미 없어졌다. 장중모와 조자방·유경문·소백고·장병도가 좌객이 되었는데 장중모가 나에게 후육객사를 지을 것을 청했다(余昔與張子野·劉孝叔·李公擇·陳令擧·楊元素會於吳興. 時子野作六客詞, 其卒章: '盡道賢人聚吳分. 試問. 也應旁有老人星.' 凡十五年, 再過吳興, 五人者皆已亡矣. 時張仲謀與曹子方·劉景文·蘇伯固·張秉道爲坐客, 仲謀請作後六客詞)"라는 서문이 붙어 있어서 당시의 상황을 설명해 준다.

3 "子野·孝叔·令擧皆爲異物, 而松江橋亭, 今歲七月九日, 海風駕潮, 平地丈餘, 蕩盡無復孑遺矣."(공범례본 ≪소식문집≫ 권71)

수홍교

육객사를 지은 곳은 장선이 육객사를 지을 때의 그 정자가 아니었음을 알 수 있다.

장선이 육객사를 지은 곳에 대하여, 소동파는 "내가 옛날에 항주에서 밀주로 옮겨 갈 때 양원소와 같은 배를 타고 갔는데 진영거와 장자야가 다 호주까지 우리를 따라와서 이공택을 방문함으로써 마침내 유효숙과 더불어 다 함께 송강으로 갔다. 밤이 깊어 달이 뜨자 수홍정에 술상을 차렸는데 장자야는 나이가 여든다섯으로 가사로써 천하에 이름이 나 있었으므로 <정풍파령>을 지었다"[4]라고 하여 수홍정이라고 했고, 후육객의 한 사람으로서 소동파에게 후육객사 짓기를 권유한 장순(張詢, 즉 장중모)은 "옛날에 이공택이 이 고을의 태수로 있을 때 장자야와 유효숙이 여기에 있었는데 양원소·소자첨(즉 소동파)·진영거가 여기에 들른지라 벽란

4 "吾昔自杭移高密, 與楊元素同舟, 而陳令擧·張子野皆從余過李公擇於湖, 遂與劉孝叔俱至松江. 夜半月出, 置酒垂虹亭上. 子野年八十五, 以歌詞聞於天下, 作<定風波令>."[문연각사고전서본 ≪동파전집(東坡全集)≫ 권101 <지림 55조(志林五十五條)> 중의 <유람기(記游)>]

당에서 만나 장자야가 육객사를 지었다. 이제 내가 이 고을의 태수로 있는데 소자첨과 조자방 · 유경문 · 소백고 · 장병도가 들르니 나와 더불어 여섯 명이 되었는데 옛날의 육객 중에서 오직 소자첨만 남아 있어 다시 예전 작품의 뒤를 이었다"[5]라고 하여 벽란당이라고 했다. 소동파 · 장순 등 여섯 명이 벽란당에 모여서 함께 놀다가 소동파가 후육객사를 지었는데 장순이, 장선이 육객사를 지은 곳도 자신들이 놀고 있는 곳과 같은 곳이라고 생각했을 가능성이 있다. 벽란당도 호주의 삽계에 있으므로 거의 같은 장소였을 것이다.[6] 그렇다면 장선의 육객사는 수홍정에서 지어졌고, 소동파의 후육객사는 벽란당에서 지어진 것이 된다.

범려(范蠡) · 장한(張翰) · 육구몽(陸龜蒙) 등 세 고사(高士)의 사당이라는 삼고사(三高祠)는 보이지 않았다. 인터넷 자료에 수홍교와 마주보고 있다고 했는데 수홍교 부근에 그런 사당이 없고 그곳 사람들에게 물어보아도 아는 사람이 없었다.

6시쯤 수홍교를 떠나 소주로 들어갔다. 박신순이 소주에 사는 동생의 부인에게 부탁하여 예약해 놓은 금강지성(錦江之星)이라는 호텔에 도착했을 때는 7시가 다 되어 가고 있었다. 객실에 비치된 광고지를 보고 금강지성이 중국 전역에 200개 정도의 지점을 가진 호텔 연쇄점임을 알았다. 저녁에 소주대학 박사과정에 재학 중인 김어진이 아이들을 데리고 호텔로 찾아왔는데 실수로 그 근방에 있는 다른 지점으로 갔다 오느라 늦었다고 했을 정도로 지점망이 촘촘한 모양이었다. 방과 시설이 비교적 깨끗한 편인데 방값이 169원이고 아침식사비가 1인당 10원이니 상당히 실속 있는 호텔이었다.

---

5 "昔李公擇爲此郡, 張子野 · 劉孝叔在焉, 而楊元素 · 蘇子瞻 · 陳令擧過之, 會於碧瀾堂, 子野作六客詞. 今僕守是邦, 子瞻與曹子方 · 劉景文 · 蘇伯固 · 張秉道來過, 與僕爲六, 而向之六客, 獨子瞻在, 復繼前作."[문연각사고전서본 ≪절강통지(浙江通志)≫ 권42 <호주부(湖州府)> 중의 <육객당(六客堂)>에 인용된 장순의 <육객당시서(六客堂詩序)>]

6 문연각사고전서본 ≪대청일통지(大清一統志)≫ 권222 <호주부(湖州府)>에 "벽란당은 호주부성의 동남쪽에 있는데 삽계에 임해 있다. 당나라 태수 두목이 지었다(碧瀾堂在府城東南, 臨霅溪. 唐刺史杜牧建)"라고 했다.

❄ 영암산과 소주 태호

2007년 8월 10일 언제나처럼 8시에 어제 그 차를 타고 영암산(靈巖山)으로 갔다. 어제 이용한 버스가 요금이 적당하기에 앞으로 며칠 더 이용하기로 한 것이다.

사실 이 차를 적절한 가격으로 이용하게 된 것은 박신순 올케 덕분이었다. 원래 상해에서 유학하는 김보경에게 전세 버스를 좀 알아봐 달라고 했는데 첫날 상해에서 주장과 오강을 거쳐 소주까지 가는 데 인민폐로 2,000원 정도를 요구한다고 했다. 몇 군데 알아보았으나 다 비슷하다고 했다. 백방으로 수소문한 끝에 우연히 전북대학교 중문과의 김은희 교수가 소주에 있는 한 여행사의 부경리(副經理)와 친하다는 사실을 알게 되었다. 이 사람은 원래 소주 모 대학 국제교류처장인 황모 교수의 부인으로 김은희 교수가 그 대학 교환교수로 가 있을 때 절친하게 지내던 사람이라고 했다. 그리고 황 교수는 10여 년 전에 전주 모 대학 교환교수로서 한국에 머문 적이 있고 나하고도 소주에서 한 번 만난 적이 있었다. 김은희 교수가 그 부경리에게 자기 얘기를 하면 적절한 대우를 해 줄 것이라며 연락처를 알려 주었다. 그러나 그것도 아무 소용이 없었다. 거의 비슷한 가격이었다. 그런데 박신순이 우연히 소주 사람인 자기 올케에게 부탁하여 알아보았더니 950원이라고 했다. 반값이었다.

문득 10년 전에 소주에서 본 그곳의 가격체계가 생각났다. 현지인에게 10원 받는 물건이면 외지에서 온 중국인에게는 20원을 받고 외국인에게는 30원을 받는다는 것이었다. 이것은 그곳 유학생들 사이에 널리 알려져 있는 사실이었다. 외국인에게 비싸게 팔기는 우리나라도 마찬가지다. 한국 택시는 외국인이 타면 무조건 돌아간다는 인식이 외국인 관광객들 사이에 널리 퍼져 있다는 얘기가 있는가 하면, 한국인에게 6,000원에 파는 물건을 다른 나라 사람에게는 만 원에 팔기도 하고 심지어 2만 원에 팔기도 한다는 얘기도 있다. 어떤 나라에는 한국의 노점상들이 이런 짓을 잘하기 때문에 특별히 주의를 해야 한다는 한국여행 지침도 있다고 한다. 심지어 외국인에게 바가지를 씌우는 포장마차도 있다고 한다.

왜 이렇게 맹자(孟子)가 고개를 떨구고 순자(荀子)가 쾌재를 부를 일이 많이 일어나는 것인지 심히 개탄스럽다. 그러나 인간의 본성은 악하다는 순자의 생각을 증명하듯 상인들이 이렇게 나라의 위신을 떨어뜨리고 외국 관광객의 발길을 돌리게 하는 문제는 관계 당국이 강한 의지만 가지고 있으면 쉽게 해결될 일이라고 생각된다. 부당 상행위를 엄격하게 단속하는 동시에 외국인 관광객을 상대로 신고포상제 같은 제도를 실시하여 이런 상인들을 적극적으로 찾아내어 다시는 그런 짓을 못하도록 준엄하게 처벌하면 될 것이다.

이것과는 경우가 좀 다르지만 중국에서는 내국인과 외국인이 각기 다른 화폐로 각기 다른 가격을 지불하는 제도를 실시한 적이 있었다. 그것이 정확히 언제 시작되어 언제까지 지속되었는지는 잘 모르지만, 내가 처음으로 중국을 방문한 1992년 4월에는 중국의 화폐가 인민폐와 태환권(兌換券)으로 나누어져 있었다. 두 화폐는 가치는 똑같지만 용도가 서로 달라서 인민폐는 내국인 전용 화폐고 태환권은 외국인 전용 화폐였다. 그렇기 때문에 외국인은 내국인처럼 값이 싼 물건을 사기가 어려웠고, 내국인은 외국인처럼 품질이 좋은 물건을 사기가 어려웠다. 내국인에게 외국인 전용 매장의 이용을 제한한 것은 외국인에 대한 배려였다고 할 수 있을 것이다. 그러나 당시에는 각종 입장료가 내국인과 외국인에게 서로 다르게 책정되어 있는 경우가 많았는데 외국인의 경우가 훨씬 비쌌다. 그것이 억울하다고 생각하고 인민폐를 구해 중국인인 것처럼 내국인 입장료를 내는 사람도 있었다. 대개는 그러다가 들켜서 망신을 당하곤 했다. 이 일에 대하여 외국인들은 자신들이 부당한 대우를 받는다고 생각했겠지만, 자신의 급여를 모아 스스로 주택을 구입해야 하는 자본주의 국가와는 달리 중국은 국가에서 주택을 제공해 주는 사회주의 국가라 상대적으로 적은 급여가 지급되었기 때문에 자본주의 국가 국민들과 똑같은 가격을 적용하는 것이 오히려 불합리한 것이 사실이었다. 당시 중국인들은 이런 현상에 대하여 외국인들은 신중국 건설에 참여하지 않았기 때문에 요금을 더 많이 내는 것이 당연하다고들 설명했다.

그 뒤로 얼마 안 지나서 태환권도 없어지고 따라서 이원화되어 있던 가격체계도 하나로 통일되었는데 소주에서는 이러한 이원적 가격체계가 아직도 유지되는 모양이라는 생각에 씁쓸한 기분이 들었었다. 시장경제 체제로 이행해 가는 과도기적 도시의, 관례를 빙자한 바가지 상혼일 것이라는 생각을 떨쳐버릴 수 없었다.

인심이 순박하던 옛날에는 바가지 상혼이 없었다. 그 대표적인 예를 소동파의 사 <어부(漁父)>에서 볼 수 있다.

어부는 술 마시러　　漁父飮
누구네 집에 가나?　　誰家去
잡아 온 고기와 게를 한꺼번에 맡겨 놓고　　魚蟹一時分付
술이야 얼마가 됐든 취할 때까지 마시고　　酒無多少醉爲期
피차간에 금액은 따지지 않네.　　彼此不論錢數[7]

황주(黃州)에 유배 중이던 원풍 5년(1082) 봄에 지은 네 수의 연작사(聯作詞) 가운데 첫 번째 작품인 이 사에서 우리는 손님이 주는 만큼 고기를 받고 자기가 줄 수 있는 만큼 술을 줄 뿐 조금 더 받으려고 아득바득 따지지 않는 송나라 상인의 순박한 인심을 읽을 수 있다.

순박한 상인들의 자발적인 상도덕에만 의존하지 않고 그것을 법제화해 놓은 사회에서는 어떤 강제적인 힘에 의해 바가지 상혼을 억제할 수 있지만, 그 단계로 옮겨 가는 과도기에는 순박한 인심도 없고 명문화된 법제도 없기 때문에 어느 곳이나 다 이런 현상이 생길 수밖에 없다. 철저한 사회주의 시절에는 중국의 인심이

7 추왕본 ≪소식사집≫ 376쪽.

매우 순박했을 터인데, 개혁개방이 성공을 거두어 이미 체질화한 지금은 상당히 빠른 속도로 자본주의적 경제관념에 물들고 있기 때문에 이러한 과도기적 현상이 보편화되는 것이 불가피한 일이라고 생각되거니와, 특히 소주처럼 널리 알려진 관광지로서 외지인이나 외국인이 많이 드나드는 지역은 더욱 심할 것이다. 얼마 안 남은 2008년 북경올림픽과 같은 커다란 국제 행사를 계기로 한층 개선될 것으로 생각된다.

영암산 앞에서 운전사는 우리에게 등산을 할 것이냐고 물었다. 등산을 하려면 앞쪽으로 들어가야 하는데 그러려면 입장료가 50원쯤 될 것이라고 했다. 등산을 하지 않을 것이라고 하자 뒤쪽에 있는 영암사에 내려 주었다. 영암사는 입장료가 1원밖에 안 되었다.

춘추시대에 오왕(吳王) 부차(夫差)가 산꼭대기에 위치한 최초의 황실원림(皇室園林)인 관왜궁(館娃宮)을 지어서 월왕(越王) 구천(勾踐)이 미인계로 바친 서시(西施)를 데리고 취생몽사했다는[8] 영암산의 중턱에 관음동(觀音洞)이라는 작은 석실이 있고 그 안에 금동불상이 있었다. 젊은 스님이 관심을 보이며 우리에게 다가와 이곳이 옛날에 오왕 부차가 월왕 구천과 범려를 구금한 곳이라고 했다. 그가 읽어 보라며 가리키는 정문 옆 벽에 새겨진 <관음동석실중수기(觀音洞石室重修記)>를 보니 이 석실은 옛날에 서시동이라고 했다면서 오왕 부차가 구천과 범려를 이곳에 구금했

관음동

8 《백도백과》 <관왜궁> · <완월지(玩月池)> 참조.

다는 ≪오월춘추(吳越春秋)≫의 기록을 인용해 놓고, 이어서 민국 32년(1943) 봄에 동굴 벽에 관음보살 성상(聖像)을 새긴 것을 계기로 관음동으로 개칭했다고 설명되어 있었다. 월왕 구천이 회계산 전투에서 패배한 뒤 오나라에 잡혀가서 포로생활을 할 때 묵은 동굴이라는 말이다.

관음동에서 10분쯤 더 올라가니 영암산 정상이었다. 서쪽으로 태호(太湖)가 한눈에 내려다보였다. 정상에는 영암사가 자리 잡고 있었다. 대웅전을 지나 왼쪽의 약간 높은 곳으로 올라가니 완화지(玩花池)·완월지(玩月池)·오왕정(吳王井) 같은 유적들이 나왔다. 부차가 서시와 함께 배를 타고 다니면서 연꽃을 구경하기도 하고 따기도 했다는 완화지는 규모가 별로 크지 않아 배를 타고 다니기에 불편할 것 같았다. 서시가 거울로 삼아 들여다보며 화장했다는 오왕정은 지적정(智積井)과 나란히 붙어 있었다. 오왕정에는 원형의 난간이 있고 지적정에는 육각형의 난간이 있었다.

완월지에 대해서는 재미있는 일화가 있다. 오왕 부차의 총애를 독차지하고 있는데도 불구하고 서시는 늘 고향 생각에 빠져 우울한 표정을 지을 뿐 웃는 일이 없었다. 부차가 그녀를 웃게 하기 위해 온갖 수를 다 써 보았으나 소용이 없었다. 추석이 다 되어 가는 어느 날 저녁에 서시가 창가에서 달을 바라보며 탄식하는 것을 보고 부차가 말했다.

완월지

"그대는 무엇 때문에 늘 근심에 빠져 있는 것인가? 하늘에 있는 달을 갖고 싶다면 내가 그것이라도 따다 주마."

부차는 서시의 웃음을 한번 보기 위해 신하들을 불러서 지혜를 모았다. 그 결과 관왜궁 안에 연못을 두 개 파서 큰 것을 완화지라고 하고 작은 것을 완월지라고 했다. 그 뒤로 부차는 자주 서시와 함께 연못가에 가서 놀았는데 서시가 연못에 비친 보름달을 손으로 반쯤 가리고는 물속에서 달을 땄다며 좋아했다. 이것이 이른바 '서시완월(西施玩月)'이다.[9] 완월지는 그것 자체가 보름달처럼 동그랗게 생겼는데 지금은 물이 너무 혼탁하여 달이 떠도 잘 안 보일 것 같았다.

영암산은 산 자체는 그리 크지 않지만 사방이 일망무제로 툭 트여 있어 동쪽으로는 춘추시대 오나라의 도성인 고소성(姑蘇城)이 한눈에 들어오고 서쪽으로는 동정호·파양호와 더불어 중국 3대 담수호 가운데 하나인 태호가 시원스럽게 펼쳐져 부차가 서시를 데리고 놀기에 안성맞춤이었을 것 같았다.

11시에 소주 태호를 향해 출발하여 11시 50분에 태호 안에 있는 석공산(石公山)에 도착했다. 먼저 점심을 먹기 위해 호숫가에 있는 한 식당으로 들어갔다. 커다란 창문 너머로 태호가 내려다보였다. 물 위에 마름인 듯한 수초가 많이 떠 있어서 식당 주인에게 마름이냐고 물었더니 그렇다고 했다. 자신감을 얻어 다시 홍릉(紅菱)이냐고 물었더니 홍릉이 아니라 녹릉(綠菱)이라고 했다. 홍릉과 오릉(烏菱)은 보았을 뿐만 아니라 먹어 보기도 해서 잘 알고 있었지만 녹릉에 대해서는 금시초문이었다.

석공산에는 옛날에 두세 번씩 가 본 곳이 많은데 그런 곳에 대해서는 별로 흥미가 없고 이번에 처음 가 본 일선천(一線天)만이 볼만했다. 1억 년 전에 형성되었다는 이 일선천은 두 개의 커다란 바위 사이에 있는데 경사가 60도쯤으로 매우 가파른 데다 뚱뚱한 사람은 지나가지도 못 할 정도로 좁기까지 해서 올라가노라니 가슴이 답답해 올 지경이었다. 다만 길이가 20미터 정도밖에 안 되어서 두려워하며 올라가기를 망설이던 사람들까지 모두 무사히 올라갔다.

---

9 《백도백과》 <완월지> 참조.

일선천 위에 있는 한 정자에 앉아 태호를 내려다보니 북송 시인 범중엄(范仲淹)이 <태호(太湖)>라는 시에서 묘사한 장면이 실감나게 펼쳐져 있었다.

물결이 일 때에는 산이 높이 솟았더니　　有浪卽山高
바람이 자니 다시 평평한 명주로다.　　無風還練靜
가을밤을 누구와 함께하리오?　　秋宵誰與期
달빛이 삼만 경에 질펀하게 깔렸도다.　　月華三萬頃[10]

일망무제로 펼쳐진 호수를 바라보며 구슬땀을 식히고 있는데 학생들이 나한테 백거이(772-846)의 사 <억강남(憶江南)>을 한 번 불러 달라고 했다. 혼자 부르기가 멋쩍어서 다 함께 부르자고 제의했다. 그러나 곡조를 제대로 익혀 온 사람이 없는 듯 다른 사람들은 입만 벙긋거리고 나 혼자 부르다시피 했다. 예비모임 때 악보만 미리 나누어 주고 직접 가르쳐 주지 않은 것이 후회스러웠다.

석공산에서 내려오자 길거리 여기저기서 아주머니들이 다가와 쾌속정을 타라고 졸라댔다. 1인당 10원씩의 요금을 내자 약 5분에 걸쳐 부근에 있는 삼산도(三山島)까지 가서 섬을 한 바퀴 돈 다음 되돌아왔다. 처음에는 별로 마음이 내키지 않았지만 빠듯한 일정으로 심신이 지쳐 있는 터라 가끔 한 번씩 이렇게 머리를 비우고 아무 생각 없이 쉬어 주는 것도 괜찮은 듯했다.

임옥산(林屋山) 꼭대기에 있는 가부각(駕浮閣)은 10년 전에 내 눈으로 직접 공사하는 장면을 본 것이라 감회가 특별했다. '가부(駕浮)'라는 큰 글씨 뒤에 '소식(蘇軾)'이라는 낙관이 있는 현판을 보며 10년 전에 그곳에서 있었던 갖가지 일들을 떠올려 보았다. '명삼층암오층(明三層暗五層)', 즉 밖에서 보면 3층인 것 같지만 안에 들어가 보면 실제로는 5층인 가부각을 한 층 한 층 오르며 태호를 알뜰하게 구

10　문연각사고전서본 ≪범문정집(范文正集)≫ 권4.

경했다.

오늘의 마지막 일정으로는 도가에서 천하제9동천(天下第九洞天)이라고 부르는 임옥동을 구경했다. 특이하게도 드넓은 동굴의 천장이 온통 양옥의 천장처럼 평평하고 바닥도 매우 반반한데, 천천히 걸어서 구경하는 데 20분 정도 걸렸으니 웬만큼 큰 아파트 단지 하나 정도만큼 넓은 셈이다. 이 정도 되면 도연명의 <도화원기(桃花源記)>에 묘사되어 있는 무릉도원도 능히 들어갈 만하다. 일행이 모두 입을 다물지 못했다. 10년 전에 세 번이나 본 나도 감회가 예사롭지 않았으니 처음 보는 사람들로서는 당연한 일이었을 것이다. 동굴 안으로 흐르는 물이 하도 깨끗하여 나는 그 물로 세수를 해 보았다. 마셔 보고 싶은 마음도 있었지만 아무래도 위생상 문제가 있을 것 같아 그것은 결행하지 못했다.

냉장고 속처럼 서늘한 동굴 안에 있다가 갑자기 밖으로 나오니 마치 찜질방에 들어간 기분이었다. 안경에 갑자기 서리가 확 서렸다.

❄ 한산사와 풍교

2007년 8월 11일 오늘 밤에는 숙소를 관전가(觀前街)로 옮길 것이기 때문에 8시에 금강지성에서 퇴실수속을 했다. 나는 어제 저녁에 객실전화로 데이콤의 수신자부담 국제전화를 걸었는데 요금을 받지 않았다. 중국 호텔은 일반적으로 시내전화는 요금을 안 받으면서 불합리하게도 수신자부담 국제전화는 요금을 받는 경우가 있는데 여기에서는 요금을 받지 않았다. 순간 1992년 서안(西安)에서 있었던 일이 생각났다.

그해 4월 말 한유(韓愈, 768-824)의 고향인 하남성 맹현(孟縣)에서 개최된 제1회 국제한유학회에 참석한 뒤 서안으로 갔다. 마침 일행 네 명 가운데 한 명이 서안에 있는 모 대학의 교수를 조금 알아서 그 교수의 도움으로 숙소를 미리 예약해 놓고 갔다. 그날 저녁 그 학교에서 단골로 이용하는 호텔이라며 그들이 예약해 준 3성급 호텔에서 나는 수신자부담 국제전화를 시도했다. 몇 차례인지 모를 만큼 여러 차례 시도했으나 계속 전화가 연결되지 않았다. 중간에 잠시 잠시 쉬어 가면서 약 한 시간 동안 시도하다가 결국 포기하고 말았다. 그러나 아무래도 기분이 개운치 않아 한참 있다가 다시 몇 차례 더 시도해 보았으나 역시 마찬가지였다. 당시에는 아직 중국의 전화 사정이 안 좋다는 사실을 알고 있었지만 그래도 지나칠 정도로 연결이 안 되니까 속이 상했다.

그런데 이튿날 아침 호텔 측에서 국제전화 요금을 청구해 왔다. 중국 돈으로 480원이었다. 통화가 안 되어서 속이 상한 사람한테 전화요금을 내라는 것이었다. 터무니없는 요구를 순순히 들어 줄 수가 없어서 한참 동안 언쟁을 벌였다. 서로의 주장이 팽팽하여 도저히 끝날 것 같지 않은 언쟁을 계속하다가 결국 45원을 주는 것으로 타협을 보았다. 처음 약 한 시간에 걸쳐 시도한 것은 빼고 나중에 몇 차례 더 시도한 것만 주기로 합의를 본 것이다. 전화가 연결되지도 않았는데, 그것도 수신자부담으로 걸었는데 전화요금을 받는다는 것은 우리로서는 이해하기 힘든 일이다. 그러나 그들의 주장은 달랐다. 전화기를 붙들고 있었기 때문에 요금을 내야 한다는 것이었다.

당시에는 서안 지방의 전화 사정이 별로 좋지 않기 때문에 그럴 것이라고 생각했다. 그러나 나중에 전화 사정이 괜찮은 다른 지역에도 그런 예가 있는 것을 보고는 그것이 전화 사정 때문이 아니라 전화에 대한 인식의 차이 때문일 수도 있겠다 싶었다. 어쨌든 그런 일이 있은 뒤로 나는 웬만해서는 호텔에서 수신자부담 국제전화를 걸지 않았다. 그리고 나말고도 그런 사람이 더러 있는 것을 보았다. 그런데 이제 이 호텔에서는 수신자부담 국제전화의 요금을 받지 않으니 전화 사정이 많이 좋아졌을 뿐만 아니라 전화에 대한 인식도 달라진 모양이다.

먼저 한산사(寒山寺)로 갔다. 나는 오래전에 이미 한산사와 한산(寒山)·습득(拾得)에 관한 전설을 들은 적이 있었다. 절친한 친구 사이였던 두 사람은 한 아가씨

한습전

를 사랑하게 되었다. 한동안 한 치의 양보도 없이 아가씨의 마음을 얻으려고 노력하던 두 사람이 어느 날 동시에 사랑 대신 우정을 선택하기로 하고 이 절로 들어가 스님이 되었다. 결과적으로 그 아가씨만 우습게 되고 말았다는 얘기다. 한산사 중앙에 한습전(寒拾殿)이라는 불전(佛殿)이 있는 것을 보면 이 이야기가 그럴듯하게 들린다.

그러나 ≪고소지(姑蘇志)≫에 "당나라 사람들이 이미 한산사라고 불렀다. 전하는 바에 의하면 한산과 습득이 이곳에 머문 적이 있기 때문에 이렇게 부른다고 하는데 확인할 길이 없다"[11]라고 했으니 내가 들은 전설은 그다지 신빙성이 높은 이야기가 아닌 듯하다. 아무튼 전라북도 고창에 있는 선운사 경내의 성보박물관에 가면 한산과 습득의 모습을 그린 벽화가 있는데, 그 옆의 설명문에 한산은 문수보살

11 "唐人已稱寒山寺矣. 相傳寒山 · 拾得嘗止此, 故名. 然不可考也."[문연각사고전서본 왕오(王鏊) ≪고소지≫ 권29]

장계의 〈풍교에서 야박하니〉 시비

의 화신이고 습득은 보현보살의 화신이라고 했으니 두 사람은 아무래도 예사로운 인물이 아님에 틀림없다.

한산사 경내로 들어서자 당나라 시인 장계(張繼, 750 전후)의 시 <풍교에서 야박하니(楓橋夜泊)>를 새긴 시비가 가장 먼저 우리를 반겼다. 시 뒤에 원래 명나라 때의 저명 화가 문징명(文徵明, 1470-1559)이 쓴 시비가 있었는데 오랜 세월에 글자가 뭉개져서 광서 병오년(1906)에 청나라 학자 유월(兪樾, 1821-1907)이 새로 써서 새겼다는 설명이 있었다.

달은 지고 까마귀 울고 서리는 하늘에 가득한데	月落烏啼霜滿天
강가의 단풍과 어선의 불이 근심 속에 자는 걸 보았구나.	江楓漁火對愁眠
고소성 밖에 있는 한산사에서	姑蘇城外寒山寺
한밤중의 종소리가 나그네 배까지 들리는구나.	夜半鐘聲到客船

이 시에 대하여 구양수가 일찍이 한밤중에 종 치는 절이 어디 있겠느냐며 이 시의 진실성을 문제 삼아 문단에 물의를 일으킨 적이 있었다. 구양수의 영향력이 워낙 큰 데다 이치상으로도 그럴듯하기 때문에 당시 많은 문인들이 그의 말에 동조했다. 그러나 구양수의 생각과 달리 옛날에는 실지로 밤중에 종 치는 절이 있었다고 한다. 이에 대하여 송나라 사람 진암초(陳巖肖, 1138 전후)는 자신의 체험을 근

거로 구양수의 주장을 반박하여, "육일거사(즉 구양수)의 ≪시화(詩話)≫에 '시구는 아름답지만 한밤중은 종을 칠 때가 아닌 것을 어쩌랴!'라고 했는데 내가 옛날에 고소(지금의 강소성 소주)에서 벼슬살이할 때 보니 삼경(11시에서 새벽 1시 사이)이 끝나고 사경(새벽 1시에서 3시 사이)이 시작될 무렵이 되면 여러 절의 종들이 다 울렸다. 당나라 때부터 이미 그랬을 것으로 생각된다"[12]고 했다. 또 같은 시대 사람 정대창(程大昌, 1123-1195)은 "'한밤중의 종소리가 나그네 배까지 들리는구나'라는 시구에 대하여 어떤 사람은 한밤중은 종을 칠 때가 아니라고 의아해했지만 그렇지 않다. ≪남사(南史)≫ ＜구중부전(丘仲孚傳)＞에 '책 읽기를 좋아하여 항상 한밤중의 종소리가 들릴 때까지 읽었다'라는 말이 있다"[13]고 했으니, 이는 남조시대 사람 구중부(460?-510?)의

풍교

12 "六一居士≪詩話≫謂: '句則佳矣, 奈半夜非鳴鐘時.' 然余昔官姑蘇, 每三鼓盡四鼓初, 卽諸寺鐘皆鳴. 想自唐時已然也."[문연각사고전서본 ≪경계시화(庚溪詩話)≫ 권상]

13 "'夜半鐘聲到客船', 或疑半夜非鳴鐘之時, 非也. ≪南史≫ <丘仲孚傳>: '好讀書, 常以中宵鐘爲限.'"[문연각사고전서본 ≪연번로(演繁露)≫ 속집권4(續集卷四) <한밤중의 종소리(半夜鐘)>]

일을 예로 삼아 당나라 훨씬 이전부터 이미 한밤중에 종 치는 관례가 있었음을 밝힌 것이다. 구양수의 말은 근거 없는 억측에 불과했지만, 어쨌든 이로 인하여 문인들 사이에 많은 논란이 일어났고 그것이 이 시를 천고의 절창으로 만드는 데 적지 않은 공을 세웠을 것임은 의심의 여지가 없다.

소주 사람들에게 있어서 이 시는 대단히 소중한 문화유산일 뿐만 아니라 중요한 생계수단이기도 하다. 한산사 일대의 기념품 가게에는 이 시를 각종 서체로 쓰고 거기에 다양한 그림을 그려 넣어서 만든 기념품의 종류가 아주 다양하다. 해외 연구차 소주대학에 머물고 있던 1996년에 당시 여든 살이 다 되어 가던 원로 서예가 이학운(李鶴雲) 선생에게 들은 바에 의하면 이런 종류의 기념품이 200가지가 넘을 것이라고 했다. 그분의 말씀에 의하면 또 유월의 글씨와 꼭 같이 모사하여 새긴 모조 시비도 몇 가지가 있다고 한다. 유월이 쓴 원래의 시비는 훼손을 방지하기 위해 탁본을 허용하지 않는지라 탁본을 떠서 관광객들에게 팔기 위해 별도로 만든 복제품이라고 한다. 그렇기 때문에 세밀하게 비교해 보면 탁본의 글씨가 조금씩 다르다고 한다. 서예 전문가로서 평생토록 작품활동을 해 오고 있음은 물론 소주대학 교수로서 오랫동안 강의도 하신 분의 말씀이니 신빙성에 대해서는 의심할 필요가 없을 것이다.

최근에는 이런 일도 일어나고 있다. 소주에서는 해마다 연말연시가 되면 호텔을 잡기가 어려워지는 기이한 현상이 발생한다. 일본 관광객들이 웬만한 호텔의 객실을 다 차지하기 때문이라고 한다. 1996년 연말에 나는 그곳에서 유학하는 한국인 학생들에게서 이런 이야기를 듣고 마침 내 옆방에 묵고 있던 일본인 교수에게 연말연시에 소주를 찾는 일본인 관광객이 유독 많은 이유를 물어보았다. 그러자 그는 일본인들에게는 유명한 절을 찾아가 108번씩 치는 제야의 종소리를 들으면서 새해를 맞이하는 풍습이 있는데, 지구촌 시대를 맞아 요즘은 국내의 사찰을 찾아가는 데서 만족하지 않고 외국의 유명 사찰을 찾아가는 경향이 있다고 했다.

그런데 일본의 중학교 교과서에 장계의 이 시가 수록되어 있기 때문에 거의 모든 일본인이 한산사라는 절에 대해서 특별히 친밀감을 가지고 있다고 했다. 그러면서 그는 각 여행사가 이런 점을 이용하여 한산사에서 연말연시를 보낼 관광객을 모집하기 때문인 것 같다고 추측했다.

한산사 범종

그해 12월 31일 밤에 나는 은은하게 들려올 한밤중의 종소리를 한번 느껴 보기 위해 유학생 두 명과 함께 한산사로 갔다. 택시는 한산사에서 약 2킬로미터나 떨어진 교차로에 우리를 내려놓으며 더 이상 갈 수가 없다고 했다. 택시에서 내리니 수많은 인파가 북새통을 이루고 있는 가운데 경찰들이 길을 막고 늘어서서 출입을 통제하고 있었다. 한 장에 인민폐 140원인 입장권을 사 오라는 것이었다. 당시의 환율에 의하면 인민폐 140원은 한국 돈 약 1만 4천 원에 해당했으니 큰돈이 아니었다. 그러나 평소 5원인 입장료를 근 30배로 올려서 140원이나 받는 것은 너무 불합리한 처사라고 생각되는지라 얼른 받아들이기 어려웠다. 잠시 상의한 끝에 우리는 비싼 입장료 내고 인파에 떠밀리며 한산사까지 들어가 봐야 특별한 것도 없을 터이니 차라리 그 부근 식당에서 소흥주를 마시며 은은하게 들려올 종소리나 듣기로 했다. 식당 주인이 종소리가 거기까지 들린다고 했기 때문이다.

식당에 들어가며 주인에게 한산사의 횡포가 너무 심하지 않으냐고 항의하는 것 같기도 하고 동의를 구하는 것 같기도 한 말투로 물었다. 그랬더니 주인은 아주 담담한 표정으로 말했다.

"1년에 한 번뿐이잖아요?"

1년에 한 번뿐이라 그래도 들어갈 사람이 많으니 입장료를 더 많이 받는 것이 당연하지 않으냐는 말투였다. 그의 말은 시장경제에 있어서의 수요공급의 법칙을 잘 알고 있는 사람의 말이었다. 그리고 이 일을 통하여 자본주의 국가인 우리나라에서는 마음대로 입장료를 올릴 수 없는데, 이에 반해 사회주의 국가인 중국에서는 오히려 가격 결정이 훨씬 더 자유스럽다는 사실을 알 수 있었다. 이것이 개혁개방의 영향으로 최근에 생긴 새로운 모습인지, 아니면 상술에 뛰어난 중국인 본연의 모습인지 무척 궁금했다.

이 시에서 말한 '한밤중의 종소리'를 울리는 종루에 올라가려면 1인당 5원씩의 입장료를 별도로 내게 되어 있었다. 그리고 1인당 세 번 이내로 종을 칠 수 있다고 매표소 앞의 벽에 붙어 있는 안내문에 명시되어 있었다.

나는 맨 처음 온 1992년 봄에 한 번 쳐 본 적이 있기 때문에 굳이 다시 치고 싶은 생각이 없어 종루 밑에 앉아 잠시 쉬면서 다른 사람이 치는 것을 듣기만 했다. 수없이 많은 관광객들이 끊임없이 올라간 만큼 종소리가 쉬지 않고 들렸다. 치는 사람이 너무 많아서 타종 횟수를 제한하지 않으면 안 될 정도가 되었으니 더 말해 무엇하랴! 그것을 보고 있자니 문득 장계의 시와 관련된 시상이 하나 떠올랐다.

2007년 8월 11일 소주 한산사에 갔더니 절 안에 종을 치는 사람들이 끊이지 않으므로 느낀 바가 있어서 절구를 한 수 짓는다

二零零七年八月十一日, 遊蘇州寒山寺, 寺內打鐘之人絡繹不絕, 有感作一絶

성은 이미 없어져도 절은 아직 건재하여	城已無痕寺尙榮
구경꾼들 연방 올라 종소리를 내는구나.	遊人連上發鐘聲
장공은 밤중에나 들을 수 있었는데	張公夜半始聞得
지금은 하루 종일 끊임없이 우는구나.	今則終朝不絶鳴

잠시도 쉬지 않고 종이 울리는 종루를 지나고 한산과 습득의 상이 조각되어 있는 한습전도 지나 절 맨 뒤편까지 가노라니 다른 것은 대부분 10년 전과 같은 모습으로 그 자리에 서 있는데 맨 뒤에 있는 옛날 범종 두 개는 처음 보는 것이었다.

장계 시의 후반부를 보면 한산사는 장계가 정박한 곳에서 상당히 멀리 떨어져 있기 때문에 주위가 시끄러운 낮에는 종소리가 안 들리다가 천하가 다 잠든 고요한 밤에나 겨우 들릴 것 같다. 그처럼 고요한 밤이었기에, 낮 같으면 들리지 않을 종소리가 아련하게 들려올 정도로 고요한 밤이었기에, 이 시가 멋있다고 여겨진다. 말하자면 이 시의 진정한 가치는 늦가을 내지 초겨울 밤의 고즈넉한 강촌 풍경을 그림보다 더 아름답고 생동감 있게 그려 놓고 거기에 자신의 아련한 객수를 녹여 넣음으로써 읽는 이의 가슴에 오래도록 가시지 않는 찡한 여운을 남기는 데에 있다고 할 수 있다. 그러나 오늘날 장계가 정박한 곳이라고 표시되어 있는 곳을 보면 실망하지 않는 사람이 없을 것이다. 한산사 종루에서 100미터 남짓밖에 안 떨어져 있기 때문이다. 고요한 밤중에 아련히 들리기는커녕 수많은 관광객이 벅적거리는 한낮에도 귀가 아플 정도로 크게 들릴 것 같기 때문이다.

장계가 배를 대고 하룻밤을 보냈다는 곳은 한산사 부근의 경항운하(京杭運河)에 있다. 1992년 봄에 왔을 때는 이곳에 아무런 표시도 없었고 1996년에 왔을 때는 콘크리트로 된 강둑에 페인트로 '풍교야박처(楓橋夜泊處)'라고만 쓰여 있더니, 이번에 다시 와 보니 운하 건너편에 몇 가지 볼거리를 만들어 관광지를 조성해 놓았다. 강가에 장계의 앉아 있는 모습을 조각한 동상도 만들어 놓고 강 위에 청종루(聽鐘樓)라는 긴다란 누각도 지어 놓았다. 청종루는 장랑(長廊)처럼 기다랗게 지어져 있었다. 이처럼 관광자원의 개발에 발이 빠른 것이야 누가 뭐라고 하랴만 20~30분이면 다 볼 수 있는 곳의 입장료가 25원이나 되는 것은 아무래도 좀 비싼 것 같았다. 어쨌든 그래도 다들 들어가서 본다는 뜻이니 장계가 소주 경제에 기여하는 바가 더욱 커진 셈이다.

풍교를 다 본 뒤 미리 파악해 간 정보에 따라 한산사 옆에 있다는 채식전문 식당을 찾아가서 점심을 먹기로 했다. 한산사를 바라보고 오른쪽 길로 들어가 간판에 '재(齋)'자가 붙은 식당을 찾았다. 나에게 알려 준 사람이 그렇게만 기억하고 있었기 때문이다. 한산사 정문에서 20미터 정도만 가면 된다고 들었는데 한산사를 거의 한 바퀴 다 돌고 나서야 한산사소재관(寒山寺素齋館)이라는 식당을 하나 찾았다. 이름에 '재'자가 들어 있고 식당 이름이 채식전문임을 암시하고 있으므로 우리가 찾는 곳임에 틀림없었다. 그런데 찾고 보니 풍교 출입구에서 몇 발 안 되는 풍교대가(楓橋大街)에 있었다. 왼쪽 길로 가야 하는데 오른쪽 길로 가는 바람에 바로 코앞에 두고 한산사를 한 바퀴 돈 것이었다.

원래 이름이 강풍루(江楓樓)인 이 식당에서는 채소로 만든 음식만 파는데 그 음식이 외견상으로는 일반 음식과 다르지 않았다. 재료는 채소를 쓰되 외양은 일반 음식과 꼭 같이 만들었기 때문이다. 일례로 생선 요리를 시킬 경우 보통의 생선과 꼭 같이 생긴 음식이 나오는데 막상 먹어 보면 생선이 아니라 채소로 만든 것이다. 말하자면 인조 고기인 셈이다. 깔끔하고 담박한 것이 꽤나 먹을 만했다. 고기가 귀해서 할 수 없이 인조 고기를 먹는 지역도 있다지만 이것은 비쌀지라도 한 번 먹어 볼만한 별미였다. 그런데 재료가 채소인지라 가격도 쌌다.

❄ 호구와 유원

오후에는 "강남 산천의 으뜸"[14]이라는 영예를 안고 있는 호구(虎丘)로 갔다. 춘추시대에 오왕(吳王) 합려(闔閭)가 죽었을 때 이곳에 장사 지냈더니 장사를 지낸 지 사흘째 되는 날 흰 호랑이가 그의 무덤 위에 쭈그리고 앉은 모습이 나타났다는[15] 호구는, 동진(東晋) 때의 고승 축도생(竺道生)이 이곳에서 불경을 강론했는데

---

14 "江左丘壑之表"[문연각사고전서본 진요문(陳耀文) ≪천중기(天中記)≫ 권7 <땅(地)>에 인용된 왕승건(王僧虔)의 ≪오지기(吳地記)≫]

15 문연각사고전서본 ≪강남통지(江南通志)≫ 권12 <소주부(蘇州府)>에 "호구산은 부성에서 서북쪽으로

사람들 중에는 그의 강론을 들으려는 사람이 없으므로 돌을 모아서 제자로 삼고 ≪열반경(涅槃經)≫의 지극한 이치를 설명했더니 돌이 모두 고개를 끄덕였다는 전설이 서려 있는 곳이기도 하다.[16]

정문에 들어서자 제일 먼저 단량전(斷梁殿)이 나왔다. 대들보 두 개를 연결하여 지은 집이기 때문에 자세히 보면 중간에 대들보를 이은 흔적이 보인다는데 육안으로는 보이지 않았다. 카메라 줌을 최대한으로 확대해서 보니 웬만큼 보였지만 막상 사진을 찍어서 보니 또 보이지 않았다.

단량전에서 다시 조금 올라가니 시검석(試劍石)이 나왔다. 벽에 새겨진 안내문에 의하면 시검석은 춘추시대에 오왕 합려가 간장(干將)과 막야(莫邪)에게 명하여 만들어 오게 한 검을 시험해 본 곳이라는 설과, 진시황이 오왕 합려의 무덤을 발굴하여 순장품인 검을 찾아낸 뒤 그것을 시험해 본 곳이라는 설이 있는 바위라고 한다. 마치 가운데를 칼로 내리친 듯 쭉 곧게 쪼개져 있었다. 호구에는 세 번째 왔는데 왜 이제야 이게 눈에 뜨이는지 모를 일이다.

시검석

시검석을 지나서 조금 더 올라가자 1,000명이 앉을 수 있다는 커다란 반석

9리 되는 곳에 있다. ≪오월춘추≫에 '합려를 이곳에 장사 지내고 편제검과 어장검 3,000개를 순장품으로 삼았는데 3일이 지나자 금속의 정기가 어려 흰 호랑이 모양을 하고 그 위에 쭈그리고 앉아 있었기 때문에 호구산이라고 명명했다. 또 해용산이라고도 한다. 가파른 바위절벽과 우뚝 솟은 계곡이 있고 무성한 숲과 깊숙한 대밭이 있어서 강남 산천의 으뜸이다'라고 했다(虎邱山在府城西北九里. ≪吳越春秋≫云: '闔閭葬此, 以扁諸 · 魚腸劍三千爲殉, 越三日, 金精結爲白虎踞其上, 故名. 又曰海湧山. 絶巖聳壑, 茂林深篁, 爲江左邱壑之表.')"라는 기록이 있다.

16 ≪백도백과≫ <축도생> · <천인서> 참조.

이 나왔다. 천인석(千人石)이라고 하는 곳으로 바로 축도생이 ≪열반경≫을 강론했다는 곳이다. 천인석 옆의 바위에 축도생이 강론한 곳이라는 뜻에서 당나라 사람 이양빙(李陽冰)이 썼다는 '생공강대(生公講臺)'라는 전서(篆書)와, 돌을 세워 만든 제자 1,000명이 앉은 자리라는 뜻에서 명나라 사람 호찬종(胡纘宗)이 썼다는 '천인좌(千人坐)'라는 전서가 각각 녹색과 청색으로 새겨져 있었다.

천인석 뒤는 검지(劍池)였다. 진시황이 호구에서 오왕 합려의 보검을 찾으려는데 합려의 무덤 위에 호랑이가 웅크리고 앉아 있는지라 호랑이를 향해 검을 던졌는데 호랑이는 맞지 않고 검이 바위에 꽂혀 빠지지 않으므로 그 자리에 못을 파서 '검지'라고 했다는 기록이 있거니와,[17] 검지는 바로 오왕 합려의 묘지로 모양이 검처럼 생겼다.

검지 입구의 '호구검지(虎丘劍池)'라는 해서(楷書)는 원래 당나라 서예가 안진경(顔眞卿, 709-785)이 쓴 것인데 오랜 세월에 글자가 많이 뭉개져 명나라 만력(1573-1619) 연간에 '호구(虎丘)'라는 두 글자를 새로 새겼기 때문에 '진짜 검지, 가짜 호구

진짜 '검지'와 가짜 '호구'

17 육광미(陸廣微), ≪오지기(吳地記)≫ 참조.

(眞劍池, 假虎丘)'라는 말이 있다는 안내문이 벽에 새겨져 있었다. '검지(劍池)'라는 글씨는 진짜 안진경의 글씨고 '호구(虎丘)'라는 글씨는 가짜라는 뜻이다. 동그랗게 생긴 출입구에 들어서니 1년 내내 물이 마르지 않는다는 검지가 있었다. 검지 옆의 암벽에 또 북송 서예가 미불(米芾, 1051-1107)이 썼다는 '풍학운천(風壑雲泉)'이라는 해서와 동진 서예가 왕희지(王羲之, 321-379)가 썼다는 '검지(劍池)'라는 전서가 있었다.

운암사탑(雲巖寺塔)은 언제부터인지 모르지만 이탈리아에 있는 피사의 사탑처럼 기우뚱하게 기울어진 채 오늘도 변함없이 가장 높은 곳에 의연하게 버티고 서서 호구를 찾아오는 관광객들을 점호하고 있었다.

이번 답사지에는 원림(園林)이 많기 때문에 각종 건축 양식의 특징을 관찰해 보기로 하고 3개 조가 각각 두세 개씩의 건축 양식을 집중적으로 연구하기로 했는데 제1조인 우리의 과제는 '정(亭)'과 '사(榭)'였다. 나는 10년 전에 이미 나름대로 관찰하고 내려 놓은 결론이 있지만 학생들이 관심을 가지고 살펴보게 하기 위해 일부러 이런 방식을 채택한 것이다.

입장권 뒷면의 약도에 의하면 호구에도 운암사탑 부근에 남월사(攬月榭)라는 정자가 있는 것으로 되어 있어서 그것을 찾기로 했다. 약도가 정확하지 않아 좀처럼 찾을 수 없었다. 도중에 그곳에서 일하는 직원인 듯한 한 아주머니에게 물어보았더니 저쪽으로 조금만 가면 물가에 정자가 하나 있는데 그것이 바로 남월사라고 했다. 그 아주머니도 말한 것처럼 물가에 있는 정자가 바로 '사'라는 사실은 사전만 보아도 알 수 있는 일이고 10년 전에 다른 곳에서 내 눈으로 확인하기도 했지만, 이번에 학생들과 함께 다시 한 번 확인해 보고 싶기도 하고 학생들에게 직접 보여 주고 싶기도 하여 좀처럼 보이지 않는 그 정자를 악착같이 찾아갔다. 아주머니가 가르쳐 준 방향으로 한참을 가서야 연못이 하나 있고 그 연못 옆에 정자가 하나 서 있는 것을 볼 수 있었다. 가까이 가서 현판을 확인해 보니 과연 남월사였다. 짐작하고 있었던 바와 같이 물가에 위치해 있다는 사실만 독특할 뿐 건축 양식 자체는 보통의 정자와 다를 바가 없었다.

호구에서 시간이 좀 지체되는 바람에 예정보다 늦은 3시 40분에야 유원(留園)에 도착했다. 유원은 비록 규모는 작지만 아기자기하고 짜임새가 있어서 나는 소주에 있는 정원들 중에서 유원을 가장 좋아한다. 10년 전에도 그랬고 지금도 마찬가지다. 유원에 들어서니 한 아가씨가 대청에 앉아 비파를 타면서 혼자 노래를 부르고 있었다. 10년 전에는 보지 못한 모습이었다.

유원을 한 바퀴 돌고 나오자니 출구 부근의 벽에 곤극(崑劇) 공연시간을 안내하는 쪽지가 붙어 있었다. 곧 공연이 시작될 시간이었다. 서둘러 무대 쪽으로 달려갔다. 덕분에 공연이 시작되기 직전에 좌정할 수 있었다. 젊은 여자 배우 둘이 무대 위에 올라와서 대화를 나누다가 이윽고 곤곡(崑曲)을 노래했다. 바로 명나라 극작가 탕현조(湯顯祖)의 대표작 <모란정(牡丹亭)>의 맨 앞부분인 <유원(遊園)> 가운데 첫 번째 곡조로 여주인공 두여낭(杜麗娘)과 그녀의 시녀 춘향(春香)이 번갈아 부르는 <요지유(繞地遊)>였다.

꿈길에서 돌아오니 꾀꼬리가 꾀꼴꾀꼴	夢回鶯囀
눈부신 봄빛이 대지를 덮었는데	亂煞年光遍
깊숙한 정원에 나 혼자 서 있도다.	人立小庭深院(이상 두여낭)
다 타 가는 심지에서 연기는 가물가물	炷盡沈煙
수놓던 오색실을 던져버리고	抛殘繡線
올봄에도 사랑이 작년 같길 빌어 본다.	憑今春關情似去年(이상 춘향)

소주 사람들은 고전문학이 몸에 배어 있는 모양이다. 텔레비전이나 라디오 같은 대중매체에서도 정기적으로 소주평탄(蘇州評彈)을 방송하고 공원을 찾는 시민들에게도 이렇게 늘 곤극을 공연해 주니 말이다. 고전을 사랑하고 소중히 여기는

저들의 태도가 참 고아(高雅)해 보인다. 우리도 좀 본보기로 삼을 일이다.

5시에 관전가에 있는 168모텔(一六八莫泰) 관전가점으로 가서 짐을 풀었다. 현묘관(玄妙觀) 바로 서쪽이었다. 168모텔은 특별히 싼 방의 가격이 168원이라고 해서 붙여진 이름인데, 그것은 손님을 끌기 위한 사탕발림이고 그런 방은 수가 많지 않아 그것보다 비싼 방을 써야 하는 경우가 많은 듯했다. 그런데 이 모텔은 특이하게도 침실과 욕실 사이에 반투명 유리를 달아 놓아 욕실 안에 있는 사람의 그림자가 침실에서 다 보이게 되어 있었다. 재미있게 하느라고 일부러 그렇게 지은 모양이지만 다들 그것 때문에 불편해했다. 그러나 그것말고는 신축 건물이라 시설도 깨끗하고 가격도 적당해서 마음에 들었다.

김어진이 소주에서 가장 유명한 식당 가운데 하나인 득월루(得月樓)에 예약을 해 준 덕분에 지체 없이 바로 그곳으로 가서 저녁을 먹고 김어진을 따라 소주대학으로 가 보았다. 소주대학은 10년 전과 많이 달라져 있었다. 남문 부근의 허름한 건물이 있던 자리에 웅장한 새 건물이 들어서 있고, 동오지가(東吳之家)라는 낡은 호텔이 있던 자리에도 새 건물이 들어서서 그 주변이 몰라보게 변해 있었다. 내가 1년 동안 묵었던 전가루(專家樓)는 이미 다 헐려 버려서 자취도 없고 그 자리에 다른 건물을 짓느라 공사가 한창 진행 중이었다.

2007년 8월 12일 어제 저녁에 김어진이 가르쳐 준 대로 득월루 부근에 있는 천복루(川福樓)에 가서 아침을 먹었다. 시내 중심가라서 그런지 밥값이 1인당 20원으로 상당히 비싼 편인데도 불구하고 어제와 그제 아침에 금강지성에서 10원씩 주고 먹은 것보다 별로 더 나은 것이 없는 듯했다.

다 함께 숙소 앞에 있는 오래된 도교 사원인 현묘관을 구경한 다음 다른 일행은 원래 일정대로 북사탑(北寺塔)과 사자림(獅子林)으로 가라고 하고 나는 혼자서 다시 호구로 갔다. 어제 호구에 갔을 때 나는 철화암(鐵華巖)을 발견하지 못했는데 일행 가운데 철화암을 본 사람이 있다고 하기에 그것을 관찰하기 위해 다시 간 것이다. 소동파의 시 <호구사(虎丘寺)>에 "무쇠 꽃이 암벽에 수를 놓았고, 살기가 개구리와 맹꽁이의 입을 봉해 버렸다"[18]라고 했고 왕십붕(王十朋)의 ≪동파시집주(東坡詩集註)≫에 수록된 이 시의 주석에 "절 안에 철화암이 있으니 검지 옆에 있다"[19]라고 했기 때문에 이번 답사 때 꼭 찾아보려고 생각했는데, 어제 못 보아서 안타까워하다가 10년 전에 두 번씩 본 적이 있는 북사탑과 사자림을 포기하고 호구에 다시 가기로 작정한 것이다.

검지 옆에 당나라 차 전문가 유백추(劉伯芻)가 천하제삼천이라고 품평한[20] 샘이 있고, 제삼천 바로 옆의 바위에 심양(瀋陽) 사람 범승훈(范承勳)의 낙관이 있는 '철화암(鐵華巖)'이라는 글씨가 커다랗게 새겨져 있었다. 그러니까 철화암은 아래

철화암

---

18 "鐵花繡巖壁, 殺氣噤蛙黽."(왕문고본 ≪소식시집≫ 권11)
19 "寺中有鐵花巖, 在劍池之側."(문연각사고전서본 ≪동파시집주≫ 권23)
20 ≪백도백과≫ <소주호구삼천(蘇州虎丘三泉)> 참조.

로 제삼천이 흘러가는 계곡의 한쪽 절벽이었다. 이 바위는 바탕이 회흑색(灰黑色)인데 여기저기 황갈색이 섞여 있어서 마치 쇠에 녹이 슨 것처럼 보였는바, 그래서 이 바위를 '철화암(鐵華巖)' 또는 '철화암(鐵花巖)'이라고 불렀을 것으로 생각되었다.

이로써 남송 시인 이강(李綱, 1083-1140)의 시 <연성황제께서 보검을 하사하셨는데 쇠 꽃이 피었기에 느낀 바가 있어서 짓는다(淵聖皇帝賜寶劍生鐵花感而賦詩)>의 "오늘 아침 상자 열고 용무늬를 보았더니, 녹이 슬어 쇠 꽃 피고 이끼 자국 생겨 있네"[21]라는 구절이 암시하는 바를 내 눈으로 직접 확인하게 되었다. 보다 정확한 고증을 위해 그 일대의 사진을 50여 장이나 찍어 두었다.

❃ 졸정원과 우원

사자림 앞에서 일행을 만나 함께 점심 먹을 만한 식당을 찾았으나 그 부근에는 마땅한 식당이 별로 없었다. 간신히 하나를 찾았는데 거기서 우리는 사자머리에 한 번 들이받혔다. 열두 명이나 들이닥쳐서 좋아했던 주인이 우리가 음식을 그다지 많이 주문하지 않는 바람에 실망하여 구시렁구시렁하더니 자기 집은 사자두(獅子頭)를 잘 만드니 한 번 먹어 보라고 권했다. 하나에 18원이라고 했다. 배가 어지간히 불렀지만 주인의 눈치도 좀 보이고 해서 하나 가져 오라고 했다. 알고 보니 사자두는 잘게 다져서 공처럼 동그랗게 만든 고깃덩어리를 냄비에 넣고 삶은 음식인데 그 고깃덩어리 하나가 18원이라는 것이었다. 그리고 사자두는 1인당 하나씩 주문해야 한다며 커다란 냄비에 열두 개를 담아 와서는 216원이라고 했다. 중국의 음식문화를 잘 모른 탓에 본의 아니게 별로 필요하지 않은 음식을 주문하게 되었다. 외국 여행을 하다 보면 흔히 있는 일이다. 사자림 부근에서 사자머리를 잘못 먹는 바람에 또 하나의 재미있는 추억이 생긴 셈이다.

오후에는 먼저 '오중제일명승(吳中第一名勝)'의 영예를 안고 있는[22] 졸정원(拙政園)

---

21 "今晨開匣觀龍文, 鐵花繡澁蒼蘚痕."[문연각사고전서본 ≪양계집(梁谿集)≫ 권20]

으로 갔다. 안내문에 의하면 졸정원은 정치에서 물러난 왕헌신(王獻臣)이 명나라 정덕 4년(1509)에 창건했으며, 진나라 시인 반악(潘岳, 247-300)의 ＜한거부(閑居賦)＞에서 '졸정원'이라는 명칭을 얻었다고 한다.[23]

그러나 10년 전에도 느꼈던 일이지만 나는 졸정원이 별로 마음에 들지 않는다. 이것은 소주 최대의 원림이요 '오중제일명승'이라는 위상에 어울리게 규모는 굉장히 크지만, 규모만 컸지 짜임새가 없고 따라서 아기자기한 맛이 없다. 그리고 너무 웅장해서 보노라면 마음이 평온해지는 것이 아니라 오히려 그 기세에 눌려 주눅이 든다. 한 개인이 전원생활을 하는데 이렇게 웅장한 원림이 왜 필요했는지 납득이 안 된다. 아무래도 왕헌신이 처음부터 이처럼 웅장하게 지은 것이 아니라 그 뒤에 여러 차례의 중수를 거치면서 이렇게 커졌을 것이라고 생각되지만, 아무튼 나로서는 그 속에서 편안함이나 느긋함을 별로 느낄 수 없어서 마음에 들지 않는다. 이러한 나의 생각은 어쩔 수 없이 일행에게 영향을 미쳤다. 남은 일정을 소화하기에 시간이 부족한 면도 있고 별로 오래 볼 필요도 없다고 생각했기 때문에 관람시간을 한 시간 30분만 갖자고 했다. 그래도 각종 건축이 다 갖추어져 있어서 건축 양식의 연구에는 적지 않게 도움이 되었다.

규모는 작지만 강남 풍정을 느낄 수 있어서 좋더라며 추천하는 사람이 있었기에 특별히 일정에 넣은 우원(耦園)은 일행이 다들 별로 볼 것 없다는 반응이었다. 상당히 구석진 골목에 있기 때문에 어렵사리 찾아갔는데 안타까운 일이었다. 그러나 가는 도중에 길을 물었을 때 그곳 주민들이 우원에 뭐 볼 것 있다고 가느냐며 의아한 눈초리로 우리를 쳐다본 것은 좀 지나치다 싶었다. 나름대로 아기자기

22 두문란(杜文瀾), ≪게원사화(憩園詞話)≫ 권3 참조.

23 반악의 <한거부>에 "정원에 물을 주어 키운 채소를 팔아서 아침저녁의 식사를 공급하고, 양을 길러 젖을 팔아서 여름과 겨울의 제사 비용에 충당하며, 부모님께 효도하고 형제간에 우애하면 이것 역시 옹졸한 사람의 정치다(灌園鬻蔬, 以供朝夕之膳; 牧羊酤酪, 以俟伏臘之費; 孝乎惟孝, 友于兄弟, 此亦拙者之爲政也)"[문연각사고전서본 ≪어정역대부휘(御定歷代賦彙)≫ 외집권12(外集卷十二)]라는 구절이 있다.

하게 가꾸어져 있어서 강남의 분위기를 느낄 수는 있었기 때문이다.

우원에서 나와 그 부근에 있는 전진회관(全晋會館), 즉 중국희곡박물관을 향해 걸음을 재촉했다. 중국에는 5시 반만 되면 문을 닫는 곳도 왕왕 있기 때문이었다. 길 찾느라 지체하지 않기 위해 자주자주 물어가면서 찾아간 결과 5시 20분에 도착했다. 그런데도 문이 이미 닫혀 있었다. 부근에 있는 가게 주인에게 물었더니 거기는 원래 4시 반에 문을 닫는다고 했다. 달리 방법이 없었다.

❁ 중국곤곡박물관

2007년 8월 13일 먼저 전진회관으로 갔다. 이곳은 원래 중국희곡박물관이었는데 언제부터 명칭이 바뀌었는지 정문에 '중국곤곡박물관(中國昆曲博物館)'이라는 현판이 걸려 있고 현관에 들어서자 전에 없던 위양보(魏良輔)의 동상이 있었다. 위양보는 명나라 사람으로 곤산(崑山) 일대에 유행하던 곡조를 개량하여 곤강(崑腔)을 만듦으로써 곤곡의 창시에 결정적인 역할을 한 사람이다. 소주가 바로 곤곡의 중심지이니 위양보가 소주 사람들에게 추앙받는 것은 당연한 일이다.

아래층에 위양보의 동상이 있고 그 위층에는 옛날 연극 공연장인 희대(戲臺)가 있었다. 그리고 원형이 잘 보존된 희대를 가운데에 두고 양쪽에 기다란 건물이 나란히 연결되어 ㄷ자 모양을 이루고 있는데, 1층과 2층에 모두 창문에 바짝 붙여서 차탁(茶卓)과 의자를 늘어놓아 차를 마시면서 공연을 즐길 수 있게 해 놓았고, 두 건물의 사이 즉 희대 정면의 마당에도 차탁과 의자가 놓여 있었다. 소주희대는 지금도 고전극의 공연에 사용되고 있는바 이것은 중국에서도 보기 드문 예지만, 관객은 주로 강제로 동원된 중·고등학생들인데 이들도 순수한 고전극은 지루해 하기 때문에 고전극 이외에 잡기(雜技)와 같은 젊은 학생들의 기호에 맞는 작품을 반반씩 섞어서 공연한다는 것이 10년 전에 나에게 얼후(二胡)를 가르쳐 주던 옹찬경(翁贊慶) 선생의 설명이었다. 그는 소주시남교예술단(蘇州市藍橋藝術團)의 단원으

소주 희대와 노천 관람석

소주 희대의 실내 관람석

로서 여기서 공연이 있을 때면 얼후 연주를 담당했다. 젊은 사람들이 옛것을 싫어하는 것은 한국과 중국이 다르지 않은 모양이다.

희대 좌우에 연결되어 있는 실내 관람석은 눈비가 와도 상관없지만 마당에 있는 노천 관람석은 눈비가 오면 사용할 수 없게 되어 있었다. 실내 관람석에는 나무로 만든 사각 탁자와 의자가 놓여 있고, 마당에 있는 노천 관람석에는 둥글게 생긴 탁자와 등받이 없는 둥근 의자가 놓여 있었다. 노천 관람석의 탁자와 의자는 모두 도자기로 만든 것이었다. 아마 눈비가 와도 썩지 않도록 하려는 의도인 것 같았다. 이러한 옛날 희대의 모습을 나는 옹찬경 선생의 자상한 소개로 10년 전에 한 번 보았지만 다른 사람들은 처음 보는 것이라 이것저것 궁금한 것이 참 많은 듯했다.

희대 맞은편에 있는 중국곤곡박물관에는 곤곡에 필요한 각종 도구가 진열되어 있고 공연 장면을 재현한 모형도 전시되어 있었다.

❋ 창랑정과 반문

중국곤곡박물관에서 나와 창랑정(滄浪亭)으로 갔다. 창랑정은 원래 북송 시인 소순흠(蘇舜欽, 1008-1049)의 개인 정원으로 현존하는 소주 지방의 정원들 중에서 역사가 가장 오래 되었다고 하는 곳이다. 창랑정 경내에는 춘추시대부터 청나라 말기에 이르기까지 2,500여 년 동안에 살았던 정치·문학·경학·군사 등 열두 분야의 저명인사 594명의 초상화를 걸어 놓은 오백명현사(五百名賢祠)가 있는데, 여기서 소동파의 상을 하나 발견하여 카메라에 담은 것이 큰 수확이었다.

오백명현사의 소동파상

소주에서의 마지막 답사지인 반문(盤門)은 10년 전과 달라진 게 조금도 없는 듯했다. 반문은 원래 주나라 경왕(敬王) 6년(기원전 514)에 오왕 합려가 오자서(伍子胥)에게 명하여 짓게 한 소주성(蘇州城)의 서남쪽 문으로 수문(水門)과 육문(陸門)이 함께 있는 성문 가운데 중국에 남아 있는 유일한 것이라고 한다.[24] 소주는 강이 많기 때문에 고소성(姑蘇城)의 서남쪽 문인 반문에는 육로를 열고 닫는 육문과 수로를 열고 닫는 수문이 함께 있는데, 수문과 육문에는 각각 교관석(絞關石)이 있어서 열었다 닫았다 할 수 있게 되어 있다. 교관석이란 넓적하고 단단한 바위로 도르래를 이용하여 평상시에는 높이 들어 놓았다가 통행을 차단하고자 할 때에는 바닥으로 내려놓는 일종의 성문이다.

반문에는 또 옹성(甕城)이라는 독특한 성이 있다. 옹성이란 성문 안쪽에 사각형 모양의 아주 작은 성을 쌓고 그 성에 다시 문을 하나 만들어 놓은 특수한 형식의 성이다. 적군이 쳐들어오면 한동안 방어하는 척하다가 안쪽 문을 통해 성 안으로

---

24 《백도백과》 <반문(盤門)> 참조.

들어가 숨어버리고 못 이기는 척 바깥쪽 문을 열어 준 다음 적군이 옹성 안으로 들어오면 얼른 양쪽 문을 다 닫아버려 그야말로 독안의 쥐로 만들어 버린다. 그리고 성 위에서 화살로 공격하면 꼼짝없이 당할 수밖에 없다.

박재현이 비단 옷을 사고 싶다고 해서 운전사에게 부탁하여 창문(閶門) 부근에 있던 황후주도(皇后綢都)라는 비단전문 백화점을 찾아갔다. 이 황후주도는 나에게 잊지 못할 추억이 어려 있는 곳이다. 1997년 1월 8일 소주대학에 머물고 있던 나는 잠시 서울에 다녀오기로 하고 이곳으로 가족의 선물을 사러 왔다. 소주는 전통 있는 비단의 고장이라 비단 제품이 가장 의미 있는 선물이라고 생각했기 때문이다.

옛날에 실수로 잘못 산 경험이 있는지라 하나하나 순수 비단임을 확인하고 일일이 입어 봐 가면서 크기를 확인하여 신중하게 비단 옷을 네 벌 샀다. 어머니와 아내, 그리고 두 아이의 옷이었다. 내가 스웨터를 입은 상태에서 비단 셔츠를 입어 보는 모습이 우스꽝스러웠던지 종업원 한 명이 몰래 웃다가 나한테 들켜서 무안해하기도 했다. 비단 옷을 사 가지고 내려오는 길에 2층과 1층 사이의 계단참에 있는 조그만 가게에서 내가 쓸 목도리를 하나 골랐다. 처음 본 것은 술이 달려 있어 외관이 썩 마음에 안 들기에 옆에 있는 다른 것을 살펴보니 품질도 좋아 보이고 외관도 괜찮아 보였다. 처음 것보다 5원이 더 비싼 55원이었지만 그래도 그것으로 결정하고 상표를 확인해 보니 뜻밖에도 한국 제품이었다. 반가운 마음에 종업원에게 내가 한국인이라고 했더니 그 종업원이 재미있다는 듯이 옆에 있는 동료에게 이야기해 주고는 자기들끼리 키득거렸다. 그런데 숙소로 돌아와서 다시 찬찬히 살펴보니 그 목도리는 100퍼센트 폴리에스테르 제품이었다. 그토록 철저하게 확인했는데도 마지막 순간에 또 실수를 저지르고 만 것이다. 역시 비단 제품을 살 때에는 최대한 신중하지 않으면 안 된다. 그러나 한편으로 생각하니 순수한 화학섬유의 촉감이 순수한 천연 비단보다 더 좋을 수 있다는 사실이 놀랍기도 했다.

이처럼 잊지 못할 추억이 어려 있는지라 박재현을 위해서가 아니라도 한 번 가 보고 싶은 곳이었다. 그러나 그 부근이 완전히 재개발되는 바람에 황후주도도 이미 자취를 감추고 말았다. 10년 전만 해도 그 일대가 소주의 변두리였고 따라서 건물들이 대부분 새로 지은 것이었다. 황후주도도 그런 건물들 가운데 하나였다. 그러던 건물들을 다 헐고 재개발했다니 소주의 개발 속도가 얼마나 빠른지 짐작할 만했다.

박재현에게는 미안한 일이지만 비단 옷은 포기하고 그 부근에 있는 미국식 튀김닭집에서 간단하게 점심을 먹은 뒤 곧장 무석(無錫)으로 가기로 했다. 미국식 튀김닭집에서 먹는 부용소채탕(芙蓉蔬菜湯)은 언제 먹어도 맛이 있었다. 내가 먹어본 중국 음식 중에서 가장 맛있는 것이라고 농담처럼 말했지만, 사실 단순한 농담이 아니라 절반쯤, 아니 그 이상 진심이기도 했다.

2. 무석(無錫)에서 상주(常州)까지

❀ 혜천

무석에 도착하여 우리는 가장 먼저 석혜원림풍경명승구(錫惠園林風景名勝區) 안에 있는 혜산사(惠山寺)로 갔다. 소동파의 시 <초천지에게 혜산천의 샘물을 부탁하며(求焦千之惠山泉詩)>·<수주에 이르러 어사이행 전안도에게 바치면서 아울러 그의 동생인 혜산 노인에게 부친다(至秀州, 贈錢端公安道, 並寄其弟惠山老)>에서 언급한 혜산과 혜산천(惠山泉), 즉 혜천을 답사하기 위해서였다.

다성(茶聖) 육우(陸羽)가 천하제이천으로 품평했을 뿐만 아니라 당나라 때의 유명한 차 전문가 유백추(劉伯芻)와 장우신(張又新)도 천하제이천으로 품평한 혜산 기슭의 혜천은[25] 팔각형 난간으로 둘러싸여 있었다. 육우가 천하제일천이라고 품평한 여산의 곡렴천(谷簾泉)이 계곡 하나를 뒤덮고 있는 커다란 폭포인 것과는 아주 대조적이었다. 물도, 항상 흘러내리는 천하제일천은 더없이 맑았는데, 이 천하제이천은 가까이 접근할 수가 없어서 내부를 자세히 들여다 볼 수는 없었지만 여러 가지 상황으로 미루어 보건대 그다지 맑지 않을 것 같았다. 육우가 살았던 당나라 때나 소동파가 살았던 송나라 때는 그지없이 맑았을 테지만, 지금은 주변에 건축물이 많고 왕래하는 사람이 많은 것으로 미루어 금산 기슭의 또 다른 천하제일천인 중령천(中泠泉)만큼이나 오염되어 있을 것 같은 느낌이 들었다.

천하제일천은 품평하는 사람에 따라 달랐지만 혜천은 육우·유백추·장우신 등 여러 명의 차 전문가로부터 천하제이천이라는 품평을 받았으니 이 혜천이야말로 중국에서 가장 수질이 좋은 물이라고 해도 과언이 아닐 것이다. 이처럼 수질이 좋

25 ≪백도백과≫ <혜산천> 참조.

혜천

은 물인 만큼 차 맛을 강구하는 세도가들이 혜천의 물을 얻기 위해 온갖 방법을 다 동원했다고 한다. 무명씨가 지은 ≪옥천자(玉泉子)≫라는 책에 당나라 재상 이덕유(李德裕)와 관련된 일화가 수록되어 있다. 대략 다음과 같은 이야기다.

> 이덕유는 차에 조예가 깊었기 때문에 물맛을 굉장히 중시했는데 혜천의 물을 특히 좋아했다. 그는 무석에 있는 혜천의 물을 항아리에 담아서 밀봉한 다음 3,000리나 떨어져 있는 장안까지 빠른 속도로 수송하게 함으로써 백성들을 혹사함은 물론 거액의 물자를 낭비했으니 이것은 정적들의 공격을 유발하는 요인이 되었다. 하루는 운유(雲遊)라는 스님이 장안성 안에 있는 한 우물이 혜천과 수맥이 통해서 혜천과 물맛이 같으니 그것을 사용하라고 충고했다. 이덕유가 터무니없는 말이라고 믿지 않자 스님이 이덕유에게 직접 우물물을 길어 와서 시험해 보라고 했다. 이에 이덕유가 꾀를 내어 물 항아리 열 개를 준비하게 하여 그 가운데 한 항아리에는 혜천수를 담고 또 한 항아리에는 스님이 말한 우물의 물을 담고 나머지 여덟 항아리에는 보통의 물을 담게 한 다음 스님으로 하여금 맛을 보게 했더니, 스님이 하나씩 맛을 본 다음 그 가운데 두 병은 혜천수라고 하고 나머지는 보통 물이라고 했다. 그러자 이덕유가 비로소 스님의 말을 믿고 그 뒤로는 혜천수 대신 장안성의 우물물을 사용했다.[26]

≪옥천자≫는 무명씨의 기록이라 신뢰도가 높지 않다고 할 수도 있겠지만 사실 이 이야기는 소동파의 <경주혜통정기(瓊州惠通井記)>가 그 원형이었을 것으로 생

---

26 왕종인(王從仁) 지음/김하림 · 이상호 옮김, ≪중국의 차문화≫, 서울: 에디터출판사, 2005, 240-241쪽 참조.

각된다. 그의 <경주혜통정기>에 이런 이야기가 있다.

> 당나라 재상 이문요(즉 이덕유)는 혜산천 물 마시기를 좋아한 까닭에 역참을 설치하여 물을 가져갔다. 한 스님이 "장안에 있는 호천관(昊天觀)의 우물물이 혜산천과 통합니다"라고 하므로 다른 물 열몇 그릇과 한데 섞어 놓고 시음하게 했더니 스님이 유독 그 가운데 하나를 가리키며 "이것이 혜산천입니다"라고 했다. 이문요가 이 일로 인하여 수역(水驛)을 없앴다. 경주의 동쪽 50리 되는 곳에 삼산암(三山庵)이라고 하는 암자가 있는데 암자 밑의 샘물이 혜산천과 비슷하다. 동파거사가 경주에 들렀을 때 암자의 스님 유덕(惟德)이 그 물을 맛보여 주면서 이름을 지어 달라고 하기에 혜통(惠通)이라고 명명한다. 원부 3년(1100) 6월 17일 적음.
>
> 唐相李文饒, 好飮惠山泉, 置驛以取水. 有僧言: "長安昊天觀井水, 與惠山泉通." 雜以他水十餘缶試之, 僧獨指其一曰: "此惠山泉也." 文饒爲罷水驛. 瓊州之東五十里曰三山庵, 庵下有泉, 味類惠山. 東坡居士過瓊, 庵僧惟德以水餉焉, 而求爲之名, 名之曰惠通. 元符三年六月十七日記.[27]

이것은 소동파가 담주(儋州, 지금의 해남성 담주시 中和)로 유배 갈 때 경주(지금의 해남성 海口)에 이르러 그 부근에 있는 삼산암의 샘물이 혜천과 통한다고 생각하여 혜통이라고 명명하면서 인용한 일화이니 신빙성이 상당히 높다고 할 수 있다. 어쨌든 이런 일화가 있다는 사실만으로도 혜천수가 얼마나 좋은 물이었는지를 짐작할 수 있는데, 혜천수에 대한 중국인들의 애호는 그 뒤로도 오랫동안 식지 않아 명나라 때는 문인들이 스스로 혜천수를 만들어 쓰는 기풍이 있었다. 즉 보통의 물을 끓여서 큰 항아리에 담아 햇볕이 들지 않는 곳에 두고 밤에는 뚜껑을 열어 놓아 이슬을 맞게 하기를 사흘 동안 반복한 뒤에 도자기로 된 독에 넣어 놓고 그것으로 차

---

27 공범례본 ≪소식문집≫ 권12.

를 끓이면 혜천수와 같은 물맛이 났다는 것이다.[28]

혜천을 보고 난 뒤 몇 번이나 길을 물어 가며 마침내 혜산의 정상까지 올라갔다. 혜천에서 40분쯤 걸렸다. 정상에 서서 내려다보니 멀리 태호가 까마득하게 보였다. 날씨가 좀 흐려서 그다지 선명하게 보이지 않는 것이 안타까웠다.

정상에서 내려와 마지막으로 기창원(寄暢園)을 보았다. 작지만 원래의 산수를 잘 활용하여 만든 자연스럽고 소박하면서도 정감이 가는 정원이었다. 내가 보기에는 적어도 소주의 졸정원(拙政園)보다는 운치가 있는 것 같았다.

무석역 앞에 168모텔이 하나 있다는 정보를 미리 파악하고 갔기 때문에 운전사에게 그쪽으로 데려다 달라고 했다. 그러나 그 모텔은 소주에 있는 것보다 못했다. 방이 좁기도 하고 낡기도 한 것이 새로 지은 건물이 아니라 원래 있던 건물을 손질하여 사용하는 것인 듯했다. 그리고 그 모텔은 침실과 욕실 사이에 반투명 유리를 달아 놓은 데다, 유리에 영어로 굵게 쓴 'MOTEL'이라는 글씨 부분이 완전투명 유리인지라 그 사이로 건너편이 그대로 들여다보였다. 그러나 유리 위에 커다란 지도를 붙여 버리자 문제가 간단히 해결되었다.

무석은 강소성에서 두 번째 가는 대도시답게 건물이나 거리가 굉장히 웅장하다는 느낌을 주었다. 그러나 별로 예스럽다거나 운치가 있어 보이지는 않고 그야말로 전형적인 상업도시라는 인상을 강하게 풍겼다.

❄ 수호성과 삼국성

2007년 8월 14일 3시 40분에 잠이 깼다. 옆방의 텔레비전 소리가 상당히 크게 들렸다. 어쩌면 그것 때문에 잠이 깼는지도 모른다. 방음시설이 너무 형편없었다. 욕실에 불을 켜 놓고 그 불빛을 이용하여 어제 메모해 놓은 것을 정리하니 자고 있는 옆 사람에게 별로 방해가 되지 않아서 좋았다. 활용하기에 따라서는 단점이

28 왕종인(王從仁) 지음/김하림 · 이상호 옮김, ≪중국의 차문화≫, 244쪽 참조.

이렇게 장점으로 바뀔 수도 있다.

배가 조금씩 아파 왔다. 무석 사람들이 상수도 수원으로 사용하는 태호가 몇 달 전부터 녹조현상이 심해서 무석에서 수돗물을 먹으면 배탈이 난다는 사실이 언론에 자주 보도되었다는 소문을 들은 터라 겁이 덜컥 났다. 오기 전에 미리 일행에게 주의를 시키기도 했고, 무석에 있는 동안은 생수로 라면이나 끓여 먹으면서 끼니를 때울까 하는 생각까지도 했는데, 소주에서 탐문해 보니 이제는 수돗물을 먹어도 별 문제가 없다고 해서 그렇게까지는 하지 않았던 것이다. 어젯밤에 매운 훠궈를 너무 많이 먹은 것이 원인일 수도 있을 것이라는 생각을 하면서 지레짐작은 하지 않기로 했다. 그런데 차를 타고 삼국성(三國城)과 수호성(水滸城)으로 가는 도중에 배가 너무 아프다며 일행 한 명이 차를 세웠다. 그것을 본 다른 일행이 자기도 아침에 복통이 있었다고 했다. 무석의 수돗물 때문이 아닐까 싶어서 적지 않게 긴장되었다. 그러나 다행히도 더 이상은 문제가 생기지 않았다.

수호성은 원래 중국중앙텔레비전방송국(CCTV)이 연속극 <수호전(水滸傳)>을 촬영하기 위해서 1996년에 지은 대형 촬영장으로 1997년부터 일반인에게 개방하고 있다고 한다.[29] 태호 가의 넓은 터에다 <수호전>에 묘사되어 있는 양산박(梁山泊) 등의 배경을 실제처럼 재현해 놓은 모습이 굉장히 웅장했다. 수호성을 지나자 바로 삼국성이었다. 삼국성 역시 중국중앙텔레비전방송국이 1994년 10월부터 84회에 걸쳐 방영된 연속극 <삼국연의(三國演義)>를 촬영하기 위해서 지은 대형 촬영장이라고 한다.[30]

삼국성 안에 있는 손상향주가(孫尙香酒家)라는 간이음식점에서 맥주를 몇 잔 마셨더니 온몸의 피로가 다 사라지는 듯했다. 삼국성에서는 말달리기가 볼만하다는

29 《백도백과》 <수호성> 참조.

30 《백도백과》 <중앙전시대무석영시기지(中央電視臺無錫影視基地)>·<무석삼국영시성(無錫三國影視城)>·<삼국연의> 참조.

정보를 가지고 갔지만 시간이 맞지 않아서 볼 수가 없었다. 아침 공연은 이미 끝났고 오후 공연까지는 기다릴 수가 없었다. 삼국성부터 먼저 보았다면 공연시간에 딱 맞았을 텐데 운전사가 내려 주는 대로 수호성부터 먼저 보는 바람에 일이 잘못되어 버렸다. 철저하지 못한 정보 파악이 초래한 결과였다. 일행에게 대단히 미안했다.

삼국성에서 나와 점심을 먹고 나니 2시 반이었다. 다음 목적지인 의흥(宜興)까지 한 시간 정도면 갈 것이기 때문에 시간이 여유가 있었다. 내일 일정을 좀 앞당길 요량으로 운전사에게 의흥에 도착한 뒤 의흥에서 가까운 격호(滆湖)와 태호로 좀 태워 달라고 했다. 격호를 보려는 것은 위숭산(魏嵩山)의 ≪중국역사지명대사전≫에 동파전(東坡田)이 지금의 강소성 의흥시(宜興市) 북쪽의 격호(滆湖) 가에 있다[31]고 했기 때문에 소동파가 농사짓던 동파전이 혹시 아직까지 남아 있는지 확인해 보기 위함이고, 의흥 태호를 보려는 것은 태호의 동서남북을 한 번씩 다 보기 위함으로 재작년에 남쪽에 있는 호주(湖州) 태호를 보았고 이번에 동쪽에 있는 소주 태호와 북쪽에 있는 무석 태호를 보았으니 서쪽에 있는 의흥 태호만 보면 태호를 동서남북에서 다 보는 셈이 되기 때문이었다.

그런데 운전사가 갑자기 언성을 높였다. 내일 아침 일찍 다른 곳으로 운행을 나가야 되기 때문에 일찍 소주로 돌아가야 한다고도 하고, 미리 이야기해 주었으면 어젯밤에 인터넷을 찾아서 길을 확인해 놓았을 텐데 길을 몰라서 찾아가기 어렵다고도 했다. 제법 화가 난 말투인 것 같기도 했지만 어제 168모텔 앞에서 처음 보는 아저씨에게 주차장 들어가는 길을 물을 때의 말투도 그러했기 때문에 원래 말투가 그런 것 같다는 생각도 들었다. 아무튼 운전사의 말을 무시하고 그렇게 해 달라고 했다.

31 위숭산, ≪중국역사지명대사전≫(광주: 광동교육출판사, 1995) 253쪽 <동파전> 참조.

박신순이 옆에서 상당히 미안해하는 말투로 운전사를 달랬다. 원래 의흥까지 가는 것으로만 얘기가 되어 있기 때문에 그가 불만을 가질 수 있다고 생각하여 차비를 더 주겠다고 했으나 별로 효과가 없었다. 그러더니 한참만에야 태호부터 먼저 가겠다고 했다. 지금까지의 태도를 보면 두 곳 가운데 한 곳만 갈 것 같은 예감이 들고, 만약 한 곳만 간다면 격호에 가는 것이 더 좋지만 태호부터 먼저 가겠다는 것은 격호도 가겠다는 뜻일 수가 있기 때문에 눈치만 보며 운전사가 하는 대로 두기로 했다. 이것저것 자꾸 요구할 수 있는 상황이 아니었다.

❄ 의흥 태호와 형계

승강이를 하는 사이에 차가 벌써 의흥에 도착했다. 의흥은 소동파가 은거하기 위해 농지와 집을 사 둔 곳으로 그 과정에서 우여곡절을 많이 겪었다. 그는 시내에서 70리 정도 떨어진 깊은 산속의 황토촌(黃土村)이라는 마을의 조씨(曹氏) 성을 가진 어떤 사람에게서 농지를 산 적이 있었는데 조씨가 나중에 소동파의 강요에 의해 할 수 없이 땅을 팔았다고 무고했다. 조사 결과 무고임이 밝혀지기는 했지만 이 일은 소동파의 결점을 찾아내려고 혈안이 되어 있던 정적들에 의해 탄핵을 받는 원인이 되기도 했다.[32] 소동파는 또 의흥 지방의 선비 소민첨(邵民瞻)의 주선으로 주머니를 탈탈 털어서 500민(緡)을 주고 집을 한 채 산 적이 있었다. 그날 밤에 소동파는 소민첨과 함께 달빛을 밟으며 산책을 하다가 어느 집에서 한 노파가 서럽게 울고 있는 것을 보고 들어가서 사연을 물었더니 노파가 말했다.

"저는 백 년 동안 대대로 살아온 집이 한 채 있어 그동안 잘 간수해 왔는데 저의 못난 아들놈이 다른 사람에게 팔아 버렸답니다. 그래서 오늘 이곳으로 이사를 왔습니다. 백 년 동안 살던 집을 하루아침에 잃어서 이렇게 울고 있는 것입니다."

32 소동파의 <왕정국에게 보내는 편지(與王定國)>(공범례본 ≪소식문집≫ 권52) 제34수 및 <황경기의 탄핵에 대하여 해명하는 상소문(辨黃慶基彈劾箚子)>, 변영예(卞永譽)의 ≪식고당서화휘고(式古堂書畫彙考)≫ 권10 <소식(蘇軾)> 참조.

"그 집은 원래 어디에 있었습니까?"

노파의 말을 듣고 콧등이 시큰해진 소동파가 물었더니 뜻밖에도 노파가 설명하는 집은 자기가 주머니를 털어서 500민을 주고 산 바로 그 집이었다. 소동파는 즉시 주머니에서 집값을 지불하고 받은 영수증을 꺼내어 불태워 버렸다. 그리고 노파의 아들을 불러 내일 당장 노모를 모시고 옛날 집으로 돌아가라고 했다. 노파의 입장이 안쓰럽다고 생각한 나머지 자신의 처지를 생각하지 않고 집값 500민도 돌려받지 않은 채 그냥 집만 돌려주어 버린 것이다.[33]

소동파는 황주에서 여주로 유배지를 옮겨 가는 도중이던 원풍 8년(1085) 여름에 황제의 허락을 받아 잠시 의흥에 은거하기도 했고, 그에게 혜주 유배령이 떨어진 소성 원년(1094) 여름에 장남 소매(蘇邁)로 하여금 가족 일부를 데리고 의흥으로 가서 지내게 하기도 했으니, 의흥은 소동파에게 정신적 안식처였다고 할 수 있다.

의흥나들목에서 빠져나와 곧바로 동쪽을 향해 달리자 20분 만에 대포(大浦)에 도착했다. 간간이 농민들이 지나다니는 논과 논 사이의 농로를 지나 이내 호숫가에 차를 세웠다. 호숫가에 갈대가 수북하게 자라 있었다. 그리고 갈대밭 너머로 드넓은 태호가 보였다. 수평선이 내려앉아 버려서 태호가 얼마나 넓은지는 알 길이 없었다. 그냥 바다 못지않게 넓다고 할 수밖에 없었다. 다만 의흥의 태호도 무석의 태호만큼이나 녹조현상이 심해서 보기가 아주 흉했다.

대포에서 다시 의흥 시내로 들어온 뒤 투덜거리는 운전사를 달래 가며 격호로 가자고 넌지시 고집을 피웠다. 다시 북쪽으로 20분 정도만 더 가면 격호가 나올

33 비곤(費衮)의 ≪양계만지(梁谿漫志)≫ 권4 <동파가 양선(즉 의흥)에 은거지를 정하다(東坡卜居陽羨)> 및 방악(方嶽)의 ≪심설우담(深雪偶談)≫ 참조. 다만 이것이 어느 때의 일인지는 분명하지 않다. 비곤과 방악은 모두 이것이 담주(儋州, 지금의 해남성 담주시 中和)에서 상주(常州)로 돌아간 건중정국(1101) 원년의 일이라고 했는데, 이일빙(李一冰)이 ≪소동파신전≫(대북: 연경출판사업공사, 1985, 989쪽)에서 말한 것처럼 이때는 소동파가 병이 깊어서 의흥까지 갈 수도 없었고 달밤에 산책을 할 수는 더욱 없었다. 건중정국 원년의 일이 아니라면 유배지를 여주로 옮겨 가는 도중에 상주거주의 허락을 받아 잠시 의흥에서 은거한 원풍 8년(1085) 여름의 일이 된다.

것이기 때문에 시간은 충분했다. 차비를 100원 더 주겠다는 말에 호감이 좀 생겼는지 아니면 시간도 충분한데 자꾸 거절하기가 미안했는지 운전사는 창문을 열고 몇몇 사람에게 격호 가는 길을 물어보았다. 그러나 어떻게 된 일인지 격호 가는 길을 안다는 사람이 아무도 없었다. 일이 이렇게 되자 나도 더 이상 고집을 피울 수가 없었다. 격호는 내일 우리끼리 찾아가기로 하고 시외버스 종점 부근의 호텔로 좀 데려다 달라고 했다. 3성급이라는 대아달주점(大亞達酒店)을 숙소로 정했다.

시간이 좀 이른지라 내일 보기로 한 형계교(荊溪橋)를 앞당겨서 보기로 했다. 옛날에는 형계가 태호로 흘러들었다는데 지금은 관광지도에도 형계라는 명칭이 없어서 어느 것이 옛날의 형계인지 알 수가 없거니와, 지도상에 단궤(團氿)에서 동궤(東氿)로 흘러드는 이름이 표시되지 않은 세 줄기의 강 위에 각각 형계교·형계중교·형계남교라는 다리가 있으므로 이것으로 미루어 볼 때 그 강들이 바로 옛날의 형계였을 것 같은 생각이 들어서 형계교와 그 아래로 흐르는 강을 한번 보기로 한 것이다. 어두워지기 전에 서둘러 갔건만 형계교에 도착하자 벌써 7시가 넘어서 주위에 있는 건물들이 이미 불을 밝혀 아름다운 야경을 연출하고 있었다. 다리 밑으로 내려가서 강가에 나 있는 오솔길을 따라 강변을 좀 거닐어 보았다. 아파트에서 새어 나오는 불그스름한 불빛과 다리 위에서 비치는 푸르스름한 불빛이 강 위에서 서로 만나 나름대로 현대적인 아름다움을 연출하고 있었다. 이런 식으로나마 형계를, 정확히 말하자면 형계교 아래로 흐르는 강을 한 번 본 것이 적지 않게 의미 있는 일이라고 생각되었다.

형계교 일대의 야경

형계교에서 멀지 않은 곳에 양선고성(陽羨古城)의 잔재가 조금 남아 있었다. 양선은 의흥의 다른 이름이다. 거기서 다시 조금 더 걸어서 찾아간 어느 식당에서 우리는 보리차를 마시는 행운을 만났다. 지금까지 수백 군데나 되는 중국 식당에 가 보았지만 보리차를 주는 중국 식당은 여기가 처음이었다. 이렇게 해서 의흥은 우리에게 강렬한 첫인상을 남겼다.

❄ 동파해당과 동파전

2007년 8월 15일 먼저 소동파가 심은 해당화나무 '동파해당'이 있는 '해당원(海棠園)'으로 갈 생각으로 지도를 보니 해당원에서 가장 가까운 곳이 갑구(閘口)여서 버스를 타고 일단 갑구까지 가기로 했다가, 한편으로 생각하니 갑구에서 내린 다음 해당원까지 가는 교통도 만만치 않게 불편할 것 같아 시외버스 종점에서 안내원 아주머니에게 한나절 동안 쓸 중형버스를 좀 알아봐 줄 수 있느냐고 물었더니 그 아주머니가 대뜸 어딘가로 전화를 해 보고 나서 차비가 1,000원이라고 했다. 더 이상 아무 말도 하지 않고 버스표를 사러 갔다. 1인당 5.5원으로 12명에 66원이면 되는데 1,000원이나 주고 중형버스를 탈 우리가 아니었다.

9시에 출발한 버스는 9시 45분에 갑구진(閘口鎭)에 도착했다. 갑구진은 우리나라로 치자면 면사무소 소재지 정도 되는 작은 마을이었다. 갑구에서 내려 해당원으로 가는 택시를 알아보러 가는데 웬 아저씨가 다가와서 어디로 가느냐고 물었다. 택시 운전사거나 삼륜차 운전사일 것이라고 생각되어 모르는 척하려다가 나도 모르게 무심코 말을 받아 주었다. 보통 때는 그런 식으로 호객행위를 하는 사람에게는 대꾸를 잘 안 하는데 오늘은 웬일인지 나도 모르게 그의 말에 대꾸를 해 준 것이다.

그 사람은 해당원 가는 방법과 격호 가는 방법을 자상하게 가르쳐 주었다. 해당원은 저쪽에 서 있는 빵차를 타면 되고, 격호에 가려면 다시 돌아나가서 버스를 갈아타고 남신(南新)으로 가라고 했다. 우리에게 자상하게 길을 가르쳐 주고 나서 그 아저씨는 어딘가로 휙 가버렸다. 그는 택시 운전사도 삼륜차 운전사도 아니었던 것이다. 그는 아마 좀처럼 외지 사람이 찾아오지 않는 자기 마을에 외국인이 찾아온 것이 반가운 나머지 자기도 모르게 애향심이 발동하여 자발적으로 친절을 베푼 것 같았다.

우리는 그 고마운 아저씨가 가르쳐 준 대로 차비가 한 대에 20원인 빵차를 두 대 불러서 해당원으로 갔다. 차는 수없이 많은 벼가 초록색 소매를 흔들며 너울너울 춤추는 넓은 논 사이를 뚫고 8분 만에 해당원이 있는 마을 갑구촌에 도착했다. 거기는 완전히 농촌마을이었다. 빵차 운전사 두 사람 가운데 한 사람은 남자고 한 사람은 여자인데 남자 운전사가 차에서 내려 우리를 안내했다. 그를 따라 폭이 2미터가량 되는 좁다란 골목길로 10미터쯤 들어가니 이내 해당원이 나왔다.

해당원은 마을의 일부를 차지하고 있는데 콘크리트로 담을 쌓고 중간쯤에 둥그렇게 커다란 구멍을 뚫은 뒤 거기에 쇠창살로 만든 문을 달아 놓았다. 문 위에는 '해당원(海棠園)'이라는 이름이 쓰여 있고 문 좌우에는 "해당화가 천 년토록 무럭무럭 잘도 자라, 천애의 먼 곳에서 만세토록 번성하리(海棠千載好, 天遠萬世榮)"라는 주련(柱聯)이 쓰여 있는데 글씨가 알아보기 힘들 정도로 퇴색해 있었다. 소동파의 고향인 사천 지방에서 가져온 해당화가 머나먼 타지에서도 잘 자라 주기를 바라는 마음이 담긴 글이었다. 그리고 문 오른쪽 벽에 '동파해당(東坡海棠) 의흥현인민정부(宜興縣人民政府) 1983년 6월(一九八三年六月)'이라고 적혀 있었다.

해당원

그러나 해당원은 문이 굳게 잠겨

있어서 들어갈 수가 없었다. 남자 운전사가 여기저기 알아보러 다니는 동안 우리는 쇠창살 너머로 해당원 안을 기웃거렸다. 안에 높이가 6미터쯤 되어 보이고 잔가지가 많은 나무기 한 그루 서 있는데 우리나라 해당화와 많이 달랐다. 우리나라 해당화는 덩굴처럼 가느다란 가지에 가시와 융털이 많이 있는 관목인데 이 해당화는 잔가지는 많지만 가시는 없는 키가 꽤 큰 교목이었다. 그리고 우리나라 해당화는 줄기가 매우 가는데 이 해당화는 줄기가 상당히 굵고 잎 모양도 전혀 달랐다. 바로 소동파의 고향 사천 지방에서 많이 난다는 서부해당(西府海棠)이었다. 그러나 이 해당화가 우리나라 해당화와 다른 것은 그것이 서부해당이기 때문만은 아니다.

이 점은 조선 후기 실학자 정약용(丁若鏞, 1762-1836)이 소동파의 시에 차운한 시 <우연히 시냇가에 갔다가 매괴 한 그루가 아름답게 홀로 피어 있는 것을 보고 소동파가 정혜원에서 해당화를 읊었던 일이 생각나 마침내 그것에 차운한다(偶至溪上, 見玫瑰一樹, 嫣然獨開, 因憶東坡於定惠院賦海棠花, 遂次其韻)>에서 명확하게 밝혀 놓았다. 그는 이 시에서 "잘 모르고 매괴 꽃을 해당화라 부르니, 질경이가 무단히 오족이 된 셈이로다"[34]라고 읊고는 스스로 주석을 달아 "우리나라 사람들은 매괴를 해당화라고 여긴다"[35]라고 했다. 정약용은 매괴를 보면서 해당화를 읊은 소동파의 시를 떠올리고 그 시에 차운했을 뿐만 아니라 매괴를 해당화라고 부르는 것이 착오임을 자신의 시에서 직접 지적하기도 했으니, 이는 그가 우리나라의 해당화가 원래 중국에서 매괴라고 부르는 장미과의 관목이라는 사실을 잘 알고 있었다는 뜻이다. 그런데 우리나라에서는 언제부터 그리고 무엇 때문에 매괴가 해당화로 잘못 불리게 되었을까?

---

34 "錯把玫瑰呼海棠, 陵舃無端爲烏足."[≪여유당전서(與猶堂全書)≫(한국고전번역원 한국고전종합DB) <시문집> 제4권]

35 "東俗以玫瑰爲海棠."[≪여유당전서≫(한국고전번역원 한국고전종합DB) <시문집> 제4권]

동파해당(전체)

동파해당(부분)

우리나라 해당화

한참이 지난 뒤에 관리인을 찾으러 갔던 남자 운전사가 돌아왔다. 큰 문제가 생겼단다. 관리인이 열쇠를 가지고 어디로 가고 없다는 것이다. 백방으로 알아보았으나 도무지 어디로 갔는지 연락이 안 된다며 남자 운전사는 난감한 표정을 지었다. 평소에는 아무도 찾아오는 사람이 없기 때문에 아예 누가 올 것이라고 생각하지도 못한 모양이다. 다시 한참이 지나도 해결될 기미가 보이지 않기에 바깥에서 기웃거려 본 것으로 만족하고 돌아가려는 참인데 남자 운전사가 마침내 열쇠를 찾아 환한 표정을 지으며 뛰어왔다. 참으로 고마운 사람이다.

해당원은 한 변이 10미터 정도 되는 정사각형의 작은 화원이었다. 해당화 바로 옆에 일부러 심은 것 같지는 않은 장미 한 그루와 역시 저절로 자란 듯한 호박덩굴을 비롯하여 각종 잡초가 정원을 뒤덮고 있어서 찾는 사람이 거의 없음을 말해 주고 있었다.

해당원 안쪽 담에 새겨진 동파해당의 내력을 설명한 글에 "동파해당은 갑구진 영정촌에 있는데 '서부해당'이라고도 한다. 소동파가 손수 심었기 때문에 이렇게 명명된 것이다(東坡海棠, 在閘口永定村, 又稱'西府海棠'. 因系蘇東坡手植故名)"라고 하고, 이어서 원풍 7년(1084) 9월 소동파가 진사급제 동기인 의흥인 장지기(蔣之奇)의 친구 소민첨(邵民瞻)의 초대를 받아 잠시 그의 집에 머물 때 촉지방에서 나는 서부해당을 소(邵) 씨의 정원에 손수 심은 것으로 원줄기는 1952년 가을에 바람을 맞아 부러져 버리고 나중에 뿌리에서 새 가지가 돋아나와 다시 무성하게 된 것이라고 했다. 이날 오후 촉산(蜀山)에 있는 동파서원(東坡書院)의 안내문을 통하여 영정촌이 바로 갑구촌의 옛날 이름이며, 소동파가 소 씨 집 마당에 해당화가 없는 것을 보고 나중에 자기 고향에서 나는 서부해당을 심어 주었다는 사실을 알게 되었다.

의흥 동파서원의 동파해당 안내문

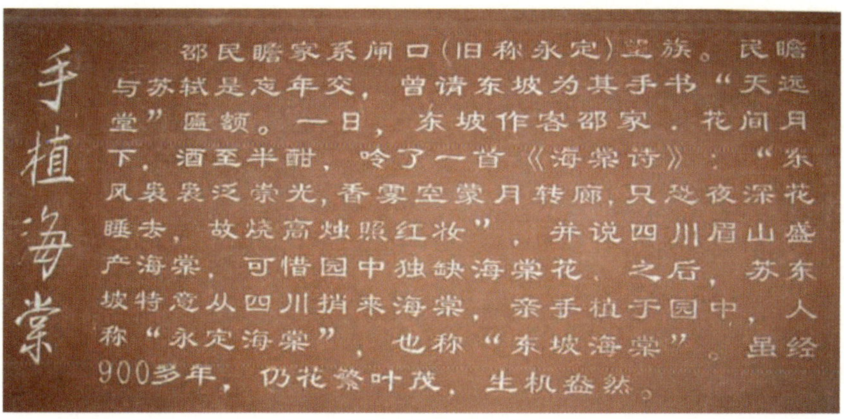

우리는 이 일을 통하여 소동파가 자기 고향에서 나는 서부해당을 상당히 좋아했음을 짐작할 수 있거니와, 촉지방의 해당화는 옛날부터 매우 유명했던 모양이다. 명나라 사람 왕세무(王世懋, 1536-1588)가 ≪학포잡소(學圃雜疏)≫에서 “해당화는 종류가 아주 많아 ‘수사’라는 것도 있고, ‘서부’라는 것도 있고, ‘당리’라는 것도 있고, ‘목과’라는 것도 있고, ‘첩경’이라는 것도 있는데, 이 가운데 서부가 가장 좋다”[36]라고 한 말이나, 풍몽룡(馮夢龍, 1574-1646)이 ≪성세항언(醒世恒言)≫에서 “해당화는 서부해당이 상품(上品)이다”[37]라고 한 말 등은 가장 확실한 증언이겠지만, 소동파의 <황주 관기에게(贈黃州官妓)>라는 시 역시 좋은 방증이 된다. 소동파의 이 시가 지어진 배경에 대하여 이런 일화가 전해 온다.

황주에 이의(李宜)라는 기녀가 있었는데 미모와 재주가 다른 기녀들보다 뛰어났다. 그런데 다른 기녀들은 이미 소동파에게 부탁하여 그의 시를 한 수씩 받았는데 이의만은 말주변이 없어서 아직도 그의 시를 받지 못했기 때문에 사람들이 다들 그녀에게 핀잔을 주었다. 소동파가 유배지를 황주에서 여주(汝州)로 옮기게 되어 송별회가 열렸을 때 이의가 더는 미룰 수 없다고 생각하고 마침내 용기를 내어 소동파에게 시를 한 수 써 달라고 부탁했다. 소동파가 붓을 들어 이렇게 썼다.

동파거사 다섯 해나 황주에 살았거늘　東坡五載黃州住
무슨 일로 이의에 대해 한 마디도 안 했나?　何事無言及李宜
이건 마치 두보가 촉지방에 있을 때　却似西川杜工部
해당화가 좋아도 읊지 않은 것과 같네.　海棠雖好不吟詩[38]

---

36 “海棠種類甚多, 曰垂絲, 曰西府, 曰棠梨, 曰木瓜, 曰貼梗, 就中西府最佳.”[≪안당비급(顔堂秘笈)≫본(本) ≪학포잡소≫ <화소(花疏)>]

37 “海棠花西府爲上.”[천계섭경지간본(天啓葉敬池刊本) ≪성세항언(醒世恒言)≫ 권4 <정원사 영감이 저녁에 선녀를 만나다(灌園叟晚逢仙女)>]

38 왕문고본 ≪소식시집≫ 권48.

두보는 해당화의 고장 촉지방에서 오래 살았음에도 불구하고 해당화를 노래한 시를 짓지 않았다. 그 이유에 대해서는 여러 가지 설이 있는데 그 가운데 자기 어머니의 이름을 함부로 입에 올리는 불경(不敬)을 범하지 않기 위함이라는 설도 있다.[39] 소동파 시의 후반 두 구절은 바로 이 일을 말한 것이다. 소동파는 자기가 이의를 소재로 시를 지어 그녀에게 주지 않은 것이 결코 그녀에게 무관심해서 그런 것이 아니고, 두보가 촉지방에 살면서 그곳의 명물인 해당화를 노래하지 않은 것과 같은 이유라고 재치 있게 해명함으로써 이의의 기분을 풀어 준 것이었다. 좌중에 있던 사람들이 보고 모두 소동파의 재치에 입을 다물지 못했다.

하원(何薳)의 ≪춘저기문(春渚紀聞)≫에는 이 일화가 더욱 재미있게 묘사되어 있다. 이기(李琪)라는 관기가 소동파에게 시를 써 달라고 청하자 소동파가 먼저 두 구절을 써 주었다.

동파거사 일곱 해나 황주에 살았거늘	東坡七歲黃州住
무슨 일로 이기에 대해 한 마디도 안 했나?	何事無言及李琪

그러고는 붓을 놓고 다른 사람과 담소를 나누었다. 이기가 시를 완성해 달라고 다시 한 번 간청하자 그때에야 비로소 "자칫하면 잊어버리고 갈 뻔했군" 하면서 나머지 두 구절을 마저 써 주었는데 좌중에 있던 사람들이 그것을 보고 박수를 치며 감탄했다.

이건 마치 두공부가 족지방에 있을 때	恰似西川杜工部
해당화가 좋아도 시를 안 남긴 것과 같네.	海棠雖好不留詩[40]

39 문연각사고전서본 채정손(蔡正孫) ≪시림광기(詩林廣記)≫ 권8 <해당(海棠)>에 "≪고금시화≫에 '두자미(즉 두보)의 어머니는 이름을 해당이라고 했기 때문에 두보가 그것을 피하느라고 시집에 해당화를 노래한 시가 전혀 없는 것이다'라고 했다(≪古今詩話≫云: '杜子美母名海棠, 子美諱之, 故杜集中絶無海棠詩.')"라는 기록이 있다.

천원당

해당원에는 또 "내가 양선에 올 때 배가 형계에 들어서자 속이 시원한 것이 평생의 소원이 이루어진 것 같아 이곳에서 늙고 싶었으니 아마도 전생의 인연인 것 같았다.……(吾來陽羨, 船入荊溪, 意思豁然, 如愜平生之欲, 逝將歸老, 殆是前緣.……)"라는 소동파의 <초송첩(楚頌帖)>을 새긴 비석과, "하늘만큼 멀어서 어버이 생각이 배가된다(天遠倍思親)"라고 새긴 비석도 세워져 있었다. 그리고 천원당이라는 건물도 한 채 지어져 있었는데 지금은 사용하지 않는 채 방치되어 있었다. 이 '천원당(天遠堂)'이라는 현판 역시 소동파가 소민첨의 부탁으로 그를 위해 손수 써 준 것임을 이날 오후 촉산에 있는 동파서원의 <손수 해당화를 심다(手植海棠)>라는 제목의 안내문을 보고 알았다.

격호로 가기 위해 갑구에서 처음 만난 아저씨가 가르쳐 준 대로 우선 남신으로 가려니 중간에서 차를 갈아타기가 매우 불편할 것 같아서 아예 의흥 시내로 돌아갔다가 다시 남신 가는 차를 탔다. 그러나 남신에서도 격호의 호반까지 가기는 역시 힘들었다. 버스가 호반까지 안 들어가는 것은 물론 남신 버스정류소에서 호반까지 타고 갈 수 있는 택시나 삼륜차도 없어서 해당원으로 가는 것보다 교통이 훨씬 더 불편했다. 우리가 애태우는 것을 보고 옆에 있던 가게 주인아저씨가 지나가는 빵차를 한 대 세워 주었으나 한 대에 60원씩 달라고 했다. 차비가 터무니없이 비싼 것 같아서, 그리고 격호에 가는 것이 꼭 필요한 일이 아니고 동파전의 대략적인 지세를 좀 보려는 것일 뿐이기에, 그냥 천천히 걸어가면서 그 일대의 지세

40 문연각사고전서본 ≪춘저기문≫ 권6 <동파의 사실(東坡事實)> 참조.

를 한번 살펴보는 것으로 만족하기로 했다.

그 일대는 땅이 넓고 평평한 데다 물도 풍부해서 벼농사를 짓기에 아주 적합할 것 같은 지세인데 무슨 까닭인지 길옆에는 논이 없고 밭만 있었다. 멀어서 잘 안 보였지만 길에서 조금 떨어진 곳은 논인 것 같기도 했다. 어쨌거나 동파전이 그 부근이었을 것만 같은 막연한 예감이 들어서 사진을 여러 장 찍었다. 오른쪽에 격호로 들어가는 작은 강을 끼고 강과 나란히 나 있는 남신서로를 따라 10분쯤 걸어가노라니 왕모교(王母橋)라는 다리가 하나 나왔다. 지나가는 그 동네 주민에게 물어보았더니 옛날에 서왕모(西王母)가 거기에 강림했기 때문에 붙여진 이름이라고 했다.

❁ 동파서원

남신에서 생각보다 시간을 많이 낭비해 버렸기 때문에 넉넉할 것 같던 시간이 오히려 부족하게 되었다. 서둘러 의흥으로 돌아가 정촉행(丁蜀行) 버스를 탔다. 정산과 촉산이 합쳐져서 이루어진 정촉은 상당히 번화한 고장으로 의흥에서 바로 가는 시내버스도 있었다. 그러나 우리는 기왕에 시외버스 종점까지 갔기 때문에 시외버스를 탔다. 더 빨리 갈 줄 알고 시외버스를 탔는데 갑구나 남신으로 가는 버스와 달리 차가 손님을 기다리느라고 정류소마다 한참씩 서 있는 바람에 40분 가량이나 걸렸다.

동파서원에 도착하니 벌써 4시 40분이었다. 입장권 파는 할아버지가 문 닫을 시간이 다 되었기 때문에 표를 팔 수 없다면서 그냥 바깥에서 구경하고 가라고 했다. 박신순이 나서서 간곡하게 부탁했으나 소용이 없었다. 갑자기 이러다가는 오늘 못 볼지도 모르겠다는 불안감이 엄습했다. 그렇다고 내일 다시 오기도 어렵다. 나는 얼른 명함을 한 장 드리면서 우리는 서울대학교 중문과의 소동파 연구자들로 동파서원을 보기 위해 먼 곳에서 일부러 왔으니 좀 들어가게 해 달라고 정

의흥 동파서원

중하게 부탁했다. 할아버지는 내 명함을 보더니 이내 태도를 바꾸어 입장권을 여덟 장만 사라고 하고는 열두 명을 모두 입장시켜 주었다. 시간이 충분하지 않기 때문에 입장료를 깎아 주는 것이었다. 입장료를 더 내라고 해도 기꺼이 입장할 판인데 깎아 주기까지 하니 참으로 고마웠다. 그뿐만 아니라 할아버지는 나를 따라다니며 이것저것 상세하게 설명도 해 주었다.

10년 전에 왔을 때는 동파서원이 잠겨 있어서 들어갈 수가 없었지만 밖에서 보기에 아주 초라한 한 채의 기와집에 불과하여 안에 아무것도 없는 것처럼 보였기 때문에 별로 볼 것이 없을 것으로 생각했는데 그게 아니었다. 그 뒤로 수선하고 확장하여 번듯하게 만들어 놓은 것이다. 입장권 뒷면과 서원 안에 있는 안내문에 의하면 동파서원은 다음과 같은 유래를 가지고 있다고 한다.

이 마을에 독산(獨山)이라는 산이 있었는데 소동파가 보고 마치 자기 고향에 있는 미산(眉山)과 같다면서 무척이나 좋아했기 때문에 후세 사람들이 이 산의 이름을 촉산(蜀山)으로 바꾸었다. 황주에서 여주로 유배지를 옮겨 가는 도중이던 원풍 7년(1084)에 소동파가 독산 남쪽 기슭에 농지를 사고 집을 지어 여생을 보낼 생각을 했으니 그것이 바로 동파초당(東坡草堂)이었다. 그 뒤에 이것을 좀 확장하여 동파별장(東坡別墅)을 만들었다. 원나라 때는 이곳에 동파사당이 세워졌다가 다시 헐려서 절로 바뀌었는데, 명나라 홍치(1488-1505) 연간에 의흥인 심휘(沈暉)가 이 자리에 원래의 건물을 중건하고 이름을 동파서원으로 고쳤다. 청나라 강희(1662-1722)·건륭(1736-1795) 연간에 여러 차례 수선하고 확장했으나 함풍(1851-1861) 연간에 그만 불에 타 버리고 말았다. 광서 8년(1882)에 그곳의 망족 스물네 집안이 돈을 모아 중건함으로써 그 일대의 인재배양소가 되었고, 광서 32년(1906)에 과거시험이 폐지됨으로써 동파고등소학당으로 개칭되어 그 뒤로 줄곧 동파소학의 소재지가 되었다. 1989년에 동파소학이 동파서원에서 분리되어 나왔고, 2002년 10월에 강소성급문물보호단위로 선정되었으며, 같은 해에 정촉진(丁蜀鎭) 정부에서 대대적으로 수선하여 일곱 칸짜리 네 동(棟)의 원래 모습을 회복하고 새로 비랑(碑廊)도 지었다.

의흥 동파서원의 소동파상

혹시나 아실까 하고 격호 부근에 있었다는 동파전에 대해서 묻자 할아버지는 그것에 대해서는 대답을 하지 않고 상주(常州) 일대에 소동파가 농사지은 농장이 여러 군데 있었다고 하면서 정촉진의 선권동(善卷洞)에도 있었고 상주의 무진(武進)에도 있었다고 했다. 잠시 뒤에 동파서원 안에 걸려 있는 <양선에서 농지를 사다(買田陽羡)>라는 안내문을 자세히 보니 단석(單錫)에게 부탁하여 선권(善卷) 황서촌(黃墅村)에서 조잠부(曹潛夫)의 농지 약 200묘(畝)를 샀고, 소민첨에게 부탁하여 격호 가의 당두촌(塘頭村, 당시 이름 淹頭村)에도 농지 100여 묘를 샀는데 당두촌에는 지금도 '동파가 농지를 사고 집을 지은 곳(東坡買田托宅處)'이 있다고 했다. 그리고 촉산 기슭에 과수원을 사서 귤을 심으려고 하다가 그 뜻을 이루지는 못했지만 그가 촉산 기슭에 집을 지어 거처한 곳이 바로 지금의 동파서원 자리라고 했다.

지도를 보니 소민첨에게 부탁하여 농지 100여 묘를 샀다는 격호 가의 당두촌은 우리가 가 본 왕모교에서 남쪽으로 1킬로미터 정도 떨어진 곳이었다. 그러니까 내가 연신 사진을 찍은 바로 그 방향으로 1킬로미터 정도 떨어진 곳이었다. 아니 100여 묘는 꽤 넓은 면적이기 때문에 어쩌면 내가 사진을 찍은 그곳이 바로 동파전의 일부였을지도 모를 일이었다. 안타깝기 그지없었다. 동파서원에 먼저 왔더라면 보다 정확한 지점을 파악하고 찾아가 보았을 텐데 10년 전에 왔을 때 동파서원이 별로 볼 것이 없었기 때문에 그렇게 할 생각을 못한 것이 문제였다. 그야말로 반식자우환(半識者憂患)이 된 셈이었다. 그래도 바로 그 코앞까지 가 보았고 따라서 그것으로 동파전의 지세는 충분히 가늠해 볼 수 있었으니 얼마나 다행스러운 일인가? 그 넓은 격호 주변 농지 중에서 우연하게 한 곳을 골라서 갔는데 거기가 바로 동파전의 일부였거나 적어도 동파전의 코앞이었다면 이는 하늘이 도운 일임에 틀림없다고 생각되었다.

고맙게도 할아버지는 계속 나를 따라다니면서 이것저것 자상하게 설명해 주었다. 그의 설명에 의하면 촉산의 동파서원이 도처에 있는 동파서원 가운데 보존상태가 가장 좋다고 한다. 할아버지가 상당히 많이 알고 계시는 것 같아서 소동파의 후손이 의흥에 살고 있느냐고 물었더니 의흥에는 살고 있지 않고 북경과 미산에 살고 있다고 했다.

맨 뒤편에 새로 짓고 있는 망호루(望湖樓)라는 전시실은 아직 공사가 끝나지 않아 개방하지 않기 때문에 다음 기회로 미룰 수밖에 없었다.

정산까지 나가야 의흥 가는 버스를 탈 수 있는데 동파서원 앞에서 정산으로 가는 정2로(丁2路) 시내버스의 막차가 5시 30분에 있다고 하기에 걸음을 재촉한 결과 5시 25분경에 동파서원앞 버스 정류소에 도착했다. 막차 시간까지는 아직 5분이 남은 데다 할아버지가 어디론가 전화를 걸어서 아직 막차가 안 떠났다고 확인을 해 주고 갔기 때문에 안심을 하면서도 마음 한구석에 불안한 느낌이 없지 않았다. 차가 시간을 엄수하지 않는 경우가 왕왕 있기 때문이다.

우려한 대로 5시 30분이 지나도 버스가 오지 않았다. 35분이 지나고 40분이 지나도 차가 오지 않았다. 비가 상당히 많이 오고 있었다. 그 바람에 날이 일찍 어두워지고 바짓가랑이가 비에 흠뻑 젖어서 다리가 축축해지기까지 했다. 정2로 시내버스의 막차를 못 타 의흥으로 가는 막차를 놓치게 될 상황이라 마음이 점점 초초해질 수밖에 없었다. 만약 의흥으로 들어가지 못한다면 내일 일정에 차질이 생길 뿐만 아니라 언제나처럼 가방을 대아달주점 현관에 맡겨 놓고 왔기 때문에 세면도구는 물론 오늘 밤에 입을 옷조차 없으니 여간 난감한 일이 아니었다.

다시 5분쯤 지났을까? 한 중년 아주머니가 모는 삼륜차가 한 대 우리 앞으로 다가왔다. 급한 김에 아주머니에게 자기 친구를 불러서 함께 우리를 좀 태워 달라고 부탁해 보았다. 마땅히 연락할 친구가 없는 모양이었다. 마침 다른 삼륜차가 한 대 와서 아주머니가 같이 가자고 제의하니 그 차는 고장이 나서 못 간다고 했다. 발을 구르고 있는데 제법 큰 빵차가 한 대 왔다. 손을 들어서 세웠다. 그 차에 여덟 명이 타고 아주머니의 삼륜차에 네 명이 탔다.

정산의 의흥행 버스 정류소 부근에서 우리는 의흥 버스 한 대가 반대 방향으로 가는 것을 보았다. 그 차가 종점까지 갔다가 금방 돌아와서 의흥으로 갈 가능성이 크다고 생각했다. 그러나 우리가 타고 간 8인승 빵차의 운전사는 단호하게 의흥 가는 버스가 이미 끊어졌다고 했다. 의흥행 시내버스 정류소에서 팻말을 보니 막차가 6시에 출발하는 것으로 적혀 있고 6시까지는 아직 5분이 남아 있었다. 그러나 비가 오는 날은 막차가 일찍 끊어진다는 그곳 사람들의 말도 있고 방금 정2로 시내버스의 막차가 5시 30분 이전에 끊어진 것을 경험하기도 했기 때문에 적잖이 불안했다. 그랬는데 다행스럽게도 5시 59분에 의흥 가는 5번 시내버스가 왔다. 안도의 한숨이 절로 나오고 승리자의 그것 같은 감격의 미소가 온 얼굴에 번졌다. 반 시간 동안 지속된 빗속의 긴장이 한꺼번에 스르르 다 풀렸다.

의흥에 도착하여 대아달주점에서 다시 하루 더 묵기로 했다. 아침에 퇴실수속을 하고 현관에 맡겨 놓은 짐을 찾기가 어색한 나머지 박신순이 종업원에게 변명처럼 말했다.

"우리 못 갔어요."

❄ 동파공원

2007년 8월 16일 촉산 동파서원에서 관리인 할아버지에게 들은 바가 있기 때문에 상주로 가는 길에 먼저 무진에 들러 보기로 했다. 무진 가는 차표를 달라고 했는데 받고 보니 호당교(湖塘橋)까지 가는 차표였다. 검표하는 아주머니에게 물었더니 호당교가 바로 무진이라며 한 시간 정도 걸릴 것이라고 친절하게 대답해 주었다.

9시 55분에 호당교에 내렸다. 부근에 있는 사람들에게 무진에 소동파 유적이 있느냐고 물었으나 안다는 사람이 아무도 없었다. 무진 지도를 사려고 있을 법한 가게를 열 군데쯤 돌아다녔으나 아무 데도 없었다. 거리를 뱅뱅 돌다가 마지막으로 들른 곳은 한약방인 듯한 가게였는데 거기에 웬 경찰관이 한 명 앉아 있었다. 신분을 밝히는 것이 유리할 것 같아서 서울대학교 중문과 교수라는 사실과 소동파 유적지를 답사하러 왔다는 사실을 이야기했더니 그는 매우 친절하게 대해 주었다. 그러나 그도 무진에 소동파 유적이 있다는 소리는 들어 본 적이 없다고 했다. 그러면서 동파공원에 한번 가 보라고 했다. 원래 곧장 상주에 있는 동파공원으로 가기로 일정을 잡아 놓았다가 촉산 동파서원의 관리인 할아버지 말씀을 듣고 무진에 한번 들러 본 것인데 더 이상 어떻게 해 볼 도리가 없는 듯했다.

경찰관에게 상주 동파공원으로 가는 방법을 물었더니 나를 이웃에 있는 CD 가게로 데리고 가서 그 집 여주인에게 잘 설명해 주라고 부탁했다. 여주인이 무어라고 한참 설명을 하는데 알고 보니 우리가 시외버스를 내린 바로 그곳에서 다시 10번 시내버스를 타고 10분쯤 가다가 내려서 조금만 걸어가면 된다는 설명이었다. 그러니까 무진은 상주시의 한 구, 즉 무진구(武進區)였던 것이다.

지금은 의흥이 무석시(無錫市)에 속하지만 북송 때는 의흥이 상주에 속했다. 그렇기 때문에 당시에는 지금의 의흥과 지금의 상주가 다 상주에 속했다. 굳이 구분해서 말하자면 지금의 의흥에는 물론 지금의 상주에도 소동파의 농지가 있었고, 담주에서 돌아오는 예순여섯 살의 노인 소동파를 위해 전세웅(錢世雄)이 미리 세내어 놓았던 고당교(顧唐橋) 옆의 손씨(孫氏) 집도 지금의 상주에 있었던 것으로 보인다. 그러니까 지금의 상주는 소동파가 한 많은 인생을 마감한 곳이라는 의미를 지니는 곳이다.

버스에서 내려 동파공원까지 걸어가노라니 큰길가에 동파아거(東坡雅居)라는 거대한 고층아파트 단지를 만들고 있는 것이 보였다. 동파아거를 지나 조금 더 가니 '동파공원(東坡公園)'이라고 쓴 도로표지판이 나왔다. 표지판을 따라 왼쪽으로 들어가니 의주정(艤舟亭)이라는 돌로 만든 일주문이 있고 그 뒤에 매표소가 있었다.

매표소 옆에 붙어 있는 <동파공원간개(東坡公園簡介)>에 의하면, 동파공원은 소동파가 열한 차례나 상주에 왔고 거기서 말년을 보낸 일을 기념하기 위해 지은 것으로 800여 년 전인 남송 때 이미 소동파가 배를 댄 곳에다 의주정을 지었으며, 청나라 강희제와 건륭제가 소동파의 문학적 재능을 흠모한 나머지 전후하여 다섯 차례나 소동파의 발자취를 찾아다니다가 여기까지 와서 행궁을 지었다고 한다. 그리고 1954년에 상주시 정부가 이곳에다 정식으로 공원을 만들고 이름을 동교공원(東郊公園)이라고 했는데, 1984년에 원래의 위치에다 지금의 의주정을 다시 짓고 난 뒤 공원 이름도 의주정공원으로 고쳤다고 한다. 그리고 1986년 경항대운하(京杭大運河)의 물길을 바꾸는 바람에 반월도(半月島)가 생겼는데, 상주에서 가장 오래된 교동(橋洞) 세 개짜리 다리 광제교(廣濟橋)가 이 섬을 의주정 쪽의 뭍과 연결시켜 주었으며 1995년에 마침내 동파공원으로 이름을 바꾸었다고 한다.

경항운하를 사이에 두고 두 구역으로 나누어져 있는 동파공원은 광제교를 통하

파선유범정

의주정

여 연결되어 있는데 소동파와 관련이 있는 시설로 파선유범정(坡仙遺範亭) · 대강동거정(大江東去亭) · 의주정 · 동파고도(東坡古渡) · 동파상 · 세연지(洗硯池) · 관소제(觀蘇堤) · 오대시안(烏臺詩案) · 희우정(喜雨亭) · 초송정(楚頌亭) · 앙소각(仰蘇閣) · 동파서원 등이 있었다.

관소제는 경항운하 가에 있는 평범한 제방으로 소동파가 상주에 올 때 주민들이 나와서 소동파를 바라본 곳임을 짐작할 수 있었으나, '오대시안'은 왜 그렇게 명명되었는지 알 수 없었다. 그리고 동파서원은 넓은 방 하나로 구성된 1층짜리 기와집 한 채로 서원으로서의 체제를 갖추고 있지 않았다. 문이 잠겨 있어서 들어가 볼 수 없는지라 창문을 통하여 들여다보니 소동파에 관한 몇 가지 문헌자료가 벽에 붙어 있는 것 이외에는 아무것도 없는 듯했다.

동파공원을 다 보고 나오다가 입장권 파는 여직원에게 상주에 소동파의 고거(故居)가 있느냐고 물었더니 없다고 했다. 고당교(顧唐橋)가 어디쯤에 있냐고 물었더니 거기서 남쪽으로 20리쯤 떨어진 곳인데 지금은 건물만 들어서 있고 소동파와 관련된 것은 아무것도 없다고 했다.

상주 동파공원의 소동파상

상주 동파서원

3. 진강(鎭江)에서 고우(高郵)까지

❄ 금산사와 중령천

오후에 기차로 진강에 도착하여 진강역 부근에 있는 호텔에 짐을 내려놓고 바로 금산(金山)으로 갔다. 10년 전에도 한 번 보았건만 다시 보아도 금산은 참 가파르다는 느낌이었다. 금산사 대웅전을 지나 오른쪽으로 올라가니 가파른 언덕 위에 묘고대가 있었다. 문 위에 '묘고대(妙高臺)'라고 쓰여 있고 그 왼쪽에 초서로 큼지막하게 '용호난봉(龍虎鸞鳳)'이라고 쓰여 있었다. 소동파의 시 <금산 묘고대(金山妙高臺)>의 분위기를 느껴 보기 위해 한번 들어가 보고 싶었으나 문이 굳게 잠겨 있어서 들어갈 수가 없었다. 바깥에서 높이 치솟은 지붕의 추녀만 한 번 바라보고 금산 꼭대기로 올라갔다. 꼭대기에 '강희 26년 어필 강천일람(康熙二十六年御筆 江天一覽)'이라고 쓴 비석이 있었다.

꼭대기에서 조금 내려온 곳에 자수탑(慈壽塔)이 있었다. 7층의 팔각탑이었다. 거기서 내려다보니 사방이 일망무제로 툭 트여 진강과 양주가 한눈에 들어왔다. 장강 건너편에 흰색과 붉은색을 번갈아 가며 칠한 공장 굴뚝 두 개가 우뚝 서 있는데 색깔이 선명하여 아주 가깝게 느껴졌다.

묘고대

담주(儋州, 지금의 해남성 담주시 中和) 유배에서 풀려나 북쪽으로 돌아가는 중이던 건중정국 원년(1101) 5월 소동파는 강소성 진강(鎭江)에 있는 금산사(金山寺)를 구경했다. 금산사에는 화가 이공린(李公麟, 1049-1106)이 그린 소동파

의 초상화가 걸려 있었다. 소동파는 자신의 초상화를 가만히 들여다보면서 자신의 일생을 돌이켜보았다. 아무리 생각해 보아도 특별히 기억에 남을 만한 일은 한 것이 없고 오직 황주 · 혜주 · 담주에서 유배생활 하던 일만 떠올랐다. 그렇다고 지금 와서 그것이 억울하다든가 누가 원망스럽다든가 하는 마음도 없었다. 그는 식은 재처럼 차분한 마음으로 <금산사의 내 초상화를 보고(自題金山畫像)>라는 시를 읊었다.

마음은 식어 버린 재처럼 차분하고	心似已灰之木
육신은 매이지 않은 배처럼 자유롭네.	身如不繫之舟
너의 평생 공적이 무엇이더냐?	問汝平生功業
황주 혜주 담주의 유배생활뿐이네.	黃州惠州儋州[41]

그러나 소동파의 초상화가 지금껏 그곳에 있을 리가 없겠기에 아예 찾아볼 생각도 하지 않고 금산사를 떠나 중령천(中泠泉)으로 갔다.

<천하제일천간개(天下第一泉簡介)>라는 안내문에 의하면 중령천이 있는 곳은 원래 장강 안의 섬이었는데 청나라 함풍(1851-1861) · 동치(1862-1874) 연간에 장강의 물길이 북쪽으로 조금 옮겨 가는 바람에 장강 남쪽 언덕과 붙어 버렸다고 한다. 그래서 그런지 지금도 금산과 중령천 사이는 지대가 매우 낮아서 중간에 작은 호수가 하나 있다. 우리가 호수를 지나가자니 호수에서 배로 유람객을 실어 나르는 뱃사공들이 배를 타라고 간곡하게 불렀다. 그러나 비록 다리가 아플지라도 호숫가를 한번 걸어 보는 것도 운치가 있을 것 같아 그들의 간청을 들어 주지 않고 계속 걸어서 갔다.

---

41 왕문고본 ≪소식시집≫ 권48.

중령천 옆에 세워져 있는 <천하제일천간개(天下第一泉簡介)>에 의하면 당나라의 차 전문가였던 유백추에게 제1등수(第一等水)로 품평받은 중령천은 1,000여 년 전부터 이미 천하에 이름이 나 있었다고 하니 옛날에는 이 물이 오랫동안 아주 맑고 시원했음을 알 수 있다. 장우신(張又新)의 ≪전다수기(煎茶水記)≫에 중령천에 얽힌 재미있는 일화가 수록되어 있다. 대략 이런 이야기다.

> 당나라 대종(763-779) 때 이계경(李季卿)이 호주(湖州)태수로 부임해 가는 길에 양주에서 다성 육우를 만났다. 그는 평소에 육우의 이름을 익히 듣고 있던 터였으므로 반가운 마음에 그에게 중령천의 물맛을 좀 품평해 달라고 부탁했다. 이계경이 사람을 보내 파도를 헤치고 장강 안에 있는 중령천으로 가서 길어 오게 한 물을 육우가 한번 맛보더니 그것은 장강의 물이기는 하지만 중령천의 물이 아니라 장강 기슭의 물이라고 했다. 물을 길어온 사람이 배를 타고 들어가서 직접 길어 온 중령천의 물이라고 했으나, 육우는 아무 말도 하지 않고 계속해서 동이에 든 물을 한 바가지씩 떠서 맛보고는 중령천의 물이 아니라며 버리기를 반복했다. 동이의 물이 절반쯤 남았을 때 육우가 마침내 "이것은 중령천의 물인 것 같소"라고 했다. 그러자 물을 길어 온 사람이 깜짝 놀라며 엎드려 사죄했다. 사실인즉 중령천의 물을 길어서 돌아오는 도중에 배가 흔들려서 동이의 물이 반쯤 쏟아지는 바람에 강기슭의 물을 퍼서 채웠다는 것이다. 이계경을 비롯하여 좌중에 있던 사람들이 모두 육우의 감별력에 혀를 내둘렀다.

이 책에는 또 이것을 본 이계경이 육우에게 그가 맛본 모든 물의 우열을 한번 가려 보라고 하자 육우가 "여산 강왕곡의 수렴수(水簾水, 즉 곡렴천 물)가 첫 번째요, 무석현 혜산사의 석천수(石泉水)가 두 번째요, ……소주 호구사의 석천수가 다섯 번째요, ……양자강의 남령수(南零水, 즉 중령천 물)가 일곱 번째요, ……양주 대명사의 물이 열두 번째요, ……눈 녹은 물이 스무 번째다"[42]라고 품평했다는 기록도 있다. 다성(茶聖) 육우는 중령천을 천하제칠천으로 품평한 것이다.

중령천

중령천은 이처럼 맑고 맛있는 물이었건만 지금은 시꺼멓게 오염되어 있어서 그냥은 마실 수도 없을 지경이 되어 버렸다. 주위에 공장도 보이지 않고 생활하수가 유입되는 것도 아닌 것 같은데 무엇 때문에 그렇게 오염되었는지 모르겠다.

중령천을 다 보고 난 뒤 바깥으로 나가려면 다시 금산사 쪽으로 가서 나가게 되어 있었으나 수위 아저씨에게 부탁하여 중령천에서 가까운 문으로 나왔다. 그러나 그것은 아무 소용도 없는 짓이었다. 그곳을 지나가는 버스가 이미 끊어져 버렸기 때문이다. 인적이 드문 곳이어서 그런지 아직 6시밖에 안 되었는데 벌써 차가 끊긴 것이었다. 금산사 입구까지 걸어가서 2번 버스를 탔다. 거기는 사람들이 많이 다니는 곳이라 좀 늦게까지 차가 있었다.

❈ 북고산

2007년 8월 17일 먼저 북고산(北固山)으로 갔다. 북고산은 금산에서 장강을 따라 하류로 조금 더 내려 간 곳에 있다. 매표소 앞에 신기질(辛棄疾, 1140-1207)의 사 <영우락(永遇樂)—경구의 북고정에서 옛날 일을 생각하며(京口北固亭懷古)—>를 새긴 시비가 서 있었다. 세운 지 오래된 듯 글씨가 많이 퇴색해 있었다.

42 "廬山康王谷水廉水第一, 無錫縣惠山寺石泉水第二, ……蘇州虎丘寺石泉水第五, ……揚子江南零水第七, ……揚州大明寺水第十二, ……雪水第二十."(문연각사고전서본 ≪전다수기≫)

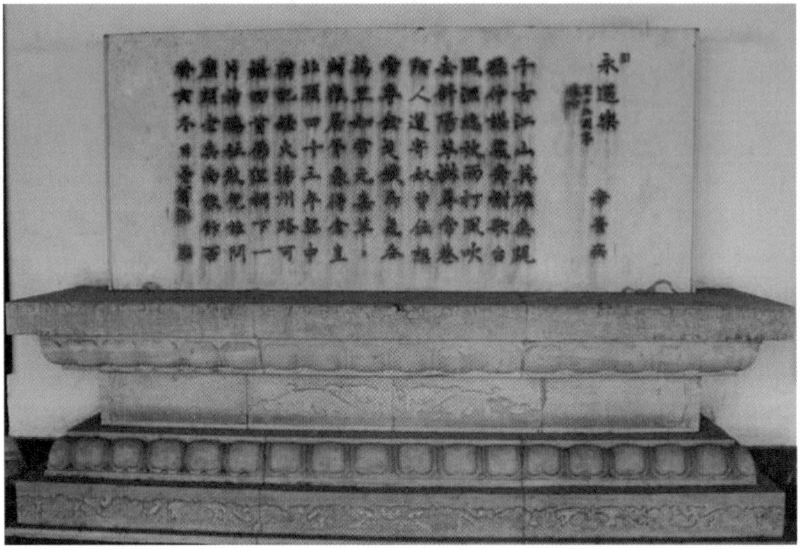

신기질의 〈영우락〉 시비

천고의 이 강산에	千古江山
참된 영웅 손중모는	英雄無覓
찾을 곳 없고	孫仲謀處
춤추고 노래하며 놀던 누대에	舞榭歌台
멋진 일들 깡그리	風流總被
비바람에 씻기어 다 사라졌네.	雨打風吹去
석양이 초목을 비추고 있는	斜陽草樹
예사로운 저 골목이	尋常巷陌
일찍이 기노가 살던 곳이라 하매	人道寄奴曾住
가만히 당시 일을 생각하나니	想當年
번쩍이는 금빛 창과 철갑 입은 전마는	金戈鐵馬
기운이 호랑이처럼 만 리를 삼켰겠네.	氣呑萬里如虎
송나라 원가 시절에 경솔하게도	元嘉草草
낭거서산에서 승리의 감사제를 지내려다	封狼居胥

경황없이 북쪽을 바라보는 꼴이 됐지. 赢得倉皇北顧
사십삼 년 전의 일이 四十三年
바라보니 아직도 기억이 나거니와 望中猶記
양주로에 봉화가 훨훨 타고 있었지. 烽火揚州路
돌이켜 볼 수 있으리 可堪回首
불리사 밑에 佛狸祠下
까마귀소리와 북소리가 한데 섞여 있던 일을? 一片神鴉社鼓
누구에게 물으시리 凭誰問
염파 비록 늙었어도 廉頗老矣
아직까지 밥을 잘 먹고 있는지? 尙能飯否

이 사는 신기질이 66세의 고령으로 진강태수를 맡고 있을 때 북고산 꼭대기에 있는 북고정(北固亭), 즉 제강정(祭江亭)에 올라가 금나라에 빼앗긴 장강 건너편의 조국 땅을 바라보며 중원회복의 염원을 노래한 천고의 명작이다. 일찍이 이곳에서 맹위를 떨쳤던 삼국시대의 오나라 대제(大帝) 손권(孫權, 즉 중모)이나 남조시대의 송나라 무제(武帝) 유유(劉裕, 즉 기노) 같은 영웅이 다시 출현하여 금나라에 빼앗긴 조국을 수복해 주면 좋으련만, 그러기는커녕 오히려 한탁주(韓侂冑) 같은 간신배가 전공을 차지하기 위해 준비도 없이 성급하게 북벌을 감행하다 낭패만 당했으니, 친히 금나라 정벌에 나선 적이 있는 애국 사인(詞人) 신기질의 가슴이 얼마나 답답하였을지 짐작이 간다.

대문에 들어서자 거기도 호구(虎丘)처럼 시검석(試劍石)이 있었다. 그러나 이 시검석은 호구에 있는 것과는 성격이 좀 다르다. 이 시검석에 관하여 ≪삼국연의≫에 대략 이런 이야기가 기록되어 있다.

주유(周瑜)는 손권과 모의하여 손권의 누이동생 손상향(孫尙香)과 혼인시킨다는

> 핑계로 유비(劉備)를 윤주(潤州, 지금의 강소성 진강)로 유인했다. 유비는 그것이 자신을 형주(荊州) 땅과 맞바꾸려는 속셈임을 모르지 않았지만 제갈량(諸葛亮)의 책략에 따라 윤주의 적진으로 들어가 손상향과의 혼인을 기다리고 있었다. 이 무렵에 유비는 감로사(甘露寺) 뜰에 있는 바위를 하나 발견하고는, 자신이 다시 형주로 돌아가 무사히 왕업을 이룰 수 있겠으면 바위가 쪼개지게 하고 그렇지 않으면 검이 부러지게 해 달라고 하늘에 빌면서 검을 내리쳤더니 바위가 둘로 쪼개졌다. 뒤따라오던 손권이 이 광경을 보고 이상한 느낌이 들어서 왜 그러느냐고 물었다. 그러자 유비가 얼른 기지를 발휘하여 손씨 집안과 힘을 합쳐 조조(曹操)를 격파하고 한나라를 바로 세울 수 있겠으면 바위가 쪼개지게 해 달라고 빌었다고 했다. 이에 손권도 겉으로는 조조 격파를 내세우고 속으로는 형주 탈환을 빌면서 검을 내리쳤더니 그 바위 역시 반으로 쪼개졌다.[43]

호구의 시검석이 검의 성능을 시험해 보는 데 사용되었다면 이곳의 시검석은 하늘의 뜻을 물어보는 데 사용된 것이다. 유비와 손권 두 사람이 각기 하늘의 뜻을 물어 보았기 때문에 여기에는 반으로 쪼개진 바위 두 개가 나란히 서 있었다. 그러나 두 개 다 쪼개진 부분이 별로 곧지 않아서 호구의 시검석에 비하면 실감이 덜 났다. 호구의 시검석도 마찬가지겠지만 이것 역시 누군가가 우연히 쪼개진 바위를 보고 상상력을 발휘하여 꾸며낸 이야기일 것이다.

이때 유비는 또 풍랑이 심한 장강 위를 순탄하게 미끄러져 가는 배를 바라보면서 "남쪽 사람은 배를 잘 타고 북쪽 사람은 말을 잘 탄다더니 과연 그런 것 같소이다"[44]라고 했는데 손권이 이것을 남쪽 사람인 자기가 말을 잘 못 탄다고 놀리는 말로 들었다. 자존심이 상한 손권이 말을 몰아 산을 내려갔다가 금방 다시 올라왔

---

43 나관중, ≪삼국연의≫ 권11 <주유가 형주를 탈취할 계략을 세우다(周瑜定計取荊州)> 참조.

44 "南人駕船, 北人乘馬, 信有之乎."[가정원년각본(嘉靖元年刻本) ≪삼국연의≫ 권11 <주유가 형주를 탈취할 계략을 세우다>]

다. 손권이 재주를 뽐내자 유비도 말을 타고 날아가듯이 내려갔다가 다시 올라왔다.[45] 유마간(溜馬澗)이라는 계곡 옆에 손권과 유비가 이처럼 말을 타고 오르내렸다는 산길이 있었다. 경사가 60도 정도나 되는 굉장히 가파른 길로 한 사람이 겨우 다닐 수 있을 정도로 좁기까지 한데 어떻게 말을 타고 오르내렸는지 나 같은 범인은 상상조차 하기 힘들었다. 이 역시 누군가가 지어낸 말일 수도 있겠지만 세상에는 범인들의 상상을 초월하는 일도 심심찮게 일어나는지라 함부로 부정할 수도 없을 것 같았다.

북고산풍경구 입구에 붙어 있는 안내문에 의하면 감로사는 유비가 손권의 누이동생 손상향과 정략결혼을 한 곳으로 유명한데, 일찍이 오나라 감로(265-266) 연간에 창건되었으며 장비(張飛)가 현판을 썼다고 한다. 옛날에는 이 절이 규모가 굉장히 커서 송나라 때는 승려의 수가 500명이 넘었고, 전성기였던 명나라와 청나라 때는 절에 있는 각종 건축물이 도합 200여 칸이나 되었으며, 청나라 강희제와 건륭제는 이곳에 행궁을 지었다고 한다. 그러나 지금은 사원의 면모는 별로 없고 유비와 손상향의 정략결혼 장면을 형상화한 밀랍상이 오히려 관람객의 발길을 끌고 있었다. 안내문에는 또 북고산의 감로사는 금산이나 초산(焦山)의 경우와 달리 '이사진산(以寺鎭山)'의 형세, 즉 절로써 산을 압도하는 형세를 이루는 것이 특색이라고 했다. 산꼭대기 부근에 절을 지어 놓았다는 뜻이다.

북고산 꼭대기에 정자 하나가 등성이 위로 우뚝하게 솟아 있었다. 제강정(祭江亭)이었다. 거기서는 장강이 한눈에 내려다보이고 바람도 시원하게 불었다. 그래서인지 노인 대여섯 명이 정자에 앉아 바람을 쐬고 있었다. 제강정 안내문에 일명 능운정(凌雲亭)·북고정·천하제일정이라고도 하며 유비가 백제성(白帝城)에서 병사했다는 소식을 듣고 손상향이 여기서 남편에게 제사를 지낸 뒤 강에 뛰어들어

45 나관중, ≪삼국연의≫ 권11 <주유가 형주를 탈취할 계략을 세우다> 참고.

자살했다는 전설이 있기 때문에 제강정이라 한다고 설명한 뒤, 신기질이 천고의 절창인 <영우락(永遇樂)—경구의 북고정에서 옛날 일을 생각하며(京口北固亭懷古)—>와 <남향자(南鄕子)—경구의 북고정에 오르니 감회가 일어(登京口北固亭有懷)—>를 지은 곳이라고 했다. ≪삼국연의≫에 의하면 장로(張魯)의 침범에 대비하여 유비가 익주목(益州牧) 유장(劉璋) 대신 검문관(劍門關) 동북쪽에 있는 가맹관(葭萌關)을 지키고 있자 손권이 유비가 없는 때를 틈타 형주를 탈환하려고 획책했으나 그의 모친이 그렇게 되면 유비와 결혼하여 그의 진영에 가 있는 자기 딸 손상향이 위험해진다며 극력 만류하는 바람에 먼저 모친이 위독하다는 핑계로 유비 몰래 손상향을 손권의 진영으로 데려다 놓고 있을 때, 유비가 관우의 원수를 갚는 데 혈안이 된 나머지 제갈량이 말리는데도 불구하고 충분한 준비도 없이 무리하게 오나라를 상대로 이릉(夷陵, 지금의 호북성 宜昌)전투를 감행하다가 패배하여 백제성까지 퇴각한 후 거기서 죽었거니와,[46] 제강정은 바로 이때 손상향이 남편을 위해 제사를 지낸 곳이라는 말이다.

제강정에서 몇 발짝 떨어진 곳에 두두시도정(頭頭是道亭)이라는 정자가 있고 거기서 40미터쯤 더 내려가자 다경루(多景樓)가 있었다. 안내문에 다경루는 원래 손상향이 화장하던 누각으로 "수많은 풍경이 창문에 매달렸다(多景懸窗牖)"라는 당나라 시인 이덕유(李德裕)의 시구에서 다경루라는 이름이 생겼다고 했다. 그리고 '천하강산제일루(天下江山第一樓)'라는 현판은 송나라 서예가 미불(米芾)의 글씨라고 했다. 다경루에 가서 보니 1층에 붙어 있는 '천하강산제일루'라는 현판에 '불(芾)'이라는 낙관이 있을 뿐만 아니라 2층에 붙어 있는 '다경루(多景樓)'라는 현판에도 '원장(元章, 미불의 字)'이라는 낙관이 있어 둘 다 미불의 글씨임을 알 수 있었다.

---

46 나관중, ≪삼국연의≫ 권13 <조운이 강을 건너 어린 군주를 빼앗다(趙雲截江奪幼主)> 및 권17 <백제성에서 선주가 고아를 부탁하다(白帝城先主託孤)> 참조.

2층짜리 목조 건물인 다경루의 위층에는 정면의 벽에 북고산 전경을 그린 그림이 붙어 있고, 좌우의 벽에는 각각 해서 · 예서 · 전서 · 행서로 쓴 신기질의 <영우락(永遇樂)—경구의 북고정에서 옛날 일을 생각하며(京口北固亭懷古)—>와 <남향자(南鄕子)—경구의 북고정에 오르니 감회가 일어(登京口北固亭有懷)—>, 육유(陸游, 1125-1210)의 <수조가두(水調歌頭)—다경루(多景樓)—>, 진량(陳亮, 1143-1194)의 <염노교(念奴嬌)—다경루에 올라(登多景樓)—> 등 북고산 및 다경루와 관련된 사(詞) 작품들이 걸려 있었다.

2층 난간에서 바라보니 북쪽으로는 장강 건너편의 양주가 보이고 서쪽으로는 연무에 덮인 금산이 보였다. 그리고 그 뒤로 가물가물 장강대교도 하나 보였다. 지도를 확인해 보니 윤양장강대교(潤揚長江大橋)라고 적혀 있었다. 진강의 옛날 이름인 윤주(潤州)와 양주를 연결한다는 뜻에서 붙여진 이름임을 금방 알 수 있었다. 10년 전에는 다리가 없어서 '윤도(輪渡)'라는 커다란 나룻배가 차를 싣고 왔다 갔다 하며 진강과 윤주를 연결했는데 그 사이에 다리를 새로 놓은 것이다.

제강정(즉 북고정)

다경루

흔석

다경루에서 다시 아래쪽으로 조금 더 내려가니 감로사의 서쪽 끝인데 거기에 아직도 엎드린 양처럼 생긴 '흔석(狠石)'이라는 이름의 바위가 두 개 남아 있었다. 두 개 중에 하나는 머리 부분이 떨어져 나갔지만 하나는 비교적 온전하게 보존되어 있었다. 소동파의 시 <감로사(甘露寺)>에서 "흔석은 마당에 드러누워 있는데, 불룩하게 솟은 품이 엎드린 들양 같다"[47]라고 한 바로 그것이었다.

소동파가 스스로 주를 달아 말하기도 했지만 흔석 표지석에도 "일명 석양이라고도 한다. 전하는 바에 의하면 조조가 백만 대군을 이끌고 남하할 때 손권과 유비(일설에는 제갈량)가 이것에 기대어 조조를 격파할 계책을 논의했다고 한다[一名石羊, 相傳曹操率百萬大軍南下時, 孫權與劉備(一說諸葛亮)曾據此共商破曹大計]"라고 쓰여 있기에 강민호와 내가 각각 흔석 하나씩에 앉아 유비와 손권이 그랬을 것 같은 동작을 흉내내 보았다. 다른 구경꾼들도 다들 그렇게 해 본 듯 흔석의 등과 머리가 반들반들 윤이 났다.

흔석의 반대편, 즉 북고산의 동쪽 등성이에 4층짜리 철탑이 하나 있었다. 안내문에 의하면 이 자리에는 원래 이덕유가 세운 석탑이 있었는데 건부(874-879) 연간에 허물어져 북송 원풍 원년(1078)에 석탑의 기초 위에 철탑을 세운 것이라고 한다. 원래 7층짜리 탑이었는데 그 뒤 허물어지는 바람에 지금은 2층까지만 남아 있고 3층과 4층은 명나라 때 복제한 것이라고 했다. 얼핏 볼 때는 표시가 나지 않았

47 "狠石臥庭下, 穹窿如伏羱."(왕문고본 ≪소식시집≫ 권7)

지만 안내문의 설명을 보고 난 뒤에 다시 자세히 보니 3·4층은 1·2층과 좀 달라 보였다. 쇠는 녹이 잘 스는지라 삭아서 내려앉기 쉬운데 1,000년이 다 되어 가는 지금까지 두 층이라도 그렇게 건재하다는 사실이 놀라웠다.

동쪽 등성이를 따라 한참 내려가자 산기슭에 또 시비가 하나 있었다. 신기질의 사 <남향자(南鄕子)—경구의 북고정에 오르니 감회가 일어(登京口北固亭有懷)—>였다.

진강 철탑

어디에서 신주를 바라다보나?	何處望神州
온갖 풍경 다 보이는 북고루라네.	滿眼風光北固樓
천고에 많은 일이 흥하고 또 망하건만	千古興亡多少事
오늘도 유유히	悠悠
장강은 쉬지 않고 쿨쿨 흐르네.	不盡長江滾滾流
젊었을 때 군사를 만 명이나 거느리고	年少萬兜鍪
동남쪽을 점거한 채 쉬지 않고 싸웠다지.	坐斷東南戰未休
천하의 영웅 중에 누가 그의 적수였나?	天下英雄誰敵手
오로지 조 씨와 유 씨뿐이었나니	曹劉
아들을 낳으려면 손중모와 같아야지.	生子當如孫仲謀

역시 신기질이 진강태수로 재임 중이던 예순여섯 살 때 북고정 즉 제강정에 올라가서 장강 북쪽을 바라보며 손권 같은 영웅이 나타나 금나라 치하에 있는 중원 땅을 하루 빨리 수복했으면 좋겠다는 간절한 소망을 노래한 것이다. 그런데 회색

신기질의 〈남향자〉 시비

돌에 새겨서 글자에 검은색을 칠한 이 시비는 오랜 풍상에 글자의 색깔이 바랠 대로 바래 글자를 알아보기 힘들 지경이었다.

❄ 수서호

북고산에서 내려와 시외버스를 타고 양주로 향했다. 양주는 소동파가 임지를 옮겨 다닐 때 여러 차례 지나다닌 곳이기도 하지만, 원우 7년(1092) 3월부터 그해 8월까지 반년 동안 태수를 지낸 곳이기도 하다. 시외버스 종점이 진강역 바로 옆에 있어서 타기가 참 편했다.

오후 1시 30분에 양주 중심가의 사망정(四望亭) 부근에 있는 석탑빈관(石塔賓館)에 짐을 풀었다. 사망정 일대는 1996년에 처음 왔을 때 대명사(大明寺)에서 만난 한 할아버지가 바로 두목(杜牧, 803-852)의 시 <헤어지는 사람에게(贈別)>에서 말한 "봄바람이 불어대는 십 리 양주 길"[48]이라고 했던 곳이다.

한국인들이 즐겨 먹는 양주볶음밥(揚州炒飯)의 본고장에 왔으니 먼저 그것부터 먹어 보지 않을 수 없었다. 호텔에서 가장 가까운 식당을 찾아갔더니 양주볶음밥을 비롯하여 간단한 음식을 주로 파는 식당이었다. 청소년들이 즐겨 찾는 식당인 듯했다. 그 집의 차림표를 보니 양주볶음밥의 종류가 화퇴초반(火腿炒飯)·비취초반(翡翠炒飯)·서홍시초반(西紅柿炒飯)·십금초반(什錦炒飯)·설채육사초반(雪菜肉絲炒飯)·향장날미초반(香腸辣味炒飯)·향고육사초반(香菇肉絲炒飯)·계류초반(鷄柳炒飯)·우육가리초반(牛肉咖哩炒飯)·남국초반(南國炒飯)·송자우육초반(松子牛肉炒

48 "春風十里揚州路."[문연각사고전서본 ≪어정전당시(御定全唐詩)≫ 권523]

飯)·양육자연초반(羊肉孜然炒飯)·하인초반(蝦仁炒飯) 등 10여 가지나 되었다. 주인에게 물어보니 십금초반이 우리가 보통 먹는 양주볶음밥이라고 했다. 그 집의 십금초반은 다른 도시에서 먹던 것보다 조금 더 맛있는 것 같았다.

양주의 명소인 수서호(瘦西湖)로 가는 도중에 길목에 있는 양주팔괴기념관(揚州八怪紀念館)에 들렀다. 안내문에 의하면 양주팔괴란 청나라 강희(1662-1722)·건륭(1736-1795) 연간에 양주에서 활동한 화가들 가운데 독창성을 중시한 나머지 정통화파의 지탄을 받던 화가들로 처음에는 김농(金農, 1687-1763)·정섭(鄭燮, 1693-1765) 등의 여덟 명을 가리켰으나 나중에는 열다섯 명으로 늘어났다고 한다. 양주팔괴기념관에는 주로 이들의 그림과 글씨가 진열되어 있었다.

양주팔괴기념관에서 나와 오른쪽으로 돌아가자 양주시공안국(揚州市公安局)이 있는데 그 담장에 <고려청자출토처(高麗青瓷出土處)>라는 제목의 다음과 같은 안내문이 붙어 있었다.

> 고려청자는 조선(한중수교 이전에 중국 사람들이 남북한을 통칭하던 말)의 고려 왕조가 중국의 월요(越窯)와 여요(汝窯)를 모방하여 생산한 청자의 신품종이었다. 굽기 전에 무늬를 새긴 뒤에 광물색채로 메운 것이 그것의 독창적인 면이었다. 북송 후기부터 원나라 시기에 가장 많이 생산되었다. 남송 때에는 중국의 ≪수중금(袖中錦)≫이라는 책에 그것을 중국 각지의 명산물과 나란히 열거하여 '천하제일' 스물네 가지 가운데 하나로 쳤다. 1985년 양주시공안국 청사를 시공하는 도중에 원나라 때 만들어진 깨진 고려청자 쟁반 하나가 발견되었다.

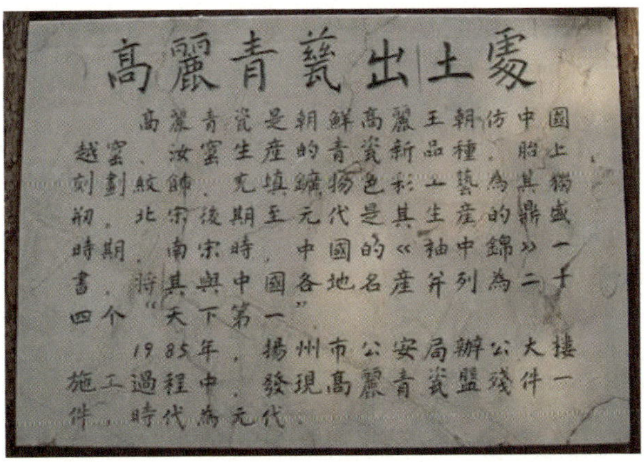

고려청자 출토에 관한 안내문

안내문을 통하여 여기서 13~14세기에 고려에서 만든 상감청자 쟁반 깨진 것이 발견되었음을 알 수 있다. 중국 길거리에서 뜻하지 않게 보았기 때문에 더더욱 반가웠다.

수서호는 좁고 길쭉하게 생겨서 호수라기보다는 강이라고 하는 편이 더 적절할 것 같거니와, 아닌 게 아니라 이것은 수로(水路)이기도 하고 해자(垓字)이기도 했다고 한다. 그러던 것이 청나라 건륭(1736-1795) 연간에 항주 사람 왕항(汪沆)이 양주에 살면서 수많은 부상(富商)들이 너도나도 거금을 들여 이 강의 양쪽 연안에 수상원림(水上園林)을 건설하는 것을 보고 <보장하(詠保障河)>라는 시를 지어 보장하를 항주서호에 비길 만한 명승으로 치켜세움으로써 그 뒤로 수서호라는 이름이 생겼다고 한다.[49]

수양버들은 끊임없어 풀밭으로 이어지고　　垂楊不斷接殘蕪
기러기 이빨 같은 무지개다리는 그림 같네.　　雁齒虹橋儼畫圖
이곳 또한 황금 한 솥을 다 녹였을 터이니　　也是銷金一鍋子
홀쭉한 서호라고 불러야만 되겠네.　　故應喚作瘦西湖

그러나 수서호에는 우리가 답사할 곳이 많지는 않기 때문에 호숫가에 나 있는 길을 따라 죽 거슬러 올라가며 주마간산 식으로 구경하기로 했다.

수서호를 얼른 보고 대명사(大明寺)와 평산당(平山堂)도 오늘 안에 다 볼 요량으로 남대문에서 출발하여 빠른 속도로 걸어서 곧장 관작정(觀芍亭)까지 갔다. 수서호에 오는 사람들 중에서 관작정의 의미가 무엇인지 알고 보는 사람은 별로 많지 않을 것이다. 관작정이 어떤 정자인지 알려면 먼저 이 정자 앞에 왜 작약이 이렇게 많은지를 알아야 한다. 남송 사인 강기(姜夔, 1155?-1235?)의 사 <양주만(揚州慢)>

49 ≪백도백과≫ <수서호>·<왕항> 참조.

에 그 해답이 들어 있다.

회수 동쪽 지역의 이름난 도시	淮左名都
죽서정 좋은 곳에	竹西佳處
안장을 풀어 놓고 여정 잠시 멈추었다.	解鞍少駐初程
십 리에 춘풍 불던 양주 길을 지나자니	過春風十里
도처에 냉이 보리 시퍼렇게 우거졌다.	盡薺麥青青
북쪽 말이 장강을 넘보고 떠난 뒤로	自朔馬窺江去後
황폐한 연못가의 교목조차도	廢池喬木
전쟁 얘기하는 것 안 좋아한다.	猶厭言兵
황혼이 다가오니	漸黃昏
추위 속에 뿔피리 불어	清角吹寒
인적 없는 양주성에 가득 퍼진다.	都在空城
여기에서 멋지게 논 두씨 도령이	杜郎俊賞
지금 다시 온다면 틀림없이 놀라리라.	算如今重到須驚
육두구를 읊은 시가 참 아름답고	縱荳蔻詞工
청루에서 단꿈을 꾸었던 그도	青樓夢好
처량한 이 심정은 읊어 내지 못하리라.	難賦深情
이십사교 다리는 아직 있건만	二十四橋仍在
물결은 출렁대고	波心蕩
차가운 달빛은 말이 없는데	冷月無聲
다리 가에 피어 있는 붉은 작약은	念橋邊紅藥
누굴 위해 해마다 피고 또 필까?	年年知爲誰生[50]

50 문연각사고전서본 황승(黃昇) ≪화암사선(花菴詞選)≫ 속집권6(續集卷六).

이 사는 순희 3년(1176)에 강기가 금나라의 침략으로 심하게 황폐해진 양주에 왔다가 느낀 슬픔을 노래한 것인데, 사의 마지막 부분을 보면 이 일대가 오래전부터 빨간 작약이 화사하게 피어서 수서호를 찾는 사람들을 반겨 주는 명소였음을 알 수 있다. 그리고 '관작정(觀芍亭)'이라는 현판에 '판교 정섭(板橋鄭燮)'이라는 낙관이 있는 것을 보면 청나라 때의 유명한 화가 겸 서예가로 양주팔괴 가운데 한 사람이었던 정섭도 이곳의 작약을 즐겨 찾았음을 알 수 있다.

양주는 수서호 일대뿐만 아니라 전 지역에 작약이 많아서 그것이 오히려 백성들에게 커다란 고통을 안겨 주었다. 소동파가 양주태수로 부임하여 이 사실을 알고 만화회(萬花會)라는 행사를 폐지함으로써 백성들의 고통을 없애 주었다. 이 일은 ≪동파지림(東坡志林)≫에 상세하게 기록되어 있다.

> 양주의 작약은 천하의 으뜸이다. 채번경이 태수로 있을 때 처음으로 만화회를 거행했는데 꽃을 10여 만 가지나 사용하는지라 화원들을 황폐하게 할 뿐만 아니라 관리들이 이것을 기화로 간악한 짓을 하기 때문에 백성들이 이것을 골칫거리로 여겼다. 내가 막 와서 백성들의 질고가 무엇인지 물었을 때 이것을 제일로 치는지라 마침내 폐지했다.
>
> 揚州芍藥, 爲天下冠. 蔡繁卿爲守, 始作萬花會, 用花十餘萬枝, 旣殘諸園, 又吏因緣爲姦, 民大病之. 余始至, 問民疾苦, 以此爲首, 遂罷之.[51]

관작정 앞에 붉은 글씨로 '이십사교(二十四橋)'라고 쓴 표지석이 하나 서 있고 그 뒤로 호수 건너 멀찌감치 반월형으로 생긴 흰색 다리가 하나 보였다. 가늘고 구부정한 하얀 몸통에 난간 기둥이 여러 개 솟아 있어서 마치 커다란 누에가 한 마리

---

51 문연각사고전서본 ≪동파지림≫ 권5. 소동파의 시 <임자중이 봄날 새 제방에서 본 일을 노래하여 보낸 시에 차운하여(次韻林子中春日新堤書事見寄)>에 대한 자주(自註) 참조.

이십사교

꿈틀거리며 기어가는 것 같았다. 그것이 바로 강기의 사에도 언급되어 있는 이십사교였다.

이십사교라는 특이한 명칭의 유래에 대해서는 이 일대에 다리가 스물네 개 있어서 그것들을 통칭한 말이라는 설, 미인 스물네 명이 여기서 퉁소를 불었다는 설 등의 이설이 있다.[52]

만당 시인 두목은 <양주의 한작 판관에게(寄揚州韓綽判官)>라는 시에서 이렇게 노래했다.

청산은 가물가물 강물은 아득아득	青山隱隱水迢迢
가을 다 간 강남에 초목이 시들텐데	秋盡江南草木凋
이십사교 다리 위에 명월이 밝은 밤에	二十四橋明月夜
가인에게 어디에서 퉁소를 가르칠까?	玉人何處教吹簫[53]

52 유월(兪樾), ≪다향실총초(茶香室叢鈔)≫ 권12 <양주이십사교(楊州二十四橋)> 참조.

두목은 이설들 중에서 스물네 명의 미인이 퉁소를 불었다는 설을 믿고 있었던 모양이다. 그런데 지금의 이십사교는 길이가 24미터, 폭이 2.4미터, 난간 기둥이 스물네 개, 양쪽의 계단이 각각 스물네 개라고 하니[54] 먼 훗날에는 이십사교의 명칭에 대하여 이설이 또 추가되게 생겼다.

이십사교에서 바라보니 멀리 촉강(蜀岡)이라는 언덕 위에 있는 대명사 경내의 서령탑(棲靈塔)이 우리에게 어서 오라고 손짓하는 것 같았다. 그것을 보자 우리는 마음이 더욱 다급해졌다. 6시가 되면 대명사가 문을 닫을 것이 틀림없기 때문에 그 전에 둘러보기 위해 서둘러 대명사로 갔다. 그러나 5시 반쯤에 도착했는데도 불구하고 대명사는 이미 문이 닫혀 있었다. 주위 사람들에게 물어보니 5시에 문을 닫는다고 했다. 항상 느끼는 것이지만 중국에서는 왜 이렇게 일찍 문을 닫는지 여행하기에 여간 불편하지 않다. 해가 긴 여름에는 좀 늦게까지 개방하면 우리가 시간을 많이 절약할 수 있을 텐데 언제나 이처럼 저녁시간을 낭비해야 한다. 결국 별 수 없이 내일 아침 일찍 다시 오기로 하고 숙소로 돌아갔다.

❋ 대명사

2007년 8월 18일 어제 일정이 좀 밀렸기 때문에 조금 서두른 결과 8시 좀 안 되어서 대명사에 도착할 수 있었다.

먼저 서령탑을 한 층 한 층 올라가며 일망무제로 시원스럽게 펼쳐져 있는 주위의 경치를 구경했다. 탑이나 누각을 오를 때마다 느끼는 것이지만 왕지환(王之渙, 688-742)이 <관작루에 오르며(登鸛雀樓)>에서 "천리안의 시력을 한껏 발휘하고파, 다시금 한 층을 더 올라간다"[55]라고 한 것은 고향을 조금이라도 더 잘 바라보고 싶어서 그런 것으로 한정할 필요가 없다. 이번에도 마찬가지였다. 다리가 아파서

53 문연각사고전서본 《어정전당시》 권523.

54 《백도백과》 <이십사교> 참조.

55 "欲窮千里目, 更上一層樓."(문연각사고전서본 고병 《당시품휘》 권40)

못 올라가겠다고들 하더니, 밑에서 쉴 사람은 쉬라고 했는데도 불구하고 막상 꼭대기 층에 올라가서 보니 안 올라온 사람이 한 명도 없었다. 이게 어디 고향이 그리워서 그런 것이겠는가? 그것은 다름 아닌 호기심 때문일 것이다. 한 층만 더 올라가면 보다 멋진 풍경이 펼쳐질 것 같아서, 그것을 안 보면 너무나 아쉬울 것 같아서, 그래서 한 층 한 층 올라가다 보면 결국 꼭대기까지 올라가고야 마는 것일 것이다. 그리고 이것은 바로 인간이면 누구나 다 가지고 있는 보편적인 심리일 것이다.

대명사 서령탑

서령탑 옆에 있는 와불전(臥佛殿)에는 사람 키만큼 큰 부처님이 오른손으로 머리를 괸 채 문밖을 응시하며 오른쪽으로 몸을 돌려 누워 있었다. 전신이 하얀 석고로 만들어져 맑고 고아한 데다 표정도 참 온화해 보였다.

높은 곳에 위치한 관계로 저 멀리 보이는 뭇 산들과 나란하다고 해서 그런 이름이 붙었다는 대명사 서편의 평산당(平山堂)은 원래 북송 경력 8년(1048)에 양주태수 구양수(歐陽修, 1007-1072)가 손님을 응접할 때 쓰기 위해서 지은 것인데, 지금의 건물은 청나라 동치(1862-1874) 연간에 중건한 것이라고 표지석에 설명되어 있었다.

구양수의 사 <조중조(朝中措)>에 "맑은 날 평산당의 난간에 기대서면, 저 멀리 산빛이 보일락 말락 했지"[56]라는 구절을 놓고, 평산당에서는 산들이 가깝기 때문에 선명하게 잘 보이는데 구양수가 '산빛이 보일락 말락 했다'고 한 것은 그가 근시였기 때문이라고 주장한 사람이 있지만, 송나라 사람 엄유익(嚴有翼)은 소동파

56 "平山闌檻倚晴空, 山色有無中."[문연각사고전서본 구양수 ≪문충집(文忠集)≫ 권131]

평산당

가 그의 사 <수조가두(水調歌頭)—쾌재정에서(快哉亭作)—>에서 "항상 기억하거니와 평산당에서, 강남의 안개비 속에 비스듬히 베개에 기대면, 외기러기 가물가물 시야에서 사라져, 저 멀리 산빛이 보일락 말락 한다는, 취옹의 말씀을 확인할 수 있었지요"[57]라고 함으로써 이것을 해명했다고 했다.[58]

그러나 명나라 사람 탁인월(卓人月)은 또 구양수의 사에 '맑은 날 평산당의 난간에 기대서면'이라고 한 점에 주목하여 구양수가 본 것은 맑은 날의 일이니 소동파의 해명이 적절치 않다고 반박했다.[59] 우리는 이런 이야기들을 염두에 두면서 두 눈으로 직접 확인해 보려고 애를 썼다. 그러나 그날은 날씨가 맑지 않아서 시야에 들어오는 산이 하나도 없었기 때문에 확인할 수가 없었다.

---

57 "長記平山堂上, 攲枕江南煙雨, 杳杳沒孤鴻. 認得醉翁語, 山色有無中."(추왕본 ≪소식사집≫ 483쪽)
58 위경지(魏慶之)의 ≪시인옥설(詩人玉屑)≫ 권20 <육일(六一)>에 인용된 ≪예원자황(藝苑雌黄)≫ 참조.
59 탁인월의 ≪고금사통(古今詞統)≫ 권8 주방언(周邦彥) <우미인(虞美人)>에 대한 주석 참조.

평산당 벽에 계미년 중추절에 대명사의 주지가 구양수의 사 <조중조>를 해서체로 쓴 액자가 걸려 있었다. 내가 보기에는 별로 잘 쓴 글씨가 아니었다. 그리고 먹물의 색깔과 종이의 상태를 보니 쓴 지도 얼마 안 된 것 같았다. 뛰어난 서예가의 글씨로 오래전에 벌써 써 붙였어야 할 작품인데 평산당을 읊은 구양수의 명작이 푸대접을 받고 있는 것 같아 안타까웠다.

맑은 날 평산당의 난간에 기대서면 　平山闌檻倚晴空
저 멀리 산빛이 보일락 말락 했지. 　山色有無中
손수 심은 평산당 앞 수양버들은 　手植堂前垂柳
떠난 뒤로 몇 번이나 봄바람을 맞았을까? 　別來幾度春風

문장가인 이 태수는 　文章太守
붓을 한 번 휘두르면 만 자를 쓰고 　揮毫萬字
술잔을 한 번 들면 천 잔을 마셨었지. 　一飮千鍾
놀려면 반드시 젊었을 때 실컷 놀 일 　行樂直須年少
술자리에 앉아 있는 이 늙은이 보라지. 　尊前看取衰翁

평산당 밑에 당나라의 차 전문가 유백추(劉伯芻)가 천하제오천이라고 품평한 샘이 있는데, 샘 가에 세워져 있는 안내문에 의하면 구양수와 소동파가 양주태수로 재임할 때 이곳에 와서 차를 품평하고 물을 논했는데, 특히 구양수는 그 물맛을 좋아한 나머지 <대명사천수기(大明寺泉水記)>[60]를 지어 천하의 "물 중에서 맛있는 것이다(水之美者也)"라고 극찬하기도 하고 샘 위에 미천정(美泉亭)이라는 정사를 짓기도 했다고 한다.

지금은 미천정 앞 바위에 '천하제오천(天下第五泉)'이라는 글씨가 붉은색으로 새

60 문연각사고전서본 《문충집(文忠集)》 권63에는 제목이 <대명수기(大明水記)>로 되어 있다.

겨져 있고, 거기서 얼마 안 떨어진 곳에 또 다른 샘이 있는데 그 샘 옆에는 '제오천(第五泉)'이라는 글씨를 붉은색으로 새겨 놓은 비석이 세워져 있었다. '천하제오천(天下第五泉)'이라는 글씨는 청나라 건륭 2년(1737)에 왕팽(王澎)이 썼고, '제오천(第五泉)'이라는 글씨는 명나라 가정(1522-1566) 중엽에 서구고(徐九皋)가 썼다고 한다.[61] 두 개의 샘이 자그마한 연못을 사이에 두고 서로 연결되어 있으므로 이들 두 개의 샘이 서로 같은 수맥일 것임에 틀림없고 따라서 천하제오천과 제오천이 같은 샘일 것임에 틀림없다고 생각되었다. 육우가 천하제일천이라고 품평한 여산(廬山)의 곡렴천이 계곡 물 전체를 가리킨다는 사실을 생각해 보면 어렵지 않게 이해할 수 있는 일이다.

❀ 죽서공원

대명사에서 멀지 않은 촉강 동쪽의 고운하(古運河) 가에 죽서공원(竹西公園)이 있다. ≪강남통지(江南通志)≫에 "선지사(禪智寺)는 바로 상방사(上方寺)로 양주부(揚州府)에서 북쪽으로 5리 떨어진 곳에 있으며 일명 죽서사라고도 한다"[62]고 했는데, 2007년 3월에 양주시국토자원국에서 편찬한 <양주여유교통도(揚州旅遊交通圖)>에 죽서공원 서쪽이 '선지사구지(禪智寺舊址)'인 것으로 표시되어 있는 것을 보면 죽서공원은 바로 죽서사와 죽서정(竹西亭)의 옛터에 조성된 것이 분명하다.

죽서공원은 규모가 작고 소박한 공원인 데다 위치도 번화가에서 좀 떨어져 있기 때문인지 찾는 사람이 거의 없는 것 같았다. 택시 운전사가 거기는 여태껏 가는 사람을 보지 못했는데 무엇 하러 가느냐며 의아해하더니 과연 공원 안에 우리 일행 이외에 다른 사람은 아무도 안 보였다. 그러나 중국문학에 있어서 죽서사는 그렇게 시시한 곳이 아니다.

---

61 ≪백도백과≫ <천하제오천> 참조.

62 "禪智寺卽上方寺, 在府北五里蜀岡, 一名竹西寺."[문연각사고전서본 ≪강남통지≫ 권46 <양주부(揚州府)>]

소동파는 황주에서 여주(汝州)로 유배지를 옮겨 가는 도중 상주(常州) 의흥(宜興)에 은거할 땅을 사 놓고 상주 거주를 허락해 달라는 상소문을 올렸다. 두 차례에 걸친 간곡한 청원 끝에 마침내 상주 거주를 허락받았다. 가던 길을 되돌려 의흥으로 가는 도중에 그는 양주에 들러서 죽서사를 구경했다.

뜨거운 태양이 사정없이 내리쬐는 원풍 8년(1085) 5월 1일이었다. 계절은 여름이었지만 절에는 시원한 바람이 솔솔 불어 별로 더운 줄을 모르겠고 자신은 또 오랜 염원을 이루었기 때문에 기분이 상쾌하기 그지없었다. 흐뭇한 마음에 자신도 모르게 입에서 시가 세 수나 흘러나왔다. <의흥으로 돌아가다 죽서사에 써서 남긴다(歸宜興留題竹西寺)>였다.

십 년 동안 귀향을 꿈꾸며 서풍에 귀를 기울였으니	十年歸夢寄西風
이제 가면 정말로 농사꾼이 되리라.	此去眞爲田舍翁
촉강의 새 우물물을 실컷 퍼마셔	剩覓蜀岡新井水
고향 맛을 지니고 강동으로 가리라.	要攜鄉味過江東[63]

이것은 이때 지은 세 수 가운데 첫 번째 작품이다. 촉강(蜀岡)은 서북쪽에서 뻗어 나와 죽서정까지 이어지는 언덕인데 죽서사에 있는 우물은 물맛이 소동파의 고향에 있는 촉강(蜀江)의 물맛과 같았다고 한다.[64] 그러므로 이 시에서 말한 '촉강(蜀岡)의 새 우물물'은 바로 자기 고향의 물맛이 된다. 이렇게 은거지를 향하여 돌아가는 길에 고향의 물맛을 실컷 볼 수 있게 되었으니 우연이라기보다는 아무래도 무슨 인연이 있었던 모양이다. 이렇게 유서 깊은 곳인데 일반인들은 양주 사람이라고 할지라도 이 사실을 잘 모르는 모양이다.

---

63 왕문고본 ≪소식시집≫ 권25.

64 왕문고본 ≪소식시집≫ 권25에 수록된 이 시에 대한 세가의 주석 참조.

정문에 커다랗게 '죽서공원(竹西公園)'이라고 쓴 현판이 걸려 있고 그 밑에 또 '죽서가처(竹西佳處)'라는 조금 작은 현판이 하나 더 걸려 있었다. 자칫하면 무심코 지나치기 쉽겠지만 이 작은 현판은 결코 임의로 쓴 것이 아니다. 강기의 사 <양주만> 첫머리에 "회수 동쪽 지역의 이름난 도시, 죽서정 좋은 곳에, 안장을 풀어 놓고 여정 잠시 멈추었다"[65]라고 했으니 그것은 바로 800여 년 전에 강기가 한 말이다.

정문에서 얼마 안 떨어진 곳에 죽서정사(竹西精舍)라는 조그마한 단층 건물이 있는데 자물쇠가 잠겨 있고 안에는 별다른 물건이 없는 것 같았다. 아무래도 죽서사의 옛 모습은 완전히 사라진 듯했다. 죽서정사를 지나 조금 더 들어가니 우거진 대나무 사이에 2층짜리 정자가 하나 보였다. 1층은 대나무에 가려서 잘 안 보이고 2층의 육각 지붕만 보였다. 가까이 가서 보니 2층 지붕 밑에 '죽서정(竹西亭)'이라는 현판이 걸려 있었다. 그것이 바로 그 유명한 죽서정이었던 것이다.

죽서정

죽서정사

65 "淮左名都, 竹西佳處, 解鞍少駐初程."(문연각사고전서본 황승 ≪화암사선≫ 속집권6)

죽서정에 앉아서 조금 쉬다가 죽서공원 안에 더 이상 볼 것이 없는 것 같아 대문 쪽으로 돌아 나가자니 들어올 때는 닫혀 있던 죽서정사가 열려 있었다. 평소에는 찾는 사람이 없기 때문에 관리의 편의를 위해 잠가 놓는데 우리가 들어가는 것을 보고 열어 놓은 모양이었다. 아까 지나가면서 얼핏 보고 짐작했던 대로 안에는 열 평가량 되는 방에 죽서사와 죽서정에 관한 글씨와 그림이 10여 점 걸려 있을 뿐 절의 모습은 조금도 찾아볼 수 없었다.

그만 나가려다가 아무래도 허전한 느낌이 들어 관리인에게 물어보았더니 죽서정 뒤로 가면 볼거리가 더 있다고 했다. 우리는 혹시나 하며 죽서정 옆의 조그만 개울 위에 놓인 다리를 건너 조금 더 들어가 보았다. 그랬더니 공원 맨 안쪽에 기와로 지붕을 인 하얀 벽이 길쭉하게 뻗어 있었다. 그리고 표면에 석회를 바른 그 벽에는 시가 몇 수 새겨져 있었다. 맨 앞에 '소시석각(蘇詩石刻)'이라고 쓰인 액자가 걸려 있어 거기에 소동파의 시가 새겨져 있음을 알려 주고 있었다.

소시석각

그러나 '소시석각'은 소동파의 <촉강을 유람하고 사명을 받들어 영남 지방으로 가는 이효박을 전송한 소백고의 시에 차운하여(次韻蘇伯固遊蜀岡送李孝博奉使嶺表)>와 청나라 시인 왕사정(王士禛)의 <상방사에서 동파 선생의 석각 시를 찾아보고 그것에 차운하여(上方寺訪東坡先生石刻詩次韻)>, 당나라 시인 두목(杜牧)의 <선지사(禪智寺)> 등 이곳과 관련이 있는 작품 몇 편을 벽에 새겨 놓은 것이 전부였다. 촉강(蜀岡)은 옛날에 죽서사가 있었던 언덕이고 상방사와 선지사는 모두 죽서사의 다른 이름이다.

그런데 거기에 눈이 번쩍 뜨이게 하는 것이 하나 있었다. 촉정(蜀井)이었다. 소동파가 <의흥으로 돌아가다 죽서사에 써서 남긴다(歸宜興留題竹西寺)>에서 "촉강의 새 우물물을 실컷 퍼마셔, 고향 맛을 지니고 강동으로 가리라"라고 하여 촉강(蜀江)과 수맥이 이어져 있음을 암시한 바로 그 우물이었다. '회해(즉 진관)의 후예 진자경 씀(淮海後裔秦子卿題)'이라는 낙관과 더불어 커다란 글씨로 '촉정(蜀井)'이라고 쓴 하얀 표지석이 세워져 있고 그 뒤에 팔각형의 하얀 돌난간이 둘러쳐진 둥근 우물이 있었다. 그리고 그 옆에 있는 안내문에 촉정이 죽서팔경(竹西八景) 가운데 하나라는 사실과 물맛이 촉강(蜀江)의 물맛과 같기 때문에 '촉정'이라고 한다는 설명이 있었다. 안내문에는 또 촉정이 촉강(蜀江)과 수맥이 통하는지라 한 스님이 촉강(蜀江)에서 바리때를 씻다가 놓치는 바람에 그만 강 속으로 흘러들어 갔는데 나중에 죽서사의 우물에서 발견되었기 때문에 환발정(還鉢井)이라고도 한다는 속설도 기록되어 있었다.

촉정

그런데 여기에 한 가지 의문점이

있다. 송나라 사람 장방기(張邦基)의 ≪묵장만록(墨莊漫錄)≫에 "원우 6년(1091)[66] 칠석날, 소동파는 당시 양주태수로 재임 중이었는데 발운사 조단언 및 양주통판 조무구와 함께 대명사에서 탑원의 서랑정과 하원의 촉정 등 두 우물의 물을 길어 우열을 비교해 보고 탑원의 물이 더 낫다고 여겼다"[67]고 했는데, 장방기가 대명사의 하원[68]이라고 한 촉정이 이제 죽서공원 안에 있으니 죽서사가 당시에는 대명사에 소속된 작은 절이었다는 말인가? 아니면 촉정 바로 옆에 대명사 하원이라는 작은 절이 하나 더 있었다는 말인가? 촉정 부근에 다른 절이 하나 더 있었다고 보기에는 촉정과 죽서정사의 거리가 너무 가깝지 않은가? 그리고 소동파의 시 <의흥으로 돌아가다 죽서사에 써서 남긴다>에도 '죽서사'라고 하지 않았는가? 혹시 지금의 촉정이 원래의 촉정과 다른 것이거나 지금의 죽서정사를 중건할 때 위치를 옮긴 것이 아닐까?

66 소동파가 양주태수로 재임한 것은 원우 7년(1092) 3월부터 8월까지였으므로 '원우 6년'은 '원우 7년'의 오류다.

67 "元祐六年七夕日, 東坡時知揚州, 與發運使晁端彦·吳倅晁无咎, 大明寺汲塔院西廊井與下院蜀井二水, 校其高下以塔院水爲勝."(문연각사고전서본 ≪묵장만록≫ 권3)

68 문연각사고전서본 조언위(趙彦衛) ≪운록만초(雲麓漫抄)≫ 권6에 "수나라 때는 '도량'이라고 했고, 당나라 때는 '사'라고 했으며, 본 왕조(송나라)는 큰 것을 '사'라고 하고 그보다 작은 것을 '원'이라고 한다(隋曰'道場', 唐曰'寺', 本朝大曰'寺', 次曰'院')"라고 한 바와 같이 송나라 때는 '사(寺)'보다 작은 절을 '원(院)'이라고 했다.

4. 남경(南京)과 저주(滁州)

양주에서의 일정을 끝낸 뒤 양주기차동참(揚州汽車東站)에서 버스를 타고 고우(高郵)로 갔다. 북해가일주점(北海假日酒店)이라는 3성급 호텔에 짐을 풀었다. 어쩌면 고우에서 최고급 호텔일 수도 있겠다는 생각이 들었다. 그러나 물가가 비싸지 않은 도시인지라 방값은 조찬을 포함해서 190원이었다. 소주의 168모텔과 비슷한 수준이었다.

❋ 경항운하와 고우호

늦은 점심을 먹고 먼저 고우왕씨기념관으로 갔다. 고우왕씨기념관은 청나라의 훈고학자 왕념손(王念孫, 1744-1832)·왕인지(王引之, 1766-1834) 부자가 살던 옛날 집을 기념관으로 개조한 것이다. 고우왕씨기념관은 택시가 들어가지 못할 정도로 좁은 골목에 있기 때문에 골목 어귀에서 내려서 걸어가야 했다. 2원짜리 입장료가 암시한 대로 경내에는 왕씨 부자의 동상과 그들이 살던 집을 개조하여 만든 전시실에 왕씨 부자의 생애에 관한 자료를 비롯한 몇 가지 자료가 진열되어 있을 뿐이고 다른 것은 별로 볼만한 것이 없었다. 당연한 결과겠지만 경내에는 우리 이외에 다른 사람이 아무도 없었다.

진우정

거기서 골목길을 지나 남쪽으로 가니 강둑에 예사롭지 않은 2층짜리 정자가 하나 있었다. 가까이 가서 보니 '진우정(秦郵亭)'이라고 적혀 있었

다. 정자 안에 있는 1997년 10월에 세웠다는 <진우정비 중건기(重建秦郵亭碑記)>에 2,000여 년 전인 진시황 24년(기원전 223)에 이미 이곳에다 높은 토대를 쌓고 우정(郵亭), 즉 역관(驛館)을 세웠기 때문에 고우(高郵)라는 지명이 생겼다고 설명되어 있었다.

진우정에서 몇 발짝 안 되는 곳에 있는 관역로(館驛路)라는 골목길의 고색창연한 단층짜리 기와집들 사이에 일주문 하나가 우뚝하게 솟아 있었다. 가까이 가서 보니 거기가 바로 우성역(盂城驛)이었다. 우성역은 전국에서 규모가 가장 크고 보존상태가 가장 양호하다는 옛날 역참으로, 안내문에 명나라 홍무 8년(1375)에 설치되었으며 경항운하에 설치된 주요한 역참의 하나라고 했다. 또 우성역은 원래 규모가 굉장히 커서 정청(正廳)·후청(後廳)·송례방(送禮房)이 각각 다섯 칸, 고방(庫房)과 주방(廚房)이 각각 세 칸, 낭방(廊房)이 열네 칸, 마신묘(馬神廟)가 한 칸, 마방(馬房)이 스무 칸, 전고루(前鼓樓)가 세 칸이었고, 조벽패루(照壁牌樓)가 한 채 있었으며, 역참의 북쪽에 방이 열두 칸인 마승택(馬丞宅)을 비롯한 수많은 부속 건물들도 있었다고 했다. 그리고 고우의 별명인 우성(盂城)이라는 지명은 이 고장 출신인 북송 사인 진관(秦觀)이 그의 시 <북해위로 부임해 가는 손성지를 전송하며(送孫誠之尉北海)>에서 "내 고향은 사발을 엎어 놓은 것 같다(吾鄕如覆盂)"라고 한 데서 비롯되었다는 설명도 있었다.

경내에 있는 예빈헌(禮賓軒)·고방(庫房)·역졸사(驛卒舍) 등의 건물과 <우성역마거선통계표(盂城驛馬車船統計表)>·<우성역파단표(盂城驛派單表)>·<우성역분공직책표(盂城驛分工職責表)> 등의 통계표를 통하여 우성역의 규모가 얼마나 컸으며 그것의 기능과 역할이 어떠했는지를 가늠해 볼 수 있었다. 그리고 마르코 폴로(Marco Polo, 1254-1324, 중국명 馬可波羅)의 상을 부조(浮彫)하고 그 왼쪽에 그의 ≪동방견문록(東方見聞錄)≫ 가운데 고우에 관하여 서술한 부분을 중국어로 번역하여 새긴 하얀 대리석 비석이 있어서, 이탈리아 베네치아의 여행가로 중국 각지를 여행하

진국사

고 원나라에서 17년 동안 관직생활을 했다는[69] 마르코 폴로가 이곳을 다녀갔다는 사실도 알 수 있었다.

우성역을 다 본 뒤 다시 진우정께로 돌아가 거기서 경항운하의 둑을 따라 천천히 걸어 올라가니 운하 안의 섬까지 왕래하는 배가 있었다. 요금이 1원씩인 배를 타고 빤히 보이는 섬으로 들어가니 진국사(鎭國寺)라는 절이 있었다. 안내문에 당나라 희종(874-888 재위) 때 창건된 절로 희종의 동생 거직선사(擧直禪師)가 이곳에서 수행했기 때문에 그가 입적한 뒤 이 절 안에 안장하고 불탑도 하나 세웠으니 그것이 바로 진국사탑이라고 했다. 그러나 벽돌로 이루어진 사각형의 7층탑으로 '남방대안탑(南方大雁塔)'이라고도 한다는 이 탑은 한창 보수공사 중이라 들어가 볼 수가 없었다.

아주 옛날에는 장강(長江) 하류와 회하(淮河) 하류를 직접 연결하는 수로가 없었기 때문에 중국 동남 지역에서 북방의 중원 지역으로 가려면 장강을 따라서 황해로 나가 바닷길로 북상하다가 회하를 따라 서쪽으로 가서 다시 사수(泗水)를 따라 북쪽으로 올라가야 했는데, 이러자니 길이 멀 뿐만 아니라 바다에 풍파가 심해 위험하기도 했다. 이 문제는 춘추시대 말기에 이르러 오왕 부차(夫差)가 북쪽으로 제나라를 정벌하기 위해 지금의 양주시 서쪽에서부터 운하를 팜으로써 비로소 해결되었다. 이것이 기록에 보이는 중국 최초의 운하인 한구(邗溝)다.[70] 북경과 항주를 연결하는 경항대운하(京杭大運河) 중에서 고우를 지나가는 이 구간은 옛날의 한구를 이용하여 건설한 것인데, 1956년의 대운하 정비공사 때 직선화를 위해서는 한

69 《백도백과》 <마르코 폴로(馬可波羅)> 참조.
70 《백도백과》 <한구> 참조.

구 안에 있는 진국사탑을 헐어야 하는 난처한 상황에 처하게 되었지만 주은래(周恩來) 총리가 친필로 '길을 돌려서 탑을 보호하라'는 뜻의 '양도보탑(讓道保塔)'이라는 넉 자를 써 줌으로써 보기 드문 운하 속의 섬이 생긴 것이라고 한다.[71] 일체의 봉건적 문화유산을 보수반동으로 치부하여 무자비하게 파괴해 나가던 홍위병들이 산동성 곡부(曲阜)에 있는 공자의 사당 공묘(孔廟)를 향하여 손길을 내뻗기 시작했을 때에도 주은래가 공묘는 타도의 대상이 아니라 자랑스러운 중국 인민의 유산이라며 충정 어린 목소리로 이들을 타이른 덕분에 공묘가 부분 파괴에 그칠 수 있었다는 말을 들은 적이 있다. 문화재를 소중히 여길 줄 아는 주은래의 사고방식이 참 고귀하게 여겨진다.

운하가 호수를 만나면 어떤 모습으로 지나갈까 하는 평소의 궁금증이 이번에 확 풀렸다. 경항운하와 고우호 사이에 제방을 쌓아 놓아 운하와 호수를 분리해 놓았는데 운하 속의 섬에 있는 진국사에서 그 제방까지 연결하는 기다란 다리가 놓여 있었다. 보도교(普渡橋)라는 불교식 이름의 다리였다. 천천히 제방을 거닐면서 고우호를 바라보니 참으로 평화롭고 포근해 보였다. 때마침 쳐다볼 수도 없을 만큼 강렬한 빛과 함께 호흡하기도 힘들 만큼 뜨거운 열기를 뿜어 대던 한여름의 태양이 낮 동안에 우리를 괴롭히느라 기력을 다 소모해 버린 것인지 얼굴이 벌게진 채 수면 위에 피를 뿌리며 호수 너머로 피신하려 하고 있었다. 내일 다시 보자며 벼르는 듯한 표정이었다. 다시 보는 것은 내일 일이고 어쨌거나 오늘 저녁은 시원해져서 좋았다.

다시 아까 그 배를 타고 뭍으로 나와 운하 가의 제방 위를 걸어서 수부루(水部樓)까지 갔다. 거기서 택시를 타고 호텔로 돌아가기로 하고 인원을 점검해 보니 박재현이 안 보였다. 여기저기 다니며 한참 동안 찾았으나 보이지 않았다. 학생들

71 《백도백과》 <한구> · <진국사탑(鎭國寺塔)> 참조.

이 자기들이 찾아서 데리고 갈 테니 나더러 먼저 들어가서 쉬라며 등을 떠밀었다. 든든한 학생들이 많이 있기에 그들을 믿고 우리 조가 먼저 호텔로 돌아왔다.

❋ 문유대

2007년 8월 19일 고우에서의 마지막 일정으로 문유대(文游臺)를 찾아갔다. 문유대에 붙어 있는 <문유대간개(文游臺簡介)>에 문유대는 원래 동악행궁(東岳行宮)으로 북송 태평흥국 원년(976)에 창건되었다고 했고, 진관의 약력을 소개한 글에 원풍 7년(1084)에 진관이 소동파 · 손각(孫覺, 1028-1090) · 왕공(王鞏, 1048?-1117?) 등과 함께 동악묘(東岳廟)에 모여서 술을 마시며 시문을 논했기 때문에 문유대라는 명칭이 생겼다고 했다. 그렇다면 원풍 7년(1084) 겨울 황주에서 여주(汝州)로 유배지를 옮겨 가는 도중이던 소동파가 고우를 지나갈 때 당시 이 고을에 살고 있던 진관 · 손각 · 왕공 등의 저명 문인들이 동악행궁 또는 동악묘라고 불리는 곳에 모여 함께 술을 마시면서 시문을 논했다는 뜻이 된다. 당시 소동파는 상주(常州) 의흥(宜興)에서 거주하게 해 달라는 상소문을 올려 놓은 상태였다.

정문에 들어서자 가장 먼저 진관의 동상이 우리를 맞이했다. 재기 넘치는 젊은 시절의 진관인 듯했다. 진관상 뒤에 합잠당(盍簪堂)이 있고 그 뒤에 문유대 본관이 있었다. 문유대 본관은 2층짜리인데 1층 처마에 '문유대(文游臺)'라는 현판이 걸려 있고 2층 처마에는 '산말미운(山抹微雲)'이라는 현판이 걸려 있었다. '산말미운'은 바로 진관의 대표적인 사 <만정방(滿庭芳)>의 첫 구절이다.

산에는 엷은 구름 발라 놓았고 　　山抹微雲
하늘은 시든 풀과 붙어 있는데 　　天粘衰草
성곽 위의 누각에 뿔피리 소리는 그쳤다. 　　畫角聲斷譙門
잠시 배를 멈추고 　　暫停征棹
이별의 술잔이나 함께 나눈다. 　　聊共引離尊

수많았던 봉래각의 옛날 일들을　　多少蓬萊舊事
부질없이 돌아보니　　空回首
안개만 자욱하다.　　煙靄紛紛
지는 해 저 너머로　　斜陽外
겨울 까마귀 몇 마리가 하늘에 점을 찍고　　寒鴉數點
강물은 외딴 마을을 에워싸고 흐른다.　　流水繞孤村

넋이 다 나간 채　　消魂
이 순간에 우리는 이별의 징표로　　當此際
향주머니 몰래 풀어 너에게 주고　　香囊暗解
비단띠 살짝 풀어 내게 주누나.　　羅帶輕分
나는 괜히 청루에서　　謾贏得靑樓
무정하다는 명성만 얻었을 뿐이구나.　　薄倖名存
이번에 떠나가면 언제나 다시 볼까?　　此去何時見也
옷깃과 소매에는　　襟袖上
쓸데없이 눈물자국 얼룩졌구나.　　空染啼痕
이별의 아쉬움에 마음 아파하면서　　傷情處
높은 성을 뚫어지게 바라보고 있자니　　高城望斷
이미 날이 저물어 등불이 켜지누나.　　燈火已黃昏[72]

이 사는 특히 첫 구절의 표현이 절묘한데 소동파가 진관을 칭송하여 '산말미운군(山抹微雲君)' 또는 '산말미운 진학사(秦學士)'라고 불렀거니와,[73] 명나라 양신(楊愼)의 ≪사품(詞品)≫에, 어느날 한 연회석에서 범소우(范祖禹, 1041-1098)의 아들로 진관의 사위가 된 범원실(范元實)이 말을 한 마디도 하지 않고 점잖게 앉아 있는

72 문연각사고전서본 ≪회해사(淮海詞)≫.
73 오경욱(吳景旭), ≪역대시화(歷代詩話)≫ 권65 참조.

문유대의 진관상

문유대 본관

것을 보고 한 기녀가 "선생님께서도 사(詞)를 아시는지요?" 하고 묻자 범원실이 "내가 바로 '산말미운'의 사위라네" 하고 대답했다는 재미있는 일화가 수록되어 있다.[74]

그 유명한 '산말미운' 사의 창작자 진관의 사위인 내가 사를 모를 리 있겠느냐는 뜻이다. 이 사가 당시 얼마나 널리 알려져 있었는지를 짐작케 하는 일화다.

문유대의 현판에 이 구절을 써 놓은 것도 이 사가 얼마나 유명한지를 말해 주는 동시에 문유대가 진관과 밀접한 관련이 있는 유적지임을 말해 주기도 한다. 진관이 고우 사람인데 고우에 별도로 진관 기념관이 없는 바에야 이런 식으로라도 진관의 문학적 성취를 추앙하는 것은 지극히 당연한 일일 것이다.

2층으로 올라가자 커다란 <서원아집도(西園雅集圖)>가 붙어 있었다. 그 옆에 이 그림 중의 한 부분을 확대해 놓고 "<서원아집도> 가운데 오른쪽 위의 거문고

74 양신, ≪사품≫ 권3 <산말미운의 사위(山抹微雲女婿)> 참조.

소리를 듣고 있는 사람이 진관이다"라는 설명을 덧붙여 놓은 것을 보면 진관이 이 집회의 주요 구성원이었음을 강조하기 위해 여기에 <서원아집도>를 붙여 놓았음을 짐작할 수 있다.

<서원아집도>는 누가 언제 어디서 회합한 일을 그렸는지에 대하여 약간씩 다른 설이 몇 가지 있는데, 북송 화가 미불(米芾, 1051-1107)의 <서원아집도기(西園雅集圖記)>에 의하면 이 그림은 소동파 · 왕선(王詵) · 채조(蔡肇) · 이지의(李之儀) · 소철 · 황정견(黃庭堅) · 이공린(李公麟) · 조보지(晁補之) · 장뢰(張耒) · 정정로(鄭靖老) · 진관 · 진경원(陳景元) · 미불 · 왕흠신(王欽臣) · 원통대사(圓通大師) · 유경(劉涇) 등 북송 명사 열여섯 명이 영종(英宗) 황제의 부마인 왕선의 정원에 모여 유유자적하는 모습을 그린 이공린(1049-1106)의 채색화라고 한다. 또 이 그림은 다섯 부분으로 구성되어 있는바, 첫 번째 부분은 소동파가 글씨 쓰는 모습을 왕선 · 채조 · 이지의 · 소철 등이 구경하는 장면이고, 두 번째 부분은 이공린이 그림 그리는 모습을 황정견 · 조보지 · 장뢰 · 정정로 등이 구경하는 장면이고, 세 번째 부분은 진관이 커다란 노송나무 밑에서 도사 진경원의 완함(阮咸) 연주에 귀를 기울이는 장면이고, 네 번째 부분은 왕흠신이 미불이 바위에 글씨 쓰는 모습을 구경하는 장면이고, 다섯 번째 부분은 유경이 원통대사의 말씀을 경청하는 장면이라고 한다.[75]

진관이 벼슬에 나아가기 전에 공부하던 곳이라는 진관독서대(秦觀讀書臺)에는 <진소유행종도(秦少游行踪圖)>와 <광릉에서 돌아오며(還自廣陵)> · <답사행(踏莎行)—침주의 여관에서(郴州旅舍)—> · <가을날(秋日)> 등 진관의 시와 사를 쓴 서예 작품 몇 점이 진열되어 있었다.

안에 '회해당(淮海堂)'이라는 현판이 걸려 있는 진관사사(秦觀祠社)에는 진관의 흉상과 초상화, <서원아집도> 등이 걸려 있었다. 소유산장(少游山莊)은 아직 공사가

75 하복징(賀復徵), ≪문장변체휘선(文章辨體彙選)≫ 권584.

끝나지 않은 듯 입장을 금지하고 있었다.

❄ 오의항과 백로주

문유대에서 나와 시외버스를 타고 남경(南京)으로 가서 미리 예약해 놓은 금강지성 조천궁점(朝天宮店)에 짐을 풀었다. 고우에서 전화로 확인해 보니 168모텔에는 싼 방이 없어서 금강지성으로 예약해 놓은 것이다. 여기는 원래 방값이 179원인데 10원씩 할인해 줄 수 있으며, 회원으로 가입할 경우 방 세 칸에 한해서 10퍼센트씩 추가로 할인해 주고 10원짜리 조찬 식권도 세 장씩 준다고 했다. 회원 가입비가 158원이나 되어 168모텔의 50원에 비해 세 배 이상으로 비싸지만 그래도 가입하는 편이 훨씬 유리하다는 계산이 나왔다.

분식점에서 간단하게 점심을 먹고 먼저 부자묘(夫子廟)로 갔다. 부자묘 자체는 별로 대단할 것이 없어 보였지만 그 일대가 남경 사람들의 휴식처인지라 부자묘 부근의 거리에 수많은 인파가 북적대고 있었다. 오늘 중에 부자묘와 오의항(烏衣巷) 그리고 백로주공원(白鷺洲公園)까지 다 보아야 하는데 혹시 일찍 문 닫는 곳이 있으면 곤란하기 때문에 먼저 부자묘의 개방시간을 알아보았다. 보통 때는 저녁 10시까지 개방하는데 오늘은 칠월 칠석이라서 10시 반까지 개방한다고 했다. 사당인 부자묘가 그렇다면 공원인 백로주공원은 더욱 여유가 있을 것 같은 생각에 일단 부자묘부터 먼저 보고 나서 오의항을 거쳐 백로주공원으로 가기로 했다.

북송 경우 원년(1034)에 창건되었다는 남경 부자묘는 채색된 옥석으로 만든 전국 유일의 공자성적도(孔子聖跡圖), 전국에서 가장 높다는 공자청동상, 전국에서 가장 크다는 공자전신화상(孔子全身畫像), 동남지방 제일의 학당이라는 명덕당(明德堂) 등의 특징적인 볼거리가 있었다. 그리고 부자묘 맨 뒤편에 있는 존경각(尊經閣)은 무료로 개방하여 민간예술 공연장으로 사용하고 있었다. 이날도 4시 반에 공연이 있어 많은 남경 시민들이 존경각 앞뜰에서 재미있게 관람하는 광경을 볼 수 있었다.

오의항

부자묘 정문에서 오른쪽으로 돌아 문덕교(文德橋)라는 작은 다리를 통해 진회하(秦淮河)를 건너자 하얀 석회벽에 '오의항(烏衣巷)'이라는 글씨를 새긴 골목이 하나 나왔다. 당나라 시인 유우석(劉禹錫, 772-842)이 동진(東晋) 때에 최고의 권문세가인 왕씨(王氏) 집안과 사씨(謝氏) 집안이 살던 최고의 번화가가 너무나도 평범한 거리로 변해 버린 것을 보고 금석지감을 노래한 시 <오의항(烏衣巷)> 때문에 유명해진 바로 그 거리였다.

주작교 주변에는 들풀에 꽃이 피고	朱雀橋邊野草花
오의항 어귀에는 석양이 비꼈는데	烏衣巷口夕陽斜
그 옛날 왕씨 사씨 대청 앞의 제비가	舊時王謝堂前燕
이제는 평민의 집으로 날아든다.	飛入尋常百姓家[76]

76 문연각사고전서본 ≪어정전당시≫ 권365

왕도사안기념관 입구에 새겨 놓은 유우석의 〈오의항〉

오의항에 들어서자마자 담에 ＜왕도사안기념관(王導謝安紀念館)＞이라는 안내문이 붙어 있는데, 안내문에 이 기념관이 인민폐 1,000만 원을 들여 1997년 5월에 준공했으며 1,000제곱미터에 달하는 공간에 왕씨 집안과 사씨 집안을 중심으로 육조시대의 찬란한 문화를 재현해 놓았다고 했다. 그러나 기념관 안에는 입구에 각종 서체로 써서 나무에 새긴 유우석의 시 ＜오의항＞이 걸려 있고 내연당(來燕堂)이라는 전당에 왕희지를 비롯한 왕씨·사씨 집안 명인들의 흉상 조각이 몇 점 진열되어 있는 것 이외에는 특별히 볼만한 것이 없었다.

왕도사안기념관에서 가장 이채로운 점은 마당에 곡수유상에 사용하는 구불구불한 물길이 만들어져 있는 것이었다. 그러나 이곳의 곡수유상 시설은 자연 그대로의 도랑을 이용한 난정의 경우와는 달리 마당에다 평평하고 넓적한 돌을 깔고 거기에 가늘고 구불구불한 물길을 내 놓은 것이라 세련된 맛은 있지만 자연스러운 맛은 오히려 적었다.

어쨌든 이처럼 오의항에 이런 시설이 만들어져 있었다는 사실을 통하여 권문세가들 사이에는 그 당시에 이미 인공 도랑에서 곡수유상을 즐기는 풍조가 있었음을 알 수 있었다. 왕씨 집안 출신으로서 곡수유상에 관한 명문 ＜난정집서(蘭亭集序)＞를 남긴 왕희지의 영향이 상당히 컸을 것임에 틀림없다.

원래의 자리에 극히 일부만 복원해 놓은 동진 때의 오의항을 지나자 오늘날의 오의항 거리가 나왔다. 오늘날의 오의항은 남경시의 수많은 거리 가운데 하나로 차도 적고 사람도 적은 비교적 한산한 거리였다. 이 오늘날의 오의항과 평강부로(平江府路)가 만나는 곳에서 평강부로를 따라 왼쪽, 즉 북쪽으로 조금 올라가니 거기가 바로 백로주공원(白鷺洲公園)이었다. 공원 옆에 '백로방주(白鷺芳洲)'라는 붉은 색 글씨가 커다랗게 쓰여 있는 꽤나 큰 아파트 단지가 하나 있었다.

이백(701-762)이 무한(武漢)에 있는 황학루에 올라갔다가 눈앞에 펼쳐진 아름다운 풍경을 보고 그것을 제대로 표현할 말이 얼른 떠오르지 않았는데 문득 고개를 들어 보니 최호(崔顥, 704?-754)의 시 <황학루(黃鶴樓)>가 쓰여 있으므로 자신은 최호보다 더 잘 묘사해 낼 자신이 없다며 그만 붓을 던지고 내려간 뒤, 나중에 금릉(지금의 강소성 남경)에 있는 봉황대에 올라가서 <금릉의 봉황대에 올라(登金陵鳳凰臺)>를 지어 최호의 <황학루>와 어금버금하게 되었다는 일화가 있거니와,[77] 백로주는 이백이 이 시에서 "삼산은 반쯤 청천 밖으로 떨어져 있고, 한 줄기 강은 도중에 백로주에서 갈라졌다"라고 한 바로 그곳이다.

봉황대 위에서 봉황이 놀았거늘	鳳凰臺上鳳凰遊
봉황 가매 누대 비고 강만 절로 흐른다.	鳳去臺空江自流
오나라 궁전의 화초는 으슥한 길을 묻고	吳宮花草埋幽徑
진나라 때의 의관들은 구릉을 이루었다.	晉代衣冠成古丘
삼산은 반쯤 청천 밖으로 떨어져 있고	三山半落靑天外
한 줄기 강은 도중에 백로주에서 갈라졌다.	一水中分白鷺洲
언제나 뜬 구름이 밝은 해를 가리매	總爲浮雲能蔽日
장안이 안 보여서 근심을 자아낸다.	長安不見使人愁[78]

그런데 난감하게도 백로주공원은 주간 입장이 끝나고 야간 입장은 6시에 다시 시작된다고 했다. 입장료도 주간과 야간이 달라서 주간에는 20원이고 야간에는

77 유극장(劉克莊)의 《후촌시화(後村詩話)》 권1 및 방회(方回)의 《영규율수(瀛奎律髓)》 권1 <금릉의 봉황대에 올라(登金陵鳳凰臺)> 참조.

78 문연각사고전서본 왕기(王琦) 《이태백집주(李太白集注)》 권21.

40원인데 야간 공연이 있는 날 밤에는 입장료가 80원이라고 했다. 그리고 오늘따라 야간 공연이 있다고 했다. 우리가 백로주공원에 도착한 것이 5시 20분이므로 서두르면 40분 안에 공원을 다 둘러볼 수 있겠는데 매표원이 절대로 안 된다고 했다. 그렇게 들어갔다가 나오지 않고 야간 공연까지 볼 것을 우려하는 모양이었다. 입장료가 너무 비싸서 다들 망설이기 때문에 다음에 다시 시간을 내 보기로 하고 발길을 돌렸다. 진작 이런 사정이 있는 줄 알았다면 다소 번거롭더라도 백로주공원부터 먼저 보고 부자묘를 나중에 보았을 텐데 하는 아쉬움을 떨쳐 버릴 수가 없었다.

❄ 진회하

진회하(秦淮河)나 구경할 요량으로 평강부로를 따라 조금 내려가니 금방 작은 강이 하나 나왔다. 진회하였다. 두목(杜牧)이 저기쯤에 배를 세워 놓고 밤을 지내지 않았을까 하고 상상의 날개를 펼쳐 보면서 머릿속으로 그의 시 <진회하에 배를 대고(泊秦淮)>를 떠올려 보았다.

안개에 싸인 찬 강물 달빛 질펀한 모래밭 　煙籠寒水月籠沙
진회하에 배를 대니 술집에서 가깝네. 　夜泊秦淮近酒家
술 파는 여자들은 망국의 한도 모르고 　商女不知亡國恨
강 건너에서 아직까지 <후정화>를 부르네. 　隔江猶唱後庭花[79]

진회하 건너편에 있는 유흥가에서 망국의 한이 서린 줄도 모르고 술집 여자들이 무심코 불렀다는 노래는 바로 육조시대 진(陳)나라의 마지막 임금 후주(後主)가 지은 <옥수후정화(玉樹後庭花)>일 것이다. 진나라 후주는 정사는 돌보지 않고 날

79 문연각사고전서본 ≪어정전당시≫ 권523.

마다 연회를 벌여 빈객들과 함께 시를 주고받거나 궁녀들의 가무에 탐닉했는데 스스로 <옥수후정화> 등을 지어 궁녀들에게 부르게 하기도 했다. 그날도 총애하는 귀비 장여화(張麗華) 등을 데리고 이렇게 노닥거리다가 마침내 수나라 군사들에게 쫓겨 연지정(胭脂井)으로 뛰어 들었으니[80] 이로써 진나라를 망쳤음은 물론 육조도 막을 내리고 이에 따라 금릉의 전성시대도 끝이 나고 말았다. 이렇듯 망국의 한이 서린 <옥수후정화>는 과연 어떤 노래인가? 이 시는 송나라 사람 곽무천(郭茂倩)이 편찬한 ≪악부시집(樂府詩集)≫에 수록되어 아직도 전해지고 있다.

진회하

화려한 집 향긋한 숲 높다란 누각	麗宇芳林對高閣
새로 단장한 고운 이는 타고난 경국지색	新妝艷質本傾城
문에 서서 애교를 떨며 잠시 멈칫거리더니	映戶凝嬌乍不進
휘장에서 나와 교태를 띤 채 웃으면서 맞이한다.	出帷含態笑相迎
고운 여인은 뺨이 마치 꽃이 이슬을 머금은 듯	妖姬臉似花含露
옥 같은 나무의 번쩍이는 빛이 뒤뜰을 훤히 비춘다.	玉樹流光照後庭[81]

평상부도가 신회하를 건너는 곳에 있는 평강교 밑의 몇 평 안 되는 둔치에 동상이 하나 서 있었다. 두목의 시 <진회하에 배를 대고>를 연상하며 아무런 의심

80 이연수(李延壽)의 ≪남사(南史)≫ 권12 <장귀비열전(張貴妃列傳)>, 곽무천(郭茂倩)의 ≪악부시집(樂府詩集)≫ 권47 <옥수후정화> 해제 및 진요문(陳耀文)의 ≪천중기(天中記)≫ 권10 <우물(井)> 참조.

81 문연각사고전서본 ≪악부시집≫ 권47.

이백의 〈금릉의 봉황대에 올라〉 석각

도 없이 두목의 동상일 것이라고 생각했다. 내려가서 확인해 보고 싶은데 내려가는 길이 보이지 않았다. 여기저기 다니며 아무리 찾아도 길이 없었다. 아무래도 사람들이 들어가지 못하게 해 놓은 모양이었다. 내려가는 길을 찾느라 이리저리 다니다 보니 그 동상도 두목이 아닌 듯했다. 동상에 새겨진 이름이 보이지 않아서 누구인지 확실하지는 않지만 동상 뒤의 벽에 이백의 시 <금릉의 봉황대에 올라(登金陵鳳凰臺)>가 새겨져 있는 것으로 보아 이백의 동상이 아닐까 싶었다.

마치 두목이 탄 배인 듯 마침 작은 유람선 한 대가 진회하를 따라서 내려갔다. 우리도 두목이 한번 되어 보기 위해 유람선 선착장으로 갔다. 그러나 뱃삯이 너무 비싸서 포기하고 고진회(古秦淮) 거리나 산책하기로 했다. 고진회 거리는 평강교 북단에서 진회하를 따라 부자묘 입구까지 이어져 있는 보행가, 즉 차 없는 거리였다.

❄ 연지정과 종산

2007년 8월 20일 원래 일정으로는 오늘 저주(滁州)에 가기로 되어 있었으나 일

전에 남경대학에서 개막된 역외한적연구(域外漢籍研究) 국제학술대회 참석차 온 이창숙 교수가 내일 가면 자기도 함께 갈 수 있다고 했기 때문에 일정을 좀 바꾸어 저주는 내일 가고 오늘은 남경 시내를 답사하기로 했다. 내일 저주에 갈 때 탈 중형버스는 서울대학교 중문과 졸업생으로 남경대학 박사과정에 재학 중인 허유진이 주선하여 900원을 주기로 하고 예약을 해 놓았다.

먼저 현무호(玄武湖)로 갔다. 시간도 넉넉하지 않고 현무호에는 답사할 곳도 많지 않기 때문에 유람차를 타고 경내를 한 번 둘러보고 끝내기로 했다. 중간에 문계정(聞鷄亭)이라는 재미있는 일화가 얽힌 정자를 하나 보았다. 안내문에 남조시대에 제나라 무제 소색(蕭賾)은 사냥을 좋아하여 심야에 궁궐을 떠나 낭야산(琅琊山)에 가서 사냥을 하곤 했는데, 그의 행렬이 현무호에 이르면 그때에야 비로소 닭이 울었기 때문에 붙여진 이름이라고 했다. 현무호에는 그것 이외에는 우리의 관심을 끌 만한 유적이 별로 없는 듯했다.

우리가 현무호를 찾은 것은 진나라 후주가 궁녀들의 가무를 즐기고 있다가 수나라 군사가 쳐들어오자 너무나 다급한 나머지 몸을 숨기기 위해 장여화 등의 비빈(妃嬪)과 함께 뛰어들었다는 연지정을 보기 위해서였다. 연지정은 진나라 경양전(景陽殿) 안에 있었기 때문에 경양정이라고도 하고 진나라 후주가 굴욕을 당한 곳이기 때문에 욕정(辱井)이라고도 하는 유명한 우물인데,[82] 연지정을 아는 사람이 거의 없어서 백방으로 수소문해 본 뒤에야 겨우 계명사(鷄鳴寺) 안에 있다는 사실을 확인했다. 그리고 계명사는 해방문(解放門) 부근에 있다는 사실도 알아냈다.

해방문을 나가자 바로 옆에 남경성장(南京城牆)이 있었다. 남경성장은 명나라 태조 주원장(朱元璋)이 100만여 명의 인력을 동원하여 원나라 순제 지정 26년(1366)부

---

82 신요문, ≪천중기≫ 권10 <우물(井)> 참조.

남경성장

터 명나라 태조 홍무 26년(1393)에 이르기까지 근 30년이나 걸려서 지은 35킬로미터에 달하는 성곽이라고 안내문에 설명되어 있었다. 남경성장 가운데 해방문에서 서쪽으로 뻗어 있는 일부가 동진부터 진(陳)나라 때까지의 궁성(宮城)이었던 대성(臺城)인데,[83] 나는 '대성'이라고 하면 가장 먼저 생각나는 것이 위장(韋莊, 836-910)의 시 <대성(臺城)>이다.

자욱한 강 위의 비 가지런한 강둑의 풀　　江雨霏霏江草齊
육조는 꿈처럼 가고 공연히 새만 운다.　　六朝如夢鳥空啼
정 없기로 으뜸은 대성의 버드나무　　無情最是臺城柳
변함없이 안개에 싸여 십 리 둑에 서 있다.　　依舊煙籠十里堤[84]

15원의 입장료를 내고 들어가 남경성장을 대충 한 번 살펴본 뒤 성곽과 연결되어 있는 길을 따라 계명사로 갔다. 남경성장을 거쳐서 가는 경우는 성곽에 올라갈 때 입장료를 냈기 때문에 계명사로 들어갈 때는 입장료를 따로 내지 않아도 되게 되어 있었다.

계명사는 상당히 가파른 언덕배기에 자리 잡고 있는데 서너 차례 수소문해 본 결과 연지정은 그 언덕배기 밑에 있다는 사실을 알아냈다. 그러나 절 안에서 만난 사람들 중에 아무도 정확한 위치를 아는 사람이 없어서 이 사람 저 사람한테 얻어

83 ≪백도백과≫ <대성> 참조.
84 문연각사고전서본 위곡(韋縠) ≪재조집(才調集)≫ 권3.

들은 대략적인 정보와 우리 자신의 축적된 경험이 발휘한 직감을 근거로 유추한 결과 마침내 연지정을 찾아냈다.

연지정

새로 지은 지 얼마 안 되어 보이는 2층짜리 육각정자 밑에 있는 우물은 주위에 높이가 1미터 정도 되는 팔각형의 자연석 우물난간이 둘러쳐져 있어서 한 사람이 겨우 들어갈 수 있을 만큼 입구가 좁을 뿐만 아니라, 중간에 전깃줄인 듯한 철사줄이 얽혀 있고 그것을 보호하는 플라스틱 파이프마저 입구를 가로막고 있어서 지금 다시 수나라 군사가 쳐들어온다면 진나라 후주는 더 이상 그곳을 피신처로 삼을 수 없을 것 같았다. 마침 보수공사를 하고 있는 중인지 남경시문물사업관리위원회가 1984년 3월에 만들었다는 '고연지정(古胭脂井)'이라는 글씨가 새겨진 표지석이 정자 옆에 누워 있었다.

12시 10분에 304번 시내버스를 타고 남경도서관 건너편에 있는 총통부로 갔다. 국민당이 이끄는 중화민국 정부의 청사로 손문(孫文)·장개석(蔣介石) 등 총통들의 집무실과 회의실 등이 보존되어 있었다. 남경에 가면 한 번씩 가 보는 곳이라며 추천하는 사람이 있어서 가 보았는데 중국인에게는 몰라도 외국인에게는 볼거리가 별로 없었다. 원래 계획에 없던 것인데 남의 말을 듣고 일정에 넣은 것이 후회스러웠다.

이어서 자금산(紫金山), 즉 종산(鍾山)으로 가서 손문의 무덤인 중산릉(中山陵)과 명나라 태조의 무덤인 효릉(孝陵)을 보았다. 손문의 무덤인 중산릉이 주원장의 무덤인 명효릉(明孝陵)보다 훨씬 웅장하고 멋있게 꾸며져 있었다. 중산릉의 맨 끝부분은 무덤의 봉분인데 그 뒤로 중산릉의 제작 과정에 대한 설명이 화보로 구성되어 전시되고 있었다. 화보의 설명에 의하면 손문은 1925년에 북경에서 세상을 떠나 북경의 어느 절에 안치되어 있다가 1929년 6월 1일 그의 유언에 따라 남경의 자금산(紫金山)에 안장되었다고 한다. 봉분의 아래는 무덤 속인 셈인데 그 안에 돌로 만든 손문의 관이 있고 관 위에 드러누워 있는 그의 모습이 조각되어 있었다. 나오는 길에 손권묘유지(孫權墓遺址)도 둘러보았다.

7시가 되어서야 종산풍경명승구 정문으로 나오니 시내버스가 이미 끊어지고 없었다. 가로등이 없어서 주변이 어두컴컴하기까지 했다. 한참을 기다려 보았지만 거기까지 오는 택시도 별로 없었다. 자금산이 남경의 변두리임을 실감할 수 있었다. 중형버스가 한 대 접근해 오더니 터무니없이 비싼 요금을 요구했다. 우리가 관심을 보이지 않고 그냥 가려고 하자 따라오면서 값을 낮추어 부르기는 했지만 많이 낮추지는 않았다. 그러는 사이 택시가 한 대 들어왔다. 그 부근에서는 식위선(食爲先)이라는 식당이 좋다고 몇 년 전에 남경사범대학에서 유학한 적이 있는 김수희가 추천하기에 거기서 만나기로 하고 1조가 먼저 택시를 탔다. 우리가 탄 택시의 운전사가 이곳에는 택시가 잘 안 들어온다면서 자기가 전화를 걸어 주겠다고 했다. 운전사는 운전을 해야 하기 때문에 운전사에게 전화번호를 물어서 박신순이 대신 전화하여 일행의 위치를 가르쳐 주고 우리 일행에게도 택시의 번호를 알려 주었다. 이리하여 의흥에 이어 또 한 번의 위기를 모면했다. 한 친절한 택시 운전사 덕분이었다. 그 운전사는 관광객들이 자기 고장을 다시 한 번 찾고 싶게 하는 홍보대사 역할을 톡톡히 한 셈이다. 각 지방 정부에서 이런 사람을 찾아 포상하는 제도를 마련하면 관광객 유치에 큰 도움이 될 것임에 틀림없다.

7시 40분경에 식위선에서 만나 저녁을 먹고 있는데 이창숙 교수로부터 전화가 왔다. 학회 참석차 남경에 와 있는 한국인 교수들이 진회하에 가서 남경의 전통 음식을 먹기로 했다면서 우리더러 함께 가지 않겠느냐고 물었다. 일행과 상의해 본 결과 오늘 일정이 너무 늦게 끝나 피곤하기 때문에 함께 가지 않기로 결정했다. 그 대신에 이창숙 교수에게 일행을 데리고 우리가 있는 식당으로 오라고 제의했다. 이창숙 교수가 한양대학교 국문과의 정민 교수와 순천향대학교 중문과의 박현규 교수를 데리고 우리 있는 곳으로 왔다. 여럿이 함께 이런저런 이야기를 나누며 맥주를 마시다 보니 꽤 많이 마셨다.

식대를 계산하러 계산대에 갔더니 맥주값을 포함하여 총 527원이 나왔다. 남경 같은 대도시에서 이 정도면 상당히 싼 편이다. 제법 큰 식당이기 때문에 혹시나 하는 마음에서 신용카드로 결제해도 되느냐고 십대 후반쯤 되어 보이는 어린 여직원의 눈치를 보아가며 조심스럽게 물어보았더니 망설임 없이 선뜻 된다고 했다. 반가운 마음에 카드를 내 주었는데 다섯 번이나 시도해도 카드 판독기가 카드를 인식하지 못했다. 결국 현금을 줄 수밖에 없었다. 혹시 카드 판독기가 착오를 일으켜 귀찮은 일이 발생하지나 않을까 하는 생각으로 신경만 쓰였다. 외국에서 신용카드를 사용하면 뜻하지 않은 일이 심심찮게 일어난다는 뉴스를 많이 들었기 때문이다.

❃ 취옹정과 풍락정

2007년 8월 21일 아침에 여행사 여직원이 저주(滁州) 가는 차비를 받으러 직접 호텔로 왔기에 그 참에 24일 아침에 공항까지 갈 버스도 예약해 놓았다. 고속도로 통행료를 포함하여 350원이니 비교적 싼 편이다. 6시쯤에 출발해야 하는지라 택시 잡기가 힘들 것 같아서 은근히 걱정되었는데 이제 안심할 수 있게 되었다.

8시 55분에 저주를 향하여 출발했다. 우리 일행 열두 명에다 이창숙 교수와 박현규 교수 그리고 남경대학에서 유학하고 있는 정세진과 허유진까지 합쳐 모두 열여섯 명이었다. 차는 9시 50분에 전초(全椒)나들목을 통과하고 10시 30분에 낭야산(琅琊山)에 도착했다. 낭야산풍경구에 들어서자 사방에 산이 둘러서 있는 모습이 구양수의 <취옹정기(醉翁亭記)>를 상기시켰다.

저주(滁州)를 에워싸고 사방에 온통 산이다. 그 가운데 서남쪽의 여러 봉우리는 숲과 계곡이 특히 아름다운데 바라보노라면 울울창창 계곡이 깊고 봉우리가 우뚝한 것이 있으니 이것이 낭야산이다. 산속으로 6~7리 걸어가면 점점 졸졸거리는 물소리가 들리다가 두 봉우리 사이에서 쏟아져 나오는 것이 있으니 이것이 양천(釀泉)이다. 봉우리가 돌아가고 길이 꺾이는 곳에 새가 날개를 편 것 같은 정자 하나가 이 샘 위에 있으니 이것이 취옹정(醉翁亭)이다. 정자를 지은 사람이 누구인가? 이 산의 스님 지선(智僊)이라는 사람이다. 정자에 이름을 붙인 사람이 누구인가? 태수가 스스로 그렇게 부른 것이다. 태수는 손님들과 함께 여기에 와서 술을 마시는데 조금만 마시면 취하고 연배가 또 가장 높기 때문에 스스로 '취옹(醉翁)'이라고 부른 것이다. 취옹의 뜻은 술을 마시는 데 있지 않고 산수를 즐기는 데 있으니 산수의 즐거움을 마음속으로 얻어서 술의 힘을 빌려 그것을 증대시킨다.

해가 뜨면 숲속의 안개가 걷히고 구름이 돌아오면 바위틈이 어두워지나니, 이렇게 밝아졌다 어두워졌다 변화를 부리는 것은 산속의 아침 저녁 풍경이다. 들꽃이 피어 그윽한 향기를 풍기는가 하면 아름다운 나무들이 우뚝 솟아 짙은 그늘을 드리우기도 하고, 바람에 하얀 서리가 날리는가 하면 물이 밝아 바위가 드러나기도 하는 것은 산속의 사계절 풍경이다. 아침이면 갔다가 저녁이면 돌아오는데 사철의 풍경이 같지 않으니 즐거움 또한 끝이 없다.

짐 진 사람이 길에서 노래하고 길 가는 사람이 나무 밑에서 쉬며, 앞서 가는 사람이 소리쳐 부르면 뒤따라가는 사람이 대답하고, 허리 굽은 노인과 손을 잡고 가는 어린아이가 오락가락하여 끊임이 없는 것은 저주 사람들의 유람하는 모습이다. 계곡으로 가서 고기를 잡는데 계곡이 깊어서 고기가 살지고 샘물을 빚어 술을 만드는데 샘물이 맛있어서 술이 시원하다. 산짐승 안주와 들나물 안주가 뒤죽박죽 앞에 진열되어 있는 것은 태수의 연회인데, 연회가 무르익는 즐거움은 현악기에 달려 있는 것도 아니고 관악기에 달려 있는 것도 아니며, 활을 쏘는 사람은 화살이 과녁에 명중하고 바둑을 두는 사람은 이기며, 술잔과 산가지가 뒤섞여 있는데 자리에서 일어나 왁자지껄 떠들어대는 것은 여러 손님들이 즐거워하는 모습이다. 창백한 얼굴에 흰머리를 한 채 그 사이에 털썩 주저앉는 것은 태수가 취한 모습이다.

이윽고 석양이 산마루에 걸리고 사람들의 그림자가 어지러이 흩어지면 태수가 돌아가고 손님들이 그 뒤를 따르는데 그늘을 드리운 숲에서 새소리가 오르락내리락하는 것은 유람객들이 돌아가 새들이 즐거워하는 모습이다. 그러나 새들은 산림에서 사는 즐거움은 알지만 사람들이 그것들을 보고 즐거워하는 줄은 알지 못하고, 사람들은 태수를 따라다니며 노는 즐거움은 알지만 태수가 그들이 즐거워하는 모습을 보고 즐거워하는 줄은 모른다. 취하면 그들과 즐거움을 함께하고 깨어나면 그것을 글로써 서술할 줄 아는 사람은 태수다. 태수는 누구인가? 여릉 사람 구양수다.

環滁皆山也. 其西南諸峯, 林壑尤美. 望之蔚然而深秀者, 琅邪也. 山行六七里, 漸聞水聲潺潺, 而瀉出于兩峯之間者, 釀泉也. 峯回路轉, 有亭翼然, 臨于泉上者, 醉翁亭也. 作亭者誰, 山之僧曰智僊也. 名之者誰, 太守自謂也. 太守與客來飮于此, 飮少輒醉, 而年又最高, 故自號曰'醉翁'也. 醉翁之意不在酒, 而在乎山水之間也. 山水之樂, 得之心而寓之酒也.

若夫日出而林霏開, 雲歸而巖穴暝, 晦明變化者, 山間之朝暮也. 野芳發而幽香, 佳木秀而繁陰, 風霜高潔, 水淸而石出者, 山間之四時也. 朝而往, 暮而歸, 四時之景不同, 而樂亦無窮也.

至于負者歌於塗, 行者休于樹, 前者呼, 後者應, 傴僂提携, 往來而不絶者, 滁人遊也. 臨谿而漁, 谿深而魚肥. 釀泉爲酒, 泉香而酒洌. 山肴野蔌, 雜然而前陳者, 太守宴也. 宴酣之樂, 非絲非竹. 射者中, 奕者勝, 觥籌交錯, 起坐而諠譁者, 衆賓懽也. 蒼顔白髮, 頹然乎其間者, 太守醉也.

已而夕陽在山, 人影散亂, 太守歸而賓客從也. 樹林陰翳, 鳴聲上下, 遊人去而禽鳥樂也. 然而禽鳥知山林之樂, 而不知人之樂. 人知從太守遊而樂, 不知太守之樂其樂也. 醉能同其樂, 醒能述以文者, 太守也. 太守謂誰. 廬陵歐陽修也.[85]

---

85 문연각사고전서본 ≪문충집≫ 권39.

구양수가 저주태수로 있을 때 스스로 취옹이라고 부르며 틈이 날 때마다 낭야산에 있는 취옹정에 가서 노닌 감회를 서술한 글이다. 마지막 부분의 "새들은 산림에서 사는 즐거움은 알지만 사람들이 그것들을 보고 즐거워하는 줄은 알지 못하고, 사람들은 태수를 따라다니며 노는 즐거움은 알지만 태수가 그들이 즐거워하는 모습을 보고 즐거워하는 줄은 모른다"라는 구절은 그의 애민사상이 잘 반영된 구절로 인구에 회자하는 천고의 명구다. 이 <취옹정기>는 그 뒤 왕조(王詔)가 저주태수로 재임할 때 소동파에게 큰 글씨로 써 달라고 부탁하여 그것을 돌에 새겨 세간에 유포함으로써 정자 이름이 천하에 알려지게 되었으니[86] 소동파도 취옹정의 명성을 높이는 데 일조한 셈이다.

입구에서 얼마 안 들어간 곳에 양천(讓泉)이 있었다. 최근에 비가 많이 온 덕분에 계곡에 물이 제법 많고 따라서 샘물도 상당히 맑았다. <취옹정기>에는 '양천(釀泉)'이라고 했는데 샘에는 붉은 글씨로 '양천(讓泉)'이라고 쓰여 있었다. 1997년 4월에 왔을 때 그곳 발음으로는 '양(釀)'과 '양(讓)'의 발음이 같다는 말을 들었거니와, 구양수 당시에는 이처럼 샘가에 써 놓은 글씨가 없었을 것이므로 그냥 귀로 듣기만 하고 술 빚기 좋겠다는 생각에 무심코 '양천(釀泉)'이라고 생각했을 가능성이 있다. 아니, 원래는 이름이 없었는데 구양수의 <취옹정기>로 인하여 '양천(釀泉)'이라고

양천

86 문연각사고전서본 서도(徐度) ≪각소편(却掃編)≫ 권하(卷下)에 "그 뒤 왕조가 저주태수가 되었을 때 동파에게 이 <취옹정기>를 크게 써 달라고 부탁하여 그것을 새겨 세간에 유포함으로써 거의 집집마다 가지게 되었기 때문에 정자의 이름이 마침내 천하에 알려졌다(其後王詔守滁, 請東坡大書此記而刻之, 流布世間, 殆家有之, 亭名遂聞於天下)"라고 했다.

부르다가 나중에 다시 '양천(讓泉)'으로 바꾸었을 가능성도 있다. '양천(讓泉)'으로 쓸 경우에는 마시면 탐욕스러워진다는 광동성 광주의 탐천(貪泉)과 반대로 마시면 겸양의 미덕이 생긴다는 의미가 되므로 더 멋진 이름이라고 할 수 있다.

우리는 미리 준비해 온 맥주와 음료수를 양천에 넣어 두고 취옹정으로 올라갔다. 취옹정은 양천 오른쪽의 산기슭에 있었다. 소동파가 해서체로 쓴 '취옹정(醉翁亭)'이라는 현판이 걸려 있는 이 사각 정자는 <취옹정기>에 묘사되어 있는 것처럼 네 모서리의 추녀가 마치 커다란 새 한 마리가 날개를 활짝 펴고 느긋하게 비상하고 있는 형상을 하고 있었다. 안내문에 이 정자는 북송 경력 6년(1046)에 낭야사의 스님 지선(智僊)이 당시 저주태수로 재임 중이던 구양수를 위해 지었으며 구양수가 자신의 호를 따서 취옹정으로 명명했다고 설명되어 있었다.

취옹정

취옹정 밑에 의재정(意在亭)이라는 정자가 있었다. 정자의 이름이 <취옹정기>의 "취옹의 뜻은 술을 마시는 데 있지 않고 산수를 즐기는 데 있다"라는 구절에서 나왔음을 쉽게 짐작할 수 있었거니와 과연 정자 옆에 있는 안내문에 그렇게 기록되어 있었다. 의재정 앞의 평평하면서도 약간 경사진 뜰에 구불구불한 물길이 만들어져 있었다. 남경의 왕도사안기념관에 있는 것과 유사하게 바닥에 네모반듯한 돌을 촘촘히 깐 다음 거기에 구불구불한 물길을 만들어 놓은 것이라 천연의 도랑을 이용한 난정의 곡수에 비해 상당히 세련되어 있지만 자연미가 많이 떨어지고 물길의 폭도 아주 좁았다. 안내문에 정자는 명나라 가정 40년(1561)에 창건했고 물길은 만력 11년(1603)에 곡수유상을 위해 만들었다고 했다.

의재정 위에는 또 고매정(古梅亭)이라는 정자가 있었다. 정자 이름이 암시하는 바와 같이 정자 앞에 매화나무 고목이 한 그루 서 있는데 그 옆의 바위에 붉은 글씨로 '구양수가 손수 심은 매화나무(歐陽脩手植梅)'라고 쓰여 있었다. 그리고 안내문에 구양수가 심은 것이기 때문에 일명 구매(歐梅)라고도 한다고 했다. 그렇다면 이 나무는 수령이 약 1,000년쯤 되는 셈인데 안내문에 이 나무가 송나라 때 심은 매화나무로는 유일한 것이라고 설명되어 있었다.

구양수가 손수 심은 매화나무

취옹행락처

취옹정 옆에 '취옹행락처(醉翁行樂處)'라는 곳이 있었다. <취옹정기>에 묘사되어 있는 것처럼 구양수가 손님들과 함께 와서 술을 마시며 놀던 장소라는 뜻이다. 널찍한 뜰에 돌을 깎아서 만든 둥근 탁자가 있고 탁자 주위에 역시 돌로 만든 원통형의 의자가 몇 개 놓여 있었다. 여럿이 둘러앉아 술을 마시기에 안성맞춤이었다. 우리는 탁자 주위에 둘러앉았다. 그리고 차에서 내리자마자 미리 양천에 넣어서 냉각시켜 둔 맥주와 음료수를 탁자 위로 옮겨 왔다. 몇 병의 백주와 간단한 안주도 올려졌다. 그만하면 제법 그럴듯한 주안상이었다. 구양수가 옛날에 마련한 술자리도 이보다 더 낫지는 않았을 것이라 생각되었다.

오늘 나는 취옹이 한 번 되어 보기로 미리 작정을 하고 왔다. 왜냐하면 2주일 동안 답사단을 인솔하느라 무척이나 긴장한 탓에 술을 마시고 싶어도 그러지 못했는데 이제 답사가 거의 끝났기 때문이다. 그것도 상당히 성공적으로 끝날 것이 확실시되어 기분이 상당히 좋았기 때문이다. 갈증이 난 김에 먼저 맥주를 서너 잔 들이켰다. 그러나 맥주만으로는 좀처럼 취기가 오를 것 같지 않았다. 얼마 안 되는 술을 효율적으로 마시기 위해서는 특별한 조치가 필요했다. 나는 맥주잔에 맥주를 3분의 2쯤 붓고 남은 부분을 백주로 채워서 한 잔씩 돌렸다. 빈속에 폭탄주가 들어가자 금방 취기가 올랐다. 어느새 술에 취해 약간 비틀거리기까지 했다. 그야말로 '창백한 얼굴에 흰머리를 한 채 그 사이에 털썩 주저앉는' 저주태수와 비슷한 모습이 된 것이다. 이렇게 모처럼 한잔하고 즐거워하는 내 모습을 보며 일행도 덩달아 흐뭇해했다.

늦은 점심을 먹고 산속에 있는 심수호(深秀湖)와 낭야사를 둘러본 뒤 부근에 있는 풍락정(豊樂亭)으로 갔다. 풍락정은 구양수 <풍락정기(豊樂亭記)>의 배경이 된 곳으로 취옹정만큼이나 중요한 곳인데 중국석화집단(中國石化集團)이라는 회사 안에 있어서 출입을 통제한다고 했다. 그러나 우리가 한국에서 풍락정을 답사하기 위해 어렵사리 왔다는 사실을 밝히고 간곡하게 부탁하자 그 회사 경비원이 어디

풍락정

론가 전화를 걸어 허락 여부를 물었다. 전화 받은 사람이 다른 곳으로 전화해 보라고 한 듯 또 다른 곳으로 전화를 해 보더니 아무래도 힘들겠다고 했다. 우리가 직접 이야기하게 해 달라고 부탁하여 박신순이 전화에 대고 우리 상황을 설명하자 그는 우리를 다른 부서로 넘겼다. 다른 사무실로 가서 열심히 설명한 결과 마침내 허락을 받았다. 다만 전원이 다 들어갈 수는 없고 네 명만 허락한다는 것이었다. 네 명이 들어가기로 했으나 막상 들어가고 보니 여섯 명이었다. 안내하는 직원이 기왕 허락한 것이니 네 명이나 여섯 명이나 마찬가지라고 생각했기 때문이겠지만, 박현규 교수가 "총각 참 어질게 생겼네" 하고 그 직원을 치켜세운 덕분이기도 했을 것 같다.

가서 보니 풍락정은 중국석화집단 뒷담 바깥에 있었다. 다만 중국석화집단을 지나가야 하는 것이 문제지 엄밀히 말하자면 그 회사와는 별로 관계가 없는 듯했다. 회사 마당을 통과하여 뒷문을 나가자 담장 밑으로 좁다랗게 오솔길이 나 있었다. 안내원이라기보다는 감시원이라고 하는 편이 더 맞을 그 청년을 따라 1분쯤 더 걸어가자 풍락정 관리인인 듯한 할아버지와 그의 부인이 우리를 반가이 맞아주었다. 노부부 두 분만 풍락정을 지키면서 그 안에 사는 모양이었다.

대문에 들어서자마자 취옹정과 마찬가지로 소동파가 해서체로 쓴 현판이 걸린 풍락정이 나왔다. 풍락정은 취옹정처럼 사각형인 데다 기와를 얹은 지붕과 추녀의 모양까지 닮아서 취옹정과 아주 흡사했다. 다만 취옹정은 일반 정자와 마찬가지로 기둥만 있고 벽이 없는데 이에 반해 풍락정은 사방에 벽이나 유리창이 있었다. 구체적으로 말하자면 정면과 뒷면은 대부분이 유리창이고 옆면은 하얀 벽에 유리창이 달려 있었다.

풍락정 오른쪽에는 소동파가 구양수의 <풍락정기>를 해서체로 써서 새긴 비석이 세워져 있는데 많은 세월이 지나간 흔적인 듯 군데군데 녹색 글자가 완전히 퇴색하여 회색 바탕만 보였다. 그 옆에는 또 무슨 그림을 새긴 바위가 하나 서 있는데 획이 다 뭉개져서 무엇을 그린 것인지는 알아보기 어려웠다. 다만 바위 뒷면에 새겨진 '당나라 오도자 그림(唐吳道子作)'이라는 글씨는 아직도 선명하게 보였다.

소동파가 쓴 구양수의 〈풍락정기〉

풍락정 뒤편에는 위루(危樓)라는 이름의 2층짜리 누각이 하나 있는데 그 1층에 있는 보풍당(保豊堂)에는 정면에 커다란 구양수의 화상이 걸려 있고 2층에는 모르는 사람의 풍락정 관련 서화작품 몇 점이 걸려 있었다. 이곳에서도 구양수는 아직까지 환대를 받고 있었다.

풍락정 보풍당의 구양수상

6시 30분에 풍락정을 떠나 남경으로 돌아왔다. 남경 사정을 잘 아는 허유진이 운전사에게 부탁하여 어느 차 없는 거리로 갔다. 네온사인이 휘황하게 빛나는 거리에 높고 큰 상점들이 즐비하게 늘어서 있었다. 한국음식점도 두 군데 보였다.

우리는 사자왕(獅子王) 옆에 있는 대패당(大牌檔)이라는 식당으로 갔다. 두 층에 걸쳐 놓여 있는 식탁이 200~300개는 되어 보일 정도로 초대형인 데다 생음악도 연주하는 고급 식당이지만 음식 값은 별로 비싸지 않았다. 서민들이 많이 이용하는 식당인 것 같았다. 당연한 이치겠지만 그 많은 자리에 손님이 빼곡하여 빈자리가 거의 없었다.

❅ 석두성

2007년 8월 22일 왕안석고거(王安石故居)를 답사하기 위해 해군지휘학원(海軍指揮學院)으로 갔다. 왕안석고거는 군부대 안에 있기 때문에 외국인은 들어갈 수 없지만 한국인은 중국인과 외모가 비슷하기 때문에 태연하게 들어가면 제지하지 않을 것이라는, 두 달쯤 전에 학술대회장에서 만난 어느 중국인 교수의 제안은 애당초 효과적인 방법이 아니었다.

정문을 지키는 경비병이 대뜸 우리를 세우고 어디로 가느냐고 묻기에 왕안석고거에 간다고 했다. 다시 친척이냐고 물어서 답사를 하러 왔다고 했더니 들어갈 수 없다고 했다. 왜 안 되느냐고 몇 마디 따지자니 경비실에 가서 이야기하라고 했다.

경비실로 가자 이미 바깥에서 주고받는 이야기를 듣고 있던 경비실 근무병이 안 된다는 말만 되풀이했다. 우리가 서울대학교에서 소동파 문학을 연구하는 사람들이라고 소개하고 멀리서 '불원만리(不遠萬里)'하고 일부러 왔으니 좀 들어가게 해 달라고 사정했더니 상부에 전화하여 허락 여부를 물어보았다. 그러고는 다시 안 된다고 했다. 내가 직접 책임자와 통화를 해서 부탁해 보겠다고 하자 경비병이 마지못해 다시 한 번 상부에 전화를 걸어 보기는 했지만 나에게 바꾸어 줄 생각도 하지 않고 여전히 안 된다고만 대답했다. 어제 저주에서 중국석화집단을 통과하여 풍락정에 갔던 이야기를 해 주어도, 당신들이 우리와 동행하면 되지 않겠느냐고 해도, 일행이 나에게 제안한 대로 나 혼자 잠시 들어가서 사진만 몇 장 찍어 오겠다고 해도, 당신들이 우리 대신 사진을 몇 장 찍어 달라고 해도, 왕안석이 만약 이 사실을 안다면 섭섭해하지 않겠느냐고 농담조로 항의해도 그들은 더 이상 내 말을 듣지 않았다. 고집쟁이 재상 왕안석의 집 근처에 오래 있다 보면 왕안석의 기를 받게 되는 것일까? 그들은 왕안석 못지않게 고집스러웠다. 아무리 애를 써도 꺾을 수가 없었다.

그 중국인 교수가 실정을 잘 모르고 우리한테 부정확한 정보를 준 셈이었다. 이럴 줄 알았더라면 차라리 그 교수의 도움을 받아 미리 남경대학 중문과에서 해군지휘학원으로 협조를 요청하게 했으면 어땠을까 하는 아쉬움이 밀려왔다. 그 교수가 오의항은 요즈음에 새로 만든 '가짜 골동품(假骨董)'이지만 왕안석고거는 왕안석이 옛날에 살던 집 그대로라고 했기 때문에 더욱 아쉬웠다.

무거운 걸음을 옮겨 일전에 못 들어간 백로주공원으로 갔다. 아무것도 볼 것이 없었다. 들어가서 보니 밤에 한다는 공연이란 것이 바로 두목이 <진회하에 배를 대고(泊秦淮)>에서 말한 '밤에 진회하에 배를 대는 일(夜泊秦淮)'을 재연하는 것이었다. 보았다면 실망했을 게 뻔하지만 그래도 한번 보았으면 좋았겠다는 아쉬운 마음도 적지 않았다.

점심을 먹고 나서 다른 일행은 남경대학 중문과 학생들과의 학술교류를 준비하기 위해 먼저 호텔로 들어가고, 나와 강민호·신원철은 석두성공원(石頭城公園)으로 갔다. 거기도 사람들이 잘 안 가는 곳이라며 택시 운전사가 우리에게 위치를 확인하는 질문을 했다. 운전사가 말한 대로 공원에는 우리 이외에 아무도 없는 듯했다. 잔디에 덮인 길쭉한 공원을 사이에 두고 서쪽에는 진회하가 흐르고 동쪽에는 석두성이 있었다.

석두성은 석두산이라는 나지막한 산의 기슭에 늘어서 있는 암벽을 밑바탕으로 삼고 암벽이 낮은 곳과 끊어진 곳을 벽돌로 보충해서 쌓은 반 자연 반 인공의 성이었다. 석두성이라는 이름이 거기에서 유래했음을 금방 알 수 있었다. 그리고 성 아래에 세워진 '남경성장(南京城牆) 석두성'이라는 표지석이 그것이 남경성장의 일부임을 말해주고 있었다. 자연석을 이용한 만큼 자연미가 넘치고 운치가 있었다.

석두성

성곽의 바위 위에 진회하에서 서식하는 듯한 하얀 새 수십 마리가 떼를 지어 먹이를 쪼고 있어 공원의 운치를 배가해 주고 있었다.

우리는 성곽을 따라 인적 없는 공원의 푹신푹신한 잔디를 밟으며 수위 아저씨가 가르쳐 준 대로 청량문(清凉門)까지 간 다음 거기서 성곽 위로 올라갔다. 오른쪽으로 석두산을 끼고 성가퀴 없는 성곽 위의 돌이 깔린 길을 따라 정문을 향해 걸어가다가 정문 부근에서 평지로 내려가 두 사람은 남경대학으로 가고 나는 호텔로 돌아갔다.

학생들이 남경대학에서 그 학교 중문과 대학원 학생들과 토론회를 진행하는 동안 나는 호텔에서 좀 쉬다가 5시에 다시 호텔에서 나왔다. 남경대학 교정과 기숙사를 구경하며 시간을 보내다가 6시에 남경대학 부속중학 옆에 있는 엄가소원(俺家小院)이라는 식당을 찾아가니 학생들이 벌써 마중을 나와 있었다.

내가 초청자의 입장에서 학술토론회를 위해 시간을 내어 준 남경대학 학생들에게 감사의 뜻을 전하고 이어서 양교의 우의를 돈독히 하자며 건배를 제의했다. 이렇게 하여 오후에 남경대학에서 두 학교 학생들끼리 토론회를 진행한 제1부와 제2부에 이어 남경대학 중문과와 서울대학교 중문과의 학술교류 제3부가 시작되었다.

한국인과 중국인 약 스무 명이 식탁 두 개에 나누어 앉아 서로가 서로에게 궁금한 사항을 부담 없이 물어 가면서 즐거운 시간을 가졌다. 내 옆에 앉은 남경대학 학생 둘은 모두 석사과정 학생인데 한 명은 안휘성 안경(安慶)에서 왔고 한 명은 강소성 소주대학을 졸업했다고 했다. 두 학생이 모두 명랑하고 적극적이었는데 안휘성에서 왔다는 학생의 태도가 특히 인상적이었다. 우리 큰애와 같은 해에 태어났다는 그 여학생은 내 술잔이 비자마자 금방 알아차리고는 일어나서 두 손으로 공손하게 술을 따르곤 했다. 아마 한국의 풍습을 미리 알아 둔 모양이었다. 중국에서도 두 손으로 술을 따르느냐고 물었더니 존경하는 사람에게는 그러는 수가 있다고 했다.

8시경에 두 시간 정도에 걸친 만찬회를 마치고 아쉬운 작별을 고했다. 박사과정에 재학 중이라는 한 중국 여학생은 비단옷 사는 것을 도와준다며 박재현을 데리고 다른 곳으로 갔다. 중문과 학생이 아닌 박재현은 중국어를 전혀 모르기 때문에 중국어로는 간단한 의사소통조차 되지 않는데도 불구하고 동생을 대하듯 선뜻 나서서 도와주려는 그 여학생의 마음씨가 참 아름답게 느껴졌다. 식당에서 내 옆에 앉아 있던 두 학생은 다른 학생들이 다 작별인사를 하고 자리를 떴는데도 우리가 먼저 떠나기를 기다리며 가지 않고 서 있었다. 한국식으로 한국인을 대하려는 두 학생의 마음씨가 참으로 갸륵했다. 나는 그 학생들에게 명함을 한 장씩 건네며 한국에 오면 연락하라고 했다.

2007년 8월 23일 5시 50분에 퇴실수속을 하고 6시 5분에 미리 예약해 둔 버스로 호텔을 떠났다. 새벽이라 차가 거의 막히지 않은 덕분에 35분 만에 남경공항에 도착할 수 있었다. 이렇게 해서 다섯 번째 답사도 성공적으로 끝났다.

제6장

광동·광서 및 해남 지역

해남성 중화(中和)의 동파서원 안에 있는 재주정(載酒亭)
소동파가 담주(儋州)에서 유배생활을 할 때 현지 젊은이들에게 학문을 강론하던 곳이다.

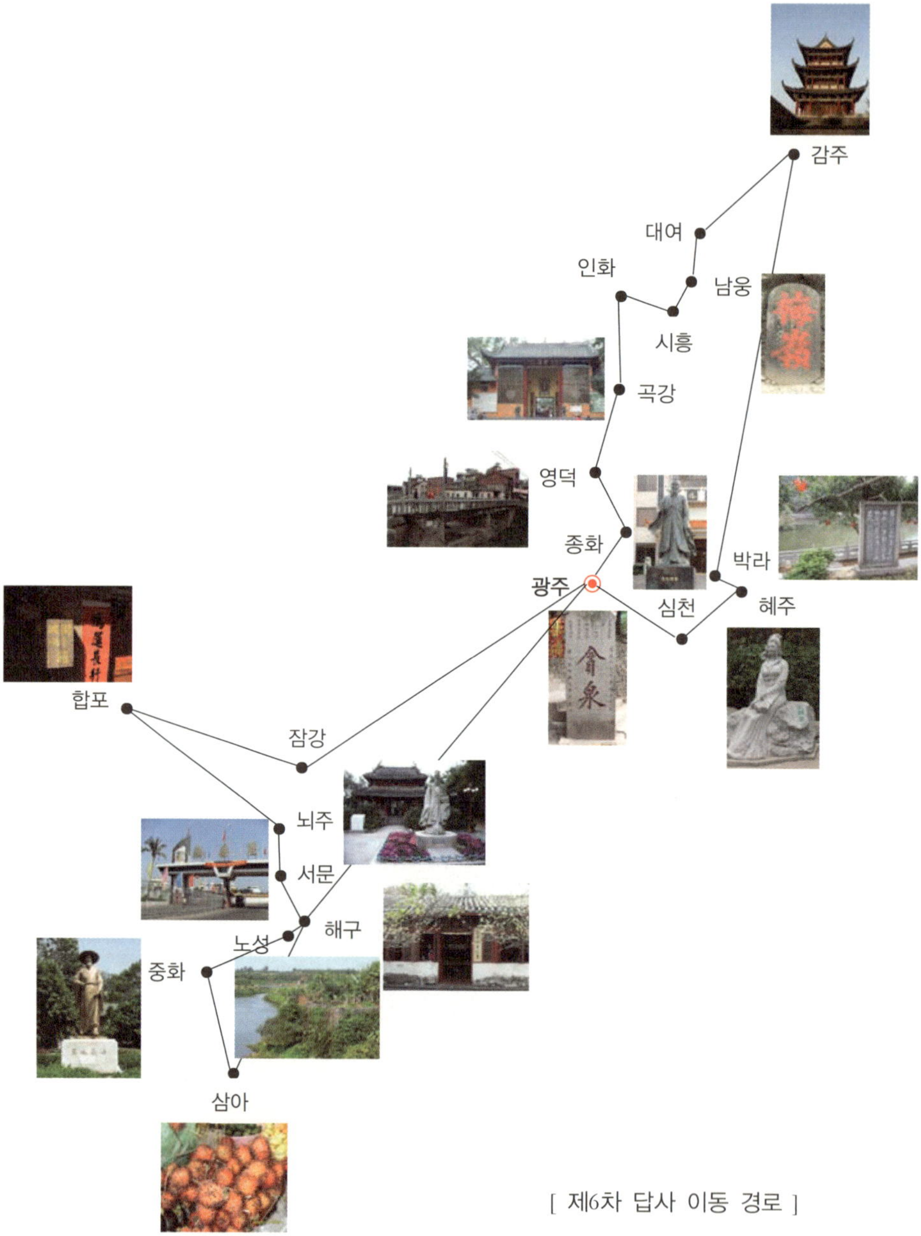

[제6차 답사 이동 경로]

여섯 번째 답사에는 나 이외에 김민우 · 김보경 · 김시내 · 김은숙 · 김지영 · 류소진 · 신원철 · 안효정 · 옥민지 · 이주현 등이 참가하여 모두 열한 명이 함께 가게 되었다. 이번에 답사할 소동파 관련 주요 유적지로는 광동성의 뇌주(雷州) · 서문(徐聞) · 혜주(惠州) · 영덕(英德) · 광주(廣州), 광서장족자치구의 합포(合浦), 해남성의 해구(海口)와 담주(儋州), 강서성의 감주(贛州) 등이 있다. 혜주는 소동파가 두 번째로 유배생활을 한 곳이고, 담주는 세 번째로 유배생활을 한 곳이다. 합포는 유배령이 완화됨에 따라 담주로부터 옮겨 가서 두 달 가까이 유배생활을 한 곳이고, 나머지 지역은 혜주 또는 담주로 유배 갈 때와 유배에서 돌아올 때 지나갔던 곳이다.

이번에는 원래 15박 16일 동안 답사할 요량으로 계획을 세웠는데 경제불황에서 비롯된 정부의 공무원 국외출장 제한 시책에 따라 13박 14일로 줄였다. 답사기간이 이틀이나 줄어들어서 불안하지만 대중교통을 많이 이용한 예년과 달리 주로 전세버스를 이용하여 이동시간을 절약함으로써 원래 계획한 일정을 다 소화할 작정이다.

작년 가을부터 시작된 세계 금융시장의 불황으로 환율이 엄청나게 올랐기 때문에 이번에는 답사 경비가 예년보다 훨씬 많이 들게 생겼다. 이로 인해 지금까지 한 번도 빠지지 않고 참가한 사람과 몇 년 전부터 함께 가겠다고 벼르던 사람 가운데 적지 않은 사람이 동참하지 못하게 되었다. 참 안타까운 일이다. 그러나 그 결과로 참가 인원이 적정 수준을 초과하지 않게 되었으니 오히려 잘된 면도 있는 셈이다.

이번 답사는 지금까지 있었던 다섯 차례의 답사와 성격이 많이 다르다. 답사대상 지역이 아열대지방과 열대지방이라 여름에 가면 더위를 견디기 힘들 것 같아서 일부러 겨울에 가는데 그러다 보니 옷 준비하기가 매우 번거롭다. 서울에서 인천공항으로 갈 때는 겨울옷을 입어야 하고, 광동성 광주나 그보다 더 북쪽인 광동성 북부 및 강서성 남부의 감주(贛州) 일대에서는 봄옷을 입어야 하며, 해남도에서는 여름옷을 입어야 하니 사시사철의 옷을 다 준비해야 하는 셈이다. 우리는 대개 한 곳에서 하루 정도씩만 묵고 바로 다른 곳으로 옮겨야 하는 터라 빨래를 말릴 시간이 없는 데다, 지금까지와 달리 여름옷뿐만 아니라 봄옷과 겨울옷이 섞여 있어서 빨기도 어렵다. 그렇다고 여러 벌을 가지고 가면 짐이 많아서 문제다. 궁리 끝에 얇은 옷을 여러 벌 준비해 가서 필요에 따라 한 겹씩 벗거나 껴입는 방법을 쓰기로 했다.

첫날은 기차 안에서 자야 하는데 차 안의 난방 상태가 어떤지 알 수 없는지라 일단 가장 추운 경우에 대비할 필요가 있었다. 그러나 난방이 잘 될 경우 기차 안에서 옷을 갈아 입기가 매우 불편할 것이므로, 먼저 러닝셔츠와 두꺼운 겨울 내복을 입은 다음 보온 기능이 좋은 긴팔 티셔츠를 껴입고 그 위에 다시 봄 점퍼를 걸치고 있다가 더우면 차례대로 한 가지씩 벗기로 했다.

1. 합포(合浦)에서 서문(徐聞)까지

2009년 2월 10일 아침 8시 50분에 집에서 출발했다. 집에서 나갈 때는 그만하면 견딜 만할 것으로 생각되었는데 공항버스 정류소에서 차를 기다리노라니 한기가 조금씩 파고들기 시작했다. 잘못하여 첫날부터 감기라도 걸릴라치면 답사를 완전히 망치기 때문에 남의 시선을 의식하지 않고 두꺼운 남방셔츠를 꺼내어 덧어 입었다.

한국시각 오후 1시 20분에 이륙한 남방항공 비행기는 두 시간 반 만인 중국시각 오후 3시 45분에 광주의 백운(白雲)국제공항에 도착했다. 광주에 도착하자마자 김보경이 유정석 대우인터내셔널 화남홍콩지구(華南香港地區) 대표에게 전화했다. 유정석 대표는 이번 답사를 위해 광주 일대에 관한 정보도 많이 제공해 주고 첫날 저녁에 우리가 탈 잠강행(湛江行) 기차표도 예매해 주었다. 유정석 대표와의 통화가 끝난 뒤 김보경이 말했다.

"광주는 오늘 최저기온이 섭씨 15도고 최고기온이 섭씨 27도라고 합니다."

최고기온이 27도라면 우리나라의 여름 날씨에 해당한다.

공항 청사를 나서니 바로 앞에 공항버스 정류소가 있었다. 우리의 목적지인 광주역까지 요금이 1인당 15원이고 시간이 45분 정도 걸린다고 했다. 차는 비교적 깨끗하고 쾌적한 편이었다. 잠시 후 젊은 남자가 올라와서 생수를 한 병씩 나누어 주었다. 2001년 여름에 아내와 함께 심천(深圳)에서 혜주(惠州)로 가는 고속버스를 탔던 일이 생각났다. 그때도 생수를 나누어 주는 것을 보고 신기하게 생각했기 때문이다. 이 지역은 생활수준이 높아서 생수를 많이 마시는가 보다 하고 생각했는데, 누군가가 그런 것만은 아니고 이 지역은 수질이 나빠서 수돗물을 마시기 힘들기 때문에 생수를 많이 마신다는 이야기를 들은 적이 있다고 했다.

공항버스 안에는 에어컨이 작동되고 있었다. 최고기온이 27도라는 사실을 생각해 보면 당연한 일이건만, 불과 몇 시간 전에 남의 시선을 의식하지 않고 버스 정류소에서 옷을 꺼내 껴입던 일을 생각하니 마치 타임머신을 타고 여름으로 돌아와 있는 것 같았다.

5시 20분에 공항버스가 출발했다. 차는 금방 야자나무 가로수가 늘어선 대로로 진입했다. 차창 밖에 처음 보는 꽃들이 무수히 피어 있었다. 빨강·주황·자주·노랑 등 온갖 색깔이 다 있었다. 갖가지 꽃들이 육교 난간을 뒤덮고 있는, 이전에는 보지 못한 특이한 모습도 보였다. 어떻게 육교에 꽃을 심을 생각을 다 했을까? 참으로 기발한 발상이라고 생각되었다.

유정석 대표와 그의 부인 부지은이 광주역까지 나와서 우리를 맞아 주었다. 유정석 대표는 서울대학교 중문과 94학번이고 부지은은 98학번으로 선후배 사이인데 작년 봄에 결혼한 신혼부부다. 그들의 결혼식에 내가 주례를 보았기 때문에 나도 두 사람을 남달리 친근하게 생각하고 있고 두 사람도 나를 좀 특별하게 대하고 있다. 광동성과 해남도 일대의 답사 일정을 잡기 시작한 작년 가을에 이 지역에 관한 정보를 제공해 줄 조력자로서 나는 서울대학교 언어교육원 강사로 있다가 몇 년 전에 남편을 따라 광주로 간 이의선 선생을 생각하고 있었는데 마침 그 무렵에 유정석 대표가 출국인사차 나를 찾아왔었다. 나는 이의선 선생보다 유정석 대표에게 부탁하는 것이 더 마음 편하기 때문에 그가 광주로 나가게 된 일을 정말로 다행스럽게 생각했었다.

9시 25분에 광주역을 출발한 기차가 적막 속의 어둠을 헤치며 우리의 다음 목적지인 잠강을 향해 달려갔다. 10시 반쯤에 자리에 누워 잠을 좀 청해 보려고 노력했으나 좀처럼 잠이 들지 않았다. 이리 뒤척 저리 뒤척 하다가 잠시 잠이 들었나 싶었는데 특별한 이유도 없이 갑자기 잠이 깨어 시계를 보니 이제 겨우 1시였다. 점퍼까지 입은 채로 잤는데도 한기가 느껴졌다. 기차에 난방이 전혀 안 되고 있었다.

다시 눈을 붙였다가 시계를 보니 2시였다. 또 그렇게 자는 듯하다가 다시 깨니 3시 40분이었다. 더는 잠을 청할 수가 없었다. 4시 15분이면 내려야 하기 때문이었다. 마침 기차가 어느 역에 정차하려는 듯 속도를 늦추고 있었다. 지나가는 승무원에게 무슨 역이냐고 물었더니 무어라고 하는데 광동 발음이라 알아듣기 힘들었다. 지도와 시간과 그의 발음을 종합하여 짐작해 보니 '수계(遂溪)'인 것 같았다.

❄ 동파정과 해각정

2009년 2월 11일 기차는 예정대로 4시 15분경에 잠강서역에 도착했다. 우리는 거기서 시외버스를 타고 광서장족자치구(廣西壯族自治區) 합포(合浦)로 가야 하는데 인터넷을 통해 8시에 첫차가 있다는 사실을 이미 알고 있었다. 시간이 너무 일러서 아무것도 할 수가 없을 것이기 때문에 차라리 기차가 좀 연착해 주기를 바랐는데 너무나 정확하게 도착한 것이었다.

우리는 잠강서역에서 적당히 시간을 보내다가 시외버스 정류소로 가는 시내버스 첫차를 탈 생각이었다. 시외버스 정류소가 기차역에서 좀 떨어져 있다는 사실은 지도를 통하여 이미 파악하고 있었다. 시간을 보내기에 좋은 방법이 없을까 하고 고심하면서 역 광장으로 나갔다. 그런데 천만 뜻밖에도 그 시간에 시내로 들어가는 시내버스가 있었다. 아마도 기차시각에 맞추어서 운행하는 모양이었다. 1인당 3.5원이었다. 우리가 열한 자리나 차지했기 때문인지 버스는 금방 만원이 되었다. 기차가 떠난 지 한참이 지났기 때문에 더 이상 기다릴 필요가 없는 버스는 지체 없이 출발했다. 기차 이용자들의 편의를 위해 꼭두새벽에도 버스를 운행하게 하는 잠강시 당국의 배려가 참 따뜻하게 느껴졌다.

버스는 10여 분 만에 마장(麻章)에 도착했다. 큰길 건너편에 있는 시외버스 정류소는 문이 굳게 닫혀 있었다. 길을 건너가니 젊은 남녀 두 사람이 시외버스 정류소 문 앞에서 이야기를 나누고 있기에 정류소가 몇 시에 문을 여느냐고 물으니 아마 6시 반에 열 것이라고 했다. 그 정류소에서는 우리 일행 이외에 내린 사람이 없으니 분명 우리와 같은 기차를 타고 온 사람들은 아닌데 무엇 때문에 이렇게 이른 시간에 나와 있는지 모를 일이었다.

시외버스 정류소 부근에는 건물이 별로 없고 인적이 매우 드물었다. 아무래도 잠강의 중심가는 아닌 듯했다. 주변에 시간 보낼 만한 곳이 아무데도 없기에 정류소 문밖에서 한참을 서성이다가 큰길을 따라 혼자서 산책을 했다. 저만치에 보이는 사거리까지 갔으나 거기도 인적이 거의 없었다. 인적도 없고 불빛도 희미한 거리를 혼자 다니는 것이 아무래도 꺼림칙해서 얼마쯤 가다가 되돌아오노라니 마침 두어 평쯤 되어 보이는 작은 식당에서 아주머니 둘이 영업을 시작하려고 준비하고 있었다. 들어가서 밥을 먹을 수 있느냐고 물었더니 밥은 안 된다면서 뭐라고 하는데 알아듣기가 힘들었다. 다만 눈치로 무슨 음식은 되고 무슨 음식은 안 된다고 하는 것임을 짐작할 수 있었다. 일행을 데리고 그 집으로 가서 국수와 죽·만두 등으로 간단하게 아침을 때웠다.

합포행 시외버스는 마장정류소에서 8시 15분에 출발하게 되어 있었다. 인터넷에 8시 출발로 되어 있었던 것은 이 버스의 종점으로 같은 잠강시에 속하는 적감(赤坎)정류소를 기준으로 삼았기 때문인 듯했다. 8시 15분이 다 되어 갈 무렵에 빈 차로 정류소에 들어온 시외버스에는 우리 일행 이외에 두 명의 승객이 더 있을 뿐이었다. 그런데 승객이 다 타고 8시 15분이 지났는데도 불구하고 차는 떠날 생각을 하지 않았다. 창밖으로 내다보니 운전사가 차 앞에 서서 아침을 먹고 있었다. 그 바람에 차는 8시 30분에야 출발했다.

차는 도중에 몇 번이나 정차하여 그때마다 몇 명씩의 손님을 더 태웠다. 우리는 빨리 합포에서의 답사를 마치고 오늘 중으로 다시 뇌주(雷州)까지 가야 하는데 합포에서 뇌주로 가는 버스가 일찍 끊어질 것 같아 무척 초조했다. 마장정류소 직원이, 직행버스로 고속도로를 운행하기 때문에 한 시간 반 남짓 걸릴 것이라고 해서 마음을 놓았었는데 이런 식으로 가다가는 오늘 일정에 차질이 생길 것만 같았다.

차는 10시 10분경에 고속도로에 진입했다. 다행히 고속도로에는 다니는 차가 거의 없는 지경이라 막힘없이 잘 달려 주어서 11시 5분에 합포에 도착했다. 두 시간 반 조금 넘게 걸린 것이다. 합포는 북송 때의 염주(廉州)로, 소동파가 담주안치에서 염주안치로 유배령이 완화됨에 따라 원부 3년(1100) 7월 4일에 도착하여 8월 10일까지 한 달 남짓 유배생활을 한 곳이다.

합포에 도착하자마자 뇌주행 버스를 알아보니 2시 40분에 막차가 있다고 했다. 차표를 예매한 후 걸어서 그 부근에 있는 동파정(東坡亭)을 찾아갔다. 지도만 보아도 찾아갈 만했지만, 혹시라도 길을 놓쳐서 조금이라도 시간을 낭비할까 걱정되어 중간에 두어 번 길을 물었더니 다들 동파정을 잘 알고 있었다.

지도에 '동파당(東坡塘)'으로 표시된 곳에 이르러 자전거에 걸터앉은 채 멈추어 서 있는 50대쯤 된 아저씨에게 이 길로 가면 동파정에 갈 수 있느냐고 물었더니 갈 수 있다고 했다. 동파당 건너편을 바라보니 정자가 하나 서 있었다. 연못 바로 옆으로는 길이 없는지라 그 정자를 표적으로 삼아 방향감각만 가지고 오래된 전통가옥들 사이로 나 있는 골목길을 헤집고 앞으로 나아갔다.

길가의 민가에 노란 폭죽꽃(炮仗花)이 무더기를 이루고 탐스럽게 피어 있었다. 폭죽꽃 이외에도 여러 가지 이름 모르는 꽃들이 많이 피어 있었다. 진달래 같은 꽃도 있고 합환화 같은 꽃도 있었다. 또 어떤 집에는 중국 목과(木瓜)도 주렁주렁 열려 있었다. 중국의 목과는 우리나라 모과와는 상당히 달라서 익으면 커다란 망고(芒果)와 구분이 잘 안 된다. 모양만이 아니라 맛도 상당히 비슷하다.

설이 지난 지 얼마 안 된 때라 대문 좌우에는 아직까지 춘련(春聯)이 붙어 있었다. 대개 빨간색 바탕에 검은색 글씨를 써 놓았는데 간혹 빨간색 바탕에 황금색 글씨를 써 놓은 것도 있었다. 나의 주의를 끄는 것은 글씨가 한결같이 반듯반듯한

폭죽꽃

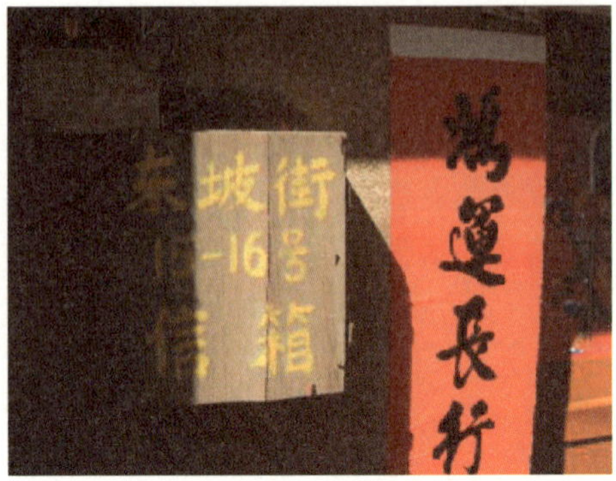

우체통 위의 소동파 발자국

데 몇 가지 유형이 있기는 하지만 대체로 비슷한 모양이라는 점이었다. 그것을 보니 요즈음은 춘련도 대량으로 인쇄하여 판매하는 것이 아닌가 싶었다. 지금은 춘련도 상품화할 수 있는 시대라는 생각에 나도 모르게 웃음이 나왔다.

골목길을 지나가다가 우연히 어느 집 우체통을 보았더니 주소가 '동파가(東坡街) 15-16호(號)'라고 적혀 있었다. 부근에 동파정이 있어서 생긴 길 이름이겠지만, 소동파가 합포에 머문 기간이 한 달 남짓밖에 안 되는데도 불구하고 민가의 우체통 위에까지 그의 발자국이 찍혀 있다는 사실이 신기하게 여겨졌다.

그런데 한참을 가노라니 길이 없어졌다. 우리가 따라가던 길이 어느 가정집으로 이어지고 마당에 한 중년 아저씨가 서 있었다. 무단으로 남의 집에 들어간 셈이었다. 주거침입 사실도 해명할 겸 얼른 동파정으로 가려면 어떻게 가면 되느냐고 물었다. 아저씨는 되돌아서 가다가 조금 큰 길이 나오면 왼쪽으로 가라고 친절하게 일러 주었다. 아저씨가 알려 준 대로 되돌아가노라니 조금 큰 길 옆에 또 한 아저씨가 서 있다가 묻기도 전에 벌써 우리의 의중을 간파하고 자진하여 길을 가르쳐 주었다. 우리 같은 사람이 가끔씩 있다는 뜻이리라. 아저씨가 어디서 왔느냐고 묻기에 한국에서 왔다니까 자기는 한국 사람 처음 본다면서 신기해했다.

동파정은 합포사범학교 안에 있었다. 빵을 사느라고 뒤처지는 바람에 길이 엇갈려서 한참 동안 찾아다녔던 김지영과 김민우가 택시를 타고 우리보다 먼저 와

합포 동파정

있었다. 택시를 타고 바로 합포사범학교로 오라고 전화로 연락을 해 놓았기 때문이다. 우리는 동파당을 왼쪽으로 끼고 왔는데 동파정에 도착해서 살펴보니 맨 처음 자전거 탄 아저씨에게 길을 물은 그곳에서 동파당을 오른쪽으로 끼고 오면 바로 올 수 있게 되어 있었다.

동파정에 걸려 있는 <동파정간개(東坡亭簡介)>에 이곳은 소동파가 담주에서 합포로 유배지를 옮겨 왔을 당시 현지인 등의(鄧擬)의 개인 정원이었는데 등 씨를 비롯한 이 고을 주민들이 소동파를 환대하여 그에게 배려해 준 주거지로서 원래 청락헌(淸樂軒) 또는 장춘정(長春亭)으로 불렀다고 설명되어 있었다. 그리고 그 뒤 북송 때 지어진 원래의 정자는 허물어지고 청나라 건륭 38년(1773)에 원래의 자리에 지금의 동파정이 세워졌다고 설명되어 있었다.

이 글에는 또 소동파가 한 달 남짓 합포에 머물며 그곳 사람들을 가르칠 때 사용했던, 그곳 언어와는 다른 소동파 특유의 언어가 '동파화(東坡話)'라는 이름으로 지금까지도 전해지고 있고, 합포 여자들이 햇볕을 가리기 위해서 쓰는 삿갓을 '동파립(東坡笠)'이라고 하며, 합포 사람들이 즐겨 먹는 달콤한 양고기 요리를 '동파양'이라 한다고 했다. 합포 사람들의 소동파에 대한 추앙심이 어느 정도였는지를 짐작케 했다.

동파정은 여러 차례 중건되었는데 1944년에 중건되었다는 지금의 동파정은 정면 처마에 광주(廣州) 육용사(六榕寺)의 철선화상(鐵禪和尙)이 썼다는[1] '동파정(東坡亭)'이라는 파란색 글씨의 현판이 붙어 있었다. 광주에 있는 육용사 정문의 '육용(六榕)'이라는 현판이 소동파의 글씨라는 사실이 머릿속에 떠오르면서 묘한 기분이 들었다. 혹시 800년 전에 소동파에게 진 마음의 빚을 갚는 심정이었을까?

합포 동파정의 소동파상

벽돌과 나무로 지어진 이 정자에는 <소문충공유상(蘇文忠公遺像)>과 그의 시문 10여 수가 새겨진 석각이 있는데 오랜 세월을 이기지 못해 글자를 알아보기 힘들 정도로 획이 많이 마모되어 있었다.

동파정에서 동쪽으로 30미터가량 떨어진 곳에 동파정(東坡井)이라는 우물이 있었다. 소동파가 합포에 살 때 손수 판 우물로 이 우물의 물을 마시

1 ≪백도백과≫ <동파정(東坡亭)> 참조.

합포사범학교 안에 있는 동파정

고 과거에 응시하면 반드시 급제한다는 속설이 있었다고 한다. 이 우물은 물이 맑고 맛이 좋아서 염주사대명정(廉州四大名井) 가운데 하나로 꼽힌다고 하는데,[2] 지금은 학생들의 안전을 도모하기 위함인 듯 철조망으로 봉쇄해 놓았을 뿐 특별히 수질을 관리하지는 않는 것 같았다.

합포에는 택시가 별로 없고 오토바이에 연결된 삼륜차가 택시 역할을 하고 있었다. 동파정에서 삼륜차를 타고 염주중학 안에 있다는 해각정(海角亭)으로 향했다. 염주중학 정문에서 수위가 요구하는 대로 방명록에 기록을 남기고 그가 가르쳐 준 방향으로 해각정을 찾아갔다. 둘레가 한 아름씩이나 되고 높이가 20미터 정도 되는, 야자나무와 비슷한 크기의 망고나무가 늘어선 학교 안의 길을 걸어가노라니 아열대 지방의 겨울 햇살이 여름 날씨마냥 우리 몸을 달구었다. 교정에 있는

2 《백도백과》 <동파정(東坡井)> 참조.

게시판에 그 학교 졸업생의 명문대학 합격 현황이 붙어 있는데 그것을 통하여 그 학교는 북경대학보다 청화대학을 더 높이 치는 듯한 인상을 받았다.

광서장족자치구의 시범고급중학이라는 염주중학은 교정이 웬만한 대학만큼 큰데 해각정은 정문에서 가장 먼 곳에 있었다. 정문에서 500미터쯤 되는 듯했다. <해각정간개(海角亭簡介)>에 의하면 해각정은 한나라 때 합포태수로서 청렴결백하고 인자한 정치를 베풀어 이전의 탐욕스러운 태수 때문에 피폐해진 진주의 생산을 정상화해 준 맹상(孟嘗)의 공덕을 기리기 위해 세워졌으며 옛날에는 이곳이 바닷가였기 때문에 해각이라는 이름이 붙었다고 하는데, 해각정의 창건 연대는 알 수 없지만 분명한 것은 북송 원부 3년(1100)에 소동파가 이 정자에서 노닌 뒤 '만리첨천(萬里瞻天)'이라는 넉 자를 썼다는 사실이라고 했다. 그러나 원래 소동파의 글씨를 새겨 놓았던 비석은 물론 청나라 때 태수 이경야(李經野)가 소동파의 글씨를 모사하여 걸어 놓았던 현판도 이미 없어지고 지금의 현판은 박물관에서 복

해각정

제한 것이라고 한다.[3]

해각정은 규모가 상당히 큰 2층짜리 사각 정자인데 문이 잠겨 있어서 안에 들어가 볼 수는 없었지만 다행스럽게도 1층의 안쪽 벽에 걸려 있는 '만리첨천(萬里瞻天)'이라는 현판을 발견하는 데는 성공했다. 그리고 몸을 최대한으로 낮추고 철책 안으로 카메라를 쑥 집어넣어서 촬영하는 방법으로 이 현판을 카메라에 담는 데도 성공했다.

해각정 바로 옆에 해문서원구지(海門書院舊址)와 괴성루(魁星樓)가 있었다. 해문서원구지는 칙칙한 1층짜리 건물만 서 있고 3층짜리인 괴성루는 올라갈 수 없게 되어 있었다.

다시 삼륜차를 타고 문성탑(文星塔)으로 갔다. 문성탑은 오래된 7층 석탑인데 합포 변두리의 인적 없는 풀밭 속에 방치되어 있었다. 관리도 전혀 안 되고 있고 올라갈 수도 없게 되어 있었다.

뇌주행 시외버스 시간이 별로 많이 남지 않아 서둘러 시외버스 종점으로 돌아왔다. 날씨가 상당히 더워서 어제 공항버스 타기 전의 복장 그대로 버스를 타면 견디기 힘들 것 같은지라 화장실에 들어가서 겨울 내복을 벗었다.

❄ 소공정

뇌주행 시외버스는 2시 50분에 출발하여 5시 30분에 도착했다. 두 시간 40분이 걸린 것이었다. 뇌주는 잠강보다 훨씬 더 남쪽에 있는데도 불구하고 잠강에서 합포로 갈 때와 마찬가지로 두 시간 40분 정도 걸렸으니 이번에는 아주 빨리 온 셈이다. 뇌주는 소동파가 담주에서 유배생활을 한 시기에 그의 동생 소철이 유배 와 있던 곳이다. 소동파가 혜주에서 담주(지금의 해남성 儋州市 中和)로 유배지를 옮겨 가고 소철이 뇌주로 유배 갈 때 형제는 등주(藤州, 지금의 광서장족자치구 등현)에서 서로 만

---

3 《백도백과》 <해각정> 참조.

나 꼭 한 달 동안 동행한 뒤 뇌주보다 조금 남쪽에 있는 서문(徐聞)에서 작별했다. 소철이 형을 전송하기 위해 자신의 유배지인 뇌주를 지나 서문까지 내려간 것이었는데, 그것은 그들 형제의 영원한 이별이었다. 때는 소성 4년(1097) 6월 11일이었다.[4]

당시 소동파가 담주로 유배되고 소철이 뇌주로 유배된 것은 재상 장돈(章惇, 1035-1105)의 짓궂은 장난에서 비롯된 것으로 소동파는 자가 자첨(子瞻)이기 때문에 지명에 '첨(詹)'자가 들어 있는 담주(儋州)로 보내고 소철은 자가 자유(子由)이기 때문에 지명에 '유(由)'자가 들어 있는 '뇌주(雷州)'로 보냈다고 한다. 그리고 당시 어떤 점술가가 '담(儋)'자에는 '인(人, 사람)'이 서 있기 때문에 소동파가 살아서 돌아올 것이고 '뇌(雷)'자는 밭에 비가 내리는 모양이기 때문에 소철이 죽지 않을 것이라고 예언했는데 과연 그렇게 되었다는 일화가 있다.[5]

버스에서 내려 주위를 둘러보았더니 중국원주점(中國園酒店)이라는 3성급 호텔이 있었다. 우리는 답사할 때 2성급 내지 3성급에만 잤지 4성급에도 자 본 적이 없으니 3성급이면 만족할 만한 수준인데 방값이 138원이라니 상당히 싼 편이었다. 그러나 장강 이남 지역에서는 겨울에도 난방을 잘 안 하는지라 자칫하면 감기에 걸릴 위험이 있기 때문에 난방이 되는 호텔에만 자기로 작정하고 온 터라 난방이 되느냐고 물었더니, 종업원이 무슨 말을 하는지 잘 못 알아듣는 듯하다가 마침내 알아듣고는 웬 난방이냐고 의아한 표정으로 되물었다. 장강 이남 중에서도 아주 남쪽이니 이 지역에서는 아예 난방이라는 개념이 없는 모양이었다. 그렇다

4 증민행(曾敏行)의 《독성잡지(獨醒雜志)》 권4, 왕종직의 《동파선생연보》 <소성4년(紹聖四年)> 및 왕문고(王文誥)의 《소문충공시편주집성총안》 권41 참조. 소동파는 이때 <나는 해남으로 유배 가고 자유는 뇌주로 유배 가게 되어 명을 받은 즉시 길을 떠났는데, 서로 소식을 통 모르다가 오주에서 그가 아직 등주에 있다는 말을 듣고 아침저녁으로 쫓아가 따라잡아야겠기에 이 시를 지어서 그에게 보인다(吾謫海南, 子由雷州, 被命卽行, 了不相知, 至梧乃聞其尙在藤也, 旦夕當追及, 作此詩示之)>라는 시를 지어 보냈다.

5 나대경(羅大經), 《학림옥로(鶴林玉露)》 권5 참조.

면 다른 호텔도 마찬가지일 것 같아 그냥 거기서 묵기로 했다. 호텔은 상당히 깨끗하고 시설도 괜찮았다.

짐을 풀어 놓고 바로 뇌주서호로 갔다. 이 호수는 북송 때 건설된 것으로 원래 나호(羅湖)라고 했는데 소동파 형제가 노닐고 간 뒤에 서호로 이름이 바뀌었다고 한다.[6] 이 이름에는 소동파가 즐겨 찾아가 노닐면서 많은 명작을 남긴 항주서호와 혜주서호 못지않은 호수이기를 바라는 뇌주 사람들의 염원이 깃들어 있는바, 여기서도 소동파의 위력을 확인할 수 있다.

뇌주서호는 별로 크지 않았다. 입구에서 조금 들어가니 호수 안의 작은 섬으로 이어지는 제방이 있는데 거기에 놀랍게도 거북이 등에 납작한 바위를 세우고 붉은 글씨로 '소제(蘇堤)'라고 쓴 표지석이 있었다. 그리고 그 제방 중간에 50평쯤 되어 보이는 장방형의 작은 연못이 하나 있고 연못 건너편에 석상이 하나 있었다. 가까이 가서 보니 기단(基壇)에 '동파거사(東坡居士) 1037-1101'이라고 적혀 있었다. 소동파의 생졸년을 서기로 표시해 놓은 것으로 보아 석상을 세운 지가 오래되지는 않았음을 짐작할 수 있었다.

석상 바로 뒤에는 2층짜리 정자가 하나 있는데 처마에 '소공정(蘇公亭)'이라는 현판이 걸려 있었다. 소동파가 유배지인 담주로 갈 때와 담주에서 돌아올 때 뇌주를 지나간 줄은 알았지만, 잠시 지나갔을 뿐인 이곳에 소제가 있고 동파거사상이 있고 거기다 소공정까지 있을 줄은 상상도 하지 못한 터였다.

'소제'와 '소공정'의 '소'는 뇌주에서 유배생활을 한 소철을 가리킬 수도 있겠지만 이곳에 소철의 조각상은 없고 소동파의 조각상만 세워져 있는 것을 보면 이 '소'가 소철만 가리키지는 않을 것 같고 소동파를 가리키거나 적어도 형제를 다 가리킬 것 같다는 생각이 들었는데, <소공정간개(蘇公亭簡介)>에 의하면 소공정

6 ≪백두백과≫ <뇌주서호> 참조.

뇌주서호 소공정 앞의 소동파상

은 소동파가 혜주에서 담주로 갈 때 뇌주로 유배된 동생 소철과 함께 노닌 일을 기념하기 위해 명나라 가정 18년(1539)에 창건했으며 처음에는 호심정(湖心亭)이라고 부르다가 그 뒤 여러 차례의 개명 과정을 거쳐 청나라 가경 23년(1818)부터 소공정으로 부르기 시작했다고 한다. 그리고 동파거사상은 1983년에 세운 것이라고 한다. 소공정에는 사방의 문마다 양쪽에 각종 서체의 대련이 걸려 있어 운치를 더하고 있었다.

어둠 속에 소공정을 둘러보고 난 뒤 부근에서 식사를 했다. 서호 안에 있는 중국원주점이라는 식당이었다. 우연스럽게도 우리가 묵는 호텔과 이름이 같았다. 이름뿐만 아니라 상징하는 마크도 같은 것으로 보아 같은 주점의 다른 분점인 것 같기도 했다. 중국 식당에서는 해물요리가 다 비싼데 그 식당은 해물요리 전문점이라 다른 식당보다 좀 쌀 뿐만 아니라 가급적 더 싸게 먹기 위해 무척 노력했음에도 불구하고 683원이나 나왔다.

뇌주 역시 오토바이 삼륜차가 주요 교통수단이라 호텔로 돌아갈 때도 삼륜차를 탔다. 각 조장에게 목적지를 시외버스 종점 옆에 있는 중국원주점이라고 말하도록 단단히 일러놓고 우리도 운전사에게 그렇게 말했다. 그런데 차가 반대 방향으로 가고 있었다. 운전사에게 물었더니 시외버스 종점으로 가는 중이라고 했다. 알고 보니 우리가 합포에서 올 때 내린 곳은 시외버스 종점이 아니라 규모가 조금 큰 중간 정류소였던 것이다. 휴대전화로 급히 연락을 취해 보니 세 대 가운데 한 대는 알아서 방향을 돌렸고 다른 한 대는 계속해서 반대 방향으로 가고 있다고 했다. 낯선 곳에서 밤에 길을 잃을까 봐 적잖이 긴장했는데 다들 별 문제 없이 호텔로 돌아왔다.

❆ 천녕사와 뇌주석구

2009년 2월 12일 5시 50분에 자리에서 일어나 창밖을 내다보니 어제 저녁에 석양이 떠 있던 바로 그 자리에 둥근 달이 떠 있었다. 정월 대보름이 지난 지 사흘밖에 안 된지라 아직까지 달이 상당히 둥근 편이었다.

아침을 먹기 위해 언제나처럼 7시에 호텔 현관에 모였다. 7시라고는 해도 이곳은 중국 표준시간의 기준점인 북경에 비하면 한참 서쪽이기 때문에 아직까지 날이 많이 어두웠다. 그 때문일까? 호텔 종업원에게 물어보니 1층에 있는 호텔 식당은 7시 반에야 문을 연다고 했다. 부근에 있는 다른 식당을 찾아보기 위해 호텔 문을 나섰다.

거리는 아직까지 잠에서 깨지 않은 듯했다. 문을 연 식당이 하나도 안 보였다. 조금 더 가다 보니 큰길에서 조금 벗어난 곳에 있는 시장 안의 가게들이 이제 막 문을 열기 시작하여 여기저기서 불빛이 새어 나오고 있었다. 잠시 들어가 보았더니 상인들이 졸리는 표정으로 점포를 펼치고 있었다. 그러나 거기에도 식사를 할 만한 곳은 없었다. 그러는 사이에 약 30분이 지났기 때문에 다시 호텔로 돌아가서 식사를 하기로 했다. 가는 길에 열대 과일을 몇 가지 사 가지고 가서 곁들여 먹으며 남방 여행의 묘미를 맛보았다.

서문(徐聞)으로 가는 버스표를 사기 위해 시내버스를 타고 시외버스 종점으로 갔다. 뇌주에서 서문까지 가는 시외버스는 매우 많았다. 시간표에 요금이 17.5원인 중급 중형 좌석버스는 6분마다 한 대씩 있고, 요금이 20원인 고급 중형 좌석버스는 10분마다 한 대씩 있는 것으로 되어 있었다. 고급 중형 좌석버스표를 예매해 놓고 그곳의 짐 보관소에 짐을 맡긴 다음 부근에 있는 천녕사(天寧寺)를 찾았다. 천녕사는 큰길 바로 건너편에 있었다.

'천녕선사(天甯禪寺)'라는 현판이 걸린 정문을 지나자 '만산제일(萬山第一)'이라는 황금색 글씨가 쓰인 일주문이 나왔다. 그리고 '만산제일(萬山第一)'이라는 글씨 끝에 세로로 '동파 씀(東坡書)'이라는 낙관이 있었다. <천녕사간개(天寧寺簡介)>에 당나라 대력 5년(770)에 창건되어 1,200여 년이 지나는 동안 여러 차례 중수되었으며 1980년대에 대규모로 중수되어 뇌주반도 최대의 사찰로 손꼽힌다고 했다. 또 예로부터 '뇌주 제일의 사찰(雷州第一刹)'이라고 불리는 이 절은 구준(寇準) · 소동파 · 소철 · 진

천녕사의 소동파 묵적 '만산제일(萬山第一)'

천녕사 용수

관(秦觀)·이강(李綱)·조정(趙鼎)·임백우(任伯雨)·이광(李光)·호전(胡銓) 등 많은 저명인사들이 와서 노닌 후 시를 짓고 글씨를 써 놓은 것으로 유명한데, 이 '만산제일(萬山第一)'이라는 글씨는 소동파가 혜주에서 담주로 유배지를 옮겨 가는 도중이던 북송 소성 4년(1097)에 이 절에서 묵고 난 뒤 이 절의 빼어난 경치를 좋아하여 쓴 것이라고 했다.

천녕사에는 수령이 700년이나 된다는 커다란 용수(榕樹)가 있었다. 용수는 가지에서 수염처럼 생긴 잔가지가 수없이 많이 나는데 그것이 땅에 닿으면 뿌리가 생긴다는 남방 특유의 나무다. 천녕사의 용수 중에는 그런 식으로 잔가지가 땅에 닿아 뿌리를 내리고 그 가지가 계속 굵어져서 어른 허벅지만큼 된 것이 네 개 있어서 마치 용수 다섯 그루가 연리지처럼 한데 붙어 있는 형상이었다. 가지마다 5미터도 넘는 갈색 수염이 축축 드리워져 있는 것이 어릴 적에 본 고향 마을 정미소의 국수 건조장을 연상시켰다. 절 마당 한구석에서 할아버지 한 분이 수염처럼 생긴 용수의 잔가지를 엮어 빗자루를 만들고 있는 모습이 이국적인 정취를 배가해 주었다.

인터넷 자료에 의하면 뇌주는 날씨가 무덥고 장기(瘴氣)가 많아 사람이 태어나고 자라기 어려운 곳이기 때문에 인구를 증가시키기 위해 큼직한 생식기가 달린 석구(石狗), 즉 돌개를 만들어 놓고 그것을 숭배하는 풍습이 옛날부터 있어 왔다고 한다. 지금도 아이의 이름을 '강아지(狗子)'라고 짓는 사람이 있는가 하면, 매월 초하룻날과 보름날에 밥 세 그릇과 돼지고기 한 덩어리를 들고 석구에게 가서 향을 피우며 기도를 드리는 사람도 있다고 한다.[7]

천녕사에서 나와 석구가 있는 곳을 물으니 사람마다 다른 대답을 했다. 모른다는 사람도 많고 안다는 사람도 가르쳐 주는 곳이 다 달랐다. 석구가 있는 곳이 한두 군데가 아니라는 뜻이다. 결국 가장 많은 사람이 가르쳐 준 뇌주제일중학 옆으로 가 보기로 했다. 삼륜차가 가는 대로 차와 사람이 한데 뒤엉겨 통로가 없다시피 한 천녕사 옆 골목길을 곡예 하듯 지나서 우리가 내린 곳은 뇌주인민체육장 앞이었다.

뇌주인민체육장 앞에 있는, 사람만 다닐 수 있는 좁다란 골목길을 30미터쯤 들어가노라니 골목 한구석에 자연석으로 만든 커다란 개가 한 마리 쭈그리고 앉아 있었다. 앉은키가 1.5미터 남짓 되어 보이는 그 개는 만든 지가 상당히 오래된 듯 거무튀튀하고 칙칙한데 사람들이 자꾸 매만져서 그런지 몇 군데는 아주 매끈매끈 윤이 났다. 개 옆에 중수기(重修記)를 새긴 비석이 두 개 있었지만 글자가 너무 퇴색했거나 비석이 석구와 그 뒤에 있는 민가의 담벼락 사이에 끼여 있어서 읽을 수가 없었다. 개 뒤에 있는 민가의 담벼락에는 '수계현계(遂溪縣界)'라는 글씨가 새겨져 있었다. 수계라면 첫날 탄 기차가 잠강에 거의 다 도착해 갈 무렵 승무원에게 어디냐고 물었을 때 승무원이 대답한 바로 그곳이다. 옛날에는 수계현의 지경이 여기까지 미쳤던 모양이다.

10시 35분에 서문행 시외버스가 출발했다. 서문은 뇌주반도 최남단에 있는 항

---

7 ≪백도백과≫ <뇌주석구> 참조.

구도시로 소성 4년(1097) 6월 11일 소동파가 혜주에서 담주로 유배지를 옮겨 갈 때 마지막으로 동생과 작별한 곳이다. 소철은 서문현의 해안(海安, 지금의 서문현 海安鎭)이라는 마을에서 배를 타고 담주로 가는 소동파와 작별하고 자신의 유배지인 뇌주로 되돌아갔다. 서문은 또 원부 3년(1100) 6월 소동파가 유배지를 합포로 옮겨 가는 도중에 마지막으로 제자 진관을 만난 곳이기도 하다. 소동파는 서문에서 진관을 만나 진관의 유배지인 뇌주까지 동행한 뒤 거기서 작별했다. 진관은 그로부터 두 달도 안 지나서 세상을 떠났기 때문에 진관과의 만남 역시 그것이 마지막이었다.[8] 자기보다 열세 살이나 적은 제자가 먼저 죽었다는 믿기지 않는 소식을 전해 듣고 소동파는 이틀 동안 음식을 먹지 못했다고 한다.[9]

에어컨이 잘 나오는 고급 중형 좌석버스는 양쪽에 야자나무가 늘어서 있는 남국의 도로를 신나게 달려 12시 20분에 우리를 서문에 내려 주었다. 차에서 내리는 순간 그곳이 뇌주보다 더 덥다는 느낌이 들었다. 김보경과 김민우가 서문역에 가서 해구행(海口行) 기차표를 예매해 오기로 하고 다른 사람들은 점심을 해결할 식당을 찾았다.

시외버스 종점 부근에 있는 다미려(多美麗, Do & Me)라는 경양식 식당에 가서 몇 가지 음식을 시켜 놓고 있자니, 서문역에 갔던 두 사람이 돌아와서 역무원들이 짜증스러워하는 말투로 점심시간에는 표를 안 판다고 하면서 2시에 다시 오라고 했는데 2시에 와도 표가 있다는 보장이 없다고 했단다. 인터넷을 통하여 미리 알아본 바에 의하면 서문에서 해구로 가는 기차는 오후 3시 34분에 한 대 있고 저녁 10시 38분에 한 대가 있는데 10시 38분 기차는 이튿날 새벽 1시 46분에 도착하기 때문에 문제가 많다는 사실을 알고 있었다. 만약 3시 34분 기차를 못 타게 되면

---

8 왕문고, ≪소문충공시편주집성총안≫ 권44 참조.

9 소동파는 <구양회부에게(與歐陽晦夫)>라는 편지글에서 “소유(즉 진관)의 흉문을 듣고 이틀 동안 음식이 넘어가지 않았다오(聞少游惡耗, 兩日爲之食不下)”(공범례본 ≪소식문집≫ 권58)라고 했다

해안 구항

정말 난감한 일이었다.

의논 끝에 서문에서 해구로 가는 방법을 바꾸기로 했다. 버스로 서문에서 해안(海安)까지 가서 해안항에서 배를 타고 경주해협(瓊州海峽)을 건너는 방법이었다. 식당 여주인이 문밖까지 나와서 친절하게 가르쳐 준 대로 길 건너편에서 중형버스를 타고 해안항으로 향했다. 해안항은 구항과 신항이 있는데 구항은 사람을 실은 배가 출발하는 곳이고 신항은 기차를 실은 배가 출발하는 곳이라고 했다. 그 옛날 소동파가 배를 탔던 곳은 바로 우리가 배를 탈 구항이었을 것이다.

해안 구항에 도착하니 2시 5분이었다. 30분이 채 안 걸린 셈이다. 매표소 안의 전광판에 해구행 배의 운행시각과 매표 상황이 중계되고 있었다. 전광판을 통해 2시 배가 막 출발했다는 사실을 알고 모두들 많이 안타까워했다. 다음 배는 4시와 6시에 있었다.

4시 표를 예매하기 위해 줄을 서 있는데 우리 차례가 되기 직전에 4시 표가 매진되어 버렸다. 해구에 도착하자마자 내일 담주시(儋州市) 중화(中和)를 거쳐 삼아(三亞)까지 갈 전세차를 구해야 하는데 6시 배를 타면 너무 늦을 것 같아 걱정이었다. 그러나 달리 좋은 방법이 없어서 체념하고 있노라니 이내 4시 10분 표를 판다는 방송이 나왔다. 손님이 많아서 임시로 운행하는 배라고 했다. 참으로 다행이었다. 처음 잠강역에서 내렸을 때도 이른 새벽에 시내로 들어가는 시내버스를 운행했고, 여기서도 손님이 많다고 즉각 임시 여객선을 운행하는 것을 보니 광동성은 승객들에 대한 배려가 참 세심하다고 생각되었다.

배가 떠날 때까지 시간이 많이 남은지라 다들 대기실에 앉아서 기다리고 있을 때 나는 혼자 '소동파가 지나간 곳이 어디쯤일까?' 하고 생각하면서 매표소 부근을 여기저기 돌아다녀 보았다. 한참을 돌아다니다가 대기실로 돌아오니 김보경이 어떤 낯선 남자와 이야기를 나누고 있었다. 여행사 직원인데 자기 여행사에서 우리를 위해 전세차를 제공하고 숙소를 알아봐 주겠다고 한다는 것이었다. 해구에 도착하자마자 가장 먼저 해야 할 일이 전세차를 구하는 일인데 자칫하면 너무 늦어서 오늘 중으로 해결하지 못할 가능성이 있고 그래서 내일 아침에 구하게 되면 아침 일찍 출발하지 못해서 일정에 차질이 생길 수 있기 때문에 은근히 걱정하고 있던 터라 속으로 잘됐다 싶었다. 해구항에 도착하면 여행사에서 차를 가지고 마중을 나와 우리를 호텔로 싣고 갈 뿐만 아니라, 내일 해구 일대에 있는 소동파 관련 유적지와 노성진(老城鎭)에 있는 통조각(通潮閣)유지를 찾아본 뒤 중화(中和)로 가서 동파서원 및 그 일대의 관련 유적지를 안내해 주고, 마지막으로 삼아(三亞)까지 가서 호텔을 잡아 주는 조건으로 3,200원에 계약했다.

서문에서 배를 타고 한 시간 정도 가니 멀리 아스라하게 고층건물들이 보였다. 의심의 여지도 없이 해구, 즉 송나라 때의 경주(瓊州)일 것이다. 그 무렵에 고개를 돌려 뇌주반도를 바라보니 육지가 전혀 보이지 않았다. 소동파는 <징매역의 통조각에서(澄邁驛通潮閣)>라는 시에서 경주 부근의 바닷가 마을 징매(지금의 징매현 노성진)에서 바라보니 머리카락처럼 가느다란 중원 땅이 보인다고 했는데, 지금 나는 경주보다 훨씬 가까운 경주해협에서도 뇌주반도가 전혀 보이지 않으니 어떻게 된 일일까? 그때에 비하여 공기가 많이 오염된 탓일 수도 있을 것이고, 뇌주반도 쪽에 안개가 좀 끼어 있어서 그럴 수도 있을 것이다.

2. 해구(海口)에서 삼아(三亞)까지

5시 40분에 해구 신항에 도착했다. 소문대로 여행사를 통하여 호텔을 잡으니 방값이 많이 쌌다. 화교빈관(華僑賓館)이라는 3성급 호텔로 시설도 좋고 상태도 깨끗한데 2인실 하나가 90원이었다. 해구는 규모도 크고 외지인의 출입도 많아서 뇌주보다 물가가 비쌀 것임에 틀림없는데 뇌주에서 묵은 호텔보다 훨씬 싸다니 여행사를 통하지 않고는 기대하기 어려운 일일 것이다.

호텔 부근에서 저녁 먹을 만한 곳을 찾았더니 음식점 이름이 공교롭게도 동파각찬청(東坡閣餐廳)이었다. 그 식당에서 우리는 해남 사람들이 쌀과 섞어 죽을 쑤어서 자주 먹었다는 채소로[10] 소동파의 시에 자주 등장하는 '우(芋)'가 무엇인지 확인해 보기로 했다.[11] 사전적인 의미로는 '우(芋)'가 토란을 가리키는데 토란은 독성이 있어서 많이 먹으면 입이 얼얼해지기 때문에 자주 먹기는 힘들 것으로 생각되기 때문이었다.

---

10 소동파의 시 <농사를 권장한 도연명의 시에 화답하여(和陶勸農)> 서문에 "해남에는 황폐한 토지가 많아 서민들이 향 파는 일을 생업으로 삼는다. 거기서 생산되는 벼는 양식으로 사용하기에 부족하기 때문에 '저우'를 쌀과 섞어 죽을 쑤어서 배를 채운다(海南多荒田, 俗以貿香爲業. 所産秔稌, 不足於食, 乃以藷芋雜米作粥糜以取飽)"(왕문고본 ≪소식시집≫ 권41)라는 구절이 있다.

11 소동파의 시 <자유가 수척해졌다는 소문을 듣고(聞子由瘦)>에 "원주민들은 끼니마다 '저우'를 먹는다(土人頓頓食藷芋)"라는 구절이 있는데, 남송 사람 왕십붕(王十朋)이 편찬한 ≪동파시집주(東坡詩集註)≫의 주석에 ≪영표이록(嶺表異錄)≫을 인용하여 "'저량'은 '우' 종류로 큰 것은 사발만 하며 껍질은 보라색이고 속살은 흰데 쪄서 먹는다(藷粮, 卽芋之類也. 大者如甌, 皮紫而肉白, 蒸賁食之)"(문연각사고전서본 ≪동파시집주≫ 권7)라고 한바, 이는 '우(芋)'가 '저(藷)'와 같은 종류임을 암시한다. 또, 소동파의 시 <유시상에게 지어 준 도연명의 시에 화답하여(和陶贈劉柴桑韻)>에 "붉은색 '저'와 보라색 '우'(紅藷與紫芋)"라는 구절이 있는데, 청나라 사람 사신행(査愼行)의 ≪소시보주(蘇詩補註)≫에 ≪경주지(瓊州志)≫를 인용하여 "경산은 경산현(지금의 해남성 海口市 경산구)에서 남쪽으로 60리 떨어진 곳에 있다. 산 밑에 백석촌이 있는데 돌과 흙이 모두 옥처럼 희고 윤이 난다. 이곳 사람들은 '저우'를 심는데 아주 살지고 맛있다. '저'는 붉은 것, 흰 것, 단 것의 세 종류가 있으며, '우'는 바로 ≪식화지≫에서 말한 토란이다(瓊山在縣南六十里, 下有白石村. 土石皆白如玉而潤. 種藷芋, 特肥美. 藷有紅·白·甜三種, 芋卽≪食貨志≫之蹲鴟也)"(≪소시보주≫ 권41, 대북: 신문풍출판사, 1979)라고 하여 '저우'로 병칭하면서 '우'를 토란이라고 밝혀 놓았다

삶은 우두

생우두

현대 중국어로는 접미사를 붙여서 '우두(芋頭)'라고 부르는 재료를 가지고 요리했다는 음식을 먹어 보니 토란 맛이 나기는 하지만 우리나라 토란과는 달라서 감자 맛이 좀 나는 것 같기도 했다. 원래의 형체를 알고 싶어서 종업원에게 이것저것 자꾸 캐물었더니 친절하게도 요리하기 전의 생우두를 두 개 가져 와서 보여주었다. 회색 또는 흙색 바탕에 하얀 줄이 있는 것이 모양은 소라고둥과 비슷하고 크기는 갓난아이 주먹만 했다. 감자나 고구마는 아니라는 사실을 확신할 수 있었지만 그렇다고 우리나라의 토란과 똑같지도 않았다. 그래도 요모조모 뜯어보니 토란에 가까운 것 같았다.

우리는 답사를 가는 곳마다 동파육을 먹어 보는데 동파각찬청은 음식 솜씨가 참 좋았는데도 불구하고 동파육만은 동파각이라는 이름에 걸맞지 않게 항주의 동파육보다 훨씬 못했다. 항주 것을 먹어 보지 못한 학생들은 그래도 맛이 좋다고들 했다.

❀ 소공사와 통조각

2009년 2월 13일 8시 40분경에 오공사풍경구(五公祠景區)에 도착했다. 오공사는 당송시대 사람으로서 해남도에서 유배생활을 한 다섯 명의 명신을 모신 사당이다. 입구에서 물으니 이 오공사풍경구 안에 소동파를 모신 소공사가 있다고 했

오공사 입구 현판 '소공사'

다. 머리에 럭비공만 한 황금빛 과일을 주렁주렁 달고 있는 야자나무 이외에는 이름을 알지 못하는 각종 열대식물들이 양쪽에 늘어선 길을 따라 5분쯤 들어가니 사당이 나왔다. 풍경구 명칭이 오공사임에도 불구하고 정문에 '소공사(蘇公祠)'라는 현판이 걸려 있었다. 오공사풍경구는 모두 네 칸으로 이루어져 있는데 정문에 들어서면 거기가 바로 소공사고 그 오른쪽 칸에 양복파사(兩伏波祠)와 형작정(洞酌亭)이 있으며, 다시 그 오른쪽 칸에 세심헌(洗心軒)과 부속천(浮粟泉)이 있고, 다섯 명신을 모신 오공사는 소공사 왼쪽의 한 칸을 차지하고 있었다.

2층으로 지어진 오공사는 1층과 2층의 처마에 각각 '오공사'와 '해남제일루(海南第一樓)'라는 현판이 걸려 있었다. 그것은 안에 이덕유(李德裕, 787-849) · 이강(李綱, 1083-1140) · 조정(趙鼎, 1085-1147) · 이광(李光, 1078- 1159) · 호전(胡銓, 1102-1180) 등 다섯 명신의 위패가 놓여 있고 바깥에 다섯 사람의 석상을 조각하여 세워 놓았을 뿐인 간단하고 조촐한 사당이었다. 석상 사이사이에는 여지나무 고목들이 둘러서 있었다.

오공사를 대충 둘러보고 우리의 주된 관심사인 소공사(蘇公祠)로 갔다. 소공사 안내문에 건중정국 원년(1101) 소동파가 세상을 떠난 뒤 바로 이 자리에 동파서원을 세웠으며 서원 안에 소동파 예순네 살 때의 초상을 새기고 사당을 세웠다고 했다. 이 안내문은 또 사서(史書)에도 "경주(지금의 해남성 해구) 인문의 성대함이 실은 동파공으로부터 시작되었다(瓊州人文之盛, 實自公啓之)"는 기록이 있다며[12] 소동파가

12 대씨잡저본(戴氏雜著本) 대조진(戴肇辰) 《종공록(從公錄)》 속록권2(續錄卷二) <동파서원 중건 및 형작정 수리에 관한 기록(重建東坡書院並修洞酌亭記)>에 이런 말이 있다.

해구에 중원문화를 전파하고 해구의 인재 교육을 발전시키는 데 지대한 공헌을 했다고 극찬했다. 뿐만 아니라 소공사 기둥에 "이 땅 사람들이 시야를 넓힐 수 있게 된 데에, 미산의 그분과 짝할 이 누구인가?(此地能開眼界, 何人可配眉山)"라는 주련(柱聯)이 붙어 있어 해구 사람들이 소동파가 온 일을 얼마나 고맙게 생각하고 있는지를 큰 소리로 말해 주고 있었다.

해구 소공사에 있는 〈동파입극상〉

사당 안으로 들어서자 가장 먼저 우리를 반긴 것은 머리에 삿갓을 쓰고 두 발에 나막신을 신은 채 오른손에 책을 들고 서 있는 소동파의 동상, 즉 <동파입극상(東坡笠屐像)>이었다. 담주(儋州)에서 유배생활을 하고 있던 원부 3년(1100) 4월의 어느날 소동파는 여자운(黎子雲)이라는 현지인의 집에서 놀다가 자기 집으로 돌아가는 도중에 비를 만났다. 길가에 있는 한 농가에 들어가 삿갓과 나막신을 빌렸다. 그는 머리에 삿갓을 쓰고 발에는 나막신을 끌며 느릿느릿 자기 집을 향해 걸어갔다. 동네 아이들이 어색하고 우스꽝스러운 소동파의 모습을 보고는 그의 뒤를 졸졸 따라다니며 웃어 댔다. 나중에 어떤 사람이 소동파의 이 모습을 그림으로 그렸다.[13] 이른바 <동파입극도(東坡笠屐圖)>다. 그 뒤 많은 화가들이 너도나도 <동파입극도>를 그렸는데 여기는 한 걸음 더 나아가 그 모습을 동상으로 만들어 놓은 것이다.

13 왕문고, ≪소문충공시편주집성총안≫ 권43 참조.

남의 집에서 삿갓을 빌려 쓰고 나막신을 빌려 신은 것은 비가 왔기 때문인데 그 손에 책이 들려 있는 모습은 아무래도 좀 부자연스러운 느낌을 주었다. 그리고 그의 발에 신겨져 있는 나막신은 둥근 통나무를 신발 모양으로 파서 고무신처럼 만든 우리나라의 나막신과는 달라, 납작한 나무 밑창에 끈을 달아 그것을 발가락 사이에 끼우는 일본식 나막신, 즉 왜나막신이어서 과연 소동파가 당시에 신은 나막신이 맞을지 의아한 생각이 많이 들었다. 내가 지금까지 본 각종 <동파입극도>에 그려져 있는 나막신은 다 우리나라의 나막신과 비슷했기 때문이다. 혹시 동상의 제작에 일본인이 개입한 것은 아닌지 하는 의구심도 들었다. 1996년 가을 황주의 적벽공원에 갔을 때 입구에 들어서자마자 '중일 우호의 집(中日友好之舍)'이라는 간판과 '대문호가라오케(大文豪卡拉OK)'라는 간판이 있는 것을 보고 일본인들이 벌써 여기까지 와서 돈을 뿌렸구나 하는 생각을 한 적이 있기 때문이다.

빛이 상당히 많이 바랜 황금색 <동파입극상>의 뒤편 벽에는 위패 세 개가 나란히 세워져 있었다. 가운데에 '송나라 문충공 소식의 신위(宋文忠公蘇軾之位)'라고 쓴 소동파의 위패가 있고, 그 양쪽에 '송나라 소과의 신위(宋蘇過之位)' 및 '송나라 강당좌의 신위(宋姜唐佐之位)'라고 쓴 조금 낮은 위패가 두 개 있었다. 소과는 해남도까지 따라와서 소동파의 손발이 되어 준 그의 셋째 아들이고, 강당좌는 경산(瓊山) 즉 경주(瓊州) 출신으로 소동파가 해남도에 있을 때 가르친 제자였다. 소동파는 그의 재능을 극구 칭송했거니와 소동파가 예언한 대로 그는 나중에 과거에 급제하여 해남도 출신의 첫 번째 진사가 되었으니 해남도 사람들의 추앙을 받기에 충분한 사람이었다. 소동파는 그를 매우 총애하여 그에게 "창해가 언제 지맥을 끊은 적이 있으리? 흰색 도포 입은 이가 파천황을 꼭 이루리"[14]라는 두 구절로 그를 격려하고 그가 과거에 합격한 뒤에 전체를 완성해 주겠다고 했는데, 약속을 지키

14 "滄海何曾斷地脈, 白袍端合破天荒."[문연각사고전서본 소철 ≪난성집(欒城集)≫ 후집권3(後集卷三) <강당좌 수재에게 지어 준 자첨의 시를 보충하여(補子瞻贈姜唐佐秀才)>]

지 못하고 세상을 떠났기 때문에 소철이 대신 완성하여 <강당좌 수재에게 지어 준 자첨의 시를 보충하여(補子瞻贈姜唐佐秀才)>를 지었다.

사당의 벽에는 온통 소동파가 해남도에 있는 동안에 한 중요한 일, 즉 배를 타고 해남도로 온 일, 경주에서 부속천(浮粟泉)을 파게 한 일, 제자들을 가르친 일, 밭 가는 법과 농사짓는 법을 전수한 일, 형작정(洞酌亭)의 현판을 쓴 일, 해남도를 떠난 일 등을 벽에 꽉 차는 대형의 천연색 그림으로 그려서 붙여 놓음으로써 소동파의 해남도 행적이 머릿속에 생생히 떠오르게 해 놓았다.

소공사 오른쪽에 양복파사(兩伏波祠)라는 사당이 있었다. 서한 무제 원정 5년(기원전 112)에 남월국(南越國)의 승상 여가(呂嘉)가 반란을 일으켜 남월왕과 왕비는 물론 한나라 사자까지 살해하고 한나라에 항거했다. 이에 무제가 노박덕(路博德)을 복파장군으로 임명하여 반란을 진압했다.[15] 또 후한 광무제 건무 16년(40)에 교지(交趾) 여자 징측(徵側)이 반란을 일으켜 60여 개의 성을 점거하고 스스로 왕이 되자 광무제가 마원(馬援)을 복파장군으로 임명하여 이를 평정했다.[16] 양복파사는 이 지역의 발전에 공이 큰 이들 두 복파장군의 공적을 기리기 위해 세운 것이었다.

양복파사 앞마당에는 <신소옥청만수궁조(神霄玉清萬壽宮詔)>를 새긴 커다란 비석이 서 있었다. 안내문에 의하면 이것은 도교를 몹시 좋아한 북송의 휘종 황제가 도교의 위세를 선양하기 위해 선화 원년(1119)에 손수 짓고 친필로 쓴 글을 전국 곳곳에 명하여 그대로 베껴 써서 비석을 세우게 한 것으로, 원래 경주부성(瓊州府城) 북쪽의 삼청관(三清觀) 안에 세워져 있던 것을 문화대혁명 이후 이곳으로 옮겨 왔다고 한다.

마당을 사이에 두고 양복파사와 마주보는 곳에 형작정이 있었다. 소동파는 담주

15 ≪사기≫ 권113 <남월열전(南越列傳)> 참조.

16 범엽(范曄)의 ≪후한서(後漢書)≫ 권1하 <광무제기하(光武帝紀下)> 및 범조우(范祖禹)의 ≪당감(唐鑑)≫ 권21 <의종(懿宗)> 참조.

형작정

로 갈 때 잠시 경주에 머문 적이 있는데 이때 여기에 수질 좋은 지하수가 있음을 발견하고 이곳 사람들에게 두 개의 샘을 파라고 일러 주었다. 소동파가 말한 대로 과연 맑고 맛있는 물이 솟아 나와 현지인들이 소동파의 혜안에 감탄했다.

그 뒤 3년에 걸친 담주에서의 유배생활을 마치고 염주로 유배지를 옮기게 되어 지나가는 길에 다시 경주에 들른 원부 3년(1100) 6월에 당시의 경주태수 육(陸) 모 씨가 샘가에 정자를 지어 놓고 소동파에게 정자의 이름을 지어 줌은 물론 이 정자를 노래한 시도 지어 달라고 부탁했다. 이에 소동파는 정자의 이름을 형작정으로 짓고 손수 현판을 썼다. 그리고 <형작정(洞酌亭)>이라는 시도 지어서 육태수에게 주었다.

경산군 동쪽에는 군데군데 샘이 퐁퐁 솟는데 모두 물이 시원한데도 마시지 않았다. 정축년(1097) 6월에 내가 남쪽으로 유배되어 경산을 지나갈 때 처음으로 성의 동북쪽 모퉁이에서 물맛이 좋은 한 쌍의 샘을 발견하고 그곳 사람들에게 일러 주어 이로부터 물을 긷는 사람이 항상 가득했다. 이 한 쌍의 샘은 떨어진 거리가 얼마 안 되는데도 맛이 서로 달랐다. 경진년(1100) 6월 17일에 합포로 옮겨 가는 도중에 다시 이곳을 지나가자니 태수이신 승의랑 육공이 샘 위에 지은 정자의 이름과 시를 지어 달라고 하기에 형작정이라고 명명하고 다음과 같이 시를 짓는다.

瓊山郡東, 衆泉觱發, 然皆冽而不食. 丁丑歲六月, 南遷過瓊, 始得雙泉之甘於城之東北隅, 以告其人, 自是汲者常滿, 泉相去咫尺而異味. 庚辰歲六月十七日, 遷於合浦, 復過之. 太守承議郎陸公, 求泉上之亭名與詩. 名之曰泂酌, 其詩曰

저 멀리서 두 샘의 물을 길어와	泂酌彼兩泉
그것을 조금 퍼서 이 병에다 부으니	挹彼注玆
조그마한 병 하나에	一瓶之中
승수 물도 들어 있고 치수 물도 들어 있네.	有澠有淄
이 물로 음식을 데치고 또 삶으면	以瀹以烹
사람마다 느끼는 맛이 서로 다르겠네.	衆喊莫齊
강을 거쳐 바다로 흘러가는 이 샘물은	自江徂海
호연지기 가득하여 사사로운 생각 없네.	浩然無私
인자하신 군자는	豈弟君子
강과 바다 본받으려	江海是儀
내가 찾은 이 샘의 물도 맛보고	既味我泉
내가 지은 이 시도 음미하겠네.	亦嚌我詩[17]

임금의 덕을 칭송한 ≪시경 · 대아≫의 <멀리서 흘러가는 시냇물을 길어오네(泂

17 왕문고본 ≪소식시집≫ 권43.

酌)>라는 시에서 시상(詩想)을 취하여 이 고을의 태수에게 맑은 샘물이 흘러서 바다로 들어가는 것처럼 호연지기를 가지고 사심 없이 잘 다스림으로써 여러 계층의 백성들에게 두루 좋은 위정자가 되어 주기를 당부한 시이다.

그러나 지금의 형작정에는 '형작정(泂酌亭)'이라는 세 글자가 해서체로 쓰여 있을 뿐 낙관이 없는 데다 글씨가 왼쪽에서 오른쪽으로 쓰여 있었다. 분명 소동파가 원래 썼던 것은 아닐 텐데 소동파의 글씨에서 집자(集字)를 한 것인지, 다른 사람이 새로 쓴 것인지는 밝혀져 있지 않았다. 출입문 오른쪽에 걸린 '소동파묵적전(蘇東坡墨迹殿)'이라는 현판이 암시하는 바와 같이 형작정 안에는 20점 정도 되는 소동파의 각종 서화 작품이 삼면의 벽에 걸려 있었다.

담장을 뚫어서 만든 출입문을 통하여 마지막 칸으로 들어가자 출입문 위에 푸른색 기와지붕이 덮여 있고 그 밑의 콘크리트 벽에 '동파서원(東坡書院)'이라는 현

해구 동파서원 현판

해구 동파서원 안내문

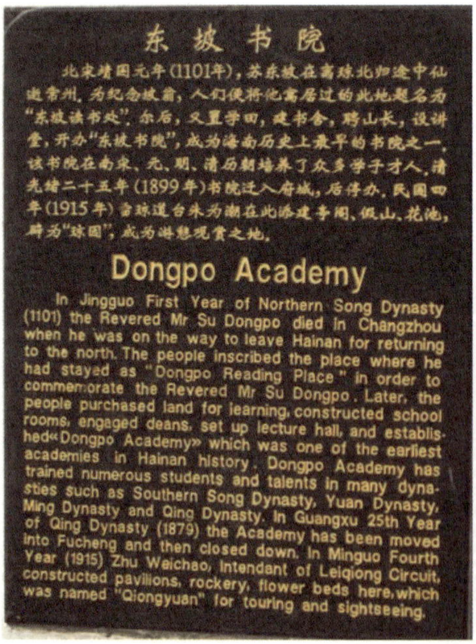

판이 붙어 있었다. 그러나 그것은 그곳이 동파서원의 옛터임을 알려 주기 위해 붙여 놓은 것이지 그곳이 지금도 동파서원이라는 뜻은 아니었다. 현판 옆에 붙어 있는 동파서원 안내문을 통하여 소동파가 해남도에서 북쪽으로 돌아가 세상을 떠난 뒤인 건중정국 원년(1101)에 그가 해남도에 온 일을 기념하기 위해 그가 묵었던 이곳을 '동파독서처(東坡讀書處)'라고 하다가 그 뒤 이곳에 해남도 최초의 서원 가운데 하나인 '동파서원'을 세워 남송부터 청나라에 이르기까지 계속하여 많은 학자와 인재를 양성했다는 사실과, 청나라 광서 25년(1899)에 동파서원이 경주부성(瓊州府城) 안으로 옮겨졌다가 그 뒤에 폐쇄되었다는 사실을 알 수 있었다.

동파서원이라는 현판을 지나자 바로 오른쪽에 '부속천(浮粟泉)'이라는 글씨가 새겨진 콘크리트 일주문이 있고 그 밑에 샘이 세 개 있었다. 가운데에 큰 샘이 하나 있고 그 양쪽에 조금 작은 샘이 두 개 있어서 그것이 바로 소동파가 <형작정(泂酌亭)> 서문에서 말한 '한 쌍의 샘', 즉 '쌍천(雙泉)'이려니 생각했다.

그러나 그 옆의 벽에 붙어 있는 부속천 안내문에 소동파가 담주로 가던 소성

부속천

4년(1097)에 10여 일 동안 여기에 머물 때 그곳 사람들에게 파라고 일러 준 '쌍천' 가운데 하나로 물 위에 항상 곡식 알갱이 같은 거품이 떠 있기 때문에 부속천이라 한다고 한 것으로 보아 '쌍천' 가운데 하나는 다른 곳에 있음을 알 수 있었다. 이 안내문에는 또 이 부속천을 금속천(金粟泉)이라고도 불렀으며, 나중에는 소동파가 머문 일을 기념하기 위해 소천(蘇泉)·소정(蘇井)·동파정(東坡井) 등으로도 불렀다고 했다.

부속천 뒤에 세심헌(洗心軒)이 있는데 그 안내문이 '쌍천'에 관한 궁금증을 풀어 주었다. 세심헌 안내문에 의하면 '쌍천' 가운데 하나인 세심천은 물맛이 부속천만 못하기 때문에 세월이 지나면서 차츰 묻혀 버렸으며, 명나라 만력(1573-1620) 연간에 그 자리에 금속암(金粟庵)이라는 암자가 세워졌는데 청나라 건륭 58년(1793)에 다시 지어 세심정이라고 부르다가 민국 4년(1915)에 세심헌이라는 지금의 명칭으로 고쳐졌다고 한다. 세심헌 안의 벽에는 <동파입극도>·<소문충공상> 등의 소동파 초상화와 <염노교(念奴嬌)—적벽회고(赤壁懷古)—>를 비롯한 소동파의 작품 몇 점이 걸려 있었다.

세심헌의 〈동파입극도〉

세심헌과 부속천 사이에 있는 속천정(粟泉亭)은 보수공사 중이라서 들어갈 수가 없었다. 울타리 너머로 보이는 속천정 안내문을 보니 속천정은 명나라 만력 40년(1612)에 극심한 가뭄이 들어 경주태수가 금속천(즉 부속천) 옆에서 기우제를 지냈는데 날씨가 너무 더워서 금속천의 물을 마셨더니 물맛이 하도 좋아서 샘 옆에 속천정을 짓기로 하여 만력 42년(1614)에 완공했으며 민국 4년(1915)에 중건했다고 했다.

속천정 맞은편의 벽에는 <동파입극도>·<소문충공상> 등의 각종 서화 작품을 새긴 비랑(碑廊)이 있는데 마침 청년 두 명이 비석에 대고 한창 탁본을 뜨느라 여념이 없었다. 세심헌 안에 있는 작품들이 다 거기서 뜬 탁본인 모양이었다. 그리고 그렇게 해서 관람객에게 팔기도 하는 모양이었다.

9시 50분에 소공사를 떠나 노성진(老城鎭)으로 갔다. 여기는 소동파가 담주에서 염주로 유배지를 옮겨 가는 도중에 들러서 <징매역의 통조각(澄邁驛通潮閣)>이라는 시를 지은 곳이다.

징매현 노성진 성곽 서쪽의 조수가 들락거리는 곳에 있기 때문에 이런 이름을 얻었다는 통조각은 원래 벽돌과 나무를 섞어서 만든 정방형의 2층짜리 누각으로 그 사이에 여러 번 중건되었는데, 1945년 일본군이 쳐들어오는 바람에 전쟁의 불길에 소실된 뒤로 다시 짓지 않아 지금은 유지만 남아 있다고 한다.[18] 우리는 지금 그 유지라도 한번 보려고 찾아가는 것이다.

노성당창(老城糖廠)이라는 설탕 공장 뒤편의 작은 언덕배기에 있다는 인터넷 정보를 운전사에게 알려 주었더니 운전사는 먼저 노성당창을 찾았다. 몇 번을 묻고 물어 지나쳤던 길을 되돌아가기도 하며 간신히 찾아간 노성당창에는 '징매정붕당업유한공사유생당창(澄邁程鵬糖業有限公司裕生糖廠)'이라는 현판이 붙어 있고, 그 마당에는 마치 그곳이 설탕 공장임을 알려주기라도 하려는 듯 사탕수수를 가득 실은 트럭이 한 대 서 있었다.

운전사가 내려서 공장 직원과 몇 마디 이야기를 주고받더니 다시 차를 몰고 개울가의 길을 따라 300미터쯤 더 내려갔다. 오래된 아파트 앞에서 모여 있는 주민들에게 다시 물으니 50대 후반쯤 되어 보이는 한 아주머니가 우리를 개울가에 있는 작은 언덕으로 안내해 주었다. 지금은 채마밭으로 쓰이고 있는 그 밭이 바로

18 ≪백도백과≫ <통조각유지(通潮閣遺址)> 참조.

통조각유지라는 것이었다. 채마밭 가에 남아 있는 허물어진 돌담이 사각형을 이루고 있어서 그곳이 누각 터였음을 짐작케 했다.

돌담에서 조금 떨어진 언덕에는 마치 유적발굴 현장이라도 되는 것처럼 직육면체 모양의 돌들이 아무렇게나 쌓여 있고, 그 밑으로 물이 별로 많지 않은 개울이 흐르는데 개울 여기저기에 바나나 나무가 서 있어서 그곳이 열대지방임을 확인시켜 주고 있었다. 그러나 애석하게도 바다가 보이지 않아 조수와 통한다는 의미인 '통조각'이라는 이름이 실감나지는 않았다. 통조각이 원래 높이가 8미터에 달하는 2층짜리 누각이었다고 하니[19] 2층에 올라가서 보면 사정이 달랐으리라 생각하며 소동파의 시를 한 번 음미해 보고 그곳을 떠났다.

통조각유지

19 ≪백도백과≫ <통조각유지> 참조.

남은 인생 해남에서 보내려고 했는데　餘生欲老海南村
하느님이 무양을 시켜 나의 혼을 부르시네.　帝遣巫陽招我魂
저 멀리 까마득히 하늘이 내려앉고　杳杳天低鶻沒處
송골매가 가물가물 사라지는데
한 가닥 머리칼인 양 가로 놓인 푸른 산　青山一髮是中原[20]
그곳이 다름 아닌 중원이라네.

❄ 동파서원

시간이 11시 15분이라 노성에서 점심을 먹고 가는 것도 괜찮겠지만 소동파가 유배생활을 한 담주(儋州)에 가서 먹는 것이 더 의미 있는 일일 것 같아 좀 늦더라도 그렇게 하기로 했다.

지금의 해남성 담주시(儋州市)는 한나라 원봉 원년(기원전 110)에 무제가 담이군(儋耳郡)을 설치한 이후 시대에 따라 담이군 · 담주 · 창화군(昌化郡) · 창화군(昌化軍) · 담현(儋縣) 등 여러 가지 이름으로 불렀다. 당나라 숙종 건원(758-759) 연간부터 담주라고 부르다가 북송 신종 희령 6년(1073)에 창화군(昌化軍)으로 바꾸었지만[21] 오랜 관례에 따라 소동파 당시에도 흔히 담주라고 부르곤 했다.

그러나 소동파가 유배생활을 할 당시의 담주, 즉 창화군(昌化軍)의 관청 소재지는 지금의 담주시 관청 소재지와는 달랐다. 당시의 담주, 즉 창화군의 관청 소재지는 지금의 담주시 관청 소재지에서 서북쪽으로 약 40킬로미터 떨어진 곳에 있는 중화진(中和鎭)이었고, 지금의 담주시 관청 소재지는 1959년에 이전한 나대진(那大鎭)이다.[22]

소동파는 소성 4년(1097) 7월에 혜주로부터 이곳으로 유배지를 옮겨 와 원부 3년

---

20 왕문고본 ≪소식시집≫ 권43.

21 위승산, ≪중국역대지명대사전≫(광주: 광동교육출판사, 1995) <담이군> · <담주> · <창화군(昌化郡)> · <창화군(昌化軍)> · <담현> 참조.

22 위승산, ≪중국역대지명대사전≫ <담현> 및 ≪백도백과≫ <중화고진(中和古鎭)> · <나대진> 참조.

(1100) 6월까지 3년 동안 살았다. 혜주에서 유배생활을 할 때 소동파는 다시 사면되어 북쪽으로 돌아갈 희망이 없다고 생각하고 영원히 그곳에서 살 요량으로 백학봉(白鶴峰)이라는 언덕배기에 자기 집을 한 채 지었었다. 그런데 소동파가 혜주에서도 그처럼 낙천적으로 지내고 있는 것을 보고 그를 혜주로 유배 보낸 친구 장돈(章敦, 1035-1105)이 급기야 그를 이곳 담주까지 쫓아 보내 버린 것이다. 당시 담주는 중국이라고 하기에는 너무나 먼 곳이었다. 말하자면 중화문화권 바깥이라고 할 수 있는 곳이었다.

담주시 중화에 있는 동파서원에 도착하니 12시 반이 조금 넘어 있었다. 소동파가 산길을 따라 오르락내리락하며 10일가량이나 걸려서 갔다는 그 길을 우리는 한 시간 반도 채 안 걸려서 주파한 것이었다. 해남도의 서해안을 따라 해구에서 삼아까지 뻗어 있는 서선(西線)고속도로 덕분이었다. 적당한 음식점이 있으면 점심부터 먹으려고 했으나 마땅한 곳이 없어서 동파서원을 다 보고 난 뒤에 먹기로 또 미루었다.

담주 동파서원

중화의 동파서원은 마을에서 한참 떨어진 허허벌판에 외로이 서 있었다. 대문에 들어서자 맨 먼저 나타난 것이 재주정(載酒亭)이었다. 2층으로 이루어진 재주정의 지붕은 독특하게도 아래층은 8각이고 위층은 4각이었다. 정자의 동쪽과 서쪽에는 연못이 있어서 정자와 조화를 이루고 있었다.

재주정 뒤에 재주당이 있었다. 재주당 안내문에 의하면 재주당은 북송 소성 4년(1097) 겨울에 창건되어 소동파가 담주에서 유배생활을 할 때 거주하기도 하고 학문을 강론하기도 하던 곳으로 1984년에 중수했다고 한다. 또 그해 11월에 창화군사(昌化軍使)라는 관직을 맡고 있던 장중(張中)이 소동파를 모시고 그 지방의 유지 여자운(黎子雲)의 집을 방문했을 때, 좌중에 있던 사람들이 각자 비용을 갹출하여 여자운 집 옆의 개울가에 학당을 신축하자고 하자 소동파가 기꺼이 동의하여 자기 허리띠를 풀어서 가장 먼저 갹출에 동참했다고 한다. 소동파는 <연일 오는 빗

재주정

재주당

속에 혼자 술 마신 감회를 노래한 도연명의 시에 화답하여(和陶連雨獨飮)>의 서문에서 “나는 해남에 유배되었을 때 술그릇을 다 내다팔아서 옷과 음식을 댔다”[23]라고 했을 만큼 극도로 가난했는데도 불구하고 이처럼 학당의 건립에 앞장섰다고 하니 그는 확실히 범상한 사람이 아니었음에 틀림없다.

소동파는 장중의 주선으로 담주에 도착한 직후인 소성 4년(1097) 7월부터 관사를 빌려서 지내다가 거기서 쫓겨난 뒤 소성 5년(1098) 5월에 광랑암(桄榔庵)이라는 새집을 지었으니, 안내문에 적혀 있는 바와 같이 소동파가 재주당에 거주했다면 그는 주로 재주당에 거주하고 가족들은 광랑암에 거주했다는 얘기가 된다.

---

23 “吾謫海南, 盡賣酒器, 以供衣食.”(왕문고본 《소식시집》 권41)

안내문에는 또 소동파가 한나라 때 어떤 사람이 술을 좋아하는 가난한 선비 양웅(揚雄, 기원전 53-기원후 18)에게 술을 싣고 가서 배우기를 청했다는 ≪한서≫ <양웅전>의 일화를 빌려서 '재주당'으로 명명했다는 설명도 곁들여져 있었다.[24] 이 일화 속의 '재주(載酒)'는 정성을 다하여 학문에 임한다는 뜻이니, 얼핏 보면 '재주'를 학당의 이름으로 쓰는 것이 적절치 않아 보이지만 사실은 이토록 깊은 의미가 깃들여져 있는 것이다.

재주당에는 여러 가지 글씨와 그림을 새긴 비석들이 진열되어 있었다. <동파선생사기(東坡先生祠記)>·<동파선생제문(祭東坡先生文)>·<동파서원중수기(重修東坡書院記)>·<동파선생입극도(東坡先生笠屐圖)> 등 동파서원 및 소동파를 대상으로 한 문장과 그림도 있고, 소동파 자신이 그린 매화 그림도 있었다. 또 남송 시인 양만리(楊萬里, 1127-1206)의 시 <재주당에 올라(登載酒堂)>, 원나라 시인 우집(虞集, 1272-1348)의 시 <재주당에 올라(登載酒堂)> 등 재주당에 관한 옛날 사람의 시와, 곽말약(郭沫若)이 1961년 3월 3일에 썼다는 시 <동파서원에 붙여(題東坡書院)>, 등척(鄧拓)이 1962년 봄에 썼다는 시 <소동파를 생각하며(懷蘇東坡)>, 전한(田漢)이 1962년 5월 23일에 썼다는 시 <동파서원을 찾아서(訪東坡書院)> 등 소동파 및 동파서원에 관한 현대인의 시도 있었다.

청나라 건륭 3년(1738)에 심어 전국에 있는 망고나무 중에서 수령이 가장 높다는 커다란 망고나무와, 같은 시기에 심었다는 커다란 봉황수(鳳凰樹)가 나란히 서 있는 뜰을 지나니 속칭 대전(大殿)이라고 불린다는 동파사(東坡祠)가 나왔다. 동파사 안내문에 의하면 이 사당은 원나라 연우 4년(1317) 봄에 처음으로 소동파가 손수

24 문연각사고전서본 ≪한서(漢書)≫ 권87하 <양웅전하(揚雄傳下)>에 "집안이 원체 가난하여 술을 좋아했지만 그의 집을 찾는 사람이 드물었다. 때때로 호사가가 술과 안주를 싣고 찾아가서 그에게 배웠는데 거록 사람 후파는 양웅과 함께 거주하면서 그의 ≪태현경≫과 ≪법언≫을 전수받았다(家素貧, 耆酒, 人希至其門. 時有好事者載酒肴從游學, 而鉅鹿侯芭常從雄居, 受其≪太玄≫·≪法言≫焉)"라는 기록이 있다.

지은 집 광랑암(桄榔庵)에다 지었는데, 그 뒤에 그만 무너져 버려서 원나라 태정 4년(1327)에 다시 지으면서 재주당 뒤로 옮겨 놓았는데 이때 광랑암에 있던 소상(塑像)도 함께 옮겼다고 한다.

동파사의 정면 중앙에 있는 세 사람의 상은 동파강학조상(東坡講學組像)이라고 명명되어 있었다. 두 사람은 아래위로 파란색 옷을 입고 있고 한 사람은 아래위로 검은색 옷을 입고 있었다. 동파강학조상 안내문에 가운데에 앉아서 왼손에 책을 든 채 오른손으로 수염을 만지고 있는 사람이 소동파고, 소동파의 왼쪽에 다소곳이 서 있는 사람이 그의 셋째 아들 소과(蘇過)라고 했다. 그리고 검은 옷을 입고 소동파의 오른쪽에 앉아서 그의 말에 귀를 기울이고 있는 사람은 담주의 유지 여

동파강학조상

자운이라고 했다. 세 사람 머리 위의 벽에 '홍설인연(鴻雪因緣)'이라는 글씨가 커다랗게 쓰여 있어 처마에 붙어 있는 '해외기종(海外奇蹤)'이라는 현판과 함께 해남에서 이루어진 그들의 기이한 만남이 오래 갈 수는 없는 것이었음을 말해 주고 있었다. 이 말은 소동파가 청년 시절 봉상부첨판(鳳翔府簽判)으로 부임해 가는 도중에 지은 <면지에서의 옛날 일을 생각한 자유의 시에 화답하여(和子由澠池懷舊)>의 "사람이 예제로 다니는 것 무엇 같을까? 기러기가 눈밭 위를 배회하는 것 같으리. 진흙 위에 어쩌다가 발자국을 남기지만, 기러기가 날아간 뒤엔 행방을 어찌 알리?"[25]에서 따온 말임에 틀림없겠기 때문이다.

동파사의 벽에는 소동파가 자신의 시문을 손수 쓴 글씨와 매화 그림 및 <동파입극도>·<삼소도(三蘇圖)> 등 다른 사람이 그린 소동파의 초상화가 붙어 있고, 가운데에는 소동파가 여자운의 집에 갔다 돌아오는 길에 소나기를 만나 이웃집에서 빌렸다는 삿갓과 나막신의 모형이 진열되어 있었다. 그곳에 있는 나막신 역시 해구의 소공사에서 본 소동파상에 신겨져 있는 것과 마찬가지로 납작한 나무 밑창에 끈을 달아서 그것을 발가락 사이에 끼우게 되어 있는 왜나막신이었다.

재주정과 재주당 사이에 있는 길을 따라 서쪽으로 가니 서원(西園)이 있었다. 서원에 들어서자 가장 먼저 눈에 들어오는 것이 야자나무에 둘러싸여 있는 <동파입극상>이었다.

담주 동파서원에 있는 〈동파입극상〉

25 "人生到處知何似, 應似飛鴻踏雪泥. 泥上偶然留指爪, 鴻飛那復計東西."(왕문고본 ≪소식시집≫ 권3)

담주인민정부에서 1985년에 세운 것으로 기록되어 있는 그 황금색 동상은 도포 차림으로 허리를 꼿꼿이 편 채 머리에는 삿갓을 쓰고 발에는 나막신을 신은 모습이 해구의 소공사에서 본 것과 많이 비슷했다.

<동파입극도>는 많은 사람이 그려서 쉽게 볼 수 있지만, 동파입극 동상은 해남도 이외의 다른 지역에서는 아직까지 본 적이 없는데 해남도에는 중화뿐만 아니라 해구에도 있으니, 아무래도 그 일이 해남도와 직접적으로 관련되어 있기 때문인가 싶었다.

<동파입극상> 뒤편에 진열관이 있는데 거기에는 <소문충공상>·<동파입극도> 등의 그림과 동파정(東坡井) 및 광랑암유지(桄榔庵遺址)를 찍은 사진, 그리고 담주에 있을 때의 소동파의 행적을 보여 주는 <동파거담활동유지(東坡居儋活動遺址)>와 같은 각종 화보들이 진열되어 있었다. 동파정을 찍은 사진 밑에는 고을 서남쪽의 파정촌(坡井村)에 있는 동파정은 소동파가 손수 판 것으로 물이 시원하고 맛이 좋으며 사시사철 마르지 않는다는 설명이 곁들여져 있었다.

흠수천

재주당을 사이에 두고 서원의 맞은편에 흠수천(欽帥泉)이라는 샘이 있었다. 그 옆에 있는 <동파문화성수(東坡文化聖水)>라는 안내문에, 이 샘은 소동파가 담주에 있을 때 그곳 학자들이 항상 재주당에 모이므로 그들이 모였을 때 차를 끓이고 술을 데우기 위해 특별히 판 것으로 오랜 세월이 지나면서 막혀 버렸는데 명나라 때 담주태수 진영선(陳榮選)이 다시 파서 흠수천으로 불렀다고 했다. 이 안내문에 의하면 또 옛날에 한 노파가 집안이 너무 가난하여 소동파에게 도와 달라고 기도했더니 소동파가 꿈에 나타나 이 샘의 물을 술로 삼아 팔라고

일러 주었다고 한다. 그 노파는 그 말대로 하여 과연 부자가 되었는데, 그 뒤로 너무 탐욕스러워져서 술은 많지만 돼지를 키울 지게미가 없다고 한탄했더니 소동파가 시를 지어서 풍자했다고 한다. 그리고 그 뒤로 다시는 샘물이 술로 변하지 않았다고 한다.

하늘이 높은 것은 높은 것도 아니다.	天高不爲高
사람의 욕심이 그보다 더욱 높다.	人心還更高
우물물을 술로 삼아 팔아먹으면서도	井水當酒賣
돼지 먹일 지게미가 없다고 원망한다.	還怨豬無糟

이 시는 현전하는 소동파의 시집에 수록되어 있지 않을 뿐만 아니라 다른 고을에도 이것과 유사한 전설들이 있으므로[26] 후대의 어떤 호사가가 불쌍한 사람에게는 한없이 인자하고 불의한 사람에게는 누구보다 엄격한 소동파의 위인을 이 전설과 결합하여 지어낸 허구적인 이야기일 가능성이 크다. 어쨌든 이 샘은 지금도 늘 사용하는 듯 높이가 한 뼘쯤 될 듯한 나지막한 원형 난간 옆에 두레박과 양은 대야 하나가 놓여 있었다.

흠수천 옆의 한 평도 채 안 될 것 같은 원두막만 한 임시건물에 '동파다장(東坡茶莊)'이라는 거창한 상호를 내걸고 한 아주머니가 음료수와 차를 팔고 있는 모습이 미소를 자아냈다. 배가 고파서 그런지 젊은 사람들이 동파다장 앞에 퍼져 앉아 음료수를 사 마시는 동안 나는 혼자서 남은 부분을 둘러보았다.

동파다장 뒤편에 있는 흠수당(欽帥堂)에는 수석(壽石)이 몇 개 전시되어 있을 뿐

26 정대암(程大莽)의 ≪야어(野語)≫ 권5 <김파사(金婆寺)>에는 이 전설이 송(宋)나라 때 의봉교(儀鳳橋) 남쪽에 사는 김파라는 노파와 도사의 이야기로서 김파사라는 절 이름의 유래가 되었다고 했고, 증국전(曾國荃)의 ≪호남통지(湖南通志)≫ 권말8(卷末八) <기이한 이야기 2(述異二)>에는 이 전설이 보경(寶慶, 지금의 호남성 邵陽)에 사는 조파(曹婆)라는 노파와 도사의 이야기로서 조파정(曹婆井)이라는 우물 이름의 유래가 되었다고 했다.

달리 볼만한 것이 없었다. 다만 흠수당 옆에 돌로 만든 소가 한 마리 앉아 있고 그 뒤편에 소동파가 담주에 있을 때 그곳의 입춘 풍경을 노래한 사 <감자목란화(減字木蘭花)>를 새긴 시비가 서 있었다.

입춘소가 빚어지고 입춘채찍이 마련된 때	春牛春杖
끝없는 봄바람이 바다 위로 불어오더니	無限春風來海上
대지에다 봄의 조화를 있는 대로 다 부려	便丐春工
살결인 양 발그레하게 복숭아꽃을 물들였다.	染得桃紅似肉紅
입춘기를 세우고 입춘장식을 꽂은 때	春幡春勝
봄바람이 한바탕 불어 술을 번쩍 깨우더니	一陣春風吹酒醒
하늘 끝의 남방이 아닌 것처럼	不似天涯
버들개지 말아올려 눈꽃인 양 휘날린다.	捲起楊花似雪花

<감자목란화> 시비

시비 뒤편에는 영빈관이 있는데 안에 아무것도 없고 단지 벽에 <광랑암광랑서원규획(桄榔庵桄榔書院規劃)>이라는 제목의 설계도가 붙어 있어 앞으로 광랑암이 있던 자리에 광랑서원을 지을 계획이 있음을 짐작케 했다. 그러나 원래 그런 서원이 있었던 것도 아닌데 요즘 세상에 새로이 그런 서원을 만들 경우 관광객을 유치하는 것 이외에 무슨 의미가 있을까 싶었다.

영빈관 뒤로 돌아가니 뒤편 벽에 열 개 정도의 작은 시비가 세워져 있고 영빈관에서 얼마 안 떨어진 곳에 망경각(望京閣)이라는 2층짜리 누각과 회현정(懷賢亭)이라는 정자가 하나 있었다. '회현'은 소동파라는 현인을 그린다는 뜻일 것으로 생각되었다. 그리고 그 부근의 공터에는 여기저기 채소가 심어져 있었다.

우리가 동파서원을 다 보고 나올 때까지 우리 일행 이외에는 관람객이 거의 보이지 않아 매우 쓸쓸한 느낌이 들었다. 매일 아침 8시부터 저녁 5시까지 연중무휴로 문을 열기 때문에 관람객이 분산된 탓일까? 그랬으면 좋겠다는 생각을 하며 동파서원을 떠났다. 시계가 벌써 2시 10분을 가리키고 있었다.

❋ 동파정과 광랑암유지

동파서원을 나서자 잊고 있던 허기가 갑자기 온몸을 엄습했다. 우리나라의 읍보다는 작고 면사무소 소재지보다는 조금 클 듯한 중화의 중심가에서 여기저기 점심 먹을 만한 곳을 찾아보았으나 적당한 곳이 눈에 띄지 않았다. 어디 가나 마찬가지라는 운전사의 말에 따라 아무 데서나 먹기로 하고 시야에 들어오는 곳 중에서 가장 나아 보이는 곳으로 들어갔다. 대여섯 평 정도 될 듯한 식당에서 현지 주민들이 왁자하게 이야기를 나누며 즐겁게 점심을 먹고 있었다.

가장 먼저 들어가서 별 생각 없이 빈자리를 찾아가던 나는 갑자기 들려오는 여성들의 비명에 깜짝 놀랐다. 그녀들의 손가락이 가리키는 곳을 따라가 보니 식탁 위에 파리가 새까맣게 앉아 있었다. 정말이지 파리가 식탁 면적의 4분의 1은 차지

하고 있는 듯했다. 덥고 습한 지방이라 파리가 많은 모양이었다. 무엇 때문에 그러는지 모르겠다는 듯 의아해하는 표정으로 멍하니 바라보는 주인아주머니에게는 미안한 일이지만 그런 상황에 익숙하지 않은 우리로서는 그 집에서 식사를 하는 것이 아무래도 무리인 것 같아 얼른 나와 버렸다. 세상에는 파리를 날리며 손님을 기다리는 가게가 있는가 하면, 이렇게 파리를 안 날려서 손님을 날려 버리는 가게도 있다는 생각에 쓴웃음이 나왔다. 소동파는 마뜩지 않은 일을 보면 음식에 파리가 들어 있는 것 같아서 토해내고야 말았다고 하니[27] 그도 음식에 파리가 들어가는 것을 어지간히 싫어했음을 알 수 있는데, 만약 소동파가 여기서 유배생활을 할 때 이런 일이 있었다면 어떻게 했을까?

다른 식당을 찾아보았으나 여의치 않았다. 중화에 있는 다른 유적을 빨리 둘러보고 삼아로 가려면 시간이 넉넉하지 않기 때문에 '동파서원은 안으로 700미터 들어감(東坡書院 內進700米)'이라고 쓰인 도로표지판 부근에 있는 어느 가게 앞 콘크리트 계단에 앉아서 빵과 과일로 한 끼를 때웠다. 소동파가 유배생활을 한 곳에서 한 끼 먹어 보려고 하다가 결국 유배객처럼 이렇게 길거리 식사를 한 것이었다.

우리가 점심을 먹는 동안 동파정(東坡井)의 위치를 모르는 운전사가 좋은 방법을 생각해 냈다. 현지인의 삼륜차를 선도차로 삼아서 뒤따라가는 방법이었다. 삼륜차가 인도하는 대로 큰길을 따라 조금 가다가 다시 오른쪽 골목길로 꺾어 들어가니 우리 앞에 한 중년 아저씨가 웃통을 홀딱 벗고 밀짚모자만 하나 쓴 채 검은 소에 연결된 손수레를 타고 천천히 아주 천천히 가고 있었다. 손수레에는 한 말들이 정도 되는 커다란 플라스틱 물통이 다섯 개 실려 있었다. 길이 너무 좁아서 마땅히 비켜 줄 만한 곳이 없기도 했지만 아예 비켜 줄 생각조차 하지 않고 여유를 부리며 느릿느릿 가는 아저씨가 얄밉기도 했다. 그러나 우리도 소걸음에 보조를

27 주변(朱弁) ≪곡유구문(曲洧舊聞≫ 권5 참조.

맞추어 그 뒤를 따라가는 수밖에 다른 방법이 없었다.

그렇게 5분쯤 가노라니 아주 작은 고개가 하나 나왔다. 양쪽에 대나무가 조금 서 있는 고개를 지나 길이 오른쪽으로 꺾이는 곳에서 아저씨가 소를 세워 놓고 길 왼쪽의 공터로 들어갔다. 알고 보니 거기가 바로 동파정이고 그 아저씨는 바로 동파정에 물을 길으러 온 것이었다. 소동파가 당시에 담주 주민들의 식수 문제를 해결하기 위해 손수 팠다는 동파정이 지금도 그 마을 주민들에게 이용되고 있다는 사실이 참으로 놀라웠다.

동파정 주위에 높이 1미터 정도 되는 콘크리트 담이 둥그렇게 쳐져 있고 정면의 출입구 양쪽에는 콘크리트 기둥이 세워져 있는데, 두 기둥에 "이 물을 마시면서 동파 노인 그릴지니, 맛 좋은 샘물로 후진을 길렀다네(飮水思坡老, 甘泉育後英)"라는 주련(柱聯)이 붙어 있어 그곳 주민들이 아직도 소동파의 은혜를 잊지 않고 있

담주 중화진 파정촌에 있는 동파정

음을 알 수 있었다.

담장 중앙에 우물이 있는데 우물 위에는 직경이 1.5미터쯤 되고 높이가 한 뼘쯤 되는 나지막한 콘크리트 난간이 세워져 있었다. 아저씨에게 들으니 우물의 수심이 약 8미터나 된다고 했다. 아저씨는 먼저 다리를 벌려 두 발의 발가락을 우물 벽에 나 있는 조그만 틈서리에 집어넣고 서서 수면을 향해 몸을 구부리더니 물 위에 떠 있는 나뭇잎을 건져 냈다. 나뭇잎을 다 건져 내니 우물이 아주 깨끗해 보였다.

우물 뒤 비석에 새겨져 있는 <동파정 중수 서문(重修東坡井序)>은 글자가 마모되고 이끼마저 끼어 있어 알아보기 힘든데 끄트머리에 "도광병오(道光丙午)"라는 글씨가 희미하게 보였다. 160여 년 전인 도광 26년(1846)에 한 차례 중수했다는 뜻이다. 그리고 첫머리에 "광랑암 서쪽(桄榔庵西)"이라고 한 것으로 보아 그 동쪽에 광랑암이 있었음을 짐작할 수 있었다.

괴성탑

우리를 동파정으로 안내해 준 삼륜차 운전사도 모른다며 찾기를 포기하자는 운전사의 말을 무시하고 이 사람 저 사람에게 자꾸 물어서 마침내 괴성탑(魁星塔)의 위치를 알아냈다. 괴성탑은 소동파와 관련된 유적은 아니지만 부등변 팔각형으로 지어진 석탑이라는 특징을 지니고 있다는[28] 사실을 알고 갔기 때문에 꼭 한번 찾아보고 싶었던 것이다. 알고 보니 이 탑은 중화소학(中和小學) 교정에 있었다. 학교 안에 있기 때문에 주민들도 잘 몰랐던 모양이다. 탑에 새겨진 기록에 의하면 높이가 7.02미터인 이

28 ≪백도백과≫ <괴성탑> 참조.

탑은 명나라 때 처음으로 지어졌으며 해남도에서는 보기 드문 석탑이기 때문에 명대의 석탑을 연구하는 데 귀중한 자료가 된다고 한다.

이제 괴성탑보다 더 찾기 어려운 광랑암이 남았다. 광랑암이란 소동파가 이곳에 손수 지은 집이다. 소동파는 그동안 창화군사(昌化軍使) 장중(張中)의 배려로 관사에서 지내고 있었는데, 소동파의 정적인 장돈(章惇, 1035-1105)이 무자비하기로 소문난 동필(董必)을 광남서로찰방사(廣南西路察訪使)로 보내 소동파를 더욱 핍박하는 바람에 그만 관사에서 쫓겨나고 말았다. 관사에서 쫓겨난 소동파는 아들 소과와 함께 성곽 남쪽의 남오지(南汚池) 옆에 있는, 야자과 상록교목 광랑수(桄榔樹) 숲속에서 한동안 지냈다. 그러다가 마침내 거기에 땅을 사서 다섯 칸짜리 집을 한 채 지었다. 마을 사람 10여 명이 몸을 아끼지 않고 도와준 덕분에 오래지 않아 집이 완공되었다. 황주(黃州)에 설당(雪堂)이 있고 혜주(惠州)에 백학봉 새집이 있었듯이 이제 담주에도 그가 마음 놓고 쉴 수 있는 안식처가 마련된 것이다. 소동파는 이 집에 광랑암(桄榔庵)이라는 정겨운 이름을 붙여 주었다. 소성 5년(1098) 5월의 일이었다. 그 뒤로 소동파는 텃밭을 일구어 손수 채소를 가꾸기도 했다.

이처럼 광랑암은 해남 사람들이 옛날부터 추앙해 오고 있는 소동파의 집이었는데 몇 번이나 물어보아도 그것의 위치를 아는 사람이 아무도 없었다. 일반 주민은 물론 괴성탑을 보고 나오다가 중화소학 안에서 만난 그 학교 교사인 듯한 사람도 전혀 모르는 눈치였다. 그러나 우리에게 광랑암은 절대로 포기할 수 없는 중요한 유적이었다.

최후의 수단으로 우리는 중화진인민정부(中和鎭人民政府)를 찾아가 문화재 담당자에게 물어보기로 했다. 마침 청사 앞마당의 넓은 잔디밭에 젊은 남자 직원 서너 명이 둘러서서 이야기를 나누고 있었다. 우리가 찾아간 이유를 말하자 그 가운데 한 사람이 중화진인민정부 청사는 역사가 매우 유구하다며 자랑을 막 늘어놓았다. 그는 잔디밭에 있는 주춧돌 몇 개를 가리키며 800년 전에 있던 관청 건물의 주춧

돌이라고 했다. 옛날에는 중화가 담주의 중심지였음을 말해 주는 증거인 셈이었다.

그들과 이야기를 나누고 있는 동안 '살아 있는 소동파사전'이라고 불린다는 40대 후반쯤 되어 보이는 남자 직원이 한 명 나왔다. 그의 말에 의하면 광랑암은 지금 없어지고 그 유지만 남아 있다고 했다. 그가 직접 안내해 주겠다기에 우리는 유지라도 한번 보기 위해 그 남자 직원을 따라갔다.

그 남자 직원이 광랑암유지라고 안내해 준 곳은 마을에서 조금 떨어진 곳이었는데, 그곳은 악취가 날 정도로 더러운 물이 고여서 시궁창을 이루고 있고 주변에는 잡초가 무성했다. 물이 고인 곳 한구석에 전서체로 <광랑암중수기(重修桄榔庵記)>라는 비석이 세워져 있어 그곳이 광랑암의 유지임을 확인시켜 주고 있었으나 이끼가 잔뜩 끼어 있어 제목 이외에 다른 글자는 한 글자도 알아보기 어려웠다. 동파정이 어디쯤이냐고 물으니 거기서 400미터쯤 떨어져 있다고 했다. 서쪽으로 그 남자가 가리키는 곳을 바라보았으나 아까 본 동파정은 보이지 않았다. 주변에

광랑암유지

키 큰 야자나무가 몇 그루 있어서 그것이 혹시 광랑나무가 아닐까 했으나 그 남자 말이 그곳에는 광랑나무가 한 그루도 없다고 했다.

아쉬운 마음으로 발길을 돌려 마을 길을 지나오니 길바닥에 여기저기 쇠똥이 떨어져 있었다. 그것을 보는 순간 문득 소동파가 술에 취해 길을 잃었을 때는 길 위에 떨어져 있는 쇠똥만 따라가면 된다고 한 말이 생각났다.

반쯤 취해 여씨들을 찾아갈 때는
대나무에 찔리고 등나무에 긁히며 자꾸 길을 잃지만
돌아갈 땐 쇠똥만 따라가면 된다네
외양간 저 서쪽에 우리 집이 있으니까.

半醒半醉問諸黎
竹刺藤梢步步迷
但尋牛矢覓歸路
家在牛欄西復西[29]

길에 쇠똥이 떨어져 있는 것은 그때나 지금이나 마찬가지지만 지금은 그때와 달리 길이 콘크리트로 포장되어 있었다. 거리에 간간이 닭과 돼지가 돌아다니고 있어서 시골스럽고 예스러운 분위기를 더해 주었다.

4시 20분에 중화를 출발하여 삼아로 향했다. 도중에 검은 소가 끄는 달구지도 보이고 검은 소를 이용하여 쟁기질을 하는 농부도 보여서 더더욱 이국의 정취가 넘쳤다. 오전에 달려오던 서선(西線)고속도로가 시원하게 잘 닦여 있고 길에 차도 별로 없건만 우리 차는 성능이 신통치 않아 겨우 시속 70킬로미터 정도로 달리다 보니 네 시간가량이나 걸려서야 삼아만(三亞灣)에 도착했다. 운전사가 안내하는 대로 만발온천산장(萬勃溫泉山莊)에 묵기로 했다. 10원씩 깎아서 2인실 하나에 250원씩 주기로 했다. 3성급이 이 정도니 관광도시 삼아는 과연 물가가 비싼 곳임을 알 수 있었다.

짐을 풀어 놓고 식사를 하려니 호텔 식당은 이미 문을 닫았고 호텔 바로 옆에

29 왕문고본 ≪소식시집≫ 권42 <술에 취한 채 혼자 걸어서 자운 · 위 · 휘 · 선각 등 네 여씨의 집을 두루 돌아다니고(被酒獨行, 遍至子雲 · 威 · 徽 · 先覺四黎之舍)>.

는 상가가 없는지라 또 운전사가 안내하는 대로 24시간 영업한다는 한 식당으로 갔다. 건물부터 허름한 임시건물이라 별로 마음에 안 들었지만 달리 선택의 여지가 없기 때문에 식탁 위와 발밑에 개미가 새까맣게 기어다니는 것을 보면서 개미들이 스멀스멀 몸속으로 기어 들어올지도 모르고 더러운 발로 음식을 밟고 다닐지도 모르는 공포감 속에서 식사를 할 수밖에 없었다. 조개 요리를 주문했더니 약간 상한 것 같다고 걱정하는 사람도 있었다. 우리가 저녁을 너무 늦게 먹는지라 감수할 수밖에 없는 일이었다.

❋ 천애해각과 아룡만

2009년 2월 14일 아침에 뉴스를 들으니 해구는 최저기온과 최고기온이 각각 섭씨 22도 · 34도고 삼아는 각각 22도 · 30도라고 했다. 기온으로 보면 우리나라의 한여름에 해당된다. 그러나 바닷가라서 그런지 체감온도는 우리나라의 초여름 정도 되는 것 같았다.

아침에 호텔 부근의 삼아만에 있는 해변을 산책했다. 크기가 부산의 광안리해수욕장 정도 되는 백사장에 몇몇 사람이 낚싯대를 드리우고 있고 어떤 사람은 아침부터 해수욕을 즐기고 있었다. 이 겨울 아침에 해수욕을 하다니 해남도가 얼마나 따뜻한 지방인지를 실감할 수 있었다. 산책을 마치고 호텔로 돌아오니 해병대 출신임을 과시하듯 김민우가 혼자 노천 수영장에서 물개놀이를 하고 있었다. 맑게 갠 가을 하늘 같은 옥색의 수영장이 야자나무에 에워싸여 있을 뿐만 아니라 야자나무 사이사이에 계란꽃이 환하게 피어 있어서 더더욱 멋들어졌다. 계란꽃은 영어로 플루메리아(Plumeria)라고 하고 중국어로 계단화(鷄蛋花)라고 하는데 우리는 중국어를 우리말로 바꾸어 계란꽃이라는 맛깔스러운 이름으로 불렀다. 아마도 열대식물인 듯 삼아에서 처음으로 본 계란꽃은 가운데가 노랗고 그 주위가 하얀 것이 마치 계란 반숙 같은데 깨끗하고 선명한 흰색과 노란색이 절묘하게 조화를 이루고 있는 꽃이다.

아침식사를 마치고 천애해각(天涯海角)으로 가려는데 호텔 종업원이 더 큰 방으로 옮기지 않겠느냐고 물었다. 방값은 더 낼 필요 없으니 콘도식 객실로 옮길 테면 옮기라는 것이었다. 콘도식 객실은 방 세 칸에 널찍한 거실이 있고 베란다도 있어서 매우 쾌적했다. 거실에는 소파와 탁자에 텔레비전도 있었다. 다들 만족스러워했다. 그 호텔은 호텔식 객실과 콘도식 객실 두 가지를 다 갖추고 있는데 콘도식 객실은 많이 비어 있고 호텔식 객실은 찾는 사람이 많기 때문에 우리 같은 단체 고객에게는 비어 있는 콘도식 객실을 줌으로써 호텔식 객실을 다른 손님에게 주는 편이 유리하다는 계산임을 간파할 수 있었다. 어쨌거나 우리로서는 거절할 이유가 없었기 때문에 당장 방을 옮겼다.

천애해각으로 가기 위해 호텔 종업원에게 교통편을 물으니 거기까지 가는 관광버스가 있다고 했다. 관광버스를 타기 위해 정류소를 향해 가는데 삼륜차 운전사들이 다가와서 타라고 했다. 거리가 그다지 멀지 않다고도 하고 길에 차가 별로 없어 위험하지도 않을 것 같기에 그렇게 하기로 했다.

천애해각에는 길가와 바닷가 할 것 없이 어린아이 머리만 한 열매를 적게는 20~30개씩, 많게는 30~40개씩 달고 있는 야자나무가 줄을 지어 서 있었다. 야자열매는 대개 초록색이지만 더러는 벌써 노랗게 익은 것도 있었다.

백사장으로 내려가는 어귀에 작은 가게가 하나 있었다. 사람들이 옹기종기 모여서 너도나도 야자에 꽂힌 빨대를 하나씩 물고 있는 모습이 색다른 운치를 자아냈다. 우리도 하나씩 사 먹기로 했다. 주인아저씨가 전기 송곳으로 드르르 하고 야자열매에다 구멍을 두 개씩 뚫고 그 가운데 하나에다 빨대를 꽂아 주었다. 약간 달착지근할 뿐 특별한 맛은 아니었지만 자주 먹을 수 없는 귀한 과일이라는 생각에 마지막 한 방울까지 알뜰살뜰하게 빨아 먹었다. 앉은 김에 그 집에서 컵라면으로 점심까지 때웠다.

삼아의 우두

백사장으로 내려가니 황토처럼 부드러운 모래가 끝없이 깔려 있었다. 지금까지 한 번도 본 적이 없는 아주 고운 모래였다. 모래와 물을 번갈아 밟으며 해변을 걸어가노라니 천애해각풍경구가 거의 끝나가는 지점의 도로 축대 밑에 우리나라의 토란과 아주 흡사한 식물이 40~50포기 서 있었다. 잎을 보니 틀림없는 자생 토란이었다. 마침 50대쯤 된 아주머니 한 분이 지나가기에 이름이 무엇이냐고 물었더니 고향이 호남성이라는 그 아주머니가 자기 고향에서는 '우두(芋頭)'라고 한다고 했다. 이것으로 '우(芋)'가 토란임이 실증된 것이었다. 다만 품종은 우리나라 것과 약간 달라 보였다.

거기서 조금 더 가니 산줄기가 바다에 꼬리를 담근 곳에 커다란 바위가 서 있는데 바위 위에 '해판남천(海判南天)'이라는 붉은색 글씨가 새겨져 있었다. '판(判)' 자의 의미가 모호하여 여러 가지 해석이 난립하는 가운데 '바다가 남쪽 하늘을 연다'는 해석이 비교적 공감을 얻고 있다는 이 바위는 경도와 위도가 그려진 최초의 중국 전도(全圖)인 황여전람도(皇輿全覽圖)를 제작하는 과정에서 위도 표지로 삼기 위해 강희 53년(1714)에 세웠다는 바위다.[30] 그 앞에는 직육면체 모양으로 반듯반듯하게 깎인 바위가 하나 있는데, 안내문에 그것이 자연적으로 형성된 바위가 아니라 인공적으로 깎은 것이라고 했다.

해판남천석에서 몇 발짝을 더 가니 모래 위에 크고 둥근 바위가 하나 세로로

30 ≪백도백과≫ <해판남천>·<황여전람도> 참조.

서 있었다. 마치 콜럼버스가 인도를 찾아가는 도중에 풍랑을 만나 표류하다 이곳에 잠시 기착하여 세워 놓은 거대한 계란이 불을 대로 불은 채 화석으로 변한 듯했다. 높이가 어른 키 서너 배는 됨직한 그 바위는 가슴에 세로로 '남천일주(南天一柱)'라는 자기 이름을 새긴 채 우뚝하게 서 있었다. 남쪽 하늘을 떠받치는 기둥이라는 뜻이다.

남천일주석에서 다시 조금 더 가니 각각 '천애(天涯)'·'해각(海角)'이라는 붉은 글씨가 새겨진 큰 바위가 두 개 있었다. 천애석은 큰 바위 하나로 이루어져 있고 해각석은 주위에 크고 작은 바위가 몇 개 붙어 있으며, 천애석은 검고 해각석은 약간 흰 편이었다. 거기가 천애해각풍경구의 끝이었다. 그 뒤로도 길다란 해변이 이어져 있었지만 해수욕장이라는 그곳에는 아직 철이 이른 탓인지 사람이 거의 안 보일 정도였다. 우리도 거기서 걸음을 멈추었다.

천애석과 해각석 부근에서 한참 쉬다가 갔던 길을 되돌아 출구로 나오니 대형 상점 하나를 통과하여 바깥으로 나가게 되어 있는데, 그 안의 과일 가게에 붉은색 껍질에 고슴도치 털 같은 침이 나 있어서 얼핏 보기에 성게처럼 보이는 과일이 있었다. 주인아주머니에게 무슨 과일이냐고 물었더니 홍모단(紅毛丹)이라고 했다. 처음 들어보는 이름이라 혹시 잘못 들었나 싶어서 다시 물었더니 이번에는 모여지(毛荔支)라고 했다. 여지의 일종인데 껍질에 털 같은 것이 나 있어서 그렇게 부르는 것임을 눈치챘다. 여지를 단려(丹荔)라고도 하니 홍모단은 홍모단려의 약칭임을 알 수 있고, 이름으로 의미를 짐작해 보면 빛깔이 붉고 털이 나 있는 여지라는 뜻이 되는바 모양과 이름이 정확히 일치했다.

홍모단

소동파는 소성 3년(1096) 4월 혜주에서 여지를 먹고는 그 맛이 하도 좋아서 길이 길이 영남 사람이 되는 것도 마다하지 않겠다고 했었다. 그 옛날에 혜주에서 음력 4월에 여지가 났다면 해남도는 그보다 위도가 상당히 더 낮고 지금은 지구온난화 현상으로 기온이 더 올라간 데다 그 당시에 비해 재배기술도 발달했을 것이니 음력 1월 하순인 지금쯤 혹시 여지가 나지 않을까 하는 기대를 가지고 있었는데 지금까지는 아무 데서도 보이지 않았었다. 그러다가 모여지를 보니 어찌나 반갑던지 얼른 사서 나누어 먹었다. 보통의 여지와는 좀 다른 품종이라지만 맛은 2001년 여름에 혜주에서 먹어 본 보통의 여지와 차이가 없는 듯했다.

천애해각이 삼아의 서쪽 끝이라면 아룡만(亞龍灣)은 삼아의 동쪽 끝이라 시간이 꽤 많이 걸릴 것이므로 교통편을 잘 골라야 하는데 고심할 필요도 없이 마침 관광버스가 왔다. 혹시라도 놓칠세라 얼른 달려가서 탔다. 창문이 없는 2층에 앉아서 온몸으로 시원한 바닷바람을 맞으며 달려가노라니 가로수로 심어 놓은 야자나무의 잎사귀들이 긴 팔을 한껏 뻗어 외지인의 뺨을 때리며 텃세를 부리곤 했다.

3시 15분에 출발한 버스는 4시 40분이 되어서야 아룡만에 도착했다. 해변으로 들어가니 맨 먼저 눈에 들어오는 것이 백사장에 "천홍도가촌 전용 백사장 의자(天鴻度假村專用沙灘椅)", "이 백사장 시설은 삼아 선인장도가주점 고객 전용입니다(此沙灘設施僅供三亞仙人掌度假酒店客人使用)" 등의 문구가 쓰인 간판이 세워져 있는 모습이었다. 주위를 둘러보니 굵은 나무기둥 하나에 직경이 2미터 정도 되는 둥근 초가지붕을 만들어 파라솔처럼 백사장에 세우고 그 밑에 등받이의 각도를 조절할 수 있는 기다란 나무 의자를 두 개씩 놓아 둔 휴식 시설이 두 줄로 늘어서 있었다. 나는 지금까지 비닐 파라솔밖에 본 적이 없는지라 원두막처럼 생긴 이 초가 파라솔이 무척 운치 있게 느껴졌다.

파라솔 밑의 의자에는 사람들이 삼삼오오 앉거나 누워서 바다를 바라보고 있었다. 바다에는 군데군데 안전구역을 설정해 놓아서 사람들이 그 안에서만 해수욕을 즐기고 있었다. 아직 별로 덥지 않기 때문인지 해수욕을 즐기는 사람은 100여 명 정도로 한여름의 우리나라 유명 해수욕장과는 비교가 되지 않을 만큼 한산했다. 그래서 더 좋았다. 아룡만은 삼면이 육지에 둘러싸인 아늑한 항만으로 규모는 부산 해운대해수욕장만 할 것 같고 모래는 천애해각의 그것만큼 결이 고왔다.

구경 삼아 길 건너편에 있는 도가촌(度假村)에 가 보았다. 웬만하면 거기서 저녁을 먹을까 했으나 값이 너무 비싸서 포기했다. 그러는 사이 종업원이 나와서 말을 걸더니, 부근에 삼아지방 특산물을 파는 음식점이 있는데 알아서 시키면 되기 때문에 적당한 비용으로 먹을 수 있다고 했다. 우리는 그 종업원이 알선해 준 자가용 두 대에 나누어 타고 그곳으로 갔다. 바다 위에 목재를 띄워서 그 위에 수많은 음식점을 만들어 놓고 해산물 요리를 주로 파는 해상 식당촌이었다. 육지에서 식당까지 판자를 연결하여 길을 만들어 놓았는데 발 아래로 보이는 바다가 지나치게 오염되어 시꺼멓게 보였다. 바닷물이 썩어서 냄새가 나기 때문에 별로 운치를 느낄 수가 없는 데다 1인당 100원 이상의 매상을 올려야 한다고 해서 그만 포기하고 다시 대동해광장(大東海廣場)으로 갔다.

광장 가에 있는 관란해경주점(觀瀾海景酒店)에서 광장에 식탁을 내놓고 영업하는 옥외식당에 앉아 저녁을 먹었다. 마침 발렌타인데이라 젊은이들이 광장에 노래방 기계를 설치해 놓고 한 곡 부를 때마다 20원씩 사용료를 내면서 노래를 부르고 있었다. 주최 측에서 우리에게도 한 곡 부르라고 권했지만 노래방 기계에 저장된 곡조 가운데 우리가 부를 만한 것도 없고 해서 그만두었다.

호텔로 돌아가는 택시 안에서 운전사에게 삼아의 기온에 대해서 물어보았더니, 연중 최저기온은 대개 12~13도 정도 되고 39도까지 올라가는 날이 1년 중에 5~6개월은 되며 40도가 넘는 날은 없다고 했다.

❄ 녹회두와 대동해

2009년 2월 15일 아침식사 후 호텔 종업원의 소개를 받아 중형버스를 한 대 빌렸다. 일단 삼아역으로 가서 짐을 좀 맡긴 다음 녹회두(鹿回頭)까지 태워 주는 조건으로 130원을 주기로 했다.

녹회두공원 안내문에 녹회두라는 지명에 얽힌 전설이 소개되어 있었다. 옛날에 한 젊은 여족(黎族) 사냥꾼이 해남도 남부에 있는 오지산(五指山)을 넘어 다니며 사냥을 하다가 앞에 사슴이 한 마리 있어서 몇 겹인지 모를 산과 물을 건너고 또 건너며 그 사슴을 쫓아갔다. 마침내 바닷가에 이르러 더 이상 갈 곳이 없어지자 사슴이 걸음을 멈추고 고개를 돌려 사냥꾼을 바라보면서 애절한 표정을 지었다. 사냥꾼이 활로 사슴을 쏘려는 순간 갑자기 불빛이 번쩍하더니 안개가 하얗게 솟아올랐다. 그리고 그 사슴이 아리따운 처녀로 변했다. 이리하여 사냥꾼과 처녀는 부부가 되었다. 그러니까 '녹회두'란 그 사슴이 고개를 돌려 사냥꾼을 바라본 데서 생긴 이름이었다.

녹회두공원 꼭대기에 녹회두조상(鹿回頭雕像)이 세워져 있고, 정상 조금 못 미친 곳에 있는 큰 나무에 선록수(仙鹿樹) · 부처수(夫妻樹) 등의 팻말이 붙어 있었다. 그리고 그보다 조금 더 낮은 곳에 있는 순환도로 밑에는 사슴목장도 있었다.

녹회두공원에서 내려와 대동해광장 부근으로 가서 점심을 먹고 대동해해수욕장으로 들어가니 3시 20분이었다. 이곳 역시 크기가 부산의 광안리해수욕장 정도 되어 보였다. 많은 사람들이 해수욕을 즐기고 있고 일부는 두 줄로 늘어선, 하나의 기둥에 둥근 초가지붕을 얹은, 원두막 모양의 파라솔 밑에서 수영복을 입은 채 일광욕을 즐기고 있었다. 어림잡아 천 명은 되는 듯했다. 날씨는 그다지 덥게 느껴지지 않는데 바닷물은 제법 미지근했다. 우리나라에서는 여름에 접어들자마자 해수욕을 할 수가 없고 7월 중순쯤 되어야 해수욕을 할 수 있는데, 여기는 그다지 덥지 않은데도 불구하고 물이 차지 않은 이유가 무엇일까 생각해 보니 여기는 열대지방이라 바닷물이 늘 일정 수준 이상의 온도를 유지하고 있기 때문인 듯했다. 그렇기 때문에 대기의 온도만 차지 않으면 해수욕을 할 수 있는 모양이었다.

제방 위에는 야자나무 숲이 있는데 해수욕을 하지 않고 나무 그늘에서 평상복을 입은 채 음료수를 마시며 바다 공기를 즐기는 사람도 많았다. 우리도 그 대열에 끼었다. 빈 의자에 앉아서 음식을 주문하지 않고 그냥 있어도 주인이 눈치를 주지 않아서 좋았다. 그렇게 앉아 한참 동안 바람을 쐬다가 맥주를 좀 사 마셨다. 눈치 때문이 아니라 운치 때문이었다. 열대 해변의 야자나무 그늘에 앉아 맥주잔을 들고 바다를 바라보는 운치는 이전에 한 번도 맛보지 못한 것이었고 앞으로도 좀처럼 맛보기 어려울 것임에 틀림없었다. 옆 사람을 따라서 빨대로 야자의 즙을 다 빨아 먹은 뒤 칼로 쪼개어 껍질 안쪽에 붙어 있는 하얀 과육을 칼로 긁어 은은한 고소함을 맛보는 재미도 꽤나 솔솔했다.

열대 해변의 정취에 빠져 시간 가는 줄 모르고 있다가 5시 40분쯤에 대동해를 떠나 해방로에 있는 보행가, 즉 차 없는 거리로 갔다. 6시 5분에 보행가에 도착하고 보니 저녁 먹을 시간이 넉넉하지 않았다. 보행가로 오는 택시 안에서 운전사에게 물었더니 해방로 보행가에서 삼아역까지의 거리가 상당히 멀다고 했기 때문에 거기서 저녁을 먹기가 불안했다. 6시 20분까지 자유시간을 가져 얼른 보행가를 한 바퀴 둘러보고 나서 기차 안에서 먹을 햄버거와 음료수를 산 다음 바로 삼아역으로 가는 택시를 탔다.

택시 운전사가 구역으로 가는지 신역으로 가는지 물었다. 삼아역이 구역과 신역으로 나누어져 있는 줄 몰랐기 때문에 순간 몹시 당황스러웠다. 광주행 기차를 탈 것이라고 설명했더니 그 역까지 가려면 거리가 상당히 먼데 차가 막힐 시간이라 7시 28분 기차를 타기가 힘들 수도 있겠다고 했다. 얼른 다른 조에도 연락하여 엉뚱한 역으로 가는 실수를 범하지 말라고 일러 주었다. 가는 길이 상당히 막히는 편이라 무척이나 속이 탔다. 제일 먼저 탄 우리 조는 문제가 없겠지만 한 조라도 택시를 늦게 잡으면 문제가 되기 때문이었다. 운전사에게 물었더니 신역은 2년쯤 전에 새로 지었다고 했다. 그래서 내가 산 지도에는 구역만 나타나 있는 모양이었다. 이리하여 지도를 너무 믿어서는 안 된다는 새로운 교훈을 하나 얻었다.

다행스럽게도 7시 10분 조금 지나서 택시 세 대가 다 무사히 삼아역에 도착했다. 서둘러 짐을 찾으려는데 짐 보관소 아주머니가 어찌나 여유를 부리는지 또 한 번 우리의 속을 태웠다. 우리가 들어가서 우리 짐을 직접 찾을 테니 확인만 하라고 하는데도 아주머니는 말을 듣지 않고 기어이 자신이 하나씩 찾아내느라 10분가량이나 걸렸다. 기차 시간이 바쁘다고 해도 아주머니는 빙긋이 웃기만 했다. 참으로 태평스럽게 사는 사람이었다. 짐을 다 찾고 나니 이미 개찰이 시작되어 다른 사람들이 다 나가고 없었다. 기차를 타고 시계를 보니 출발 5분 전이었다. 길게 참으로 길게 안도의 한숨이 나왔다.

여느 기차와 마찬가지로 침대차 일반석의 가운데 자리는 넓이는 겨우 환자 보호자용 보조침대만 하여 큰대자로 눕기는커녕 두 팔을 좀 편안하게 놓아 둘 곳조차 없고 높이는 일어나 앉을 수조차 없기 때문에, 두 손을 얌전하게 모아 배 위에 올려놓고 누워 있는 수밖에 없었다. 그렇게 불편한 자세로 누워서 뒤척이다가 9시가 넘어서 간신히 잠이 들었다. 한 시간 반쯤 자고 10시 45분에 잠이 깼다. 기차가 해구역으로 들어가고 있었다.

우리는 거기서 보아야 할 것이 있었다. 거기서부터 해안역(海安驛)까지는 기차가 배에 실린 채로 바다를 건넌다는데 열몇 칸이나 되는 기다란 기차가 어떻게 배 위에 실리는지를 확인해야 하는 것이다. 그러나 기차의 문을 닫아 놓고 승무원이 문 옆에서 지키는지라 기차 밖으로 나갈 수가 없었다. 할 수 없이 차창으로 내다보고 있노라니 기차가 전진과 후진을 반복했다. 한참 뒤에 보니 우리가 탄 차 옆에 다른 칸의 기차가 서 있었다. 여러 가지 정황을 근거로 유추해 보건대 여섯 줄의 철로가 깔려 있는 커다란 배 위에 기차를 세 토막으로 나누어서 실은 것 같았다.

11시 30분쯤에 기차를 배에 싣는 작업이 끝난 것 같았다. 바깥으로는 배 바닥밖에 보이지 않는데 배가 워낙 커서 조금도 흔들리지 않기 때문에 배가 가는지 안 가는지 느낄 수가 없었다. 기차를 배에 싣고 바다를 건너다니 참으로 상상조차 해 보지 못한 일이었다. 중국인이 아니고야 세계 어느 나라 사람이 이런 생각을 해 낼까 싶었다. 새벽 1시 좀 넘었을 때 바다 북쪽의 해안역에 도착하여 분리되었던 기차를 다시 연결한 후에는 지금까지 앞쪽이었던 칸이 뒤칸으로 바뀌고 뒤쪽이었던 칸이 앞칸으로 바뀌었다. 해구항에서 기차를 싣기 위해 남쪽을 향해 댔던 배가 해안항에서는 기차를 내려놓기 위해 북쪽을 향해 댔기 때문이다.

2009년 2월 16일 9시 35분에 광주역에 내려서 부근에 있는 분식점에서 간단하게 아침을 먹고 11시에 광주를 떠나 심천(深圳)으로 갔다. 유정석 대표의 주선으로 한국 회사인 금호렌터카의 전세차를 미리 준비해 놓았기 때문에 번갈아 가면서 운전할 운전사 두 사람이 광주역에서 우리를 기다리고 있었다. 앞으로 광동성의 심천과 혜주(惠州)를 거쳐 강서성의 감주(贛州)까지 갔다가 다시 대유령(大庾嶺)을 넘어 남웅(南雄)과 영덕(英德)을 지나 광주로 돌아올 때까지 죽 이 차를 타고 다닐 예정이다. 이전의 답사와 달리 이번 답사는 대중교통을 이용하기가 매우 불편한데다 일정마저 짧기 때문에 전세차를 많이 이용하기로 애초부터 작정하고 있었던 터라 미리 유정석 대표에게 연락하여 열 시간에 300킬로미터씩 타는 것을 기준으로 하루에 600원씩을 지불하되 한 시간 초과에 30원씩, 1킬로미터 초과에 1원씩 추가요금을 지불하며, 운전사의 숙박비와 식비를 하루에 200원씩 따로 주는 조건으로 계약을 해 놓았던 것이다.

전세차를 미리 구해 놓아 시간이 조금 여유가 있을 것이기 때문에 계획을 약간 바꾸어 혜주로 가는 길에 심천에 잠시 들러서 중국민속문화촌을 한 번 보기로 했다. 나는 2001년에 이미 한 번 본 적이 있지만 다른 일행은 아무도 가 본 적이 없기 때문에 그렇게 하기로 한 것이다.

중국민속문화촌에는 2001년에는 없던 금수중화(錦繡中華)라는 볼거리가 새로 만들어져 있었다. 금수중화는 산서성 대동(大同)의 운강석굴(雲崗石窟)과 구룡벽(九龍壁), 감숙성 돈황(敦煌)의 막고굴(莫高窟), 하남성 낙양(洛陽)의 용문석굴(龍門石窟) 등 중국의 유명한 명승고적 81개를 골라서 그 모형을 만들어 전시한 일종의 소인국(小人國)이었다. 시간이 부족하여 두 가지를 다 볼 수는 없겠기에 중국민속문화촌에 처음 온 다른 일행에게는 56개 민족의 주거양식을 전시해 놓고 또 정해진 시간에 따라 각 민족의 민속활동도 공연하는 민속문화촌을 보라고 하고, 옛날에 이미 그것을 본 적이 있는 나는 금수중화를 찾아다니며 하나하나 사진을 찍었다. 금수중화는 어차피 축소판 모형이기 때문에 그것을 못 본 다른 일행에게 나중에 내가 찍은 사진만 보여 주어도 실물을 보는 것과 별 차이가 없을 것이라는 생각으로 편법을 쓴 것이다.

3. 혜주(惠州)와 박라(博羅)

오후 5시경에 심천을 떠났다. 혜주에 도착하여 호텔에 들어가니 7시 반이 넘어 있었다. 혜주는 소동파가 두 번째로 유배생활을 한 곳이다. 예부상서로 재임 중이던 소동파는 철종의 친정으로 신법파가 다시 득세할 것을 예상하고 간절한 청원 끝에 정주(定州)태수로 나가 있었지만, 과거급제 동기로 재상의 자리에 있던 장돈과 그의 휘하에 있던 신법파 인사들의 모함을 받아 영주(英州, 지금의 광동성 英德)태수로의 좌천령을 받았다가 영주에 도착하기도 전에 다시 혜주로의 유배령을 받아 소성 원년(1094) 10월부터 소성 4년(1097) 4월까지 2년 반 동안 혜주에서 살았다. 혜주에 있는 동안 그는 살아서 다시 북쪽으로 돌아갈 가망이 없다고 판단하고 그곳에 자기 집을 한 채 지었다. 백학봉이라는 언덕배기에 땅을 사서 직접 설계하고 손수 지었다.

맨 먼저 혜주서호 동대문 부근에 있는 혜주빈관에 가 보았더니 4성급인 그 호텔은 2인실이 288원이었다. 너무 비싸서 다른 곳을 찾았는데 두 번째로 간 남단대주점(南壇大酒店)은 이름만 대주점이지 사실은 2인실 하나가 90원인 하급 호텔이고 따라서 시설이 매우 낙후했다. 투숙하기로 결정한 마지막 호텔은 성시객잔(城市客棧, City Inn)으로 200원짜리 호텔인데도 불구하고 냉장고가 없다는 점만 빼면 4성급 호텔보다 못할 것이 없을 것 같았다. 이 호텔은 아마 혜주를 중심으로 하여 최근에 새로 형성된 호텔 연쇄점인 모양인데 가격은 싸고 시설은 깨끗하여 가능하면 추후에도 자주 이용하고 싶은 생각이 들 정도였다. 게다가 우리가 묵게 된 혜주원동점(惠州原東店)은 각 방의 침실은 물론 화장실과 복도까지도 여기저기에 소동파의 시를 쓴 서예 작품과 소동파의 초상화가 걸려 있었다. 마치 우리를 환영하기 위해 호텔 측에서 미리 안배해 놓은 듯한 기분이었다. 참으로 운수 좋은 날이었다.

호텔에서 소개해 준 대로 부근에 있는 객가정(客家情)이라는 식당에서 저녁을 먹었다. 동파육이 있는지 물었더니 구육(扣肉)이 바로 동파육이라며 향우매채구육(香芋梅菜扣肉)을 권했다. 배추 시래기가 뜬 것 같은 퀴퀴한 냄새가 살짝 나는 것이 처음에는 비위에 좀 거슬렸지만 차츰 익숙해져서 그런대로 먹을 만했다. 그러나 이것 역시 항주나 황주의 동파육만 못했다.

❄ 동파소학

2009년 2월 17일 운전사에게 지도를 주며 동파공원을 찾아가자고 했는데 운전사가 길을 잘 못 찾았다. 도중에 몇 번이나 물었건만 인근 주민들 중에도 동파공원을 안다는 사람이 없었다. 하도 답답하여 내가 지도를 받아들고 직접 길을 안내했다. 지도에는 분명히 동파공원이 표시되어 있는데 표시된 곳에 동파공원이 없었다. 대신 교동문체공원(橋東文體公園)이라는 공원이 하나 보였다. 순간 이상한 예감이 들었다. 차에서 내려 공원 정문 옆에 있는 사무실로 가서 관리인에게 물었다. 그랬더니 과연 거기가 바로 동파공원이라고 했다. 그의 말인즉, 옛날에 어떤 사람이 거기에 동파공원을 만들고 안에 오락시설과 동파유아원도 만들어 운영하다가 2~3년 전에 망해서 떠나 버리고 그 자리에 교동문체공원이 들어섰는데 지금도 속칭 동파공원이라고 한다고 했다. 그런데 주민들은 왜 이다지도 동파공원을 모르는 것일까? 내가 7년 반 전인 2001년 여름에 왔으니 그 사이에 그때의 주민들이 대부분 다른 곳으로 이사 간 것일까? 집을 팔아 치부하려는 사람이 버글거리는 서울이라면 몰라도 사회주의 국가인 중국에서 그럴 리는 없을 것 같다. 설마하니 옛날 명인들에게 무관심하기 때문은 아니리라. 그것도 소동파처럼 전 국민의 추앙을 받아 왔고 지금도 받고 있는 인물에게 말이다. 그렇다면 무엇 때문일까? 도무지 생각이 미치지 않았다.

동파공원 부근에 있는 동파소학은 옛날에 가우사(嘉祐寺)가 있던 곳이다. 소성원년(1094) 10월 2일 혜주에 도착한 소동파는 한동안 동강(東江)과 서지강(西枝江)이 합류하는 곳에 있는 합강루(合江樓)에서 지냈다. 그러나 합강루는 조정의 관리들이 출장 갔을 때 묵는 숙소였기 때문에 죄인 신분인 그가 오래도록 머물 곳이 못 되었다. 그 때문에 그는 그해 10월 18일에 합강루에서 동쪽으로 약 2킬로미터 떨어진 가우사(嘉祐寺)로 거처를 옮겼다. 그러다가 광남로제형(廣南路提刑) 정지재(程之才)의 배려로 소성 2년(1095) 3월에 합강루로 돌아갔다가 정지재가 다른 지방으로 부임해 간 소성 3년(1096) 4월에 다시 가우사로 옮겼다. 그 뒤로 그는 백학봉(白鶴峰)에 지은 자신의 새집으로 들어간 소성 4년(1097) 2월까지 거기서 살았다.

정지재는 소동파의 외사촌 형이기도 하고 누나 소팔낭(蘇八娘)의 남편이기도 했다. 옛날 중국인들은 고종사촌이나 외사촌처럼 성이 다른 사촌끼리 결혼하는 것이 허용되었을 뿐만 아니라 이렇게 겹사돈 관계가 맺어지면 두 집안은 특별히 가까운 사이가 되기까지 했다. 그러나 소팔낭은 시집간 뒤 얼마 안 되었을 때 시부모의 구박을 견디지 못해 젊은 나이에 그만 죽어 버리는 바람에 아버지 소순(蘇洵, 1009-1066)이 화가 나서 정씨 집안과의 절교를 선언함으로써 두 집안은 오랫동안 왕래가 끊어졌다. 소동파의 정적 장돈은 이들 두 집안의 적대관계를 이용하면 소동파를 더욱 잘 감시할 수 있을 것으로 생각하고 정지재를 광남로제형으로 파견했다. 그러나 절교를 선언하고 왕래를 엄금한 소순이 세상을 떠났고 그렇게 원수처럼 지낸 지가 이미 40여 년이 지난 마당에 더 이상 불편한 관계를 지속하는 것은 현명하지 않다고 판단한 소동파와 정지재가 서로 화해하고 아주 절친한 사이로 되돌아갔다.

혜주 동파소학 정문

수업 중이라 그런지 동파소학은 교문이 굳게 닫혀 있었다. 문을 흔들며 누구

있느냐고 계속하여 소리를 질렀더니 한참만에야 정문 바로 옆에 있는 수위실에서 60대쯤 되어 보이는 아저씨가 한 명 나왔다. 우리의 신분과 방문 목적을 이야기했더니 좀처럼 알아듣기 힘든 말씨로 교무실에 가서 이야기하라고 했다. 교무실로 가면 시간이 많이 걸릴 것 같아 그냥 우리끼리 잠시 보고 가겠다고 했으나 수위 아저씨는 굳이 교무실로 가자고 했다. 그렇게 하지 않으면 그 아저씨의 충실한 임무수행을 방해하는 것이 되겠기에 더 이상 고집 피우지 않고 그의 요구에 응했다.

우리는 수위 아저씨를 따라 교장실로 들어갔다. 명함을 내밀며 나의 신분을 밝히자 50대 초반쯤 되어 보이는 여자 교장이 활달하고 명랑한 말투로 환영한다면서 손을 내밀었다. 그 학교에는 정교장 한 명과 부교장 두 명이 있는데 그분은 정교장으로 성함이 팽추환(彭秋環)이라고 했다. 팽 교장의 설명을 통하여 우리는 동파소학의 간략한 연혁을 알 수 있었다.

동파소학은 1913년에 개교하여 처음에는 천보소학(天保小學)이라고 하다가 1949년에 혜주제8소학으로 개칭했으며 1984년에 다시 지금의 이름인 동파소학으로 개칭했다고 한다. 그리고 학생 수는 한 학년에 약 100명씩으로 전교생이 약 600명이라고 한다. 학교의 역사는 상당히 오래되었지만 학생 수는 내가 졸업한 시골 초등학교와 비슷하다. 극심한 이농현상으로 인하여 지금은 이미 폐교되어 버린, 내가 다니던 당시의 내 모교와 학생 수가 비슷하다면 학교의 규모는 결코 크지 않은 셈이다.

그러나 이 학교는 다른 학교에서는 찾아볼 수 없는 특징이 있다고 한다. 이 학교는 2002년부터 전교생에게 소동파 문학을 중심으로 한 동파문화 교육을 실시하기로 하여 매주 한 시간씩 소동파와 관련 있는 강의를 한다며 ≪동파시사낙원(東坡詩詞樂園)≫이라는 제목의 교재를 한 권 주었다.

소학 과정 6년 동안 사용한다는 그 교재에 수록되어 있는 소동파 시사 작품은 모두 39수로 포괄 범위가 상당히 넓었다.

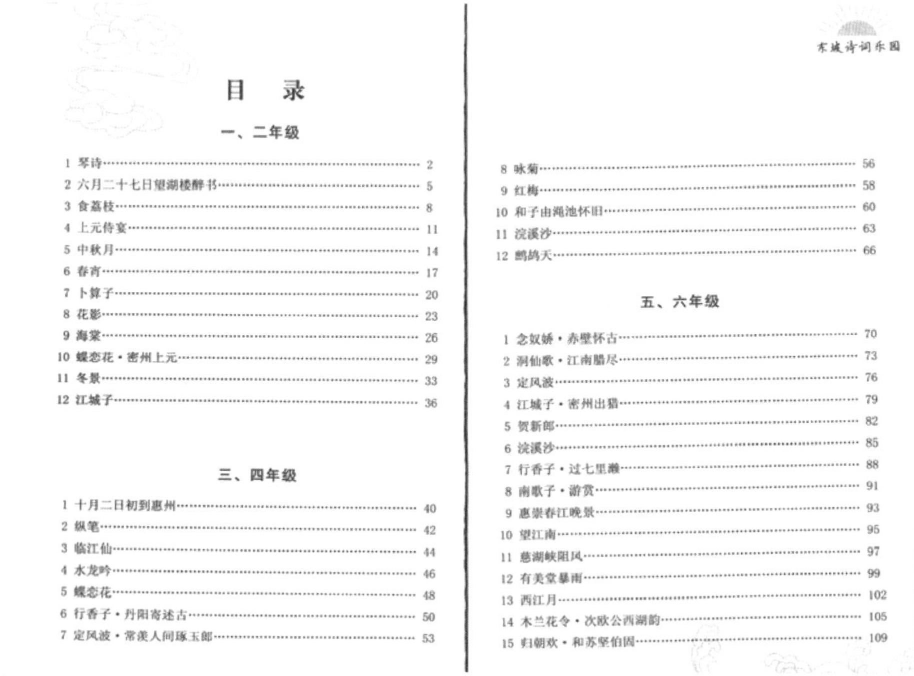
东坡诗词乐园

目 录

一、二年级

三、四年级

五、六年级

≪동파시사낙원≫ 목차

동파소학에 들어서면 운동장 오른쪽에 소동파의 하얀 석고상이 서 있다. 석고상 옆에 지붕이 주황색 기와로 덮인 육각 정자가 있는데 이 정자 앞에 세워져 있는 비석에 이 정자는 북송 때 지어졌으며 주위에 소나무 20여 그루가 심어져 있어 상쾌한 솔바람이 불어오기 때문에 송풍정(松風亭)이라 한다고 적혀 있다. 그리고 소동파에게 <송풍정 아래에 매화가 만발하여(松風亭下梅花盛開)>라는 시가 있다고 설명되어 있다. 소동파의 시란 바로 <11월 26일 송풍정 아래에 매화가 만발하여(十一月二十六日, 松風亭下, 梅花盛開)>를 가리킨다.

혜주 동파소학의 소동파상

춘풍령 고개 위의 회남촌 마을	春風嶺上淮南村
그 옛날에 매화가 넋을 잃게 했었지.	昔年梅花曾斷魂
어떻게 알았으리 여기저기 떠돌다가	豈知流落復相見
외로운 매화를 또다시 만날 줄을?	
비바람 몰아치는 남방에 황혼 드니	蠻風蜑雨愁黃昏
더욱이나 근심을 더하여 준다.	
휘늘어진 긴 가지는 여지 개펄에 반쯤 닿고	長條半落荔支浦
비스듬히 누운 나무는 광랑 동산에 돋보인다.	臥樹獨秀桄榔園
어찌 연한 그 빛깔이 밤을 붙잡을 뿐이랴?	豈惟幽光留夜色
싸늘한 그 자태는 차디찬 이 겨울에	直恐冷艷排冬溫
일말의 온기마저 밀어낼 것만 같다.	
송풍정 밑 가시밭에 외로운 두 그루가	松風亭下荊棘裏
아침 햇살 흠뻑 받아 백옥처럼 빛난다.	兩株玉蕊明朝暾
바다 남쪽 선경의 하얀 새털구름이	海南仙雲嬌墮砌
간들간들 교태롭게 섬돌 밑에 떨어지고	
흰 옷 입은 선녀가 달밤에 찾아와서	月下縞衣來扣門
말없이 대문을 두드리는 모습이다.	
술도 깨고 꿈도 깬 채 나무 주위를 맴돌아도	酒醒夢覺起繞樹
나무는 속마음을 끝내 말하지 않는다.	妙意有在終無言
혼자서 마신다고 탄식할 것 없나니	先生獨飮勿歎息
다행히 지는 달이 술잔을 지켜본다.	幸有落月窺淸樽[31]

이 비석에 새겨진 글에 의하면 이 정자가 1984년 6월 27일 혜주시박물관에서 세운 것으로 되어 있는데 2001년에 왔을 때는 분명히 없었다. 무슨 까닭일까? 팽

31 왕문고본 ≪소식시집≫ 권38.

송풍정

교장의 말에 의하면 지금의 정자는 2004년에 중수한 것이라고 한다. 아마도 중간에 잠시 철거하여 다른 곳에 보관했다가 2004년에 다시 지은 것이 아닐까 싶다. 왜냐하면 2001년에 왔을 때는 동파소학이 한창 보수공사 중이었기 때문이다.

이 송풍정 밑에서 노닐다가 문득 떠오른 생각을 기록한 소동파의 <송풍정 유람기(記游松風亭)>는 참으로 해탈한 사람의 말이다.

> 나는 일찍이 혜주의 가우사에 우거한 적이 있는데 한번은 송풍정 밑에서 산보하다가 다리에 힘이 빠져서 침대에 올라가 쉬고 싶었다. 정자를 올려나보아도 까마득히 높은 나무 꼭대기에 있는지라 어떻게 올라갈 수 있을까 싶었다. 그러다가 한참 뒤에 갑자기 느낀 바가 있어서 "여기라고 해서 쉬지 못할 이유가 무엇인가?"라고 했다. 이로부터 마음이 낚싯바늘에 걸려 있던 물고기가 갑자기 풀려난 것 같아졌다. 사람이 이것을 깨닫는다면 비록 두 진영이 맞붙어 싸워 북소리가 천둥처

럼 울리는 상황이라 앞으로 나아가면 적에게 찔려서 죽고 뒤로 물러나면 군법에 따라 사형당하는 이런 진퇴양난의 경우를 당할지라도 푹 쉬지 못할 것이 없다.

余嘗寓居惠州嘉祐寺, 縱步松風亭下, 足力疲乏, 思欲就床止息. 仰望亭宇, 尚在木末, 意謂如何得到. 良久, 忽曰: "此間有甚麽歇不得處?" 由是心若掛鉤之魚, 忽得解脫. 若人悟此, 雖兩陣相接, 鼓聲如雷霆, 進則死敵, 退則死法, 當恁麽時, 也不妨熟歇.[32]

참으로 열반의 경지에 오른 득도자의 말이라고 하지 않을 수 없다. 이것이 바로 소동파로 하여금 이 열악한 아열대지방에서의 유배생활을 거뜬히 견뎌 내게 한 원동력이었을 것이다.

동파문화를 중시하는 학교에 어울리게, 그리고 동파소학이라는 이름에 걸맞게 이 학교에는 소동파와 관련된 것이 많았다. 소동파 석고상과 송풍정 사이의 벽에 붉은 글씨로 커다랗게 "소동파의 시와 사를 음미하여, 글자 없는 책을 읽자(品東坡詩詞, 讀無字之書)"라는 표어가 쓰여 있고, 그 주변의 담장에 소동파의 시 <11월 26일 송풍정 아래에 매화가 만발하여(十一月二十六日, 松風亭下, 梅花盛開)>·<다시 앞 시의 운자를 사용하여(再用前韻)>·<꽃이 지기에 또 앞 시에 차운하여(花落復次前韻)>와 그의 사 <염노교—적벽회고—>·<접련화(蝶戀花)—춘경(春景)—>·<강성자(江城子)—을묘년 정월 스무날의 꿈(乙卯正月二十日夜記夢)—>·<수조가두(水調歌頭)—병진년 중추절에 새벽까지 흔쾌하게 마시고 크게 취하여 이것을 짓고 아울러 자유를 그린다(丙辰中秋, 歡飮達旦, 大醉, 作此篇, 兼懷子由)—> 등이 새겨져 있었다.

또 체육관의 벽에도 사방에 <동파간개(東坡簡介)>·<동파고사(東坡故事)>와 같은 글이 붙어 있었다. 뿐만 아니라 운동장에 소씨 삼부자의 문장 중에서 학생들의 인격도야에 유익한 명언 스물한 구절을 뽑아 써서 인재육성(育才)·학문연구(治學)·체험관찰(體察)·지혜(智慧)·의지(意志)·예의(禮儀)·도덕(道德) 등의 일곱 항

32 공범례본 ≪소식문집≫ 권71.

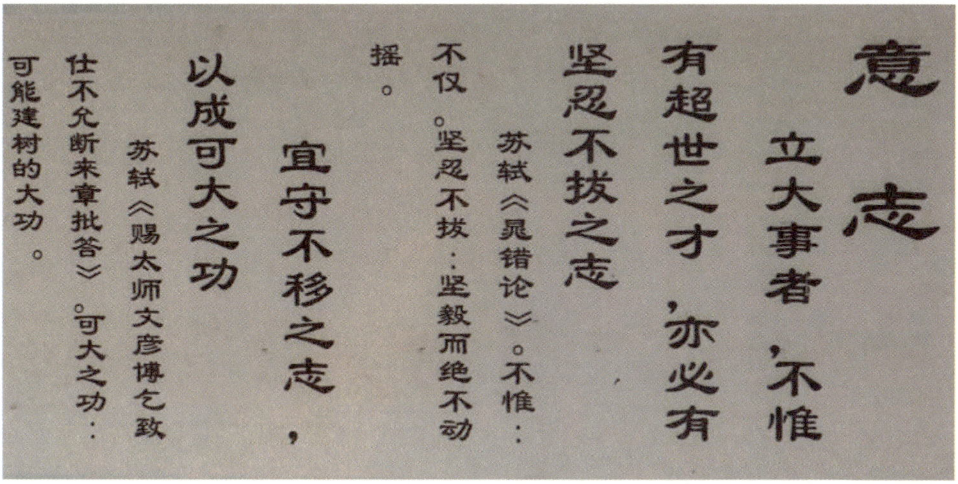

혜주 동파소학 운동장에 붙어 있는 소동파의 명언

목으로 분류하여 붙여 놓았는데 그 중에서 소동파의 글이 열여덟 구절, 소철의 글이 두 구절, 소순의 글이 한 구절이었다. 예를 들면, 소동파의 <석종산기(石鐘山記)>에서 뽑은 "어떤 사실을 자기 눈으로 직접 보거나 자기 귀로 직접 듣지 않고 그것이 있는지 없는지를 억측하여 단정하면 되겠는가?(事不目見耳聞而臆斷其有無, 可乎?)", 소동파의 <구양소사의 치사를 경하하며(賀歐陽少師致仕啓)>에서 뽑은 "큰 용기는 겁이 많은 것 같고, 큰 지혜는 어리석은 것 같다(大勇若怯, 大智如愚)", 소동파의 <조조론(鼂錯論)>에서 뽑은 "큰일을 하려는 사람은 남다른 재능이 있어야 할 뿐만 아니라 견인불발의 의지도 있어야 한다(立大事者, 不惟有超世之才, 亦必有堅忍不拔之志)" 등이 그것이다.

그리고 본문 뒤에 "불유: ~할 뿐만 아니라(不惟: 不僅)"처럼 어린 학생들의 수준에 맞게 아주 자상한 주석을 달아 놓아 이것이 결코 전시용이 아니고 학생들이 어릴 때부터 진정으로 동파문화를 받아들이게 하려는 것임을 알 수 있었다.

❄ 백학봉과 합강루

소동파가 합강루에 있다가 가우사로 거처를 옮긴 주된 이유는 가우사가 백학봉

(白鶴峰) 근처에 있기 때문에 새집을 짓기 위해 백학봉으로 다니기에 편리하기 때문이었다. 그러니 백학봉이 가우사 자리였던 동파소학에서 멀지 않을 것임은 당연한 이치다. 5분 정도 걸어서 이내 백학봉에 도착했다. 2001년에 왔을 때는 그 자리에 혜주위생학교가 있었는데 지금은 그 학교 교문에 '중산대학(中山大學) 현대원정교육(現代遠程教育) 광동성혜주위생학교학습중심(廣東省惠州衛生學校學習中心)'이라는 현판이 붙어 있었다. 지난번에는 보지 못한 현판이었다. 원정 교육, 즉 원거리 교육이란 정해진 시간에 정해진 강의실에서 교육을 실시하는 것이 아니라 방송이나 인터넷 등을 이용하여 언제 어디서나 학습할 수 있게 하는 현대적 교육방식이다. 아마 중산대학의 원거리 교육을 받을 수 있도록 학습환경이 개선된 모양이었다.

정문 수위실에서 우리가 찾아온 이유를 설명했더니 수위가 어디론가 전화를 했다. 그리고 얼마 안 있어서 광동성혜주위생학교 사무실 주임 겸 강사라고 자신을 소개한 30대 후반쯤 되어 보이는 기은덕(祁銀德) 선생이 아주 친절하게 우리를 안내해 주었다.

언덕길을 통해 약간 높직한 곳에 있는 평지로 올라가자 거기가 바로 그 옛날 소동파의 백학봉 새집이요 지금의 혜주위생학교 운동장과 교실이 있는 곳인데 축대에 '동파고거유지(東坡故居遺址) 백학봉(白鶴峰)'이라는 표지석이 박혀 있었다. 1984년 6월 27일 혜주시박물관에서 세운 것이라고 했다. 그리고 표지석 옆에 동파거사상이 하나 세워져 있는데, 2001년에는 흰색이던 것이 지금은 적갈색으로 칠해져 있어서 색다른 분위기를 자아내고 있었다.

동파거사상 바로 위에는 동파정이라는 요즈음에 지은 정자가 하나 있었다. 이것은 그냥 소동파의 이름만 빌렸을 뿐 소동파와는 아무런 관련이 없는 것이다.

동파정 옆의 운동장에서 고등학생 또래의 여학생들이 줄지어 서서 교사의 설명에 귀를 기울이고 있었다. 그러니까 위생학교는 말하자면 간호사를 양성하는 직업고등학교인가 보았다. 기 주임이 교사에게 다가가서 무어라고 몇 마디 이야기

혜주위생학교의 소동파상과 동파정

하자 교사가 아무 말 없이 학생들을 데리고 저쪽으로 자리를 옮겼다.

학생들이 떠나간 곳에 동파정(東坡井)이 있었다. 소동파가 40자를 파 내려갔을 때 암반이 나와서 갖은 고생을 다해 가며 간신히 팠다는 그 우물이다. 담주의 동파정과 크기가 비슷한데 학교 운동장에 있어서 그런지 별도로 담을 쌓아 놓지도 않고 그 물을 이용하고 있지도 않았다. 합포사범학교 안에 있는 동파정처럼 높이가 한 뼘도 채 안 되는 둥근 난간 위에 철근을 촘촘하게 얽어서 만든 뚜껑을 덮어 안전을 도모할 뿐 그냥 방치되어 있었다. 동파정 옆에는 '빙단(冰湍)'이라는 두 글자가 쓰인 비석이 세워져 있었다. 동파정

혜주위생학교 안에 있는 동파정

안내문에서 "청나라 건륭 15년(1750)에 저명인사 관괴(關槐)가 써서 우물 옆에 세웠다"라는 설명을 보지 않고는 알아보기 힘들 정도로 글자가 많이 마모되어 있었다.

동파정 맞은편의 운동장 가에 '적부자사유적(翟夫子舍遺迹)'이라고 쓴 비석이 있었다. 소동파의 이웃 적봉형(翟逢亨)의 집이 있던 자리라는 말일 것이다. 당시 소동파의 백학봉 새집에는 이웃이 딱 두 집 있었다. 한 집은 술을 담가 파는 임행파(林行婆) 할머니의 집이고, 또 한 집은 늙은 수재 적봉형의 집이었다. 그러니 비석에서 말한 '적부자'란 바로 혜주 출신의 수재로 소동파의 절친한 친구였던 적봉형을 가리키는 말임에 틀림없을 것이다.

적부자사유적 옆에 동파학사주지묵소유지(東坡學士硃池墨沼遺址)가 있었다. 소동파가 붉은색 안료인 주사(硃砂)와 검은색의 먹물을 씻어 내던 못이 있던 곳이라는 뜻이다. 이들 각 유적의 안내문에 모두 1984년 6월 27일 혜주시박물관에서 세운 것이라고 적혀 있었다.

2001년에 왔을 때 두 강이 합류하는 곳에 있음을 암시하는 합강루가 없어서 대략적인 위치와 부근의 지세만 확인했었기 때문에 이번에도 그럴 계획이었는데, 동파소학의 팽 교장을 통하여 작년부터 합강루를 새로 짓고 있는 중이라는 정보를 얻은 터라 다소 설레는 마음으로 동강(東江)과 서지강(西枝江)이 합류하는 곳의 동신교(東新橋)를 찾아갔다. 이 두 강이 합류하는 곳에는 합강루 이외에 동신교라는 다리도 있는데 지도에 아직까지 합강루는 표시되어 있지 않고 동신교만 표시되어 있었기 때문이다.

동신교는 소성 2년(1095) 5월 소동파가 그곳 도사 등수안(鄧守安)의 건의를 받아들여 서지강에다 놓은 다리다. 그것은 여러 개의 대나무를 엮어서 강 위에 걸쳐 놓은지라 위험하기 짝이 없는 원래의 다리를 없애고 그 대신 배 40척을 띄우고 그 위에 널빤지를 깔아서 만든 배다리였는데, 지금은 물론 높고 튼튼한 현대식 콘크리트 다리로 바뀌어 있다.

합강루와 동신교

동신교가 가까워지자 멀리서도 쉽게 볼 수 있는 높은 누각이 하나 나타났다. 8층이었다. 혹시 저것이 합강루가 아닐까 하는 마음으로 가까이 다가가니 그것이 과연 합강루였다. 아무래도 옛날의 합강루가 이렇게 높지는 않았을 것이라는 생각이 들면서 원래의 모습을 보지 못하는 아쉬움이 일었다. 왜 이렇게 높게 지었는지 이해가 되지 않았다. 문득 호북성 무한(武漢)에 있는 황학루(黃鶴樓)가 생각났다. 최호(崔顥)가 올라가 <황학루>라는 시를 읊었던 바로 그 황학루를 보러 갔다가 늠름한 위용을 자랑하는 현대식 누각을 보고는 크게 실망하지 않았던가!

지금 중수 중인 합강루는 서지강 동쪽 언덕에 자리잡고 있는데 과연 북송 때의 합강루가 이곳에 있었을까 하는 의구심이 생긴다. 소성 3년(1096) 4월에 지은[33] 소동파의 시 <이사(遷居)> 서문에 "나는 소성 원년(1094) 10월 2일 혜주에 도착하여 합강루에서 묵다가 이달 18일에 가우사로 옮겼다. 소성 2년(1095) 3월 19일에 다시 합강루로 옮겼다가 소성 3년(1096) 4월 20일에 다시 가우사로 돌아오게 되었다. 이때는 바야흐로 백학봉 위에 집을 한 채 지으려고 계획하고 있는 중인바 새집이

33 왕문고, ≪소문충공시편주집성총안≫ 권40 참조.

완성되면 좀 편안해지리라고 기대한다"[34]고 했고, 이 시의 첫머리에 "재작년엔 강 동쪽에 집을 정하여, 돌아보면 석양이 아름답더니, 작년에는 강 서쪽에 집을 정하여, 봄비에 얼굴이 축축하게 젖었네"[35]라고 했다. 재작년에 강 동쪽에 집을 정했다는 말은 소성 원년(1094) 10월 2일부터 반달 동안 임시로 합강루에서 산 것을 가리키는 것이 아니라 그해 10월 18일 이후 계속 가우사에서 산 것을 가리킴이 분명하다. 그렇다면 작년에 강 서쪽에 집을 정했다고 하는 것은 소성 2년(1095) 3월 19일부터 합강루에서 산 것을 가리킨다. 이것은 합강루가 서지강의 서쪽에 있었다는 증거다. 또 소동파의 <이사를 노래한 도연명의 시에 화답하여(和陶移居)> 서문에 "작년 3월에 강 동쪽의 가우사에서 합강루로 이사하여 지금까지 1년이 되었는데 병은 많고 기쁨은 적어 강 동쪽에 살던 때의 즐거움이 몹시 그리웠다"[36]라고 했으니, 이것 역시 합강루가 서지강의 서쪽에 있었다는 증거가 되기에 충분하다. 그러므로 지금 중수 중인 합강루는 북송 때의 그 자리가 아닌 것임에 틀림없어 보인다. 물론 여러 가지 불가피한 사정이 있었겠지만 아쉬운 마음이 생기는 것을 금할 길이 없다.

합강루는 중수 공사가 거의 끝나 가기는 하지만 아직은 공사가 덜 끝났기 때문에 안으로 들어가 볼 수는 없게 되어 있었다. 그러나 들어가 보지 못한다고 해서 별로 아쉬움이 들지는 않았다. 어차피 원래의 모습이 아니기 때문이다. 오히려 시간을 벌게 되어서 다행이라고 생각되었다.

❃ 서호와 고산

11시 40분에 서호에 도착했다. 중국에는 서호라는 이름을 가진 호수가 수십 개

---

34 "吾紹聖元年十月二日, 至惠州, 寓居合江樓. 是月十八日, 遷於嘉祐寺. 二年三月十九日, 復遷於合江樓. 三年四月二十日, 復歸於嘉祐寺. 時方卜築白鶴峰之上, 新居成, 庶幾其少安乎!"(왕문고본 ≪소식시집≫ 권40)

35 "前年家水東, 回首夕陽麗. 去年家水西, 濕面春雨細."(왕문고본 ≪소식시집≫ 권40)

36 "去歲三月, 自水東嘉祐寺, 遷居合江樓, 迨今一年, 多病鮮歡, 頗懷水東之樂."(왕문고본 ≪소식시집≫ 권40)

나 된다는데[37] 그 가운데 특히 유명한 것으로 항주서호(杭州西湖) · 영주서호(潁州西湖) · 혜주서호(惠州西湖) · 양주수서호(揚州瘦西湖)가 있다. 이 혜주서호는 항주서호와 마찬가지로 소동파 덕분에 유명해진 호수라고 할 수 있다.

서호풍경구에 들어서자 가장 먼저 소제(蘇堤)가 나타났다. 오늘날의 혜주서호는 위치에 따라 맨 서북쪽의 능호(菱湖)로부터 동남쪽으로 내려가며 차례대로 악호(鱷湖) · 평호(平湖) · 풍호(豊湖) · 남호(南湖)라고 불리는 다섯 개의 작은 호수로 나누어져 있는데 소제는 평호와 풍호 사이에 있는 제방이다. 소제에는 혜주에 관하여 노래한 소동파의 시들을 작은 돌에 새겨서 제방 양쪽에 일정한 간격으로 세워 놓았다. 마치 '백 명의 소동파'[38]가 두 줄로 늘어서서 저마다 한 마디씩 말을 건네며 우리를 환영하는 것 같았다.

항주서호에 서호십경이 있고 그 가운데에 '소제춘효(蘇堤春曉)'가 들어 있듯이 혜주서호에도 서호십경이 있는데 그 가운데에 '소제완월(蘇堤玩月)'이 들어 있다고

혜주서호의 소제

혜주서호 소제의 소동파 시비

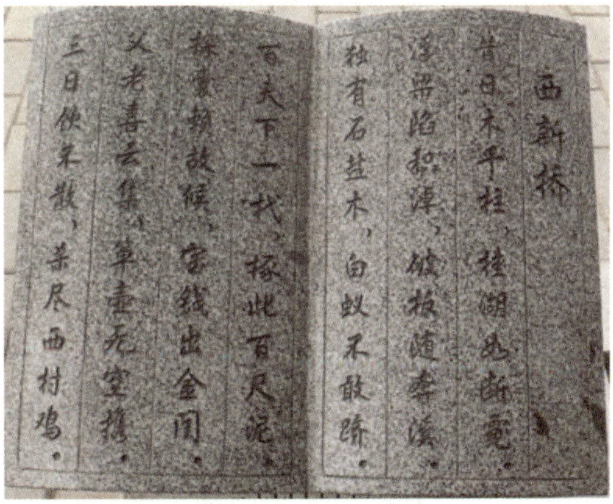

37 이 가운데 스물네 개가 ≪백도백과≫ <서호>에 등재되어 있다.
38 '百東坡'. 이것은 소동파가 <영하에 배 띄우고(泛潁)>라는 시에서 사용한 표현이다.

한다. '소제에서의 달구경'이 그렇게 운치가 있다는 뜻이다. 하얀 대리석을 보름달처럼 동그랗게 깎아서 만든 소제완월(蘇堤玩月) 안내문에 의하면 소제는 소동파가 서선사(棲禪寺) 희고(希固)스님의 지원을 받아 만든 것으로 제방 중간에 있는 다리를 서신교(西新橋) 또는 풍락교(豊樂橋)라고 하는데 소동파를 추모하기 위해 소공교라고 부르기도 한다고 한다. 그리 길지 않은 소제는 제방 바닥에 온통 납작한 돌이 깔려 있었다.

소제의 서쪽 끝에 있는 서신교는 가운데가 약간 불룩한 반원형인데 그다지 길지 않았다. 강의 다리는 최소한 강의 폭만큼 길어야 하지만 호수의 다리는 대부분을 제방으로 연결하고 배 한 대가 지나갈 수 있을 만큼만 터놓으면 되기 때문에 다리가 길 필요가 없을 것이다. 동신교와 마찬가지로 서신교 역시 소동파가 혜주에서 유배생활을 할 때 지은 것이다. 다만 동신교가 등수안 도사의 건의를 받아들여 지은 것이라면 서신교는 서선사 희고 스님의 건의를 받아들여 지은 것이다.

서신교

소동파 자신은 동신교와 서신교가 등수안과 희고에 의해서 만들어졌다고 했지만,[39] 다리를 놓는 데에 있어서 실무를 담당하는 것보다 더 중요한 것이 경비를 조달하는 일이라면 이 두 다리는 결코 등수안 도사와 희고 스님에 의하여 만들어진 것이 아니고 경비를 조달한 소동파에 의하여 만들어진 것이라고 할 수 있다.

소동파는 백성들의 안전과 편의를 위해 다리를 만들고 싶었지만 죄인 신분인 그에게 다리 놓을 돈이 있을 리가 없었다. 소동파는 광남로제형 정지재와 혜주태수 첨범(詹範) 등에게 경비조달을 부탁하고, 쪼들리기 짝이 없는 귀양객이지만 그렇다고 하여 일을 벌여 놓고 모르는 체할 수도 없는지라 자신도 무소뿔로 만든 고급 허리띠를 기증품으로 내놓았다. 그리고 동생 소철의 부인인 사씨(史氏) 부인에게도 기부금을 좀 내 달라고 부탁했다. 사씨 부인은 옛날에 궁중에서 하사받은 황금과 돈 수천 냥을 내놓았다. 자기 한 몸 주체하기도 힘든 처지이면서 혜주 주민을 위해 다리를 놓으려고 애를 쓰는 시아주버니의 부탁을 받고 그만 콧등이 찡해질 정도로 감동했기 때문이다. 이렇게 하여 동신교와 서신교가 만들어질 수 있었으니 이 두 개의 다리는 소동파에 의하여 만들어졌다고 하는 편이 옳을 것이다.

서신교 서쪽에는 서산이라는 나지막한 산이 있고 이 산의 꼭대기에 사주탑(泗洲塔)이라고도 하고 옥탑(玉塔)이라고도 하는 7층짜리 탑이 하나 있다. 소동파가 대성탑(大聖塔)이라고 부르며 자주 올라가 일망무제로 펼쳐지는 주변의 경치를 감상하면서 시를 짓곤 했다는 탑이다. 우리는 "천리안의 시력을 한껏 발휘하고파, 다시금 한 층을 더 올라가는"[40] 심정으로 한 층씩 오를 때마다 조금씩 달라지는 서호의 풍경을 내다보면서 7층까지 올라갔다.

---

39 소식의 <두 개의 다리(兩橋詩)> 서문 참조.

40 "欲窮千里目, 更上一層樓."[문연각사고전서본 고병 ≪당시품휘≫ 권40에 수록된 왕지환의 <관작루에 오르며(登鸛雀樓)>]

사주탑

사주탑에서 내려다본 혜주서호

항주서호에 고산(孤山)이 있듯이 혜주서호에도 고산이 있다. 항주의 고산과 비슷하게 생겼다고 해서 붙여진 이름이라고 한다. 서산 뒤편에 있는 이 고산에 2001년에 왔을 때는 서선사의 희고 스님이 세웠다는 육여정(六如亭)과 근래에 세운 동파기념관밖에 없었는데, 이제는 이 일대에 동파원(東坡園)이라는 동산을 조성하여 소동파에 관한 갖가지 자료와 기념물들을 한데 모아 놓았다.

입구에서 가장 가까운 곳에 있는 육여정은 2001년에도 이미 있던 것을 바탕으로 깨끗하게 정돈하고 그 옆에 전에는 없던 조운(朝雲)의 석상도 만들어 놓았다. 그리고 무덤 앞에 있는 정자의 기둥에 주련(柱聯)도 붙어 있고 그 옆에 소동파가 지은 <조운묘지명(朝雲墓誌銘)>을 청나라 가경 6년(1801) 4월에 정주인(汀州人) 이병수(伊秉綬)가 <소문충공조운묘지명(蘇文忠公朝雲墓誌銘)>으로 제목을 바꾸어 예서체로 쓴 것을 비롯하여 조운과 관계있는 서화가 석각되어 있었다.

왕조운(王朝雲, 1063-1096)은 희령 7년(1074) 9월에 소동파의 시첩(侍妾)이 되었다. 조운은 마음씨도 착하고 머리도 총명한 전당(錢塘) 여자로 당시 겨우 열두 살밖에 안 된 소녀였지만 집안이 워낙 가난하여 일찍부터 사회에 나가 세파에 시달리고 있었다. 그녀는 소동파의 인품과 학문에 관한 소문을 듣고 평소에 늘 그를 흠모하

혜주서호 동파원의 소동파상

왕조운상

여 그를 위해서라면 자기 한목숨 바쳐도 좋겠다고 생각하고 있다가 마침내 뜻을 이룬 것이었다. 그녀는 소동파의 두 번째 유배지인 혜주까지 따라와서 인생을 마감한 그날까지 한시도 떠나지 않고 소동파의 곁을 지키면서 온갖 정성을 다 바친 충실한 봉사자요 반려자였다.

원풍 6년(1083) 9월 27일 조운은 아들 소둔(蘇遯)을 낳았다. 첫째 부인 왕불(王弗, 1039-1065)이 낳은 소매(蘇邁)와 둘째 부인 왕윤지(王閏之, 1048-1093)가 낳은 소태(蘇迨)·소과(蘇過)에 이은 네 번째 아들이었다. 당시 중국에는 아이가 태어난 지 사흘째가 되는 날 아이의 몸을 씻어 주고 잔치를 벌여 축복해 주는 풍습이 있었는데 이것을 세아회라고 했다.[41] 소동파는 갓 태어난 아들을 위해 세아회를 열어 주고

<세아회 날 장난 삼아(洗兒戲作)>라는 시를 지어서 아들의 장래를 축복해 주었다.

남들은 다 자식이 총명하길 바라지만	人皆養子望聰明
이 몸은 총명으로 일생을 망쳤으니	我被聰明誤一生
오로지 이 아이가 어리석고 미련하여	惟願孩兒愚且魯
별 탈 없이 고관대작 되길 바랄 뿐이다.	無災無難到公卿[42]

이처럼 건강하게 자라 주기를 간절히 빌었건만 아이는 돌도 안 되어서 죽고 말았다. 소동파가 황주(黃州)에서 여주(汝州)로 유배지를 옮겨 가는 도중, 서너 달에 걸친 무덥고 습기 찬 선박생활을 견디지 못하여 아이가 병사하고 만 것이다. 늘그막에 아들을 얻었다고 무척이나 좋아한 소동파의 심정이 어떠했으랴! 그러나 그는 슬퍼할 겨를도 없었다. 아직도 옷걸이에 걸려 있는 어린 아들의 옷과, 잔뜩 불어서 옷을 적시고 침대를 적시는 자신의 젖을 보면서 아이를 따라 죽겠다고 침대에 엎드려 몸부림치는 조운을 달래기에 여념이 없었기 때문이다.[43]

소동파는 혜주로 유배 오게 되었을 때 가족들을 자기가 농지를 사 놓고 잠시 은거한 의흥으로 보내고 막내아들 소과(蘇過)와 시첩 조운 및 늙은 하녀 두 명만 데리고 왔는데, 조운은 소동파를 따라 혜주까지 와서 총 23년 동안 소동파를 모시

---

41 맹원로(孟元老)가 "만 1개월이 되면……세아회를 크게 열었다(至滿月……大展洗兒會)"[문연각사고전서본 ≪동경몽화록(東京夢華錄)≫ 권4 <육아(育子)>]라고 한 바와 같이 태어난 지 한 달째 되는 날 세아회를 열었다는 설도 있다. 시대와 지방에 따라 조금씩 차이가 있었을 것으로 생각되지만 소동파의 사 <감자목란화(減字木蘭花)—오흥을 지나노라니 이공택이 아들을 낳아 3일째 되는 날 손님을 모아 잔치를 벌이기에 이 사를 지어서 농담한다(過吳興, 李公擇生子, 三日會客, 作此詞戲之)—> 서문을 보면 소동파의 친구 이공택(즉 李常)이 3일째 되는 날 세아회를 열었음을 알 수 있으므로 소동파의 경우에도 3일째 되는 날 세아회를 열었을 가능성이 크다.

42 왕문고본 ≪소식시집≫ 권47.

43 소식, <작년 9월 27일 황주에서 아들 둔이를 낳아 아명을 간아라고 했거니와 헌걸차고 영특했는데 금년 7월 28일 금릉에서 병사했기에 시를 두 수 지어서 애도한다(去歲九月二十七日, 在黃州, 生子遯, 小名幹兒, 頎然穎異, 至今年七月二十八日, 病亡於金陵, 作二詩哭之)> 참조.

다가 소성 3년(1096) 7월 서른네 살이라는 젊은 나이로 세상을 떠났다.[44]

조운은 일찍이 비구니 의충(義沖)에게 불법을 좀 배워서 죽기 직전에도 ≪금강경(金剛經)≫에 나오는 다음과 같은 게송(偈頌)을 암송하면서 숨을 거두었다.[45]

이 세상에 존재하는 삼라만상은	一切有爲法
꿈 같고 환상 같고 거품 같고 그림자 같고	如夢幻泡影
이슬과도 같으며 번개와도 같나니	如露亦如電
마땅히 이렇게 보아야만 한다네.	當作如是觀[46]

조운의 무덤과 육여정

조운의 무덤 앞에 세워진 정자의 이름인 '육여(六如)'는 ≪금강경≫에서 세상만사의 무상함을 꿈·환상·거품·그림자·이슬·번개 등의 여섯 가지에 비유하여 한 말, 즉 '꿈 같음(如夢)'·'환상 같음(如幻)'·'거품 같음(如泡)'·'그림자 같음(如影)'·'이슬 같음(如露)'·'번개 같음(如電)'을 가리키는바, 육여정은 이러한 사실을 잘 아는 희고 스님이 그녀의 인품을 기림과 동시에 그녀의 무덤을 보호하기 위해서 그녀의 무덤 앞에 세워 준 정자인 것이다. 조운의 무덤이 지금까지 잘 보존되고 있을 뿐만 아니라 혜주 사람들이 지금까지도 조운의 제삿날 그녀의 무덤을 찾아가 제

44 소동파의 <진계상에게 보내는 답장(答陳季常書)>·<조운묘지명(朝雲墓誌銘)> 및 <조운(朝雲詩)> 서문 참조.

45 소식, <조운묘지명(朝雲墓誌銘)> 참조.

46 시원지의 ≪시주소시(施注蘇詩)≫(대북: 광문서국, 1981) 권30 <육관당노인의 초서(六觀堂老人草書)>에 대한 주석.

사를 지낼 수 있게 된 데에는 이 정자의 역할이 컸다고 할 수 있을 것이니 이는 궁극적으로 희고 스님의 공이라고 하지 않을 수 없다.

육여정 옆에 새로 조성된 동파서적(東坡書蹟)은 소동파의 서예 작품들을 비석에 새겨서 진열한 비림이었다. 동파기념관도 2001년에 비해 공간이 많이 확충되었음은 물론 자료도 많이 늘어나 소동파의 초상화와 소동파의 글씨도 진열되어 있고, 혜주 사람들이 조운에게 제사를 지내는 모습과 혜주 일대의 소동파 관련 유적을 찍은 사진도 진열되어 있었다.

광동·해남 일대에는 잎이 마치 옥수수 잎을 손으로 잡아 뜯어서 10센티미터 정도만 남겨 놓은 것처럼 끝이 삐죽삐죽하게 생기고 면류관 끈 같은 열매가 수십 개씩 열리는 이색적인 나무가 참 많았다. 이 나무의 이름을 알고 싶어서 그동안 여러 사람에게 물어보았으나 아무도 아는 사람이 없었다. 동파기념관 부근에도 이 나무가 많아서 관리인인 듯한 중년 아주머니에게 물었으나 모른다고 했다. 이렇게 흔한 나무의 이름을 아는 사람이 어찌 그리 드문지 이해가 되지 않았다.

서호 안의 구곡교(九曲橋) 너머에 있는 점취주(點翠洲)에서 유단정(留丹亭)을 구경하고 언룡교(堰龍橋) 어귀에 앉아 잠시 쉬고 있을 때 70대쯤 되어 보이는 할아버지 한 분이 지나갔다. 연세가 많은 분이니 알 가능성이 크다고 생각하고 다가가서 물었더니 할아버지는 아무 말도 하지 않고 오른손을 자신의 낡은 양복 주머니에 넣어 무언가를 찾고 있었다. 잠시 뒤에 할아버지는 3~4센티미터가량 되는 하얀 분필 동강이를 꺼내어 콘크리트 바닥에 "글자로 써 주시오(寫字給吾知)"라고 쓰고는 나에게 분필 동강이를 내밀었다. 글씨가 상당히 달필이었다. 순간 학식은 상당히 깊은데 표준말을 알아듣지 못하는 분이 아닐까 하는 생각이 들기도 하고, 외지인을 만날 일이 많지도 않을 텐데 이렇게 분필까지 가지고 다니는 것을 보면 말을 못하거나 귀가 어두운 분이 아닐까 하는 생각이 들기도 했다.

나는 할아버지가 내민 분필 동강이를 받아 들고 할아버지가 쓴 글씨 옆에 "무슨 나무입니까(什麽樹)"라고 쓰고 다시 분필을 할아버지에게 내밀었다. 할아버지는 내가 내민 분필을 받지 않고 대신 주머니에서 다른 분필 동강이를 꺼내더니 "나도 잘 모르겠소(吾不清楚)"라고 쓴 후 적이 미안해하는 듯한 웃음을 한 번 웃어 보이며 가던 길을 계속 갔다. 뜻하지 않게도 지나가는 낯선 할아버지와 필담을 나눈 것이었다.

언룡교를 지나 방화주(芳華洲)에 있는 소요당(逍遙堂)을 찾아갔다. 소요당 안내문에 의하면 소요당은 원래 천경관(天慶觀) 도사 하종일(何宗一)이 살던 곳으로 소동파가 자주 와서 하종일과 함께 술 마시고 노래하고 토론하던 곳이라고 한다. 지금은 그곳이 탁자를 몇 개 놓고 차를 파는 찻집으로 쓰이고 있었는데 손님이 한 명도 없었다.

❋ 나부산과 탕천

3시에 중국 10대 명산 가운데 하나로 도교의 제7동천(第七洞天)이요 제34복지(第三十四福地)라는 나부산(羅浮山)으로 갔다.

67킬로미터를 달려 나부산에 도착하니 벌써 4시 반이 조금 지나 있었다. 시간이 없어서 동파정(東坡亭)까지만 갔다 오기로 했다.

정문에서 길을 따라가다가 삼거리에서 왼쪽으로 돌아가니 백련호(白蓮湖)라는 작은 호수가 하나 있었다. 호수를 오른쪽으로 끼고 천천히 걸어가노라니 호수 중간쯤 되는 곳의 길가에 초서체로 쓴 시비가 하나 세워져 있었다. 가만히 들여다보니 소동파의 시 <여지를 먹으며(食荔支)>였다.

〈여지를 먹으며〉 시비

나부산 아래는 사철이 다 봄이라	羅浮山下四時春
비파와 양매가 차례대로 나는구나.	盧橘楊梅次第新
날마다 여지를 삼백 개씩 먹으니	日啖荔枝三百顆
길이길이 영남 사람 되는 것도 좋겠구나.	不辭長作嶺南人

영남 지방에는 여지가 많이 난다. 수분이 많고 달착지근하여 독특한 맛을 지닌 이 여지는 기온이 높은 남방에서나 생산되지 기온이 높지 않은 북방에서는 생산되지 않는다. 그래서 당나라 때는 여지를 너무나 좋아한 양귀비에게 싱싱한 여지를 갖다 바치기 위해 그 먼 길을 빠른 속도로 달려가느라 많은 사람이 다치고 죽었다. 그러기에 당나라 시인 두목(杜牧, 803-852)은 <화청궁을 지나다가(過華淸宮絶句)>를 지어 "먼지 날리며 달려가면 왕비가 씩 웃지만, 여지가 온 것인 줄 아는 사람 없었네"[47] 하고 꼬집었고, 소동파 자신도 <여지의 탄식(荔支歎)>을 지어 "궁중 미인 크게 한 번 웃게 하기 위하여, 먼지 속에 뿌린 피가 천 년 동안 흘렀다네"[48]라고 풍자했다.

혜주에서 난생 처음으로 여지를 먹어 본 소동파는 달착지근하면서 약간 얼얼한 그 독특한 맛이 너무나 인상적이어서 소성 2년(1095) 초여름에 <사월 열하룻 날 여지를 처음 먹고(四月十一日初食荔支)>라는 시를 지었고, 이듬해 여름에는 여지를 먹는 즐거움을 해학적으로 노래한 이 <여지를 먹으며>를 지었다. 그러나 여지가 아무리 맛있다고 해도 그것 먹는 재미로 영원히 혜주에서 살아도 좋다고 생각했을 리는 없다. 그것은 차라리 자기 자신을 위로하려는 눈물겨운 노력이었다고 해야 할 것이다. 그리고 그것은 또한 더위와 습기와 장독(瘴毒) 속에서도 쓰러지지 않고

47 "一騎紅塵妃子笑, 無人知是荔枝來."(문연각사고전서본 ≪어정전당시≫ 권521)

48 "宮中美人一破顔, 驚塵濺血流千載."(왕문고본 ≪소식시집≫ 권39)

끝까지 버틴 소동파 특유의 현실적응 비결이었다고 할 수 있을 것이다. 어쨌든 사람이 살기 힘든 아열대지방에서도 이처럼 태연하게 여유를 보이는 것은 그를 그곳으로 유배 보낸 정적들에게는 맥 빠지는 일이었을 것이다. 그리하여 그것은 마침내 정적들이 자신을 해남도 담주까지 유배 보내는 결과를 초래하고 말았을 것이다.

호수가 끝나는 곳에 충허고관(沖虛古觀)이라는 도교 사원이 있는데 벌써 문이 닫혀 있어서 들어갈 수가 없었다. 충허관은 원래 동진 시대의 도사 갈홍(葛洪, 284-364)이 살던 집으로 소동파가 여기에 '갈홍선조(葛洪仙竈)'라는 네 글자를 써 놓았다고 한다.[49] 충허고관 왼쪽으로 돌아가니 갈선거(葛仙居)라는 식당이 있었다. 이곳에서 도를 닦은 갈홍의 이름을 빌린 것임을 알 수 있었다. 갈선거에서 비탈길을 따라 몇 걸음 더 올라가니 붉은 글씨로 커다랗게 '파선구지(坡仙舊址)'라고 쓴 바위가 하나 나왔다. 옛날에 소동파가 여기서 노닐었다는 뜻이다. 지금은 축대의 일부로 쓰이고 있는 그 바위는 이끼가 잔뜩 낀 채 방치되어 있었다.

거기서 조금 더 올라가니 치천단조(稚川丹竈)가 있었다. 치천은 갈홍의 자(字)인

파선구지

치천단조

49 소동파의 시 <나부산을 유람하고 나서 아들 과에게(游羅浮山一首示兒子過)>에 대한 사신행(査愼行)의 주석(≪소시보수≫ 권38, 내북: 신문풍출판사, 1979)에 인용된 ≪나부지(羅浮志)≫ 참조.

나부산 동파정

동시에 도가에서 말하는 선경(仙境)의 이름이고, 단조는 도사들이 연단(煉丹)할 때, 즉 단사를 구울 때 사용한 부엌이라는 말이니, 치천단조는 갈홍이 단사를 구운 부엌이라는 뜻인데 제작 시기가 '건륭 24년(1759) 6월 16일(乾隆二十四年六月旣望)'로 적혀 있는 것으로 보아 원래 갈홍이 연단하던 자리에 새로 만든 부엌인 듯했다.

치천단조에서 다시 조금 올라가니 200평가량 되어 보이는 평지가 있는데 거기에 동파정(東坡亭)이 있었다. 동파정은 사각형의 돌기둥 네 개가 푸른색 기와지붕을 받치고 있는 소박한 형태의 정자인데, 동파정 안내문에 소동파의 동파산방(東坡山房)을 기념하기 위해 청나라 도광(1821-1850) 연간에 지은 것이라고 했다. 소동파가 나부산에 왔을 때 머물던 산방이 이곳에 있었던 모양이다.

내일 백수산(白水山) 불적암(佛迹巖)과 탕천(湯泉)을 답사하기에 편리하도록 오늘은 박라(博羅)에서 묵기로 했다. 혜주시의 속현인 박라는 크키가 우리나라의 읍 정도 되는 소도시였다.

2009년 2월 18일 소동파의 <전원으로 돌아가 산 감회를 읊은 도연명의 시에 화답하여(和陶歸園田居)> 서문에 "3월 4일 백수산 불적암에서 노닐다가 탕천에서 목욕하고 폭포에서 머리를 말렸다"[50]라고 했는데, 혜주 지도의 <여행명소소개(旅游好介紹)>에 탕천은 탄산나트륨과 탄산칼륨이 많은 고온 온천으로 혜주 시내에서 서북쪽으로 15킬로미터 떨어진 곳에 있고 구룡담(九龍潭)은 탕천에서 왼쪽으로 300미터쯤 되는 곳의 백수산에 있다고 했기 때문에 일단 지도에 나타나 있는 탕천을 찾아갔다.

탕천 온천장에 붙어 있는 <구룡담풍경구간개(九龍潭風景區簡介)>에 송나라의 대문호 소동파가 이곳을 유람할 때 "산에서 나가도 흐려지지 않는다(出山不濁)" 하고 감탄하면서 "가슴속에 걸려 있는 운몽택 아홉 개를 말끔히 씻어내린다(一洗胸中九雲夢)"라는 말과 "백수산의 무지개가 비를 머금고 내려온다(白水飛虹帶雨來)"라는 말을 남겼다며 역시 소동파를 홍보대사로 삼고 있었다. 가운데 말은 소동파의 시 <외사촌 형 정보와 함께 백수산에서 노닐며(同正輔表兄遊白水山)>에서 따온 것인데 나머지 두 마디는 어디서 나온 말인지 출처를 확인하기 어렵다.

구룡담폭포를 배경으로 삼아서 만든 그 옆의 광고판에도 '천년탕천(千年湯泉)'·'영남제일탕(嶺南第一湯)' 등의 광고 문구와 함께 작은 글씨로 상세하게 탕천을 소개해 놓았는데 여기에도, 열탕·냉천·폭포가 삼위일체를 이루어 국내외에 이름이 나 있는 탕천은 소동파·양만리(楊萬里)·굴대균(屈大均)·송상(宋湘) 등의 역대 문인과 묵객들이 시를 남겼거니와 특히 소동파는 탕천을 유독 좋아하여 자주 와서 즐겼기 때문에 탕천을 동파온천으로 부르기도 한다고 했다.

차를 되돌려 탕천 조금 못 미친 곳의 삼거리에서 다른 길로 들어가니 얼마 안 가서 구룡담폭포가 있었다. 폭포는 그다지 높지도 않고 넓지도 않은데, 더구나 지

50 "三月四日, 游白水山佛迹巖, 沐浴於湯泉, 晞髮於懸瀑之下."(왕문고본 ≪소식시집≫ 권39)

구룡담. 오른쪽 바위에 "出山不濁"·"一洗胸中九雲夢"이라는 붉은색 글씨가 새겨져 있다.

금은 갈수기라 물이 흐르는 듯 마는 듯 졸졸 흐를 뿐이었다. 폭포 밑의 못에는 맑은 물이 조금 고여 있고 못 뒤편의 암벽에는 붉은 글씨로 "산에서 나가도 흐려지지 않는다(出山不濁)"·"가슴속에 걸려 있는 운몽택 아홉 개를 말끔히 씻어 내린다(一洗胸中九雲夢)"라는 두 구절이 세로로 쓰여 있었다. 입장권 뒷면의 <구룡담간개>에도 옛날에 소동파가 이곳에 세 번 와서 노닌 뒤 "가슴속에 걸려 있는 운몽택 아홉 개를 말끔히 씻어내린다" 하고 감탄했다는 말이 쓰여 있었다.

못 바로 밑에 인공 수영장 같은 것이 하나 있는데 지금은 사용하지 않는 듯 물이 한 방울도 없었다.

구룡담 매표소의 젊은 남자 직원에게 물으니 불적암은 멀어서 걸어갈 수가 없다고만 말할 뿐 정확한 지점이 어딘지는 말하지 않았다. 아마 그 사람도 정확한 지점은 잘 모르는 것 같았다. 자꾸 캐물었더니 자기도 들었을 뿐이라고 했다. 시간도 넉넉하지 않고 해서 아쉽지만 포기하기로 했다.

구룡담 가는 길의 산기슭에 야생 토란이 많이 흩어져 있어서 매표소 직원에게 물었더니 산우(山芋)라고 했다. 음식 재료로 쓰는 것은 향우(香芋) 또는 우두(芋頭)라고 하는데 이것은 그것과 좀 다른 것으로 식용이 아니라고 했다. 야생인 것은 산우라고 하고, 식용으로 쓰기 위해 인공적으로 재배하는 것은 향우 또는 우두로 구분하여 부르는 모양이었다.

다시 탕천으로 가서 각자 먼 길 갈 준비를 하고 9시 34분에 감주(贛州)를 향해 출발했다. 두 시간쯤 달린 뒤 11시 40분경에 휴식을 위해 차를 세운 곳은 정남(定南)휴게소였다. 정남이라면 최남단이기는 하지만 일단 강서성 경내에 들어선 것이다. 차도 사람도 거의 없는 한산한 휴게소에서 잠시 쉰 다음, 차창 밖으로 휙휙 지나가는 풀에 막 새싹이 돋아나고 나무에 물이 오르기 시작하는 이른 봄날의 정경을 즐기면서 마치 우리나라의 영동고속도로처럼 양쪽에 산과 터널이 많은 고속도로를 두 시간가량 더 달려 1시 30분에 감주에 도착했다.

4. 감주(贛州)와 대유령(大庾嶺)

먼저 점심부터 먹기로 했다. 변두리 아무 곳에나 차를 세우고 들어간 식당에는 시간이 좀 늦었기 때문인지 손님이 거의 없고 오직 한 식탁에만 손님이 있었다. 그리고 그들 역시 주인과 잘 아는 동네 사람인 것 같았다.

음식이 나오는 동안에 지도를 한 장 사려고 부근을 돌아다녀 보았으나 파는 곳이 없었다. 주인아저씨에게 물으니 시내의 문구점이나 서점에 가야 살 수 있다고 했다. 자기가 쓰는 지도를 좀 보여 달라고 했더니 한참 찾아보고는 없다고 하면서 미안해하는 표정으로 식탁에 앉아서 한담을 나누고 있는 동네 사람들에게 가서 지도를 가지고 있느냐고 물었다. 그 동네 사람들이 지도를 가지고 있을 리가 없는데 왜 그 사람들한테 가서 물어보는지 알 수 없었다. 자신의 성의를 보여 준 것이 아닐까 싶기도 했다. 주인은 다시 한 번 미안해하는 표정을 짓더니 우리가 어디로 갈 것인지 물었다. 답사 일정표를 보여 주었더니 통천암(通天巖)·팔경대(八境臺)·울고대(鬱孤臺)는 거기서 가깝고 황공탄(惶恐灘)은 멀다고 했다.

감주는 인심이 좋은지 음식이 값도 싸고 양도 많았다. 240원어치를 먹었는데 배가 무척 불렀다. 그렇다고 맛이 없는 것도 아니었다.

❋ 통천암

일단 감주에 대하여 좋은 인상을 지닌 채 먼저 통천암을 찾아갔다. 통천암은 아직 찾아가는 사람이 많지 않은 탓인지 도로표지판이 제대로 설치되어 있지 않아서 찾는 데 상당히 애를 먹었다.

통천암은 당시의 유명한 은자 양효본(陽孝本)[51]이 오랫동안 은거한 곳인데 소동파는 혜주로 유배 가는 도중 감주를 지나갈 때 성에서 20여 리나 떨어져 있는 통천암으로 양효본을 찾아가서 만나보고는 그의 인품에 감복한 나머지 뒤늦게야 그를 만나게 된 것을 매우 안타깝게 생각하고 마침내 문경지교가 되었다고 한다. 소동파의 방문을 받은 뒤에 양효본도 소동파가 묵고 있던 자운사(慈雲寺)로 그를 찾아가 염천(廉泉) 가에 앉아 밤을 새워 가며 이야기를 나누기도 하고 함께 울고대·팔경대·상부궁(祥符宮)·광효사(光孝寺) 등지를 유람하면서 시를 주고받기도 한 것으로 알려져 있다.[52] 그리고 소동파는 유배가 풀려 북쪽으로 돌아갈 때도 다시 양효본을 찾아갔다. 이때 소동파는 양효본을 옥암거사(玉巖居士)라고 부르며 가깝게 지냈는바, 하루는 그의 방에 들어가 보고 그에게 부인이 없는 것을 알고는 우스갯소리로 그를 원덕수(元德秀)의 무리라고 부를 정도였다.[53] 원덕수는 당나라 사람으로 일찍이 부친을 여의고 모친을 극진히 모셨는데 결혼도 하기 전에 모친이 돌아가시자 양친이 살아 계실 때 결혼해야 하는데 그러지 못했다며 친척들의 권유에도 불구하고 끝내 결혼하기를 거부한 사람이다.[54]

감주에서 소동파와 양효본 사이에 있었던 일들은 <울고대(鬱孤臺)>·<염천(廉泉)>·<진외정(塵外亭)>·<양행선(즉 양효본)의 시에 차운하여(次韻陽行先)>·<옥암은거양행선진찬(玉巖隱居陽行先眞贊)>과 같은 소동파의 시문에 잘 묘사되어 있

---

51 문연각사고전서본 방작(方勺) ≪박택편(泊宅編)≫ 권상(卷上) 및 양시(楊時)의 시 <건주태수를 대신하여 양효본을 추천하며(代虔守薦楊孝本)>[문연각사고전서본 ≪귀산집(龜山集)≫ 권2]에는 '양효본(楊孝本)'으로 되어 있다.

52 주건화(周建華)의 <지금도 얘기되는 천고의 야화(千古夜話說到今)—감주 소양야화정 고석(贛州蘇陽夜話亭考釋)>[낙산사범학원, ≪낙산사범학원학보(樂山師範學院學報)≫ 제18권 제2기, 20-21쪽] 및 증쟁(曾崢)의 <소공과 양공의 '염천야화'(蘇·陽二公的'廉泉夜話')>[중국통속문예연구회, ≪신주(神州)≫ 2004년 제3기, 53쪽] 참조. 야화정 안에 청나라 사람 오상고(吳湘皐)의 <야화정 개축 후기(改建夜話亭跋)>를 새긴 비석이 있는데 여기에 "야화정은 북송의 소공과 양공을 위해서 지었다. 양공이 통천암에서 은거하고 있었는데 소공이 영남지방으로 유배되었을 때 건주(지금의 강서성 감주)에 들러 곧장 그의 방으로 찾아갔다가 서로 의기가 투합하여 무척 좋아했다. 함께 상부궁을 유람하고 또 광효사 왼쪽에 있는 염천을 구경한 후 <염천>이라는 시를 지었다.……(夜話亭, 爲北宋蘇·陽二公作也. 陽公隱于通天巖, 蘇公遷謫嶺南時, 過虔州, 直造其室, 相得甚歡. 偕游祥符宮, 復觀廉泉于光孝寺左, 作<廉泉>詩.……)"(주건화, <지금도 애기되는 천고의 야화－감주 소양야화정 고석>, 21-22쪽)라는 말이 있다고 한다.

53 ≪송사≫ 권458 <양효본전> 참조.

54 ≪구당서≫ 권190 <원덕수선> 참조.

다. 이러한 소동파와 양효본의 돈독한 우의를 기념하기 위해 후인들이 염천에 야화정(夜話亭)이라는 정자를 세웠다고 한다.[55] 매표소 옆에 있는 관광안내소 직원에게 물으니 소동파가 옛날에 찾아간 양효본의 은거처는 통천암풍경구 안에 있지만 소동파와 양효본이 밤새도록 이야기를 나눈 곳에 지은 야화정은 멀리 떨어져 있다고 했다. 통천암 주위의 산을 한번 둘러보니 굉장히 커 보였다. 멀리 있다면 아무래도 찾기가 힘들 것 같았다. 그리고 후인들이 두 사람의 우의를 기념하기 위해 다른 곳에 지은 것이라면 시간도 넉넉지 않은 터에 어렵사리 야화정을 찾아가는 것이 무슨 큰 의미가 있겠느냐는 학생들의 의견에도 일리가 있다고 생각되어 소동파가 처음으로 양효본을 만났다는 곳만 찾아보기로 했다.[56]

통천암풍경구 안내장에 대표적인 명승 몇 군데를 골라서 소개해 놓았는데 '소동파가 양효본을 찾아간 곳(蘇東坡拜訪陽孝本處)'이 거기에 포함되어 있었다. 그리고 안내장에 인쇄되어 있는 사진을 자세히 들여다보니 그 정자의 이름이 '청운(淸韻)'이었다. 입장권에 그려진 약도를 통하여 청운정의 위치를 파악한 다음 그곳을 최종 목적지로 삼고 천천히 걸어서 올라갔다. 시원한 바람이 항상 불어서 한 번 오면 돌아가기를 잊는다는 곳으로 붉은색 바위에 왕양명(王陽明, 1472-1528)의 시를 비롯한 수많은 시가 새겨져 있는 망귀암(忘歸巖)을 지나고, 장개석(蔣介石, 1887-1975)의 아들로 아버지의 뒤를 이어 대만의 총통을 지낸 적이 있는 장경국(蔣經國)이 감남(贛南) 지방을 다스리던 1939년에서 1946년 사이에 여름마다 찾아와서 피서했다는 장경국무청(蔣經國舞廳)을 돌아가니, 산 밑에 동굴이 있고 산봉우리가 병풍처럼 둘러서 있으며 꼭대기에 구멍이 있어서 하늘과 통한다는 통천암이 있었다.

통천암 밖의 붉은 암벽에는 당나라 때 새겼다는 수많은 불상이 있었다. 그리고

55 ≪백도백과≫ <야화정> 참조.

56 나중에 다시 확인해 보니 야화정이 있는 염천은 지금의 감주제일중학 안에 있다고 했다. 감주제일중학은 우리가 찾아갔던 자운탑(慈雲塔) 앞에 있었는데 큰 실수를 한 것이다.

청운정

통천암 안에는 정면에 송나라 때의 절이라는 광복사(廣福寺)가 있고 측면에는 장개석이 장학량(張學良) 장군을 수감하려고 계획했다는 쌍계당(雙桂堂)이 있었다. 쌍계당 앞에는 커다란 금계수(金桂樹) 두 그루가 서서 말없이 쌍계당이라는 이름의 유래를 설명해 주고 있었다. 쌍계당 안내문에 장개석이 이곳을 유람한 뒤에 강서성 정부 주석 왕릉기(王陵基)에게 이 쌍계당의 기초 위에 건물을 지어서 장학량을 수감하라고 명령하여 1946년에 건물이 완공되었는데, 완공되자마자 공산군이 진격해 오는 바람에 장개석의 계획이 실현되지 않았다고 적혀 있었다.

통천암 아래쪽의 언덕 밑에 청운정이 있었다. 네 개의 사각 돌기둥 위에 기와지붕을 얹은 사각정이었다. 정면 처마와 뒷면 처마에 각각 행서체와 해서체로 '청운(淸韻)'이라는 두 글자가 새겨져 있고 앞뒤의 기둥에 각각 주련(柱聯)이 새겨져 있었지만 소동파나 양효본과의 관련성을 암시하는 말은 찾을 수 없었다. 안내장에 '소동파가 양효본을 찾아간 곳'이라고 표시되어 있지 않았다면 알아볼 길이 없는 상황이었다.

❄ 팔경대와 울고대

오늘 안으로 팔경대와 울고대를 다 둘러보기 위해 서둘러 통천암을 떠나 팔경대로 갔다. 벌써 5시 30분이었다. 50대쯤 되어 보이는 매표소 여직원이 원래 5시

반이 퇴근시간이지만 좀 기다려 주겠다면서 빨리 보고 오라고 자비심을 발휘했다. 아무래도 우리가 모처럼 보는 외국인인 듯했다.

건주(虔州, 지금의 강서성 감주)는 성(城)이 장수(章水)와 공수(貢水)라는 두 강에 임해 있어 해마다 물에 침식되기 때문에 북송 때 공종한(孔宗翰, ?-1088)이 건주태수로 있으면서 바위를 다듬어 터를 닦고 쇠를 녹여 틈을 메워 새로 성을 쌓은 뒤 그 성 위에 있는 누각과 정자에서 바라보이는 풍경을 바탕으로 <건주팔경도(虔州八境圖)>라는 그림을 그렸다.[57] 그 뒤 공종한은 친구 소동파에게 자신의 그림을 시로 읊어 달라고 부탁했고, 소동파는 그의 부탁을 받아들여 <건주팔경도(虔州八境圖)>를 지었다. 공종한의 그림은 지금 없어졌고 그것을 읊은 소동파의 시 여덟 수는 각각 석루(石樓)·장공대(章貢臺)·백작루(白鵲樓)·조개루(皁蓋樓)·마조암(馬祖巖)·진외정·울고대·봉산(峰山)을 소재로 삼은 것으로 '팔경대'를 소재로 삼은 것이 없는데 오늘날 팔경대라는 누대가 있는 것은 무슨 까닭일까? 팔경대가 아마도 공종한이 석성 위에 지은 석루를 가리킬 것 같다는 생각을 하며 직접 가서 확인해 보기로 했다.

팔경대는 시커멓게 변색되고 이끼가 자란 벽돌 성곽이 직각으로 꺾어지는 곳에 있었다. <감주고성장(贛州古城牆)>이라는 안내문에 감주고성장은 현존하는 중국 유일의 송나라 벽돌 성곽으로 현재 서진문(西津門)에서 팔경대를 지나 동하대교(東河大橋)에 이르는 3.6킬로미터가 남아 있다고 했다. 팔경대 앞에 공종한의 동상이 세워져 있어서 감주 사람들이 공종한을 얼마나 추앙하는지 짐작케 했다. 공종한의 동상에 새겨진 안내문에 건주태수로 재임 중이던 북송 가우(1056- 1063) 연간에 공종한이 처음으로 돌과 벽돌로 감주성을 쌓고 경치를 내다볼 수 있도록 장강(章江)과 공강(貢江)이 합류하는 곳에 누대를 지었으니 그것이 오늘날의 팔경대라고

57 소식, <건주팔경도(虔州八境圖)> 서문 참조.

팔경대와 감주고성장

팔경대에 걸려 있는 소동파의 〈건주팔경도〉 목각

했다. 공종한이 석성 위에 지은 석루가 곧 팔경대일 것이라는 짐작이 답사를 통하여 확인된 것이다. 그리고 <팔경대간개(八境臺簡介)>에 의하면 팔경대는 북송 가우 연간에 처음 지어진 이래 여러 차례 중건되었는데 1976년에 또 불에 타버려 1983년 11월부터 1986년 4월까지 2년 반에 걸쳐서 지금의 팔경대를 중건했다고 한다.

팔경대가 자리잡고 있는 곳은 감주성의 동북쪽 모서리로, 동쪽에서 흘러온 공강과 서쪽에서 흘러온 장강이 합류하여 감강이 된 뒤 함께 북쪽으로 흘러가는 곳이라 팔경대에서는 세 강을 동시에 굽어볼 수 있을 뿐만 아니라 북송 고성장 위에 있기 때문에 공종한이 쌓은 고색창연한 성곽도 내려다볼 수 있었다. 모두 3층인 지금의 팔경대는 1층에 소동파의 시 <건주팔경도(虔州八境圖)>가 목각되어 있고 2층에 소동파의 초상화가 걸려 있었다. 그러나 2층에 있는 방은 문이 잠겨 있어서 아쉽게도 가까이 가서 자세히 볼 수는 없었다. 3층 난간에 모여서 감강을 바라보며 소동파의 시 여덟 수를 한 번 낭송하고 서둘러 울고대로 향했다.

울고대는 들은 것보다 멀었다. 장수 가에 있는 성곽을 따라 한참 가다가 생각하니 아무래도 이미 문을 닫았을 것 같고, 아직 안 닫았다고 하더라도 볼 시간이 충분하지 않을 것 같아 내일로 미루기로 했다.

중심가로 들어가서 일호빈관(逸豪賓館)이라는 호텔에 짐을 풀었다. 3성급인데 253원이라 그다지 싼 편은 아니지만 대신 시설은 지금까지 이용한 호텔 중에서 가장 좋아 다들 만족스러워했다.

부근에 있는 훠궈집에 가서 저녁을 먹었는데 그 집에 농가에서 손수 빚은 쌀술(農家自釀米酒)이 있다기에 13원짜리 한 주전자를 시켜 보았다. 노란색 액체에 밥알이 떠 있고 상당히 달콤하면서도 알코올 성분이 들어 있는 것이 마치 우리나라의 동동주에 설탕을 많이 넣은 것 같기도 하고, 단술에 알코올을 섞은 것 같기도 했다. 어떤 방법으로 단맛을 냈는지는 알 수 없지만 중국의 옛날 문헌에 자주 나오는 '단술', 즉 '예(醴)'가 바로 이것과 비슷하지 않을까 하는 근거 없는 생각이 들었다.

호텔로 돌아가는 길에 그 지방 명주라고 길거리 도처에 광고판이 붙어 있는 장공왕(章貢王)이라는 백주를 한 병 사서 남학생 세 명과 함께 마셨다. 내 미각이 둔해서 그런지 장공왕 고유의 독특한 맛이 어떤 것인지를 식별해 내기는 어려웠다.

2009년 2월 19일 먼저 울고대로 갔다. 밑에서 바라보니 꼭대기가 빤히 올려다보이는 울고대는 좀 높직한 언덕배기에 있기는 했지만 ≪명승지(名勝地)≫에 "울고대는 일명 하란산(賀蘭山)이라고도 하는데 우뚝하게 홀로 솟아 있기 때문에 그렇게 부른다"[58]라고 한 것은 지나친 과장인 듯싶었다. 물론 주변이 다 평지인데 그 산만 높으니 그렇게 부를 수도 있겠지만, 밑에서 꼭대기가 빤히 올려다보이는 언

58 "鬱孤臺, 一名賀蘭山,……鬱然孤峙, 故名."[문연각사고전서본 ≪강서통지(江西通志)≫ 권42 <감주부(贛州府)>]

덕배기를 두고 그렇게 말하는 것은 아무래도 지나친 과장이라고 할 수밖에 없을 것 같았다.

찻길에 서서 울고대를 올려다보니 누대 밑에 동상이 하나 서 있었다. 남송 사인 신기질(辛棄疾, 1140-1207)일 것이라는 짐작이 갔다. 울고대를 노래한 작품 가운데 가장 유명한 것이 신기질의 사 <보살만(菩薩蠻)—강서지방 조구의 벽에(書江西造口壁)—>이기 때문이다. 가까이 가서 보니 동상은 과연 칼집에서 칼을 뽑으려는 자세를 취하며 늠름하게 서 있는 신기질이었다.

울고대

울고대 안내문에 청나라 동치 10년(1871)의 양식을 바탕으로 1984년에 중건했다고 쓰여 있는 이 3층짜리 누대는 1층에 '망궐(望闕)'이라는 현판이 붙어 있고 2층에 '울고대(鬱孤臺)'라는 현판이 붙어 있어, 당나라 때 태수 이면(李勉)이 현판을 망궐대로 바꾸었었는데 남송 소흥 17년(1147)에 울고대라는 본래의 이름을 회복하고 대신 울고대 북쪽에 망궐대를 새로 하나 지은 내력을 간직하고 있었다. 그러나 지금은 망궐대가 따로 있지 않았다. 안내문에는 감주성 서북쪽의 하란산(賀蘭山) 위에 있는 울고대는 산이 높아서 우뚝하게 홀로 솟아 있기 때문에 그렇게 부른다는 설명과 함께, 당나라 중엽에 창건된 이래 많은 문인들이 시를 지었는데 그중에서도 소동파·신기질·문천상(文天祥)의 시가 가장 유명하며 특히 신기질의 사 <보살만>은 국내는 물론 해외에까지도 이름이 나 있다는 설명도 있었다.

1층에 들어서자 정면 벽에 신기질이 강서제점형옥(江西提點刑獄)으로 재임 중이던 남송 순희 2년(1175)에 조구(皀口, 지금의 강서성 萬安縣에서 남쪽으로 60리 떨어진 皀口鎭)를

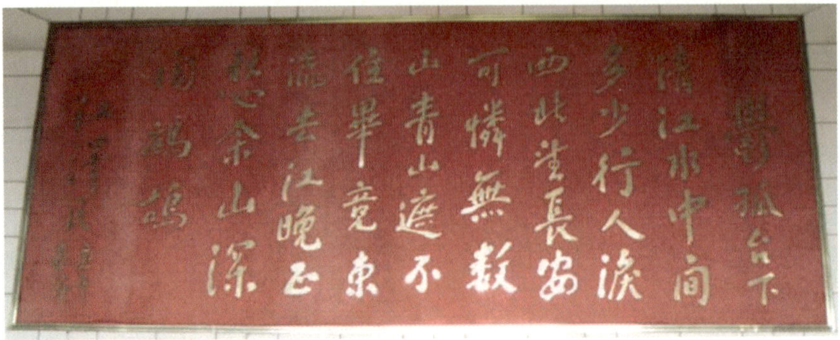

강택민이 쓴 신기질의 〈보살만〉

지나가다가 46년 전인 남송 고종 건염 3년(1129)에 그 일대가 금나라 군사에게 유린당한 쓰라린 역사를 통탄하여 지은 이 <보살만>이 걸려 있었다. 진홍색 바탕에 황금색 글씨로 쓴 이 작품의 끝에는 "강택민이 경오년 설날에(江澤民庚午春節)"라는 낙관이 있었다. 1990년 설에 강택민이 다녀가면서 쓴 모양이었다.

울고대 밑에 흐르는 저 맑은 강물 속에 鬱孤臺下清江水
행인들의 눈물이 얼마나 섞였을까? 中間多少行人淚
서북쪽 먼 곳으로 장안을 바라보니 西北望長安
딱하게도 무수한 산에 막혀 안 보인다. 可憐無數山

청산도 저 강물을 막지 못하여 青山遮不住
기어이 동쪽으로 유유히 흘러간다. 畢竟東流去
강가에 황혼 들어 근심에 겨워할 제 江晚正愁余
깊은 산 어딘가서 자고새가 울어댄다. 山深聞鷓鴣

소동파는 혜주로 가는 도중 감주를 지날 때 자운사에 묵었었는데[59] 지금은 그 절이 없어지고 그 절에 세워져 있던 자운탑만 남았다. 지도를 보고 주민들에게

59 증쟁, <소공과 양공의 '염천야화'>(≪신주≫ 2004년 제3기, 53쪽) 참조.

몇 번이고 물어가며 골목길을 찾아다녔으나 좀처럼 찾아지지 않았다. 그러다가 마침내 찾아낸 자운탑은 감주 문묘 옆의 후덕로소학(厚德路小學) 안에 있었다. 학교 수위가 진입을 금지하기에 애써 들어가지 않았다. 소동파가 머물렀던 곳의 위치를 확인하면 그만이지 굳이 가까이 가서 그 탑을 고찰할 필요는 없었기 때문이다. 감강십팔탄(贛江十八灘) 중에서도 가장 험난하다는 황공탄(惶恐灘)은 울고대 매표소 직원에게 위치를 물었더니 그 일대를 개발하느라 이미 폭파되고 없다고 하여 갈 필요가 없게 되었다.

자운탑

❄ 대유령

10시 10분에 자운탑을 떠나 대유령(大庾嶺)을 향해 다시 한 번 먼 길에 오른 차는 10시 40분에 감주 시내를 벗어나 유명한 오지인 남강시(南康市)를 거쳐서 12시 15분에 대여(大余)에 도착했다.

대여는 감주시의 속현으로 대유령의 바로 북쪽에 있는 고을이다. 원래 이름은 대유(大庾)인데 지명 간소화 방침에 따라 대여로 바꾼 것이리라는 짐작이 갔다. 오늘날 중국의 지명은 부현(鄜縣)을 부현(富縣)으로 바꾸고 주질(盩厔)을 주지(周至)로 바꾸고 호현(鄠縣)을 호현(戶縣)으로 바꾼 것처럼, 어려운 글자를 쉽고 널리 쓰이는 글자로 바꾸어 쓰고 있기 때문이다. 상호에 걸맞게 하기 위해 실내를 온통 대나무로 장식해 놓은 죽영발(竹永發)이라는 운치 있는 음식점에서 점심을 먹고 2시에 대여를 떠나 다시 대유령을 향해 달렸다.

차가 10분쯤 더 가자 대여에 도착하기 한 시간쯤 전부터 계속 차 왼쪽에 늘어서 있던 기다란 산맥이 차 앞으로 와서 길을 막았다. 그리고 서서히 높아지기 시작했다. 산에 대나무가 참 많다는 생각을 하며 그렇게 다시 10분쯤 더 올라가자 길을 가로지르는 일주문이 하나 나타났다. 일주문에 “광동 인민이 당신을 환영합니다(廣東人民歡迎您)”라는 글씨가 쓰여 있었다. 거기서부터 광동성이라면 거기가 바로 대유령 꼭대기라는 말이다. 설마 대유령이 이렇게 시시할까 싶었지만 분위기가 아무래도 수상했다.

대유령은 높아서 기온이 상당히 낮을 것으로 예상하고 감기 걸리지 않도록 단단히 챙겨 입으라고 일행에게 주의를 주었고 나 자신도 따뜻하게 입었다. 대유령 꼭대기에 올라가면 차를 세워 놓고 고개의 남쪽과 북쪽을 번갈아 굽어보며 다음과 같은 당나라 시인 송지문(宋之問, 656-712)의 시 〈대유령을 넘으며(度大庾嶺)〉라도 함께 낭독해 보려고 준비해 갔다.

얼마 전에 서울을 떠나 대유령을 넘다가	度嶺方辭國
수레를 세워 놓고 집 한 번 바라보니	停軺一望家
마음은 남쪽에서 날아가는 새를 좇고	魂隨南翥鳥
눈물은 자꾸 북쪽 가지의 꽃 위에 떨어진다.	淚盡北枝花
산 위에 내리던 비가 개기 시작하고	山雨初含霽
강 위에 뜬 구름이 노을이 되려 한다.	江雲欲變霞
언제라도 돌아갈 날만 있다면	但令歸有日
장사에 있는 것을 한탄하지 않으련다.	不敢恨長沙[60]

그런데 기온이 차다고 느낄 틈도 없이 차는 벌써 광동성에 들어서서 내리막길을 달리고 있었다. 사실 처음에는 아직까지 대유령 꼭대기에 이른 것이 아니라고 믿고 싶었다. 그러나 앞에 다른 산맥이 보이지 않는다는 사실과 길가에 서 있는

60 문연각사고전서본 ≪어정전당시≫ 권52.

도로표지판들이 아무래도 이미 대유령을 넘어온 것임에 틀림없다는 확신을 갖게 했다. 확인하기 위해 운전사에게 물으니 이미 대유령을 다 넘어왔다고 했다. 대유령을 넘기만 하면 사람이 살기 힘든 이른바 영남지방인데 여기는 옛날부터 중죄인들의 유배지로 사용되던 곳이다.

이 고개에 대하여 백거이(772-846)가 "대유령에는 매화가 많은데 남쪽에 있는 가지에 꽃이 질 때 북쪽에 있는 가지에는 꽃이 피기 시작한다"[61]고 했으니 이는 고개의 남쪽과 북쪽에 기후의 차이가 크다는 말이다. 이렇게 유명한 고개이기에 굉장히 높고 엄청나게 험할 줄 알았는데 높기는커녕 길이 별로 구불구불하지도 않았다. 참으로 허망했다. 대유령 꼭대기에 가서 소동파의 시 <대유령 위의 노인에게(贈嶺上老人)>의 창작 현장을 한번 가늠해 보고 거기서 다 함께 읽어 보려던 계획도 물거품이 되고 말았다.

학의 골격 흰 수염에 차분한 마음　　鶴骨霜髯心已灰
손수 심은 소나무가 한 아름이 되었군요.　　青松合抱手親栽
영감님은 대유령의 꼭대기에 살면서　　問翁大庾嶺頭住
돌아오는 귀양객을 몇 명이나 보셨나요?　　曾見南遷幾箇回[62]

이 시는 다음과 같은 창작 배경을 지니고 있다. 사면령을 받아 북쪽으로 돌아가던 소동파가 건중정국 원년(1101) 1월 초순, 그러니까 바로 우리가 답사를 실시하고 있는 지금과 비슷한 시기에 대유령 꼭대기 부근의 한 주막에서 쉬고 있는데 수박십 주인 영감이 나와서 소동파의 종자에게 물었다.

"나리는 어떤 분이시오?"

---

61 "大庾嶺上多梅, 南枝既落, 北枝始開."[소동파의 시 <대유령 위의 매화나무에게(贈嶺上梅)>에 대한 사신행의 주석(≪소시보주≫ 권44, 대북: 신문풍출판사, 1979)에 인용된 ≪백씨육첩(白氏六帖)≫]

62 왕문고본 ≪소시시집≫ 권45.

"소상서(蘇尙書)이십니다."

"소동파 나리란 말이오?"

"그렇습니다."

그러자 주인 영감이 공손하게 다가와서 소동파에게 고개를 숙이며 말했다.

"어떤 사람이 나리를 해치지 못해서 안달이 났다고 들었는데 오늘 이렇게 돌아오시는 걸 보니 선량한 사람은 하늘이 돕는가 봅니다."

소동파는 자신에게 덕담을 해준 주인 영감에게 감사의 마음을 표시하고 그 집 벽에 이 시를 써 주었다.[63]

아직 대유령에 대한 실망에서 헤어나지 못하고 있는데 차가 '매관고도(梅關古道)'라고 쓴 도로표지판 밑으로 지나갔다. 거기서 왼쪽으로 들어가면 매관의 옛길이 있다는 표지였다. 주변에 매화나무가 많다고 해서 대유령을 매령(梅嶺)이라고도 하니 매관이라면 거기에 있는 관문일 것이라는 생각이 퍼뜩 들었다. 그리고 옛길이라면 거기가 바로 옛날 사람들이 걸어서 넘던 대유령일 것이라는 생각도 들었다. 운전사에게 우리가 방금 넘어온 길이 새로 닦은 길이냐고 물었더니 그렇다고 했다. 우리가 차를 타고 지나온 길은 최근에 새로 닦아 번듯하게 포장까지 한 대유령 신작로였지 본래의 대유령이 아니었다는 사실이 실망을 다시 희망으로 바꾸어 주었다.

우리는 차를 돌려 '매관고도'라고 표시된 길로 들어갔다. 5분도 채 안 가서 매령 풍경구 매표소가 나타났다. 벌써 2시 반이라 옛길을 걸어서 대유령 꼭대기까지 가기에는 시간이 턱없이 부족할 것이라고 생각되었지만 잠깐만이라도 대유령 옛길을 꼭 한번 보고 싶어서 입장료를 아끼지 말고 일단 들어가 보자고 했다.

출입문에 들어서자 <중국사대탐매승지(中國四大探梅勝地)>라는 커다란 안내판

63 증민행(曾敏行), ≪독성잡지(獨醒雜志)≫ 권2 참조.

이 서 있는데 이 안내문에 중국에서 가장 유명한 매화의 명승으로 매령한매(梅嶺寒梅)·등위매화(鄧尉梅花)·남경매화산(南京梅花山)·항주고산(杭州孤山)을 들어 놓았다. 말하자면 강소성 소주시 서남쪽에 있는 등위산, 강소성 남경시에 있는 종산(鍾山), 절강성 항주의 서호 안에 있는 고산과 더불어 광동성 남웅시(南雄市)와 강서성 대여현의 경계 지역에 있는 이 매령이 중국에서 가장 유명한 매화의 명승지라는 뜻이다.

매화나무가 많아서 생긴 이름에 어울리게 매령에는 길을 따라가며 양쪽에 매화나무가 죽 심어져 있는데 대부분 꽃이 이미 지고 벌써 파란 열매가 조그마하게 맺혀 있었다. 다만 꽃이 진주처럼 생겼다는 진주매(珍珠梅)만은 동작이 좀 굼뜬 편인지 전체적으로 하얀 꽃잎에 중심부만 약간 자줏빛을 띤 꽃을 흐드러지게 피우고 여기저기서 고운 자태를 자랑하고 있었다.

매화나무 숲 사이에 나 있는 대유령 옛길은 폭이 3~4미터가량 되고 흙바닥에 납작한 자연석이 빼곡하게 박혀 있어 비가 와도 진흙탕에 빠지는 낭패는 면할 수 있게 되어 있었다. 길 서쪽에 좁다란 배수로가 있는데 갈수기라 그런지 물은 거의 안 흘렀다. 경사도 별로 심하지 않고 길이 별로 구불구불하지도 않았다.

유령 옛길

부인묘

조금 올라가다가 노점상 아저씨에게 물었더니 800미터 정도만 더 가면 꼭대기라고 했다. 그것밖에 안 될까 싶었지만 거기서 물건 파는 사람이니 그 일대 사정을 잘 모를 리가 없다고 생각되었다. 그렇다면 입구에서 꼭대기까지 기껏해야 1킬로미터 정도밖에 안 되는 셈이니 아무리 갈 길이 바쁘더라도 끝까지 가 보지 않을 수 없는 노릇이었다.

이것저것 구경해 가며 천천히 걸어서 20분쯤 올라가자 부인묘(夫人廟)라는 작은 사당이 하나 있는데 사당 앞에 있는 안내문에 재미있는 전설이 소개되어 있었다. 당나라 개원 4년(716)에 재상 장구령(張九齡, 678-740)이 어명을 받들어 3년을 기한으로 대유령을 넘어가는 관도(官道)를 닦고 있었는데, 고개 꼭대기에 이르렀을 때 단단한 암반이 나타나 파다가 묻고 파다가 묻기를 계속하여 49일 동안 아무런 진척이 없었다. 그때 머리는 백발인데 얼굴은 어린아이 같은 한 노인이 나타나서 암반을 깨뜨리고 싶으면 임신부를 제물로 바치고 하늘에 제사를 지내면 된다고 했다. 장구령이 집으로 돌아가서 수심에 찬 얼굴을 감추지 못하자 그의 부인이 끈질기게 그 까닭을 캐물어서 할 수 없이 노인의 이야기를 사실대로 다 말해 주었다. 그날 밤 임신 중이던 장구령의 부인은 대유령 꼭대기로 올라가서 하늘에 기도하고 칼로 자신의 배를 찔러서 자살했다. 이리하여 공사가 기한 내에 끝날 수 있게 되자 장구령이 부인을 위해 이 자리에 사당과 남웅부인상(南雄夫人像)을 세워 주었다.

부인묘에서 15분쯤 더 올라가니 장원수(狀元樹)라는 큰 나무가 있었다. 돌에 새겨서 나무 밑에 세운 안내판에 명나라 영락(1403-1424) 연간에 남안(南安, 지금의 강서성 大余) 사람 대구형(戴衢亨)이 장원급제한 뒤에 자신의 뿌리가 영남에 있음을 표시하기 위해 심었다는 설명이 있었다.

장원수 바로 옆에 있는 육조사(六祖寺)를 지나쳐서 5분쯤 더 올라가니 동파수라는 나무가 있었다. 둘레가 한 아름 남짓 되고 높이가 대략 15미터쯤 되어 보였다. 여기에 동파수가 있다는 사실을 전혀 알지 못했던 터라 더욱 반가웠다. 표지

동파수

석 옆의 시비에 새겨져 있는 안내문에 '동파수'는 소동파가 혜주로의 유배령을 받아 대유령 남쪽으로 내려가던 소성 원년(1094)과 사면령을 받아 대유령 북쪽으로 돌아가던 건중정국 원년(1101)[64]에 이 나무 밑에서 쉰 일을 기념하기 위해 후세 사람들이 붙인 이름이라고 했다. 천 년 전에 소동파가 오며 가며 쉬었다는 나무가 아직도 건재한 것을 보니 나도 모르게 경외심이 들었다. 그런데 자세히 보니 한 번도 본 적이 없는 수종(樹種)이었다. 매화나무도 품종이 많을 것인지라 희귀한 매화나무인가 보다 생각했다.[65]

나무 밑의 작은 시비에 소동파가 북쪽으로 돌아갈 때 지은 것으로 앞에서 본 <대유령 위의 노인에게(贈嶺上老人)> 및 다음과 같은 <대유령 위의 매화나무에게(贈嶺上梅)>가 나란히 새겨져 있었다. 마치 이 나무가 천 년 전에 소동파에게 들은 것을 잘 기억하고 있다가 우리가 오기를 기다려 들려 주는 것 같았다.

매화꽃이 다 지고 온갖 잡꽃 피는데	梅花開盡百花開
행인들 다 지나가도 그대는 오지 않았네.	過盡行人君不來

64 안내문에는 '건중정국원년(1100)'[建中靖國元年(1100)]'으로 잘못 표기되어 있었다.

65 2011년 7월 북경대학 박사과정에 재학 중인 류소진이 지도교수인 장명(張鳴) 교수 및 그의 지도를 받는 동문 대학원생들과 함께 다시 대유령을 답사할 때 상세하게 알아보았더니 매관 북쪽의 찻집 주인아저씨가 그 나무는 소동파 당시의 나무가 아닐 뿐만 아니라 매화나무도 아니라고 했다 한다. 그 아저씨는 그 나무가 몇십 년 전에 새로 심은 쥐똥나무(蜡樹)라고 했다 한다. 막연한 추측일 뿐이지만 내 생각으로는 몇십 년 전에 그 나무를 새로 심었다기보다 당시 그 부근에 있던 나무 중에서 가장 크고 근사한 것을 골라 '동파수'라고 명명한 것이 아닐까 싶다. 그리고 매화나무가 아닌 엉뚱한 나무에 동파수라는 명예를 안겨 주고 그 밑에 시비까지 세운 것은 그 부근에 큰 매화나무가 없었기 때문일 것으로 추측된다.

<대유령 위의 노인에게> 및 <대유령 위의 매화나무에게> 시비

푸른 매실 안주 삼아 데운 술을 못 마시면	不趁青梅嘗煮酒
가랑비에 익어 가는 노란 매실을 봐야 하네.	要看細雨熟黃梅

이 시는 얼핏 보면 이해가 잘 안 되는 면이 있다. 그것은 제2구에 사용된 '그대'라는 시어와 제3구에 숨겨져 있는 일화 때문이다. <대유령 위의 매화나무에게(贈嶺上梅)>라는 제목 때문에 얼핏 보면 제2구의 '그대'가 대유령의 매화나무를 가리킨다고 생각되기 쉽지만 문맥으로 보면 그렇지 않다. 이 '그대'는 시인이 자신을 객관화하여 지칭한 말이고, 따라서 이 시는 제삼자의 입장에서 객관화된 자신을 책망하기도 하고 권유하기도 하는 형식으로 이루어져 있다. 앞의 두 구절은 자신이 자유의 몸이 아닌지라 매화가 다 지고 난 뒤에야 이곳에 왔기 때문에 중국 4대 매화 명승지 가운데 하나로 꼽힘은 물론 매령(梅嶺)이라고도 불릴 정도로 특별히 매화나무가 유명한 대유령의 매화를 보지 못하게 된 자신의 처지를, 자신을 객관화하여 책망하는 형식으로 자탄한 것이고, 뒤의 두 구절은 꽃을 못 본 것은 어쩔

수 없다 치고 덜 익은 청매실이나 잘 익은 황매실 가운데 한 가지라도 꼭 즐기라고 객관화된 자신에게 권유한 것이다. 이 시 전체가 매화나무를 대신하여 말하는 형식으로 이루어졌다고 보는[66] 것은 적절치 않다고 생각된다. 왜냐하면 이 시는 시인이 매화나무에게 지어 준 것이기 때문이다.

제3구를 이해하려면 ≪삼국연의(三國演義)≫의 한 장면을 떠올려야 한다. 여포(呂布)에게 대패하여 근거지를 잃고 조조(曹操)의 진영에 몸을 맡기고 있으면서 은밀하게 조조를 제거할 기회를 엿보고 있던 유비(劉備)는 자신이 아무런 야망도 없는 사람으로 보이게 하여 조조를 안심시키려고 한때 농사에 열중하는 척했다. 이때 조조가 유비를 불러 술을 한잔 마시자고 했다. 일이 탄로 난 것이 아닌가 하고 잔뜩 긴장해 있는 유비에게 조조가 부른 이유를 설명했다. 작년에 전장에서 자기 병사들이 갈증에 시달리는 것을 보고 저 앞에 매실 밭이 있다고 거짓말을 하여 병사들의 입에 침이 고이게 함으로써 갈증을 풀어 준 적이 있는데, 지금 매실이 파랗게 맺힌 것을 보니 그 당시의 일이 생각나서 술을 한잔 마시고 싶었다는 것이었다. 유비는 그제야 마음을 놓고 술을 마시기 시작했는데 조조가 갑자기 "요즈음 천하에서 누가 영웅이라고 보오?" 하고 물어서 다시 유비를 긴장시켰다. 유비가 내로라하는 사람들을 다 들먹여 보았으나 조조는 모두 부인했다. 그러더니 마침내 "지금 천하의 영웅은 그대와 나 둘뿐이오"라고 했다. 그 말을 듣는 순간 유비는 일이 잘못된 것임에 틀림없다고 생각하고 자신도 모르게 들고 있던 수저를 떨어뜨렸다.[67] 제3·4구는 바로 이러한 일화를 이용하여 매화꽃은 다 져 버려서

66 암수헌덕(岩垂憲德) 외, ≪소동파전시집(蘇東坡全詩集)≫(동경: 일본도서, 1978) 제6권, 249쪽 참조.

67 나관중의 ≪삼국연의≫ 권5 <푸른 매실과 데운 술로 영웅을 논하다(青梅煮酒論英雄)>에 이 이야기가 기록되어 있다. 그러나 ≪삼국연의≫는 소동파보다 훨씬 뒤에 나온 책이므로 소동파가 보았을 리 없다. 그리고 진수(陳壽)의 ≪삼국지(三國志)≫ <선주전(先主傳)>에는 "지금 천하의 영웅은 그대와 나 둘뿐이오. 본초(즉 원소) 무리는 칠 것도 없소(今天下英雄, 惟使君與操耳. 本初之徒, 不足數也)"[문연각 사고전서본 ≪삼국지≫ <촉지(蜀志)> 권2]라고 한 조조의 말을 듣고 유비가 수저를 떨어뜨렸다는 기록만 있을 뿐 구체적인 이야기는 없다. 그러므로 이 내용은 당시 항간에 널리 알려져 있던 삼국고사(三國故事)에 근거를 두고 있을 가능성이 크다.

더 이상 볼 수 없으니 나중에 다시 와서 푸른 매실을 즐기든지 아니면 가랑비 속에 익어가는 노란 매실을 감상하든지 최소한 둘 중에 하나는 실행하라고 객관화된 자신에게 권유한 것이다.

소동파는 왜 늙은 매화나무에게 증여하는 형식의 시를 지었을까? 이 나무를 대표로 하는 대유령 매화나무 전체에 대한 관심과 경의를 표한 것이다. 대유령 매화는 온 천하에 명성을 떨치고 있는데 7년 전에 유배지로 갈 때는 매실이 떨어진 지 이미 오래된 9월이었기 때문에 아예 생각도 할 수 없었지만 이번에는 잘하면 매화를 볼 수 있겠다는 기대를 가지고 있었는데 약간의 차이로 기회를 놓치고 말았다. 혜주에서 유배생활을 할 때인 소성 원년(1094) 겨울에 그는 <11월 26일 송풍정 아래에 매화가 만발하여(十一月二十六日, 松風亭下, 梅花盛開)>라는 시를 지은 적이 있거니와, 이 시의 제목을 보면 혜주 일대에서는 음력 11월 하순이면 매화가 벌써 흐드러지게 핀다는 사실을 알 수 있다. 소동파는 유배가 풀려 북쪽으로 돌아갈 때 대유령 남쪽 기슭에서 설을 쇠고 1월 초에 대유령을 넘었기 때문에 혜주보다 북쪽인 데다 평지보다 기온이 낮은 대유령에는 어쩌면 아직 매화가 남아 있을 것 같기도 하고 이미 다 졌을 것 같기도 하여 조마조마한 마음이었는데 막상 대유령에 올라가서 보니 매화가 막 다 져 버린 뒤였다. 그리고 매실은 아직 제대로 맺히지 않은 상태였다. 약간의 차이로 그 유명한 대유령 매화나 매실을 못 보는 것이 너무나 아쉬웠다. 그리하여 이 시로써 머지않아 다시 와서 매실이 싱싱하게 맺혀 있는 모습이나 향긋하게 익어가는 모습이라도 꼭 보아야 한다고 자신에게 다짐 받고 나아가 늙은 매화나무 앞에서 선언함으로써 그것을 공언화한 것이다. 이것은 결과적으로 대유령의 매화가 얼마나 장관인지를 역설한다. 말하자면 소동파는 이런 방식으로 대유령의 매화에게 극도의 찬사를 보낸 것이다. 굳이 자신을 품격이 고매한 매화에 비유했다거나, 성급하게 덜 익은 청매를 안주 삼아 술을 마시는 것보다는 이슬비 속에 향긋하게 익어 가는 황매를 보고 싶어 했다고[68] 볼 필요는 없을 것 같다.

동파수에서 100미터쯤 올라간 곳에 관문이 하나 있는데 관문의 이마 부분에는 '영남제일관(嶺南第一關)'이라는 붉은 글씨가 새겨져 있고 관문 양쪽에는 "매실은 행인의 갈증을 풀어 주고, 관문은 폭도의 침입을 막아 준다(梅止行人渴, 關防暴客來)"라는 검은 글씨가 새겨져 있었다. 바로 매관이었다. 거기가 바로 강서성과 광동성이 갈라지는 대유령 꼭대기였던 것이다. 그때가 정확히 3시 30분이었으니 이것저것 다 보아 가면서 천천히 올라왔는데도 입구에서 꼭대기까지 한 시간밖에 안 걸린 것이다.

매관 남쪽 이마에 새겨진 '영남제일관'

매관에서는 광동 쪽은 잘 안 보이고 강서 쪽은 한눈에 내려다볼 수 있었다. 우리나라 강원도의 대관령에서 강릉 쪽을 내려다보는 것과 비슷한 느낌이었다. 그러나 대관령과 비교하면 길이 훨씬 평탄할 뿐만 아니라 높이도 더 낮은 듯했다. 그리고 발아래로 내려다보이는 풍경도 훨씬 더 가깝게 느껴졌다. 추울까 봐 많이 껴입고 온 옷이 무겁게 느껴졌다. 한 마디로 대유령은 생각했던 것보다 시시했다.

"그 유명한 대유령이 요 정도라니!"

다들 한동안 허탈감에 빠졌다.

대유령 등반을 통하여 현장을 직접 관찰한 결과 나는 스스로 이런 생각을 하게

68 왕조안(王朝安)·왕집문(王集門), <소식이 북쪽으로 돌아갈 때 매령을 넘으며 지은 시에 대한 비평과 분석(蘇軾北歸度梅嶺詩評析)>[해남대학, ≪해남대학학보(海南大學學報) 사회과학판(社會科學版)≫ 1985년 제2기] 64쪽 참소.

되었다. '대유령은 산맥으로서의 대유령과 고개로서의 대유령 즉 매령이 있는데, 대유령이 유명한 것은 고개로서의 대유령 즉 매령이 높고 험난하여 넘어가기 힘들기 때문이 아니라, 대유령산맥의 남쪽이 기러기도 넘어가지 않을 정도로 무더워서 옛날에는 북쪽 사람들이 그 남쪽으로 내려가서 살기가 힘들었기 때문일 것이다.'

매관의 강서성 쪽 이마에는 붉은 글씨로 '남월웅관(南粵雄關)'이라고 쓰여 있고 그 오른쪽에는 역시 붉은 글씨로 커다랗게 '매령(梅嶺)'이라고 쓴 사람 키보다 높은 표지석이 서 있었다. 그리고 매관에서 강서성 쪽으로 조금 내려

매령 표지석

매관 북쪽 이마에 새겨진 '남월웅관'

간 곳에 망매정(望梅亭)이라는 1층짜리 정자가 하나 있었다. 망매정에 서서 내려다보니 매령 북쪽 비탈에 있는 매화나무 숲이 한눈에 들어왔지만 매화가 다 지고 없는 때라 안타깝게도 꽃을 볼 수는 없었다.

망매정 옆에 있는 소박한 찻집에서 차를 한잔 마셨다. 차를 날라 주는 주인아저씨를 그 옛날 소동파가 북쪽으로 돌아가는 길에 대유령 정상 부근에서 만나 시를 지어 주었다는 주막집 주인이라 생각하며 나는 잠시 소동파가 되어 보았다. 소동파가 쉬었다는 주막은 광동 쪽으로서 동파수 부근에 있었을 테지만 차를 마시며 강서성 대여현을 내려다볼 수 있으니 경관을 즐기기에는 오히려 여기가 더 나은 것 같았다.

5. 남웅(南雄)에서 광주(廣州)까지

❈ 주기

4시 반이 조금 지나 매령을 떠난 차는 왕복 4차로로 잘 닦여진 길을 달려 4시 40분에 남웅시 주기진(珠璣鎭)에 도착했다. 주기진은 소동파의 손자, 즉 둘째 아들 소태(蘇迨)의 장남으로 관직이 무관 중에서 최고위직인 태위(太尉)에까지 오른 청천(晴川) 소소기(蘇紹箕, 일명 蘇箕, 1088-1150)가 자란 곳인 동시에 항금투쟁 중이던 45세 때 다리에 부상을 입고 물러나서 산 곳이기도 하다.[69]

주기진에 도착하여 주민들에게 소소기의 고향 마을이 어딘지 물었으나 아는 사람이 없었다. 몇 차례나 물은 결과 우리가 차를 세우고 있는 사수촌(沙水村)이 바로 소소기의 고향이며 우리 차 바로 앞의 주기고항풍경구(珠璣古巷景區)에 그의 사당이 있다는 사실을 알아냈다. 어떻게 자기가 살고 있는 동네가 바로 대문호 소동파의 손자가 살던 곳이라는 사실을 모르고 사는 사람이 그렇게 많은지 의아했다.

20원이나 주고 들어간 주기고항풍경구에는 사수호라는 작은 호수를 가운데에 두고 40개 정도 되는 사당이 빼곡하게 둘러서 있었다. 명문가의 사당이 이렇게 많다 보면 자기 동네가 소소기의 고향 마을이라는 사실을 모를 수도 있겠다 싶었다.

정문으로 들어가서 왼쪽으로 돌아가자 첫머리의 서씨대종사(徐氏大宗祠) 다음에 바로 소씨종사가 있어서 쉽게 찾을 수 있었다. 사당 안에는 <소씨연원(蘇氏淵源)>·<주기고항청천소공세계도(珠璣古巷晴川蘇公世系圖)>·<소씨명인록(蘇氏名人錄)>과 같은 소씨 집안의 내력을 밝힌 글과 도표, <소진육국봉상도(蘇秦六國封相圖)>·<소무목양도(蘇武牧羊圖)>·<소식사작도(蘇軾寫作圖)>·<소송재상도(蘇頌

---

69 ≪백도백과≫ <소기(蘇箕)> 참조.

주기진의 소씨종사

宰相圖)>·<동파선생입극도(東坡先生笠屐圖)>와 같은 소씨 집안 명인들의 초상화와 그들에 관한 그림, 소동파의 시 <대유령 위의 노인에게(贈嶺上老人)>·<대유령을 넘으며(過嶺)>와 같은 소씨 집안 명인들의 시 등이 전시되어 있었다.

소씨종사에서 우리는 뜻밖의 정보를 얻었다. 우리가 사당으로 들어가자 한 할아버지가 얇은 안내 책자를 한 권씩 주면서 여기에 한번 가 보라고 했다. 대화를 시도했으나 표준말을 잘 못 알아듣는 것 같아서 포기했다. '소동파기념관(蘇東坡紀念館)'이라는 제목이 붙은 그 책자는 종화시(從化市) 온천진(溫泉鎭)에 있는 소동파기념관에서 제작한 것이었다. 그 책자에 종화의 소동파기념관은 소동파의 25대손이라는 소거한(蘇巨漢) 선생이 관장이고 26대손인 소원청(蘇苑靑) 여사가 이사장이라고 소개되어 있으며, 그 밖에도 기념관 관계자들 가운데 소씨가 네다섯 명 더 있어서 소씨 집안에서 운영하는 것임을 짐작할 수 있었다. 운전사에게 시간이 얼마나 더 걸리겠느냐고 물었더니 종화는 광주시의 속현이기 때문에 둘러가는 거리가 얼마 안 되고 따라서 더 걸리는 시간도 별로 없다고 했다. 시간이 좀 더 걸리더라도 한번 가 볼 생각이었는데 시간이 별로 더 걸리지 않는다니 더 이상 고민할 필요가 없었다.

옛날에 서울의 관악산 서쪽에 시흥군이 있었는데 지금은 그것이 둘로 나누어져서 일부는 서울시 시흥동이 되고 일부는 경기도 시흥시가 되었다. 나는 평소에 그 고을이 관악산이 막 흥기하기 시작하는 곳이기 때문에 그렇게 명명되었을 것이라고 추측하고 있었다. 이와 마찬가지로 광동성 소관시(韶關市)의 속현인 시흥(始興) 역시 대유령이 막 흥기하는 지점이 아닐까 생각하고 있었다. 그런데 인화(仁化)로 가는 길에 본 시흥 일대는 넓은 들판으로 아무래도 대유령이 시작되는 지점이라고 보기는 어려울 것 같기도 하고, 또 다른 한편으로는 시흥이 대유령에서 그다지 멀리 떨어져 있는 것은 아니니 중국처럼 국토가 넓은 나라에서는 여기를 대유령의 시작 지점으로 보는 것이 가능할 것 같기도 하여 적이 혼란스러웠다. 한참을 생각한 끝에 마침내 '대유령 바로 밑에 있는 광동성 남웅시가 서울시 시흥동에 해당한다면, 대유령에서 조금 떨어진 광동성 시흥현은 경기도 시흥시에 해당하는 셈이다'라는 결론에 도달했다.

막연한 호기심으로, 그리고 어차피 인화로 가는 길목이기에 6시 반 무렵의 어둑어둑한 시각임에도 불구하고 운전사에게 부탁하여 차를 탄 채로 시흥 시내를 한 바퀴 둘러보았다. 대충 둘러본 느낌에 의하면 시흥은 혜주시 박라보다 약간 작은 듯했다.

인화에 들어서자마자 괜찮은 호텔이 있어서 주저 없이 거기서 묵기로 결정했다. 단하온천산장(丹霞溫泉山莊)이라는 호텔로 2인실 하나에 160원인데 방이 아주 깔끔했다.

호텔 종업원들에게 물으니 내일 우리가 가려는 단하산세계지질공원은 입장료가 약 200원이고 관람하는 데 최소한 대여섯 시간은 걸린다고 했다. 단하산세계지질공원에서 우리가 보려고 한 것은 두 가지였다. 한 가지는 양원석(陽元石) · 음원석(陰元石)으로 남자와 여자의 생식기처럼 생긴 거대한 바위 두 개가 약 5킬로미터의 거리를 두고 서 있는 것이고, 다른 한 가지는 소석산(韶石山)으로 순임금이 남쪽을 순수(巡狩)할 때 단하산에 올라가서 소악(韶樂)을 연주하자 주위에 있던 돌 30개가 이에 감동하여 각기 특이한 표정을 지었다는 것인데, 둘 다 지나가는 길에 한번 보려고 한 것이지 꼭 보아야 할 것은 아닌 데다 시간도 여의치 않아서 둘 다 포기하기로 했다.

높이가 각각 28미터와 10.3미터라는 양원석과 음원석은 지나가는 길에서도 보이지 않을까 생각했는데 생각과 달리 그것은 단하산세계지질공원의 가장 깊은 곳에 있기 때문에 그것만 보고 나와도 두세 시간은 걸릴 것이라고 종업원들이 말했다. 우리가 이것저것 자꾸 캐묻자 종업원이 양원석과 음원석을 찍은 사진을 한 장씩 주기에 저녁 먹을 때 한 번씩 돌려 보는 것으로 대신했다.

오늘이 마침 옥민지의 생일이라 저녁을 상당히 푸짐하게 먹었다. 솜씨가 좋아서 음식이 맛있기도 하고 시골 소도시라 값이 싸기도 했다. 아무도 없는 밤 깊은 식당에서 다들 술도 한잔 마시고 몇 명이 돌아가며 노래도 한 곡씩 불렀다. 김은숙이 "봄꽃과 가을달 언제나 끝나려나(春花秋月何時了)"로 시작하는 이욱(李煜)의 사 <우미인(虞美人)>을 부르고, 김보경이 "강남은 좋았네(江南好)"로 시작하는 백거이의 사 <억강남(憶江南)>를 부르고, 내가 "명월이 하늘에 떠 있는 것 그 얼마인지(明月幾時有)"로 시작하는 소동파의 사 <수조가두(水調歌頭)>를 불렀는데 모두 옛날 악보에 근거하여 복원한 옛날 곡조로 불렀다. 외국 사람들이 중국어로 중국 옛날 노래를 흥겹게 불러 대자 종업원들이 몰려와서 신기하다는 표정을 감추지 않고 귀를 기울였다. 그러나 영업시간이 끝났지만 더 놀아도 된다는 종업원의 말이 무슨 뜻인지 잘 알기에 너무 오래 앉아 있을 수는 없었다.

2009년 2월 20일 8시 50분에 인화를 출발하여 9시 50분에 소관시 곡강구(曲江區)에 있는 남화사(南華寺)에 도착했다. 중국 남종불교의 발원지인 남화사는[70] 그

---

70 ≪백도백과≫ <남화사> 참조.

남화사

옆으로 흐르는 조계(曹溪)와 마찬가지로 소동파가 지나가는 길에 노닐면서 시를 지었던 곳이다.

절 뒤의 조계 건너편에 33조 혜능대사(慧能大師)의 상과 그의 문인들이 선종(禪宗) 제6조(第六祖)인 그의 설법을 기록한 ≪육조단경(六祖壇經)≫이 돌에 새겨져서 벽에 기다랗게 붙어 있는 것이 인상적이었다.

❈ 하공교와 소동파기념관

11시 10분쯤에 곡강을 떠나 12시 반쯤에 영덕에 도착했다. 거기서 답사할 곳은 하공교(何公橋)라는 근 1,000년 전에 지어진 다리다.

하공교는 북송 원부 3년(1100) 당시의 영주(英州, 지금의 광동성 英德)태수 하지보(何智甫)가 놓은 것이다. 원래 그곳에는 나무를 걸쳐서 만든 다리가 있었는데, 몇 년만 지나면 망가져 버리는지라 하지보가 백성들의 불편을 덜어 주기 위해 돌을 쌓아서 만들었다. 다리가 완공되었을 때 마침 사면령을 받고 북쪽으로 돌아가던 소동파가 영주에 들렀기 때문에 하지보가 그에게 글을 지어 줄 것을 요청했고, 소동파

하공교

가 그의 청에 응하여 <하공교(何公橋)>라는 56구짜리 4언시를 지었다.[71]

1,000년 전에 지어진 다리인 만큼 클 리가 없으므로 그런 다리를 찾기가 쉬울 것이라고는 생각하지 않았다. 그래도 인터넷 지도를 통하여 화평남로(和平南路)나 유광로(裕光路)를 따라 남쪽으로 내려가면 된다는 사전 정보를 가지고 있었기에 몇 번이나 묻고 또 묻기는 했지만 마침내 찾아냈다. 12시 55분이었다.

하공교는 화평남로와 소공로(蘇公路)의 사이에 있는 유광로를 따라 남쪽으로 내려가다가 유광로와 인민로가 만나는 지점에 있었다. 지도를 보니 정양호(湞陽湖)에서 북강(北江)으로 연결되는 작은 개천이 북강으로 들어가기 직전에 놓여 있었다. 북송 때에는 어떻게 지어졌는지 모르지만 지금은 폭이 5미터가량 되고 길이가 20미터가량 되는 콘크리트 다리였다.

밑에는 물이 거의 흐르지 않아 고여 있는 물이 썩은 듯했다. 다리는 오랫동안 손질을 하지 않은 듯 거무튀튀한데 다리 동쪽 끝의 교각 윗부분에 조그맣게 새겨진 '하공교(何公橋)'라는 글자는 미리 알고 있는 사람이 아니면 식별하기 어려울 정도로 퇴색해 있었다. 그 부근에 사는 사람이 모르는 것도 무리가 아니었다. 다리

71 홍매(洪邁), ≪용재수필(容齋隨筆)≫ 삼필권11(三筆卷十一) <하공교시(何公橋詩)> 참조.

동쪽에는 영덕시공안국 성남파출소가 있고, 다리 서쪽에는 붉은 벽돌로 지은 2~3층짜리의 오래된 인가들이 늘어서 있었다.

1시 10분쯤에 하공교를 떠나 시내에 있는 만원춘주점(滿園春酒店)에서 점심을 먹고 2시 10분경에 영덕을 떠났다. 이제 종화로 가서 소동파기념관을 둘러보면 광주로 돌아가는데 영덕에서 종화까지도 그리 멀지 않고 종화에서 광주까지도 별로 멀지 않다. 그리고 종화의 소동파기념관은 최근에 생겨서 보는 데 시간이 많이 걸리지도 않을 것 같으므로 유정석 대표와 만나기로 한 6시까지 광주에 도착하는 데는 아무 문제가 없을 것 같았다.

그런데 그게 아니었다. 지도를 보니 온천진은 종화 중심가보다 훨씬 북쪽에 있는데 어쩐 일인지 차가 종화시의 남쪽으로 진입했다. 좀 돌아가더라도 시간이 적게 걸리는 길을 이용하느라 그러나 보다 했는데 그런 것만도 아닌 듯했다. 종화 시내에서 온천진으로 가는 길을 몰라 몇 번을 물었는데도 제대로 길을 찾지 못하고 헤맸다. 결국 내비게이터를 작동하고 가는데 내비게이터가 길을 잘 인식하지 못하는지 자꾸 엉뚱한 데로 안내했다. 지도를 보니 방향이 빤히 보이는데 운전사는 내비게이터의 안내만 믿고 자꾸 다른 길로 갔다. 마침내 내가 지도를 보며 길을 안내했다. 내가 생각한 대로 가니 금방 온천진이 나왔다. 그 사이에 아까운 시간을 너무 많이 낭비하여 속이 상했다. 온천진에 도착하여 소동파기념관이 어디인지 묻자 다들 잘 알고 있었다.

그런데 또 문제가 생겼다. 우리가 소동파기념관에 도착한 것은 4시 55분이었다. 마당이 별로 넓지 않아 문틈으로 소동파의 동상이 빤히 들여다보였다. 정문 위쪽에 가로로 '소동파기념관(蘇東坡紀念館)'이라고 쓴 현판이 붙어 있고 그보다 조금 더 위에 '광동성공상기공학교종화분교(廣東省工商技工學校從化分校)'라는 현판이 하나 더 붙어 있는데 그 학교 정문의 수위가 우리를 못 들어가게 했다. 보아하니 소동파기념관이 광동성공상기공학교 종화분교의 교정을 빌려 쓰는 상황이고 정문의 수위는 광동성공상기공학교 종화분교 직원인 듯했다.

퇴근시간이 되어서 입장시킬 수 없다는 수위의 말을 듣고 명함을 내밀며 나의 신분을 밝히고 우리가 소동파의 유적을 찾아보기 위해 먼 곳에서 일부러 여기까지 왔으니 사정을 좀 봐 달라고 부탁했으나 그래도 안 된다고 했다. 그러나 지난번에 강소성 의흥(宜興)에 있는 동파서원을 답사했을 때도 폐문시간 20분 전에 도착했는데도 불구하고 명함을 주며 신분을 밝히자 입장을 거부하며 문 밖에서나 보고 가라던 관리인 할아버지가 태도를 바꾸어 오히려 입장료를 깎아 줄 뿐만 아니라 우리를 따라다니며 친절하게 안내까지 해 준 적이 있기 때문에 크게 걱정되지는 않았다.

소동파기념관 관리인에게 부탁해 볼 테니 그에게 안내해 달라고 해도 이미 퇴근했다며 안 된다고 했다. 그때는 이미 5시가 살짝 지나 있었다. 우리가 도착할 때는 5시 5분 전이었다며 억울한 듯이 호소해도 새파랗게 젊은 남자 수위는 융통성을 발휘할 줄 몰랐다. 기념관 관리인에게 전화를 좀 해 달라고 해도 소용이 없었다. 우리가 5시 이전에 도착했기 때문에 우리가 도착했을 때는 관리인이 아직 퇴근하지 않았을 것이고, 그렇다면 아직 학교 안에 있을 것이라는 생각이 들었다. 그리고 우리가 소동파 연구자들이라는 사실을 알기만 하면 관리인은 철없는 수위와는 달리 결코 우리의 부탁을 물리치지 않을 것이라고 생각되어 일단 기념관 앞까지 접근하는 작전을 쓰기로 했다. 그리하여 그냥 기념관 바깥에서 외관이라도 한번 보고 가는 것이라도 허락해 달라고 수위에게 부탁했다. 그제야 그 답답한 사람이 그렇게 하라고 했다.

교문에 들어서자마자 우리는 먼저 소동파의 동상부터 살펴보았다. 그곳에 있는 소동파의 동상은 지금까지 본 소동파의 모습과는 좀 달랐다. 도포 차림으로 오른손에 대나무 지팡이를 들고 머리에 두건을 쓴 모습은 소동파 초상화에서도 흔히 볼 수 있지만, 발에 짚신을 신은 데다 등에 삿갓까지 매달고 있는 모습은 처음 보는 것이었다. 왜 그런 모습을 조각했는지 의아했는데, 동상 뒷면의 하반신 자리에 초서체로 소동파의 대표작 가운데 하나인 <정풍파(定風波)>가 쓰여 있는 것을 보니 궁금증이 풀렸다.

숲을 뚫고 잎 때리는 빗소리를 듣지 마라.　　莫聽穿林打葉聲
소리 내어 읊조리며 천천히 걸은들 어떠랴!　　何妨吟嘯且徐行
대지팡이에 짚신이 말 탄 것보다 경쾌한데　　竹杖芒鞋輕勝馬
무엇을 두려워하랴?　　誰怕
도롱이 쓰고 이슬비에 한평생을 맡기리라.　　一蓑煙雨任平生

서늘한 봄바람이 술기운을 날려 보내　　料峭春風吹酒醒
몸이 약간 선득한데　　微冷
산꼭대기 석양이 나를 맞는다.　　山頭斜照却相迎
여태껏 서늘했던 곳을 되돌아보니　　回首向來蕭瑟處
돌아가 버렸도다.　　歸去
비바람만 있지도 않고 갠 날만 있지도 않도다.　　也無風雨也無晴

"3월 7일 사호로 가는 도중에 비를 만났는데 우비를 가진 사람이 앞서 간지라 함께 간 사람들이 모두 낭패감을 느꼈으나 나만 유독 느끼지 못했다. 얼마 안 있어서 마침내 날이 개었기에 이 사를 짓는다"[72]라는 서문이 말해 주는 바와 같이 이 사는 소동파가 황주에서 유배생활을 할 때 황주 교외의 사호라는 곳에 농지를 좀 사 두기 위해 땅을 보러 가는 도중 갑자기 소나기가 내리다가 금방 그친 것을 계기로 인생에 항상 나쁜 일만 있지도 않고 항상 좋은 일만 있지도 않다는 자신

72 "三月七日, 沙湖道中遇雨. 雨具先去, 同行皆狼狽, 余獨不覺. 已而遂晴, 故作此詞."(추왕본 ≪소식사집≫ 358쪽)

종화 소동파기념관의 소동파상(앞면)

종화 소동파기념관의 소동파상(뒷면)

의 초연한 인생관을 노래한 것이다. 이 동상은 소동파가 이 사를 통하여 내비친 그의 이상적인 모습을 형상화한 것임에 틀림없다.

기단의 옆면에는 특이하게도 소씨가 대부분인 동상 설립 기부금 출연자들의 명단이 적혀 있었다.

나의 예상은 적중했다. 우리가 학교 안으로 들어가서 소동파의 동상을 둘러보고 있노라니 바로 옆에 있는 기념관에서 관리인이 나와 안으로 들어오라고 했다. 1인당 10원인 입장료를 내라고 했지만 입장료가 문제인가? 춤이라도 추고 싶은 심정이었다.

기념관 안에는 소동파와 관련된 자료가 몇십 점 전시되어 있었다. 예를 들면, 미산(眉山)에 있는 삼소사의 남대문과 동파반타상(東坡盤陀像), 광주 백운산(白雲山)

에 있는 소소기묘(蘇紹箕墓), 담주 중화에 있는 동파정(東坡井), 미산의 환어지(喚魚池)에 있는 소동파와 왕불(王弗)의 석상 등을 찍은 천연색 사진과 <소동파생평간개(蘇東坡生平簡介)>·<소식세계도(蘇軾世系圖)> 등 소동파를 소개하는 글이 붙어 있었다. 또 <동파선생상>·<동파선생입극도>·<삼소도> 등 옛날 사람이 그린 소동파 또는 소씨 삼부자의 흑백 초상화도 있고, 근래 사람이 그린 것으로 보이는 소씨 삼부자의 채색 초상화도 붙어 있었다.

관람을 마치고 나오자 다른 일로 출타 중이기 때문에 관장이 직접 인사드리지 못하는 점을 양해해 달라고 40대쯤 되어 보이는 여자 관리인이 정중하게 말했다. 우리는 뜻하지 않은 친절에 오히려 황송해했다. 그러나 정문을 나갈 때는 득의한 표정으로 수위실 쪽을 한 번씩 쳐다보았다.

5시 40분에 소동파기념관을 떠났는데 길이 많이 막히는지라 유정석 대표의 도움을 받아 광주 삼원리(三元里)에 예약해 둔 성시객잔 삼원리점에 도착하니 벌써 7시 10분이 되어 있었다. 188원짜리 표준실은 창문이 없어 3일이나 묵으려면 너무 답답할 것 같기에 208원짜리 호화방을 쓰기로 했다. 광주 같은 대도시에서 방값이 이 정도면 아주 싼 편이다. 성시객잔이 앞으로도 유용할 것 같아 일행 모두가 회원증을 하나씩 만들었다. 회원에게는 10%의 할인 혜택이 있다고 했기 때문이다.

❋ 월수공원과 탐천

2009년 2월 21일 오늘은 월수공원(越秀公園)과 탐천(貪泉)을 거쳐 해당사(海幢寺)와 손중산대원수부유지(孫中山大元帥府遺址)를 보고 황포군교유지(黃埔軍校遺址)까지 답사하는 것이 목표인데 가장 큰 문제는 탐천의 위치를 파악하는 일이다. 탐천에는 재미있는 일화가 얽혀 있다.

동진(東晋) 사람 오은지(吳隱之)는 여러 가지 고위 관직을 역임했지만 녹봉과 하사품을 모두 친척들에게 나눠주어 버려 추운 겨울에도 덮을 이불이 없고, 옷을 빠는 동안 몸에 솜을 걸치고 있을 정도였다.[73] 이처럼 청렴결백하기로 소문난 오은지가 융안(397-401) 연간에 광주태수로 부임하게 되었다. 광주성에서 20리쯤 떨어진 석문(石門)에 탐천이라는 샘이 있는데 그 물을 마시면 탐관오리가 된다는 속설이 있었다. 석문에 이르러 이 말을 들은 오은지는 조금도 개의치 않고 샘물을 퍼 마시고는 이렇게 시를 읊었다.

옛 사람이 말하기를 이 샘의 물은	古人云此水
한 번 마시면 일확천금을 꿈꾼다는데	一歃懷千金
백이와 숙제라면 이 물을 마시게 해도	試使夷齊飲
끝끝내 마음을 바꾸지 않으리라.	終當不易心[74]

오은지는 광주태수로 재임하는 동안 이전보다 더욱 청렴결백하게 살았다. 석문은 북쪽에서 부임해 오는 관리가 반드시 지나가게 되어 있는 곳인데, 거기까지 달려오면 갈증이 나기 때문에 예외 없이 다들 탐천의 물을 마시는바, 광주는 여러 가지 진기하고 보배로운 물건이 많은 데다 북쪽 사람이 살기 힘든 아열대지방이라 부임하기를 원하는 사람이 대개 가난한 사람이었기 때문에 태수로 부임한 관리들이 한결같이 탐관오리로 변한 것이지 결코 탐천의 물을 마셨기 때문이 아니었던 것이다.

운전사가 자기도 나름대로 알아봤는데 광주 토박이에게 물어도 아는 사람이 없더라며 자기 생각에 탐천은 어제 갔던 온천진 부근에 있는 것 같다고 했다. 운전사는 아마도 내가 어제 보여준 인터넷 자료에 "광주시 북쪽의 석문(石門) 농쏙에 있다"는 말과 탐천이 샘이라는 사실 때문에 그렇게 생각하는 모양이지만 그럴 리

73 ≪진서≫ 권90 <오은지전> 참조.
74 문연각사고전서본 ≪진서≫ 권90 <오은지전>.

가 없다. 왜냐하면 석문이 광주성에서 20리 떨어져 있다고 했는데 옛날의 광주성은 지금의 광주시와는 비교도 안 될 만큼 작았을 것이고, 따라서 그 성에서 20리라면 광주시 중심가에서 그렇게 멀 리가 없기 때문이다.

광주 지도에도 나타나 있지 않고 주민들 중에도 아는 사람이 없었지만 몇 차례의 답사를 통해 요령을 터득한 우리에게는 나름대로의 방법이 있었다. 김보경이 얼른 광주시 인민정부에 전화하여 문화재 담당자를 찾았다. 마침 토요일이라 담당자가 출근하지 않았다며 전화를 받은 직원이 담당자에게 알아봐 주겠다고 했다. 그 직원이 담당자에게 알아보는 동안 우리는 월수공원을 둘러보기로 했다.

월수공원에 입장하고 얼마 안 지났을 때 광주시 인민정부 직원이 전화를 걸어왔다. 탐천이 광주시 백운구(白雲區) 석정진(石井鎭) 석문촌에 있다며 자세하게 위치를 가르쳐 주었다. 그리고 '탐천(貪泉)'이라고 쓴 원래의 비석은 월수공원 안에 있는 광주박물관으로 옮겨 놓고 원래의 자리에는 모조품을 하나 세워 놓았다는 사실도 알려 주었다. 그는 또 양성팔경(羊城八景) 가운데 석문반조(石門返照)라는 것도 있다고 덧붙였다. 어렵지 않게 탐천의 위치를 알게 되어 매우 즐거운 마음으로 얼른 월수공원 중에서 중요한 곳만 몇 군데 둘러보고 탐천을 찾아가기로 했다.

오양석상

먼저 찾아간 곳은 오양석상(五羊石像)이었다. 입장권에 있는 <오양석조간개(五羊石雕簡介)>에 의하면 오양석상은 오랜 전설에 근거하여 1959년에 만들었다고 한다. 전설에 의하면 2,000여 년 전의 광주는 아득한 바닷가 마을로 사람들이 제대로 먹고 살지도 못했는데, 어느날 신선 다섯 명이 양을 한 마리씩 타고 와서 곡식을 내려 주

며 풍년을 빌고 다시 하늘로 올라간 뒤에 광주가 갑자기 풍요로운 고장으로 버뀌었다고 한다. 그리고 신선들이 타고 왔던 양 다섯 마리는 돌로 변했다고 한다. 오양석상 밑의 석벽에는 신선들이 주민들에게 곡식을 내려주는 모습을 새긴 부조가 있었다.

광주에서 본 가장 특이한 사실은 주민들이 모두 제기차기를 좋아한다는 것이었다. 광주 주민들은 남녀노소를 불문하고 다들 제기를 잘 찼다. 차는 기술도 굉장히 다양하여 마치 축구공 잘 다루는 사람이 공으로 온갖 묘기를 다 부리듯 제기를 앞으로도 차고 뒤로도 차고 몸을 돌려서 차기도 했다. 오양석상 앞의 빈터에는 제기 차는 사람이 유독 많았다.

명나라 때 쌓은 것이라는 옛날 성곽 밑에는 100명쯤 되어 보이는 아저씨와 아주머니 그리고 심지어 할아버지와 할머니까지 한데 모여서 아주 크게 틀어 놓은 <야래향(夜來香)> 곡조에 맞추어 춤을 추고 있었다. 남자 한 명과 여자 한 명이 짝을 이루어 신나게 춤을 추는데 지극히 일상적인 활동인 듯 우리 일행말고는 아무도 구경하는 사람이 없었다. 그리고 우리가 서서 구경을 하는데도 불구하고 그들은 조금도 눈치를 보지 않고 춤을 추었다. 사실 이런 모습은 중국의 어느 공원에서나 다 볼 수 있지만 이곳은 특별히 활발했다.

거기서 얼마 안 떨어진 곳에 '손선생독서치사처(孫先生讀書治事處)'라는 글씨가 새겨진 기념비가 하나 있었다. 손문(孫文)이 공부도 하고 사무도 본 곳인데 그 부근에서 나는 아주 중요한 사실을 알게 되었다. 해남과 광동 일대에 지천으로 널려 있기에 혹시 광랑수가 아닐까 하여 오래전부터 궁금해했던, 혜주서호에서 한 할아버지와 필담까지 나누고도 알아내지 못했던 그 나무의 이름을 알게 된 것이다.

손선생독서치사처를 보고 나서 그 위에 있는 중산기념당(中山紀念堂) 앞을 지나자니 그 나무에 명패가 붙어 있었다. 단수어미규(短穗魚尾葵)였다. 나무 이름의 의미를 풀어 보면 '이삭이 짧은 물고기 꼬리 모양의 아욱'이라는 뜻이 된다. 그러고

어미규

해동경기원 안에 있는 다산정

보니 잎이 조금씩 넓어졌다가 갑자기 뚝 잘려서 세모꼴을 이루는 것이 꼭 물고기의 꼬리지느러미 같다. 나무 이름이 정말로 그럴듯하다.

그런데 거기서 몇 발 더 가노라니 이번에는 그냥 '어미규(魚尾葵)'라고만 쓴 명패를 단 나무가 있었다. 이런 나무를 통틀어서 어미규라고 하고 그 가운데 이삭, 즉 열매가 짧은 것을 단수어미규라고 하는가 보다 하는 생각이 들었다. 그렇다면 장수어미규도 있을 법한데 관심을 가지고 찾아보았으나 그런 명패를 단 나무는 눈에 띄지 않았다.

정문에서 약간 오른쪽으로 나 있는 길을 따라 조금 걸어가니 한국원이라고도 하고 해동경기원(海東京畿園)이라고도 하는 정원이 하나 있었다. 중국의 광동성과 한국의 경기도가 상호 교류하기로 한 합의에 따라 몇 채의 한국 전통 건물을 지어서 '세종루'·'율곡재'·'다산정'·'성호정' 등의 이름을 붙여 놓고 한국 관광객의 눈길을 끌고 있었지만 특별히 볼만한 것은 없었다. 안내문에 의하면 설계와 시공은 물론 중요한 자재까지 모두 한국에서 가져와 2005년 7월부터 11월까지 공사하여 12월 12일에 준공식을 거행했다고 한다.

11시 40분경에 월수공원을 떠나 탐천을 찾아갔다. 구체적인 위치까지 알아 놓았기 때문에 두세 번 물어보고 바로 석정진까지 갈 수 있었다. 12시 35분에 석정진에 이르러 오토바이에 걸터앉은 채 길가에 서 있는 한 아저씨에게 탐천의 위치를 물었더니 10원을 주면 자기가 선도차 역할을 해 주겠다고 했다. 선도차를 따라 이리 돌고 저리 꺾이며 포장만 되어 있을 뿐 차선도 그려져 있지 않은 시골길을 달렸다. 경륭로(慶隆路)라는 길을 지나더니 오토바이는 차 한 대가 겨우 다닐 만한 골목길로 접어들었다. 그리고 거기서 얼마 안 가서 멈추었다. 12시 40분이었다. 차에서 내려 왼쪽에 있는 폭이 200미터쯤 되는 제법 큰 강에서 몇몇 사람들이 낚시질하는 모습을 구경하며 걸어가노라니 오른쪽에 석문휴양원이라는 낡은 건물이 하나 나오고 이내 탐천의 유지가 나타났다. 나지막한 야산 하나가 강에 거의 닿으려고 하는 지점이었다.

강 바로 옆에 만력 22년(1594) 4월에 세웠다는 비석이 하나 세워져 있었다. 비석은 중앙에 적갈색 글씨로 '탐천(貪泉)'이라는 두 글자를 새기고 그 위에 오은지의 시를 새겨 놓았다. 그리고 좌우에는 건립 시기와 건립자의 이름을 새기고 밑에는 1964년 6월에 광주시문물관리위원회가 모조하여 세웠다고 써 놓았다. 이 비석이 여기가 바로 우리가 찾고 있는 그 탐천임에 틀림없음을 확인시켜 주고 있었지만 주위를 아무리 살펴보아도 샘은 보이지 않았다. 비석과 강 사이에 물이 거의 없는 작은 연못이 하나 있지만 탐천과는 관련이 없는 것이 확실해 보였다. 이미 말라 버린 탓이려니 생각되지만 바로 옆에 큰 강이 있는데 샘이 왜 말랐을까 하는 의구심도 들었다. 그러더니 다음 순간 이런 터무니없는 생각이 들었다. '오은지의 일화가 알려진 뒤로 광주에 부임하는 관리들이 자기도 오은지만큼 청렴결백하다고 자부하여 너나없이 실컷 퍼

탐천 표지석

마셔 버린 탓이 아닐까?'

탐천 옆에는 사방 1미터 정도 되는 아주 작은 육면체의 콘크리트 구조물에 작은 불상이 두 개 놓여 있고 불상 앞에는 갈색 음료가 담긴 유리그릇이 두 개 놓여 있었다. 복덕사(福德祠)라고 쓰여 있지만 도저히 사당이라고 할 수는 없는 것이었다. 그리고 그 옆에는 바위가 하나 있는데 바위 위에는 '불광보조(佛光普照)'라고 쓰인 천이 걸려 있고 바위 밑에는 향이 수십 개 피워져 있었다. 뿐만 아니라 길옆에 '나무아미타불(南無阿彌陀佛)'이라고 새겨진 돌이 박혀 있기도 하고 길가에 향을 파는 사람도 몇 명 있었다. 그러나 우리 일행 이외에 왕래하는 사람이 거의 없어서 여기를 절로 간주하고 와서 기도를 드리는 것인지 부근에 다른 절이 따로 있는 것인지는 가늠하기 어려웠다. 옆에 있는 강이 무슨 강인지 궁금하여 낚시질하는 아저씨에게 물었더니 그는 내가 들고 있는 수첩에다 '유계하(流溪河)'라고 적어주며 종화(從化)에서 흘러오는 것이라는 설명을 덧붙였다. 지도를 보니 유계하는 주강(珠江)의 지류 가운데 하나였다.

탐천 바로 위의 향 파는 가게에서 30대쯤 되어 보이는 젊은 여인이 길가에 놓인 평상에 열 살가량 된 듯한 어린 아들과 딸을 데리고 앉아 조촐하게 차린 점심을 먹고 있었다. 잠시 그 광경을 보고 있노라니 언제 다가왔는지 일흔 살쯤 되어 보이는 할아버지가 아무 말도 하지 않고 연신 허리를 굽히며 동냥통을 내밀었다. 옛날에는 북경 같은 대도시의 도심에서도 흔히 볼 수 있는 광경이었지만 지금은 도심에서는 보기 어려운데 여기는 변두리라 아직도 거지가 있는 모양이었다.

돌아오는 길에 길가에 있는 해선선(海鮮船)이라는 농가식당에서 점심을 먹었다. 길 건너편에 광주철로직업기술학원이라는 학교가 보였다. 식당으로 들어가다가 문득 궁금증이 생겨서 계산대에 앉아 있는 청년에게 여기도 석문촌이냐고 물었더니 여기는 석문촌이 아니라 어디라고 하는데 방언이 심해서 알아듣기 힘들었다. 내가 잘 못 알아들은 것을 눈치 챈 청년은 빈 계산서를 한 장 찢어서 '경풍촌(慶豊

村) 흥륭위(興隆圍) 해구(海口)'라고 적어 주었다.

해선선은 200평쯤 되는 넓은 공터에 기다란 원목 몇 개를 세우고 그 위에 지붕을 얹은, 천장이 굉장히 높은 임시건물에다 큼지막한 식탁 수십 개를 놓고 있는 단층짜리 식당인데, 1시 반이 다 되어 가는 늦은 시각임에도 불구하고 식당의 절반 정도를 채울 만큼 손님이 많았다. 그 부근에서는 잘 알려진 식당인가 보았다.

식사를 마치고 나오다 보니 식당 옆에 3층짜리 닭장이 놓여 있는데 1층과 2층은 방주인들이 다 오늘 점심식사에 초대받아 갔는지 텅텅 비어 있고 3층에만 대여섯 마리가 운명의 시각이 다가옴을 직감한 듯 가슴에 얼굴을 묻은 채 수심에 젖어 있었다. 소동파는 오대시안으로 인하여 어사대 감옥에 갇혀 있을 때 동생에게 지어 보낸 시 <내가 일로 인하여 어사대 감옥에 구속되어 있을 때 간수들이 나를 좀 괴롭혔다. 스스로 생각해 보니 견디지 못하고 옥중에서 죽으면 자유와 작별인사도 못할 것 같아 시 두 수를 지어 간수 양성에게 주며 자유에게 전해 달라고 했다(予以事繫御史臺獄, 獄吏稍見侵, 自度不能堪, 死獄中, 不得一別子由, 故作二詩授獄卒梁成, 以遺子由)> 제2수에서 "꿈에 구름 산을 맴도나니 마음이 사슴 같고, 열탕과 불에 놀라나니 목숨이 닭과 같다"[75] 하고 읊었다. 그리고 그 뒤로 당시의 자신이 주방에서 요리되기를 기다리는 닭이나 오리와 다르지 않았다고 말하며 살아 있는 짐승이 잡혀 와서 주방에 갇혀 있는 것을 보면 죽이지 말고 살려 보내라고 하고 저절로 죽은 것이나 요리해서 먹었다고 한다.[76] 만약 소동파가 지금 저 닭들을 본다면 어떻게 할까?

❄ 황포군교유지

2시 20분에 출발하여 서둘러 해당사(海幢寺)로 갔다. 운전사가 광주 시내 길에

---

75 "夢繞雲山心似鹿, 魂驚湯火命如雞."(왕문고본 ≪소식시집≫ 권19)

76 무명씨의 ≪거가필용사류전집(居家必用事類全集)≫ 계집(癸集) <자첨(즉 소동파)이 자신을 닭에 비유하다(子瞻以己諭雞)> 및 문연각사고전서본 ≪동파지림(東坡志林)≫ 권8 참조.

도 익숙하지 않은지 같은 길을 몇 바퀴나 돌고 몇 번이나 물어서 간신히 해당사에 도착하자 시간이 벌써 3시 40분이었다. 청나라 초에 대규모로 확장함으로써 광주의 4대 총림(叢林) 중에서도 으뜸이 되었다는[77] 이 절은 소동파와는 직접적인 관련이 없고 시간도 태부족인지라 20분 안에 대충 다 둘러보았다.

원래 보기로 계획했던 손중산대원수부유지는 포기하기로 하고 황포군교유지(黃埔軍校遺址)로 갔다. 황포군교는 신해혁명을 일으켜 봉건왕조인 청나라를 타도하고 중화민국을 세운 손문이 1924년 6월 16일 광주시 황포구의 장주도(長洲島)에 설립한 중국 최초의 현대식 군사학교다. 이 학교는 그 뒤 무한(武漢)·남경(南京)·성도(成都) 등지로 옮겨 다니다가 중화민국 정부가 대만으로 쫓겨 가면서 마침내 대만의 고웅현(高雄縣) 봉산시(鳳山市)로 옮겨 가서 오늘에 이르고 있다. 흔히 황포군교라고 부르지만 학교의 정식 명칭은 따로 있어서 창설 당시에는 중국국민당육군군관학교라고 했고, 그 뒤 중앙육군군관학교·중화민국육군군관학교 등으로 바뀌었다. 초대 교장은 장개석(蔣介石)이 맡았다. 장개석은 그로부터 1947년까지 23년 동안이나 교장직에 있었으니 이 학교에서 배출된 뛰어난 지휘관들이 바로 장개석의 든든한 배경이었던 셈이다.[78]

광주시 동남쪽의 주강(珠江) 안에 있는 섬에다 광주대학성을 만들어 놓고 중산대학·광주대학·화남사범대학을 비롯한 광주 지역의 주요 대학들을 한데 모아놓았는데 황포군교는 광주대학성에서 동북쪽으로 좀 떨어진 곳에 있다. 거리가 좀 멀기는 하지만 찾기가 어려울 것은 없어 보이는데 운전사는 또 한참을 헤매다가 5시 10분에야 도착했다.

황포군교유지는 지금 해군부대로 사용되고 있는데 정문에서 위병이 폐문시간이 10분 지났기 때문에 황포군교구지기념관(黃埔軍校舊址紀念館)에는 들어갈 수가

77 ≪백도백과≫ <해당사> 참조.
78 ≪백도백과≫ <황포군교> 참조.

없으니 문밖에서 구경하라고 했다. 황포군교구지기념관은 군인 가족의 주거지인 듯한 공간을 지나 맨 안쪽에 있었다. 우리는 어쩔 수 없이 교문 밖에서 2층으로 지어진 교사의 내부를 잠시 기웃거리는 것으로 만족해야 했다. 그 옆에는 해군함정 세 척이 정박해 있었다. 그쪽을 향해서는 사진을 찍지 못하게 되어 있었으므로 막판에 곤경에 처하지 않기 위해 각별히 주의했다.

금호렌터카 사무실이 있는 천하구(天河區)로 가서 지금까지 전세차를 이용한 경비를 계산했다. 총 1,600킬로미터를 주행하여 7,143원이 나왔는데 7,100원만 받았다. 주유비와 주차비, 그리고 통행료는 우리가 따로 지불해야 하는데 편의상 운전사가 일단 지불하고 마지막에 한꺼번에 계산하기로 했기 때문에 그것까지 합산한 것이었다. 주행거리는 하루에 300킬로미터를 초과한 날도 좀 있지만 평균 주행거리가 300킬로미터에 못 미치기 때문에 초과료를 받지 않겠다고 했다. 해남도에서 이용한 차보다 훨씬 좋은 차인 데다 든든한 보험에도 가입한 차라는 사실을 감안하면 요금이 아주 싼 편이었다. 원래 회사가 제시한 요금은 이것보다 훨씬 비쌌는데 우리가 다른 중국 렌터카를 알아보고 난 뒤 그 조건을 얘기하자 그것과 같은 조건으로 해 준 것이었다. 그 과정에 유정석 대표와 대우인터내셔널의 영향이 작용한 것도 사실이었다. 운전사에게 팁을 좀 줄 요량으로 담당 부장의 의사를 타진해 보았더니 회사 방침상 받지 못하게 되어 있다고 했다.

느지막이 숙소에 돌아온 뒤 말려서 비닐봉지에 넣은 빈랑(檳榔)을 먹었다. 단맛을 좀 가미했는지 달착지근할 뿐 아무 맛도 없었다. 적당량을 오래 씹으면 술에 취한 것처럼 정신이 몽롱해지며 기분이 좋아진다고 들었는데 세 개를 오랫동안 씹었더니 머리가 어지러워지고 속이 좀 메스꺼운 것이 불쾌하기 짝이 없었다. 1987년 여름 대북(臺北)에서 택시 운전사들이 즐겨 먹는 것을 본 적이 있거니와, 그때는 생빈랑이라 그런지 도토리 모양의 길쭉한 녹색 열매를 반으로 쪼갠 다음 된장처럼 생긴 것을 발라서 먹는데 먹고 나면 피가 묻은 것처럼 이가 시뻘개져서 흉측했었다. 그런데 말린 빈랑은 된장 같은 것을 바르지 않고 그냥 씹어 먹을 뿐만 아니라 이가 시뻘게지지도 않았다.

런닝셔츠에 두꺼운 겨울 내복을 덮어 입고 그 위에 긴팔 티셔츠까지 입었는데도 새벽이 되니 한기가 느껴졌다. 광주 사람들은 이것보다 더 많이 껴입고 자는지, 아니면 난방 안 하고 자는 데 익숙해서 얇게 입고 자도 괜찮은 것인지 궁금했다.

❄ 소가산

2009년 2월 22일 9시 40분에 택시를 타고 백운산(白雲山)으로 갔다. 백운산의 산정공원(山頂公園)에 소가산(蘇家山)이 있는데 그곳에 소동파의 손자 소소기(蘇紹箕)의 무덤이 있다고 해서 잠시 찾아볼 계획이었다. 인터넷 자료에 산장여사(山莊旅舍) 뒷산에 있다고 했기 때문에 일단 산장여사를 찾아가기로 했다. 시간을 벌기 위해 백운산 남문에서 케이블카를 타고 산정공원으로 올라간 다음 지도를 보며 산장여사까지 걸어갔다.

10시 45분에 산장여사 앞에 도착하여 수위에게 물으니 거기서는 소가산으로 통하는 길이 없다며 왔던 길로 40분쯤 되돌아가서 마성령(摩星嶺)으로 올라가라고 했다. 앞으로 계속 가면 안 되느냐고 물으니 앞으로 가면 시간은 20분쯤 걸리지만 길이 매우 가파르다고 했다. 위험하냐고 물으니 크게 위험하지는 않다고 했다. 그렇다면 굳이 돌아갈 이유가 없었다.

산장여사 수위가 알려준 대로 20분가량 걸어가니 마성령 가는 길을 안내하는 표지판이 나왔다. 안내문에 마성령은 해발 382미터로 백운산에서 가장 높은 봉우리라고 했다. 마성령 북문에서 5원짜리 입장권을 사서 정상을 향하여 올라가자니 굉장히 좁고 가파른 계단이 수없이 많았다. 어림잡아 경사가 30~40도쯤 되는 것 같고 계단이 500~600개쯤 되는 듯했다. 산장여사 수위가 이것 때문에 우리에게 왔던 길로 돌아가라고 한 모양이었다.

마성령 꼭대기에는 풍력발전을 위한 풍차가 설치되어 있고 그 옆에 '북경 1,900킬로미터(北京 1900㎞)'라는 표지판이 세워져 있었다. 거기서 반신반의하는 마음으로 한 청년에게 소가산의 위치를 물었더니 다행스럽게도 자기가 방금 거기서 오는 길이라며 우리가 왔던 길과 반대 방향으로 내려가라고 했다. 한참 내려가니 남문이 나왔다. 남문 부근에서 다시 물으니 소가산은 남문 밖에 있다고 했다. 남문을 나가서 둘러보니 인터넷에서 보았던 '소가산승적(蘇家山勝迹)'이라는 표지석이 보였다. 남문 바로 밑이었다. 간단하게 말하자면 소가산은 케이블카 하차 지점에서 마성령 남문을 향하여 올라가다가 약 200미터 못 미친 곳에서 오른쪽으로 내려가면 된다. 그리고 케이블카 하차 지점과 마성령 남문 사이에는 유람차가 운행되고 있어서 아주 쉽게 올라갈 수 있다.

소가산 표지석

표지석에서 조금 내려가자 길에 소동파의 사 <수조가두> 중에서 '다만 하나 바라는 건 우리 오래 살아서, 천 리 밖에서나마 고운 달 함께 보는 것(但願人長久, 千里共嬋娟)'이라는 두 구절을 새긴 시비가 서 있고, 다시 좀 더 내려가니 소소기의 무덤이 나왔다. 콘크리트로 만들어진 그의 무덤은 중앙에 붉은 글씨로 '송태위우승상현고청천소공묘(宋太尉右丞相顯考晴川蘇公墓)'라고 쓰여 있고 왼쪽에 <송태위소공묘지명(宋太尉蘇公墓誌銘)>이 새겨져 있는데, 묘지명에 소소기는 일명 기(箕)라고도 하며 자가 사량(嗣良), 호가 청천(晴川)으로 북송 원우 3년(1088)에 소동파의 아들 소태(蘇迨)와 구양수(歐陽修, 1007-1072)의 손녀 십사낭(十四娘)의 아들로 태어났다는 사실과, 항금투쟁 도중에 부상을 입고 45세에 남웅시 주기항(珠璣巷)으로 물러나 살았으며 이듬해에 광주로 옮겨 백운산에 땅 300묘(畝)를 산 뒤 월계사(月溪

寺)라는 절을 지어 은거하다가 남송 소흥 20년(1150)에 62세를 일기로 세상을 떠났다는 사실 등이 상세하게 기록되어 있었다.

12시 30분쯤에 남문에서 유람차를 탔더니 10분 정도 만에 케이블카 승강장 부근의 산정광장에 도착했다. 진작 알았더라면 시간을 많이 절약했을 텐데 하는 아쉬움이 컸다. 소가산을 찾는 데 생각보다 훨씬 많은 시간을 소모했기 때문에 남문 바로 옆의 운대화원(雲臺花園) 앞에 있는 사하분촌(沙河分村)에서 광동 특식인 딤섬을 먹은 뒤에는 두 조로 나누어서 각자 자기가 원하는 곳으로 갔다가 6시에 북경로 보행가에서 다시 만나기로 했다. 한 조는 바로 북경로 일대의 서점으로 가고, 나를 비롯한 5명은 육용사(六榕寺)와 광효사(光孝寺)를 보기로 했다.

❇ 육용사와 광효사

택시가 잘 안 잡혀서 시내버스를 타기로 했다. 약 100명이나 되는 많은 사람이 줄을 서 있었지만 차가 자주 와서 그렇게 오래 기다리지는 않았다. 먼저 광효사·화림사(華林寺)·해당사와 더불어 광주의 4대 총림으로 꼽히는 육용사로 갔다. 양나라 대동 3년(537)에 창건된 육용사는 창건 당시의 이름이 보장엄사(寶莊嚴寺)였는데 북송 단공 2년(989)에 정혜사(淨慧寺)로 개명되었다.[79] 그러다가 북송 원부 3년(1100) 10월 소동파가 이 절 안에 있는 여섯 그루의 용수(榕樹) 밑에서 쉰 후 '육용(六榕)'이라는 두 글자를 써 준 것을 계기로 지금의 이름으로 바뀌었다.[80]

중산6로에서 북쪽으로 갈라지는 육용로를 따라 조금 들어가니 작은 찻길 가의 여염집처럼 생긴 어느 집 대문에 황금색으로 '육용(六榕)'이라고 쓴 현판이 걸려 있었다. 그리고 현판 왼쪽 끝에 작은 글씨로 '미산 소식이 명명하고 씀(眉山軾題幷書)'이라고 쓰여 있었다. 보통의 절과 너무나 다르게 생겨서 다소 의아하기는 했지

79 ≪백도백과≫ <육용사> 참조.
80 왕문고, ≪소문충공시편주집성총안≫ 권44 참조.

만 육용사임에 틀림없는 것 같았다.

대문을 들어서자 가장 먼저 눈에 들어오는 것이 갈색과 흰색이 어우러져서 무늬를 이루는 9층짜리 탑이었다. <육용사화탑(六榕寺花塔)>이라는 제목의 안내문에 이 탑은 원래 목탑이었는데 북송 소성 4년(1097)에 새로 지으면서 벽돌탑이 되었으며 외형이 화려하기 때문에 화탑이라고 부른다고 했다. 또 높이가 57.6미터로 외형상으로는 9층이지만 안에 들어가 보면 실제로는 17층이라고도 했다.

화탑을 살짝 지나서 오른쪽으로 고개를 돌리니 하얀 석고상이 서 있는데 기단에 '육용(六榕)'이라고 쓰여 있었다. 가까이 가서 보니 정문에 있는 현판의 글씨와 꼭 같음은 물론 낙관까지도 꼭 같았다. 소동파의 글씨를 복제하여 새긴 것임을 알

육용사 대문

육용사의 소동파상

수 있었다. 이 석고상은 도포 차림으로 오른손에 대나무 지팡이를 짚고 발에는 짚신을 신고 머리에는 두건을 쓰고 목에 걸린 삿갓을 등 뒤로 드리우고 있는 모습이 종화의 소동파기념관에 있는 동상과 많이 비슷했다. 게다가 뒷면에 소동파가 황주(黃州)에서 유배생활을 할 때 지은 사 <정풍파—3월 7일 사호로 가는 도중에……—>가 해서체로 새겨져 있어서 비록 사 작품의 서체는 다르지만 동상의 제작 의도는 마찬가지일 것이라는 생각을 갖게 했다. 다만 얼굴 형상은 전혀 달라서 종화의 동상은 상당히 여윈 데 반해 육용사의 석고상은 아주 통통했다. 적어도 둘 중의 하나는 황주 유배 당시의 실제 얼굴을 근거로 한 것이 아니라 조각하는 사람이 임의로 상상한 형상임이 분명했다.

이 절의 이름이 유래한 여섯 그루의 큰 용수를 찾아보았더니 화탑 옆에 있는 육조당(六祖堂) 앞마당에 큰 나무가 네 그루 있는데 나무에 붙어 있는 이름이 조금씩 달라서 세엽용(細葉榕)이 두 그루고 보리수(菩提樹)와 보리용(菩提榕)이 각각 한 그루씩이었다. 주위를 열심히 둘러보노라니 육조당 맞은편에 작은 건물이 하나 나무에 가려서 보일락 말락 했다. 가까이 가서 보니 처마 밑에 보용정(補榕亭)이라는 현판이 붙어 있었다. 이름만 보아도 용수를 보충하여 심은 일을 기념하기 위해 세운 정자임을 짐작할 수 있었다. 안내문을 보니 과연 이렇게 적혀 있었다.

> 이 절에는 원래 여섯 그루의 오래된 용수가 있었는데 1913년까지도 그 가운데 두 그루가 아직 살아 있었다. 당시의 주지승이던 철선화상(鐵禪和尙)이 육조당 앞마당에 네 그루를 보충하여 심고 보용정도 지었다. 지금은 절 안에 오래된 용수가 겨우 세 그루 살아 있을 뿐이다.

보용정 뒤로 돌아가 보니 좀 작은 용수 두 그루가 더 있어서 모두 여섯 그루가 되기는 하지만 보용정 뒤의 두 그루는 오히려 육조당 앞에 있는 네 그루보다 수령이 훨씬 적어 보여서 1913년까지 살아 있었다는 두 그루는 아닌 듯했다. 그렇다면 1913년까지 살아 있었다는 두 그루는 이미 죽고 철선화상이 심은 네 그루 가운데 세 그루가 지금까지 살아 있다는 뜻이 된다. 청나라 시인 왕사정(王士禛, 1634-1711)이 그의 시 <육용사의 부도에 올라(登六榕寺浮圖)>에서 "여섯 그루 용수는 볼 수 없지만 소동파로 인하여 이 이름이 생겼다네"[81]라고 한 것을 보면 300년 전에도 이미 소동파 시절의 용수는 볼 수 없었음을 알 수 있다. 며칠 전에 뇌주 천녕사에서 700년 된 용수를 보기는 했지만 그렇게 오래 사는 나무야 어디 흔하겠는가? 더구나 지금은 소동파 시절로부터 900년도 넘었으니 아무래도 그때 그 나무가 살아 있기를 기대하기는 어렵고 철선화상이 그랬듯 후세 사람들이 계속하여 새로 심었을 것임에 틀림없다.

약 30분 동안 육용사를 둘러보고 그 부근에 있는 광효사로 갔다. 광효사는 광주에서 규모가 가장 클 뿐만 아니라 역사도 가장 오래 되어서 1,700여 년 전인 삼국시대 오나라 때 지어졌다고 한다. 그래서 광주 사람들 사이에 "양성이 있기 전에 광효사가 먼저 있었다(未有羊城, 先有光孝)"는 속담이 있을 정도라고 한다.[82] 양성은 광주의 옛날 이름이니 광주에 일반 백성들이 살기 전에 이 절이 먼저 세워졌다는 말이 된다. 명성에 어울리게 이 절에는 '광동성불교협회(廣東省佛教協會)'라는 현판도 걸려 있고, 명나라 헌종 성화 18년(1482)에 하사받았다는 '광효선사(光孝禪寺)'라는 어필 현판도 있었다. 부지도 육용사보다 몇 배나 넓었다.

광효사 경내에 오래된 보리수가 한 그루 있는데 그 나무 앞에 <고보리수(古菩提樹)>라는 제목으로 보리수라는 명칭의 유래와 그것이 중국에 들어오게 된 과정을 설명한 비석이 세워져 있고 바로 그 나무에 '보리용(菩提榕)'이라는 팻말도 붙어 있었다. 이것은 보리수와 보리용이 같은 종류의 나무로서 다 같이 용수의 일종임

81 "六榕不可見, 地以大蘇名."[문연각사고전서본 왕사정 ≪정화록(精華錄)≫ 권9]
82 ≪백도백과≫ <광효사> 참조.

을 뜻한다. 다시 말하면 이 일대에 많이 나는 용수가 바로 보리수인 것이다. 소동파가 아무리 저명인사라고 해도 그가 '육용(六榕)'이라는 글씨를 써 준 것이 어떻게 절 이름을 바꾸는 계기가 될 수 있을까 의아했는데 이로써 그 궁금증이 풀렸다.

택시를 타고 약속 장소로 갔다. 광주의 차 없는 거리인 북경로 보행가에는 수많은 젊은이들이 어깨를 부딪치며 걸어 다니고 있었다. 중산로와 북경로가 교차하는 지점에서 조금 내려가니 천년고도유지(千年古道遺址)와 천년고루유지(千年古樓遺址)가 있었다. 북경로 가운데에다 땅을 파고 최근에 발굴한 자료를 근거로 각각 송나라 및 그 이후의 각 시대에 이 길의 모습이 어떠했는지와 이곳에 있던 건축물의 모양이 어떠했는지를 엿볼 수 있도록 옛날 유적을 축소판으로 재현한 다음 그 위에 두꺼운 유리를 덮어놓아 지나가는 사람들이 들여다 볼 수 있게 해 놓은 것이었다.

6시에 다시 만난 우리 일행은 저녁 약속이 되어 있는 광주동참(廣州東站) 부근의 고향집이라는 한국음식점으로 갔다. 서울대학교 중문과 졸업생인 구경룡(具京龍) 대우인터내셔널 화남홍콩지구 수석대표와 역시 서울대학교 중문과 졸업생으로 서울대학교 언어교육원 강사로 재임하다가 남편을 따라 광주에 나와 있는 그의 부인 이의선 선생이 우리 일행을 만찬에 초대했기 때문이다.

이의선 선생은 오래전부터 잘 아는 사이지만 구경룡 대표는 처음 만났는데도 불구하고 참으로 친절하고 정중하게 우리를 대해 주었다. 우리는 거기서 한국음식을 배부르게 먹은 뒤 그 부근에 있는 어느 고층빌딩 40층에 있는 스카이라운지로 자리를 옮겨 서울과 비슷한 광주의 휘황찬란한 야경을 내려다보며 맥주를 두어 잔 더 마시고 11시가 조금 지나서 헤어졌다. 떠나는 사람이나 보내는 사람이나 더할 수 없이 아쉬웠지만 구 대표도 내일 일찍 출근해야 하고 우리도 새벽같이 공항으로 나가야 하기 때문에 더 늦게까지 있을 수가 없었다. 이번 답사의 마지막 밤이 이토록 유쾌하게 마무리되어 더없이 흐뭇했다.

2009년 2월 23일 5시에 일어나 5시 40분에 퇴실하고 6시에 호텔을 떠나 백운국제공항으로 갔다. 우리가 계속 이용해 왔던 금호렌터카에 미리 부탁을 해 놓은 덕분에 긴장하거나 서두르는 일 없이 느긋하게 공항으로 나가 무사히 8시 10분 비행기를 탈 수 있었다.

예정대로 한국시각 12시 10분에 인천에 도착했다. 기후와 교통 문제로 상당히 걱정스러웠던 제6차 답사도 이렇게 무사히 끝났다.

제7장

중경·호북 및 섬서 지역

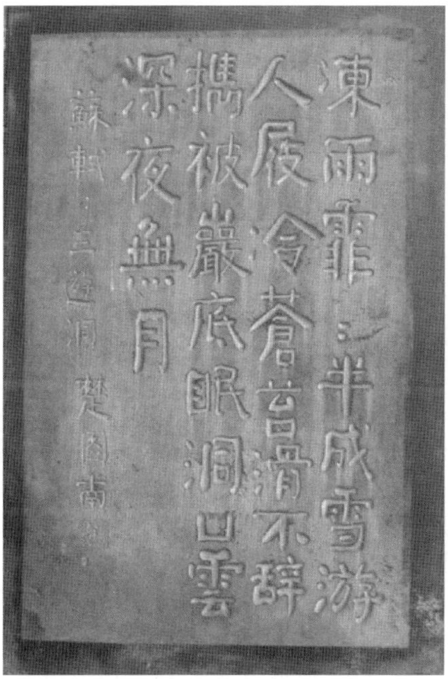

호북성 의창(宜昌)의 삼유동에 새겨져 있는 소동파의 시 <삼유동(三游洞)> 석각
모친의 삼년상을 마치고 부친 및 동생과 함께 다시 개봉으로 들어갈 때 이곳에 들러서 지은 것이다.

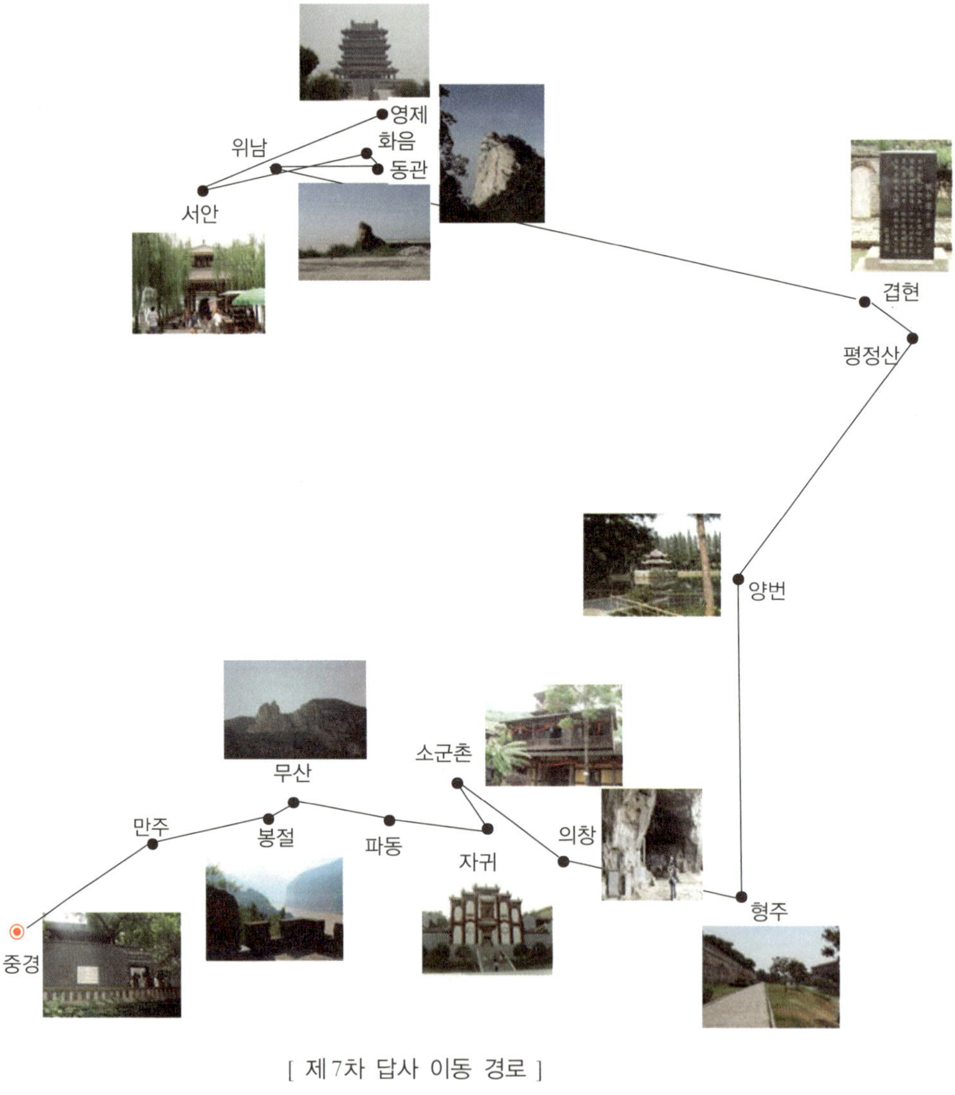

[제7차 답사 이동 경로]

이번 답사는 나를 비롯하여 김명호 · 김민우 · 김예진 · 김지현 · 김하늬 · 박신순 · 오승희 · 우나영 · 이경인 등 모두 열 명이 함께 가게 되었다.

원래 소동파가 장기적으로 거주한 지역, 즉 고향 · 부임지 · 유배지 · 은거지를 중심으로 그 일대의 문학 창작 현장을 답사하는 것을 목표로 지난 여섯 번으로써 소동파문학답사를 끝낼 예정이었는데, 답사에 참여해 본 사람들이 재미있고 유익하다며 끝내기를 아쉬워하는지라 궁리 끝에 이번 답사를 추가하게 된 것이다.

이번에 답사할 지역은 소동파가 모친의 삼년상을 마친 뒤 동생과 함께 부친을 모시고 다시 개봉(開封)으로 들어간 길, 즉 그의 시집 ≪남행집(南行集)≫에 수록된 시의 창작 현장이다. 구체적으로 말하자면 먼저 중경(重慶)으로 들어가서 수로로 장강삼협(長江三峽)을 지나 호북성 의창(宜昌)까지 간 다음 거기서 육로를 따라 소씨 부자의 무덤이 있는 하남성 겹현(郟縣)의 삼소원(三蘇園)으로 갔다가 산서성 영제(永濟)에 있는 관작루(鸛雀樓)와 섬서성의 동관(潼關) 및 서악 화산(華山)을 보고 마지막으로 서안(西安) 일대를 답사하는 것이다. 이번 답사 지역은 소동파가 장기적으로 거주한 지역이 아니라 그냥 지나쳐 간 지역이기 때문에 소동파와 관련된 작품도 지난 답사에 비하면 훨씬 적은 편이다.

1. 중경(重慶)에서 무산(巫山)까지

2010년 8월 5일 최근 중국에 물난리가 나서 다리가 끊어지고 도로가 유실된 곳이 많다는 사실을 신문과 방송에서 주요 뉴스로 보도했는데, 우리가 가려는 장강 유역도 예외가 아니기 때문에 혹시 일행의 신변 안전에 문제가 생기지나 않을까 하는 걱정으로 어느 때보다 무거운 마음을 안고 오후 3시 50분에 집을 나섰다.

한국시각 밤 8시 50분에 이륙한 비행기는 중국시각 10시 55분에 중경의 강북공항에 착륙했다. 세 시간이 걸린 셈이다. 공항 청사를 나서자 강유(姜渝)가 중형버스 두 대를 가지고 마중 나와 있었다. 강유는 중경 사람으로 서울대학교 중문과 박사과정에 재학 중인데, 여름방학을 가족과 함께 보내기 위해 고향집으로 돌아와 있다가 밤늦게 도착하는 우리를 위해 중경 시내에 호텔을 예약해 줄 뿐만 아니라 우리 일행을 태우고 가려고 자기 삼촌의 회사 차까지 가지고 나온 것이다.

30분 정도 달려 0시 10분쯤에 강유가 예약해 둔 조천문(朝天門) 부근의 박돈미금주점(博頓美錦酒店)에 도착했다. 우리 방은 32층 건물의 23층에 있었다. 4성급인데도 불구하고 방값이 내일 조반을 포함하여 320원이었다. 강유가 백방으로 알아본 뒤 싸고 좋은 호텔을 물색해 준 덕분이다. 시설도 깨끗하고 서비스도 훌륭했다. 강유의 도움이 없었다면 찾기 힘든 방이었다.

❋ 대한민국임시정부

2010년 8월 6일 7시 10분에 일어나 창밖을 내다보니 홍수가 지나간 지 얼마 안 된 탓인지 원래는 푸르른 물이 흐른다는 가릉강(嘉陵江)에 싯누런 흙탕물이 도도하게 흘러가고 있었다. 강 양쪽에는 20~30층짜리 고층 건물들이 숲을 이루고 있었다. 고층 건물 사이사이로 오래된 아파트와 단독주택도 보였다. 재개발을 위해 한창 철거 중인 곳도 더러 있었다. 중경은 과연 거대 도시의 풍모를 지니고 있었다.

그렇게 10분쯤 내다보고 있노라니 갑자기 빗방울이 떨어지기 시작했다. 그러더니 이내 뇌우로 변했다. 마음이 불안했다. 답사를 시작하는 날부터 비 때문에 차질이 생기면 큰일이기 때문이다.

10시에 퇴실수속을 마친 뒤 호텔에 짐을 맡겨 놓고 밖으로 나갔다. 어느새 비가 그치고 구름만 잔뜩 끼어 있었다. 그 덕분에 날이 별로 덥지 않았다. 비가 안 온 것보다도 낫고 구름이 안 낀 것보다도 나았다.

걸어서 부근에 있는 인민해방기념비로 갔다. 인민해방기념비 주위는 사방이 다 보행가, 즉 차 없는 거리로 만들어져 있는데 이른 시간이라 그런지 다니는 사람이 별로 없었다. 인터넷 정보에 의하면 안에 엘리베이터가 설치되어 있어 그것을 타고 올라가면 주변 경관을 조망할 수 있다고 했지만, 현지 사람인 강유조차도 안에 엘리베이터가 있다는 사실을 모르고 있었다. 그도 그럴 것이 엘리베이터 입구로 보이는 문이 굳게 잠겨 있었다. 지금은 주위에 고층 건물이 많으니 5층밖에 안 되는 인민해방기념비에 올라간다고 해도 시야가 가려서 볼만한 경관도 없을 것 같았다.

다시 10분 정도 걸어서 유중구(渝中區) 연화지가(蓮花池街) 38호에 있는 대한민국임시정부를 찾아갔다. 오래된 5층짜리 아파트 옆에 있는 초라한 2층짜리 건물의 대문 앞에 70대 중반쯤 되어 보이는 할아버지 한 분이 무표정하게 서 있다가 우리가 들어가지 아무 말도 하지 않고 손으로 왼쪽 건물을 가리켰다. 그는 그렇게 우리가 들어가는 모습을 그냥 지켜보고만 있었다.

중경 대한민국임시정부 정문

중경 대한민국임시정부의 책걸상

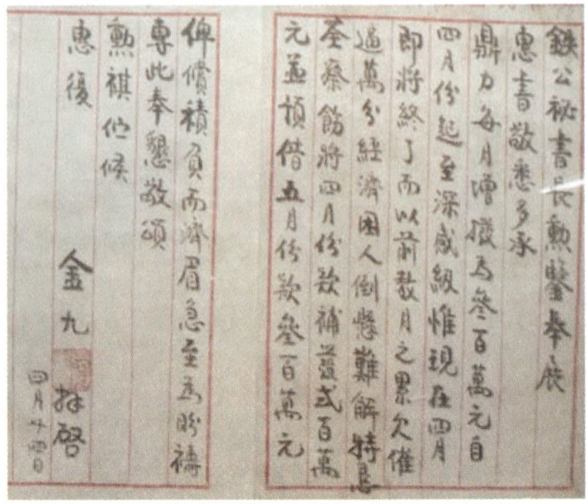

鐵公秘書長勳鑒奉展
惠書敬悉多承
鼎力每月增撥為叁百萬元自
四月份起至深感紉惟現在四月
即將終了而以前數月之累欠維
過萬分經濟困人倒懸難解特懇
鑒察飭將四月份款補發弍百萬
元並預借五月份款叁百萬元
俾償積負而濟眉急至為盼禱
專此奉懇敬頌
勳祺 佇候
惠復
金九 拜啓
四月廿四日

임시정부의 경비지원을 요청한 김구 주석의 공문

우리가 먼저 왼쪽 건물로 들어가 김구 선생의 흉상, 임시정부에서 사용하던 책걸상, 김구 선생이 손수 작성한 공문, 백범일지 및 각종 독립운동 관련 사진들이 전시된 진열관을 다 보고 나오자 할아버지가 가운데에 있는 건물은 수리 중이라고 처음으로 입을 열며 우리를 오른쪽 건물에 있는 상영실로 안내했다.

우리가 상영실에 앉자 그는 냉장고에 있는 음료수를 가리키며 마시겠느냐고 물었다. 일반 가게보다 비싸기도 했지만 그 때문이 아니라 별로 마시고 싶은 생각이 없어서 미안한 마음으로 정중하게 사양했다. 비디오 상영이 끝나자 그는 우리에게 방명록에 서명하기를 권했다. 그리고 성금을 기부할 것을 요구했다. 입장료가 없는 대신 성금으로 유지하는 모양이었다.

12시에 강유가 예약해 놓은 훠궈집으로 갔다. 가릉강 가의 홍애동(洪涯洞)이라는 곳에 있는 식당이었다. 택시에서 내려 엘리베이터를 타러 갔더니 거기가 바로 11층이라고 했다. 깎아지른 절벽에 기대어 건물을 지었는데 그곳보다 훨씬 낮은 곳에 1층이 있다는 것이었다. 홍정(洪鼎)이라는 훠궈집에 가기 위해 4층에서 내리니 각종 전통 음식을 파는 가게들이 빽빽이 들어서 있었다. 우리나라의 인절미처럼 생긴 쌀떡을 직접 절구에 찧어서 만드는 집도 있고 '장비우육(張飛牛肉)'이라는 소고기포를 파는 집도 있었다.

1996년 가을 중경에 와서 홍탕을 먹고 장에 탈이 나서 고생한 경험이 있기 때문에 일행에게 절대로 너무 맵게 먹지 말고 홍탕과 청탕이 함께 있는 원앙탕을 시켜서 적당히 섞어 먹으라고 사전에 미리 당부해 두었는데, 이 집에는 원앙탕이 없고 홍탕 또는 청탕 가운데 한 가지를 시켜야 한다고 했다. 홍탕은 너무 맵고 청탕은 너무 싱거워서 우리에게는 어느 쪽도 적당치 않다. 생각 끝에 두 사람이 한 조가 되어서 홍탕과 청탕을 하나씩 시킴으로써 원앙탕처럼 먹는 방법을 썼다.

홍애동

강유의 말에 의하면 홍애동은 중경의 명승지로 중경에 오는 사람들이 반드시 찾아오는 곳이라고 한다. 이곳에 있는 건물들은 모두 목조건물로 원래 명나라 때 배에서 일하는 인부들의 주거용으로 지었던 것인데 2002년경에 새로 지었다고 한다.

중경북참(重慶北站) 옆에 있는 시외버스 종점에서 버스를 타고 만주(萬州)로 가기 위해 2시경에 홍애동을 떠나 걸어서 호텔로 가노라니 어느새 구름이 걷히고 햇살이 쨍쨍 내리쬐고 있었다. 무척 따갑게 느껴졌다. 옛 사람의 말대로라면 개가 짖을 일이다. 당송팔대가(唐宋八大家) 가운데 한 사람인 유종원(柳宗元)의 <위중립에게 답하여 사도를 논하는 편지(答韋中立論師道書)>에 사천 지방의 남부에는 항상 비가 내리고 맑은 날이 적기 때문에 해가 나오면 개가 짖는다는 말이 있다고 했거니와, 해가 적어도 며칠 만에 한 번 나와야 이 말이 성립될 터인데 이처럼 아침에 비 오다가 낮에 해가 나오면 개가 짖을 리가 없다. 옛 사람이 과장한 것일까? 천 몇백 년이 지나는 사이에 기후가 바뀐 것일까? 그것도 아니면 우리가 일상적인 이곳 기후와 다른 특별한 경우를 체험하고 있는 것일까? 세계 6대 안개의 도시 가운데 하나라는 중경이[1] 사천의 다른 지방보다 맑은 날이 더 많은 것은 아니겠지?

만주는 원래 사천성 만현(萬縣)이었는데 중경이 직할시로 승격한 뒤에 중경시 만주구로 바뀌었다. 만주에 가까워지자 터널이 많아졌다. 산악지대로 접어들었다는 뜻이다. 그리고 오른쪽으로 길다랗게 산줄기가 이어졌다. 그 너머가 바로 장강일 것이다. 길 옆에 10층쯤 되는 아파트가 늘어서 있는데 희한하게도 불 켜진 집이 별로 없었다. 어쩌다가 한두 집에만 불이 켜진 것이 마치 막 입주하기 시작한 새 아파트 같았다. 그러나 벽이 이미 상당히 퇴색해 있는 것으로 보아 새 아파트는 아님이 분명했다. 불을 켜 놓은 집도 침침하기 짝이 없고 길가의 가게들도 불을 켜 놓기는 했으나 촛불 두어 개를 켜 놓은 정도로 밝을 뿐이었다. 전기를 절약하기 위해서 그런 것 같았다. 이제 막 해가 진 초저녁에 다들 벌써 잠자리에 들었을 것 같지는 않았다. 한두 집도 아니고 대부분의 집들이 다 벌써 잠자리에 들 리는 없을 것 같았다.

일행에게 각자 이유를 생각해 보라고 했으나 신통한 이유를 생각해 내는 사람이 없었다. 한참을 가다가 마침내 그 이유를 알아냈다. 그들은 일찌감치 저녁을 먹고 바깥으로 바람을 쐬러 나간 것이었다. 많은 사람들이 아파트 옆 공터와 공원에서 바람을 쐬고 있었다. 남자들은 노소를 막론하고 웃통을 벗은 채 다니는 사람이 많았다. 웃통을 벗은 채 자전거를 타고 거리를 누비는 남자들도 있었다. 그들은 전기도 절약하고 바람도 쐬어서 두 마리 토끼를 동시에 잡고 있었던 것이다.

만주에 도착하여 만주빈관에 숙소를 정하고 부근에 있는 어미무궁(魚味無窮)이라는 식당에서 저녁을 먹었다. 끓는 물에 생선을 삶아서 만든 음식인 수자어(水煮魚)를 비롯한 몇 가지의 생선 요리를 안주 삼아 그 지방 특산물이라며 주인이 권

1 ≪백도백과≫ <중경> · <무도(霧都)> 참조.

하는 시선이백(詩仙李白)이라는 백주를 마셨다. 그곳에서는 꽤 유명한 술인 모양이었지만 특별히 맛있다는 생각은 들지 않았다.

2010년 8월 7일 7시 30분에 호텔 앞으로 산책을 나가니 광장에 200명쯤 되어 보이는 주민들이 모여서 남자들은 태극권을 연습하고 여자들은 부채춤을 연습하고 있었다. 그 사이사이로 빗자루를 들고 청소하는 사람도 보이고 빗자루만큼 큼지막한 붓에 물을 듬뿍 찍어서 대리석 바닥을 선화지 삼아 글씨 연습을 하는 할아버지도 섞여 있었다. 글씨 연습하는 사람은 대부분 나이 든 남자들이었지만 젊은 여자도 한 사람 있었다.

9시 20분에 출발하여 태백암으로 갔다. 이백이 다녀갔다고 해서 이름 붙여졌다는 커다란 바위산은 시민공원으로 조성되어 있는데, 한쪽 절벽에 오랜 기간에 걸쳐 여러 사람이 쓴 수많은 글씨가 새겨져 있고 절벽 앞 평지에 이백의 상도 하나 세워져 있었다. 그러나 그것뿐 특별히 볼만한 경관은 없었다. 이백의 명성을 빌려 그 고장의 성가를 높여 보려는 의도인 듯했다.

동파묵죽신운도

1시 30분에 1인당 요금이 138원인 쾌속정을 타고 봉절(奉節)로 향했다. 약 200명이 탈 수 있는 배에 거의 빈틈없이 승객을 태운 배는 정시에 출발하여 3시 40분에 봉절에 도착했다.

배에서 내리자마자 여기저기서 몰려온 승용차 운전자들과 흥정하여 총 40원을 주기로 하고 세 대에 분승하여 산 중턱에 있는 시원대주점(詩苑大酒店)이라는 호텔로 갔다. 이곳 사람들은 자기 고장을 '시원'이라고 부르고 있었다. 역시 이백·두보 등 역대 시인들의 명성에 의지하여 자기 고장의 지위를 격상시키고 있는 것이었다. 3성급으로 봉절에서 가장 좋은 호텔이라는 시원대주점은 2인실 한 칸에 248원이었다. 뜻밖에도 그 호텔 벽에 <동파묵죽신운도(東坡墨竹神韻圖)>라는 제목과 함께 "동파거사가 소성 원년(1094) 3월에 그림(東坡居士紹聖元年三月作)"이라는 낙관이 있는 소동파의 대나무 그림이 새겨져 있었다. 이곳에서도 소동파는 추앙의 대상이 되고 있었다. 약간의 자유시간을 가진 뒤 7시에 다시 만나서 함께 저녁을 먹었다.

❈ 백제성과 구당협

2010년 8월 8일 백제성(白帝城)은 서한 말에 공손술(公孫述)이 성을 쌓아 놓고 자신을 백제라고 칭하며 웅거한 곳이다. 당시 이 성안에 있는 한 우물에서 항상 하얀 김이 피어올라 용의 형상을 이루었기 때문에 공손술이 자신을 백제라고 칭하고 성을 백제성이라고 불렀다. 공손술이 죽은 뒤 그곳 사람들이 산 위에 공손술의 사당인 백제묘(白帝廟)를 짓고 그의 상을 세웠으나 명나라 정덕 7년(1512)에 공손술의 상을 철거했다. 그러다가 명나라 가정 12년(1533)에는 유비(劉備)와 제갈량(諸葛亮)의 상을 세우고 제사를 지내기 시작했으며, 그 뒤에 관우(關羽)와 장비(張飛)의 상까지 세워 백제묘가 마침내 촉한 선제 유비의 사당으로 변했다. 유비가 죽기 직전에 이곳에 잠시 몸을 의탁했기 때문이다.[2]

도원에서 형제의 의를 맺은 관우(關羽)가 죽자 유비는 원수를 갚기 위해 제갈량의 간언을 듣지 않고 성급하게 오나라 진영에 대한 공격을 감행했다. 그러나 마침내 이릉(夷陵, 지금의 호북성 宜昌)에서 오나라 장수 육손(陸遜)에게 대패하고 백제성으로 도망갔다. 그는 백제성 안의 객사(客舍)를 손질하여 영안궁(永安宮)으로 만들고 그곳을 거점으로 삼아 다시 오나라를 공격할 작정이었다. 그러나 그는 거기서 병이 들어 다시는 일어나지 못했다. 죽음의 그림자가 다가오고 있다고 판단되었을 때 그는 성도(成都)에 있는 승상 제갈량을 불러 놓고 어린 아들을 부탁했다. 그는

---

2 ≪백도백과≫ <백제성>·<백제묘> 참조.

그때 자기 아들이 잘 보좌하면 황제의 직책을 수행할 만한 인재이거든 잘 보좌해 주고 보좌해서 될 인재가 아니거든 제갈량이 직접 맡아서 나라를 잘 다스려 달라는, 다른 사람 같으면 상상도 할 수 없는 유언을 한 것으로 널리 알려져 있다. 이른바 '백제탁고(白帝託孤)'다.[3] 이렇듯 죽기 전에 잠시 몸을 의탁했을 뿐인 유비가 공손술을 대신하여 백제묘의 주인공이 되어 있는 것을 보면 이 지역 사람들에게 유비가 얼마나 추앙받는 인물인지 짐작이 간다. 백제성은 이백·두보·백거이·유우석·소동파·황정견·범성대·육유 등 수많은 시인들이 올라가서 시를 지었기 때문에 '시성(詩城)'이라고도 불린다.[4]

오전에 중형버스를 한 대 전세 내어 이 백제성을 구경하기로 했다. 차비 300원과 관광안내원 수고비 150원이라는 많지 않은 비용을 들여서 시간을 많이 절약할 수 있게 되었다.

8시 15분에 신봉절을 출발하여 백제성이 있는 구봉절로 갔다. 신봉절은 삼협댐 건설로 인하여 장강의 수위가 100미터가량이나 높아지는 바람에 대부분의 구봉절 시가지가 수몰될 상황이라 구봉절 주민들을 이주시키기 위해 2004년에 새로 건설한 도시라고 한다. 백제성에 거의 다 간 지점에서 버스가 서더니 갑자기 제복을 입은 젊은 남녀 7~8명이 우르르 우리 차에 탔다. 관광안내원에게 물어보니 백제성으로 출근하는 자기 여행사 직원이라고 했다. 자리가 비어 있으니 그들을 태운다고 해서 우리에게 불편할 거야 없지만 그래도 우리가 전세 낸 버스인데 우리한테 한 마디의 동의도 구하지 않고, 심지어 사후 해명도 없이 당연한 듯 태우는 것이 우리로서는 이해가 안 되는 일이었다. 물론 그렇다고 해서 굳이 문제 삼을 일도 아니었다.

백제성은 장강 안에 있는 작고 나지막한 섬이었다. 1996년 가을에 배를 타고 지

---

3 나관중, ≪삼국연의≫ 권17 <백제성에서 선주가 고아를 부탁하다(白帝城先主託孤)> 참조.
4 ≪백도백과≫ <백제성> 참조.

풍우랑교 너머로 보이는 백제성

나가면서 올려다본 적이 있거니와 그때는 백제성이 까마득히 높아 보였는데 지금은 나지막한 언덕배기로 변해 있었다. 관광안내원에게 물으니 옛날에는 반도였는데 삼협댐 때문에 수위가 높아져서 몇 년 전부터 섬으로 바뀌었다고 했다. 백제성이 백제섬으로 바뀐 것이다. 관광안내원의 말에 의하면 산기슭에서 백제성까지 올라가는 계단이 원래 1,200개였는데 지금은 365개만 남았다고 하니 삼협댐 건설로 인하여 수위가 얼마나 높아졌는지 짐작할 만하다.

백제성으로 들어가는 풍우랑교(風雨廊橋)라는 다리를 건널 때 관광안내원은 다리 왼쪽, 즉 동북쪽에 있는 뭍과 백제성 사이의 수면을 가리키며 거기가 팔진촌(八陣村) 수몰지라고 했다. 제갈량이 팔진도라는 진법을 쓴 곳이라는 말이다. 팔진도란 돌을 세워서 만든 가짜 진영이다.

관우를 위한 복수의 일념에 사로잡혀 제갈량의 만류를 듣지 않고 무리한 공격을 감행하던 유비가 오나라 장수 육손의 계략에 빠져 백제성으로 도망갈 때, 승리의 기세를 몰아 촉나라의 잔병을 뒤쫓던 육손이 문득 살기를 느껴 추격을 멈추고 확인해 본 결과 앞에 돌을 늘어세워서 만든 가짜 진영이 있다는 것을 알아차렸다. 그는 직접 확인해 보기 위해 그 안으로 들어갔다가 그만 길을 잃었다. 그러다가 한 노인의 안내로 간신히 사지에서 벗어날 수 있었다. 육손이 고마워하며 누구냐고 물어보자 제갈량의 장인이라고 했다. 그는 제갈량이 옛날에 사천으로 들어가면서 오늘 같은 일이 있을 것을 예견하고 팔진도를 만들어 놓으며 훗날 오나라의 장수가 이곳에서 길을 잃게 될 텐데 그때 그 사람을 밖으로 내보내서는 안 된다고 당부했다고 했다. 그렇지만 자기는 도의를 배우고 실천하는 사람이기 때문에 육손이 그 안에서 길을 잃고 죽는 것을 볼 수가 없어서 살려 주었다고 했다. 이때 육손은 자기가 제갈량에게 못 미친다고 판단하고 거기서 군사를 돌렸다고 한다.[5] 제갈량의 예지가 또 한 번 유비를 위기에서 구한 것이다.

이 팔진도는 그 뒤로 오래도록 이곳에 서서 많은 시인들의 심금을 울렸으니 두보는 <팔진도(八陣圖)>라는 제목의 시에서 "강물은 흘러가도 돌은 아니 굴러갔다"[6]라고 했고, 소동파는 <팔진의 모래밭(八陣磧)>이라는 제목의 시에서 "평평한 모래밭 어찌 이리 드넓은가? 마치 늘어선 품석을 보는 것 같네. 종횡으로 강가에 가득히 서 있는데, 해마다 모래와 물이 조금씩 갉아먹네"[7]라고 했다. 관광안내원의 말에 의하면 삼협댐이 건설되기 전까지만 해도 팔진도의 유지가 다소 남아 있었는데 이제는 흔적도 없이 사라지고 말았다고 한다.

곽말약(郭沫若)이 행서체로 쓴 '백제성(白帝城)'이라는 현판을 이마에 달고 있는 정문에 들어서니 이내 백제묘(白帝廟)가 나오고 그 옆에 이백(李白)의 시 <아침에 백제성을 떠나(早發白帝城)>를 각종 서체로 써서 새긴 시비가 세 개 서 있었다.

아침에 노을 속의 백제성을 하직하고	朝辭白帝彩雲間
천 리 길 강릉으로 하루 만에 돌아왔다.	千里江陵一日還
양 언덕의 원숭이가 끊임없이 우는 사이	兩岸猿聲啼不住

5 나관중, ≪삼국연의≫ 권17 <팔진도 바위가 육손을 항복시키다(八陣圖石伏陸遜)> 참조.
6 "江流石不轉."(문연각사고전서본 ≪두시상주≫ 권15)
7 "平沙何茫茫, 仿佛見石絕. 縱橫滿江上, 歲歲沙水齧."(왕문고본 ≪소시시집≫ 권1)

이백의 〈아침에 백제성을 떠나〉 시비

가벼운 배가 벌써 첩첩산중 지났도다. 輕舟已過萬重山

이 시는 당나라 숙종(肅宗) 건원 2년(759) 봄 이백이 영왕(永王)의 반란에 연루되어 야랑(夜郞, 지금의 귀주성 正安縣 서북부)으로의 유배령을 받고 유배지로 가는 도중 백제성에 이르렀을 때 사면령을 받아 강릉(지금의 호북성 강릉)으로 되돌아가서 지은 것으로,[8] 백제성을 노래한 시 가운데 최고의 걸작으로 꼽힐 뿐만 아니라 이백의 시 중에서도 대표작에 속하기 때문에 중국에서는 삼척동자도 다 알고 있다고 해도 과언이 아닐 것이다.

이 시는 미국 정찰기와 중국 전투기가 충돌한 사건으로 중국과 미국의 관계가 매우 악화되어 있던 2001년 4월 14일 중국의 강택민(江澤民) 주석이 중남미 6개국 순방의 일환으로 오랫동안 동맹관계를 유지해 온 쿠바를 방문했을 때 다음과 같이 개작하여 피델 카스트로(Fidel Castro) 쿠바 국가평의회 의장에게 친필로 써 줌으로써 세간의 이목을 끌기도 했다.

---

8 곽송림(霍松林) 외, ≪이백시가감상(李白詩歌鑑賞)≫(상해: 상해교육출판사, 1989) 234쪽 참조.

아침에 노을 속의 중국을 떠났는데	朝辭華夏彩雲間
열흘 만에 만 리 밖의 남미에서 돌아가네.	萬里南美十日還
바다 건너 비바람이 미친 듯이 치는데	隔岸風聲狂帶雨
도도한 푸른 솔은 산처럼 끄떡 않네.	青松傲骨定如山[9]

쿠바가 플로리다 해협 건너편에 있는 미국의 압력이 드센데도 불구하고 뜻을 굽히지 않고 꿋꿋하게 버티며 중국과의 오랜 우호관계를 변함없이 유지하고 있음을 칭송하고, 앞으로도 두 나라가 함께 미국의 패권주의에 항거했으면 좋겠다는 의지를 표명한 것이다.

백제묘 앞에 '기문(夔門)'이라고 쓴 나지막한 표지석이 하나 세워져 있었다. 기문이란 기주(夔州), 즉 지금의 봉절에 있는 대문이라는 뜻으로 구당협(瞿塘峽)이 시작되는 지점에 대문처럼 수직으로 솟아 있는 바위 절벽을 가리키는바, 그 표지석 아래에 있는 협곡이 바로 기문이라는 말이다.

기문

관광안내원에게 염여퇴(灩澦堆)의 위치를 물었더니 기문에서 200미터쯤 상류에 있는 강 가운데를 가리켰다. 염여퇴는 길이가 약 30미터, 넓이가 약 20미터, 높이가 약 40미터 되는 커다란 바위로 기문 바로 위의 강 안에 자리 잡고 있어서 배를 타고

9 2001년 4월 15일자 동아일보.

이 부근을 오가는 나그네와 상인들에게 엄청난 공포의 대상이 되었다는 바위다. 물이 빠져 수위가 낮아지는 겨울에는 수면 위로 솟아오른 염여퇴로 인해 강폭이 좁아져서 위험하고, 물이 불어나는 여름에는 그것이 물속에 가라앉아 안 보이기 때문에 지나가는 배가 좌초될 위험성이 컸다고 한다. 그래서 이 지역 뱃사람들 사이에 <염여가(灩澦歌)>라는 민요가 생겼다고 한다.

염여퇴가 코끼리처럼 크기 때문에	灩澦大如象
구당협을 거슬러 오를 수 없네.	瞿塘不可上
염여퇴가 황소처럼 크기 때문에	灩澦大如牛
구당협에 머물러 있을 수 없네.	瞿塘不可留
염여퇴가 말처럼 크기 때문에	灩澦大如馬
구당협을 따라서 내려가 볼 수 없네.	瞿塘不可下
염여퇴가 보자기처럼 크기 때문에	灩澦大如袱
구당협에 가까이 가 볼 수 없네.	瞿塘不可觸
염여퇴가 거북이처럼 크기 때문에	灩澦大如龜
구당협을 슬쩍 한번 엿볼 수 없네.	瞿塘不可窺
염여퇴가 자라처럼 크기 때문에	灩澦大如鱉
구당협에 오가던 배가 끊겼네.	瞿塘行舟絶[10]

이처럼 염여퇴는 배를 타고 이 부근을 지나가는 사람들에게 커다란 위협을 안겨 주었기 때문에 역대의 시 가운데 염여퇴를 노래한 것이 아주 많다. 염여퇴도 봉절 사람들로 하여금 자기 고장을 시원(詩苑)이라고 부르게 하는 데에 크게 한몫한 셈이다. 그러던 염여퇴가 1958년 겨울에 마침내 폭파되어 역사 속으로 사라졌다. 교통의 원활한 소통을 위해 일부러 폭파시켜 버렸다고 한다.[11] 이제 그 모습을

10 《백도백과》 <염여퇴>.

11 《백도백과》 <염여퇴> 참조.

염여퇴의 옛날 모습 사진

백제묘 안의 탁고당

볼 수는 없게 되었기 때문에 대략적인 위치나마 한번 가늠해 봄으로써 염여퇴와 구당협에 관한 시를 읽을 때 참고하려고 관광안내원에게 물어 본 것인데 염여퇴가 기문 바로 위에 있었음을 알게 되었으니 이것 또한 이번 답사의 커다란 수확 가운데 하나라고 할 수 있겠다.

백제묘 안에는 '탁고당(託孤堂)'이 있어 탁고 장면을 재현한 밀랍상이 만들어져 있었다. 유비가 하반신에만 이불을 덮고 몸을 반쯤 일으켜 세운 채 침대에 앉아 있고 그 앞에 그의 둘째 아들 유영(劉永)과 셋째 아들 유리(劉理)가 엎드려 있었다. 그리고 유비의 좌우에는 제갈량을 비롯한 신하들이 도열해 있었다.

소동파 시의 소재가 된 제갈염정(諸葛鹽井)과 신탄(新灘)은 관광안내원도 처음 들어본다기에 더 이상 미련을 둘 수가 없었다. 오기 전에 인터넷 자료를 찾아보아도 전혀 나오지 않은 것을 보면 오래전에 없어졌을 가능성이 크다.

시간이 어중간하여 11시 10분에 길가의 아무 식당에나 들어가 이른 점심을 먹었는데 그 식당의 복도 벽에도 시원대주점에 새겨져 있는 것과 동일한 <동파묵죽신운도>가 걸려 있었다. 시골 식당이라 음식값이 비교적 싼 편인데도 불구하고 장강비두(長江肥頭)라는 머리가 아주 큰 생선은 한 근에 150원이나 했다. 그런 만큼 특별히 맛있을 뿐만 아니라 양도 아주 많았다. 4근으로 회뀌를 만들어 모처럼 배불리 먹었다.

❈ 고당관

장강삼협 중에서도 경치가 가장 기이한 구당협을 될 수 있는 대로 천천히 감상하기 위해 일부러 속도가 느린 일반 여객선을 타고 무산(巫山)으로 향했다. 그런데 구당협은 전혀 옛날 모습이 아니었다. 두 번째로 보기 때문에 눈에 익어서 그런 것은 분명 아니었다. 삼협댐으로 인해 수위가 100미터가량이나 높아지면서 눈에 보이는 협곡이 옛날보다 많이 얕아지고 낮은 곳에 있던 기암절벽들이 모두 물속에 잠겨 버렸기 때문임에 틀림없었다. 그것은 그냥 평범한 협곡에 불과했다. 아니 그것은 이미 협곡이 아니었다. 드넓은 강일 뿐이었다. 구당협보다 강이 넓고 산이 덜 가파른 무협(巫峽)이나 서릉협(西陵峽)은 더욱이나 말할 필요가 없을 것이다. 그렇다면 장강삼협의 절경은 이제 옛말이 되고 만 것이 아닌가!

봉절항에서 배를 기다리는 동안 우연스럽게도 무산에 산다는 한 젊은 여인을 만났다. 직업이 관광안내원이라는 그녀는 우리가 무산에 간다는 말을 듣고 구당협과 무산에 관하여 이것저것 친절하게 설명해 주었다. 그녀의 말에 의하면 무산 일대를 지나가는 장강의 수심이 원래 50미터 정도였는데 삼협댐 건설로 인하여 지금은 150미터 정도 된다고 한다.

3시 30분에 무산항에 도착하여 멀리서 바라보니 건물들이 산꼭대기에 모여 있는데 한결같이 산뜻했다. 새로 지은 건물임에 틀림없었다. 봉절처럼 옛날 시가지가 모두 수몰됨에 따라 산꼭대기 부근에다 새로 건설한 시가지임을 알 수 있었다.

장강 일대의 부두들 중에는 배에서 내려 계단을 한참 올라가야 차를 탈 수 있는 곳이 많은데 무산항에는 걸어가는 수고를 덜어 주기 위해 거리가 50미터 정도밖에 안 되는데도 불구하고 케이블카를 설치해 놓아서 참 반가웠다. 1인당 차비가 2원이기 때문에 다른 사람들은 다들 타지 않고 그냥 걸어갔다. 우리가 그것을 타려니까 열다섯 명이 되어야 운행한다고 했다. 섭씨 40도를 오르내리는 날의 구름 한 점 없는 태양에 시달리지 않기 위해 우리가 열다섯 명분의 차비를 다 내고 타기로 했다. 그러자 부두에 근무하는 직원 대여섯 명이 그 사실을 알고 얼른 달려와서 우리보다 먼저 탔다. 우리가 30원을 주고 운행시키지 않았으면 걸어갔을 사람들이 우리한테 동의를 구하기는커녕 감사하다는 말조차 한 마디 하지 않고 당연하다는 듯이 타는 것이 얄밉다며 누군가가 좀 나무랐더니, 자기 차를 자기가 타는데 무슨 상관이 있느냐고 되레 화를 내며 큰소리를 질렀다.

우리의 관점에서는 이해가 잘 안 되는 일이었지만, 가만히 생각해 보니 지금까지 교통 사정이 비교적 열악했을 것임에 틀림없는 이 산골 사람들에게는 교통편이 있을 때 다 함께 이용하는 것이 당연시되는 일, 아니 권장되는 일이 아닐까 싶었다. 이런 생각이 들자 아침에 봉절에서 백제성으로 갈 때 우리가 전세 낸 버스에 운전사가 우리한테 아무 말도 하지 않고 자기 회사 직원들을 태워 준 것도 이해가 되었다. 기왕에 가는 차인데 빈자리에 몇 명이 더 탄다고 해서 내가 더 불편할 것이 무엇인가? 그리고 어차피 탄다면 누가 먼저 탄들 그게 무슨 문제인가? 이런 생각이 가능할 것 같았다. 어쩌면 이것이 내 것과 남의 것을 지나치게 구분하지 않는 순박한 시골 사람들의 공동체 의식인 것 같기도 했다. 생각이 여기에 미치자 우리가 너무 각박하게 군 것 같아 미안했다.

서로 자기 차를 타라는 택시 운전사들과 여행사 직원들의 끈질긴 호객행위를 모두 외면하고 때마침 우리 앞에 도착한 시내버스를 이용하여 산 중턱의 현판이 저만치에서 우리를 향하여 손짓하는 국빈주점(國賓酒店)으로 갔다. 무산에서 가장 좋은 호텔 가운데 하나라는 그 호텔은 3성급임에도 불구하고 방값이 218원으로 상당히 싼 편이었다.

무산에서 꼭 보아야 할 곳으로 고당관(高唐觀)이라는 2천 몇백 년 전에 창건된 유서 깊은 도관(道觀), 즉 도교 사원이 있다. 고당관은 전국시대 초나라의 문인 송옥(宋玉, 기원전 298?-222?)이 <고당부(高唐賦)> 서문에서 초나라 양왕(襄王)의 선왕, 즉 회왕(懷王)이 여기서 낮잠을 자다가 꿈에 무산신녀(巫山神女)를 만나 시침(侍寢)을 받았다고 했을 정도로 유구한 역사를 지닌 도교 사원이다.

우리가 탄 시내버스를 따라 호텔까지 찾아온 아까 그 여행사 직원들의 권유대로 그들의 빵차를 두 대 전세 내어 고당관을 찾아가기로 했다. 그곳 사정을 전혀 모르는지라 상당히 멀고 험난한 산길이기 때문에 왕복 두 시간이 걸린다며 두 대에 500원을 달라는 그들의 요구를 그대로 받아들일 수밖에 없었다. 차 안에서 고당관이 어디쯤에 있느냐고 묻자 저 멀리 보이는 높은 봉우리를 가리키며 그 위에 있다고 했다. 그렇다면 그 정도 차비는 줄 만도 하다고 생각되었다.

4시 50분에 출발한 차는 20분쯤 뒤에 포장이 되지 않은 산길로 접어들었다. 두 대가 비켜가기도 어려울 만큼 좁은 길이었다. 앞에서 다른 차가 오면 조금 넓은 곳에 서서 기다리다가 비켜야 했다. 얼마 전의 홍수에 길이 울퉁불퉁하게 파여 있어서 차 바닥이 가끔씩 땅에 닿았다. 심한 풍랑을 맞은 배처럼 차가 마구 흔들리는 바람에 우리는 아래위로 덜컹거리고 좌우로 흔들거렸다. 마치 노련한 농악대원이 상모를 돌리듯 머리가 저절로 상하좌우로 흔들렸다. 노련한 상모꾼이 된 우리는 그렇게 오랫동안 산길을 달렸다.

차가 차츰 높이 올라가자 발아래에 아찔한 절벽이 나타났다. 잘못하여 무게중심이 바깥으로 치우치기라도 하면 차가 절벽 아래로 굴러 떨어질 것만 같았다. 우리는 오금이 저려서 차창 밖을 내다보지 못할 지경인데 운전사는 아무렇지도 않은 듯 좁고 구불구불한 산길을 과속으로 달렸다. 운전사와 조수는 물론 우리 의사와는 상관없이 도중에 운전사가 직권으로 태워 준 열 살 남짓 된 남자아이마저도 전혀 표정이 변하지 않았다. 우리만 연거푸 비명을 질러 댔다.

그런데 그렇게 가파른 산에도 밭이 있고 그 밭에 농작물이 심어져 있었다. 경사가 40~50도쯤 되는지라 가만히 서 있기도 힘들 것 같은 곳에 밭이 가꾸어져 있었다. 그런 밭에서 어떻게 농사를 짓는지 불가사의한 일이었다. 그들의 발바닥에는 빨판이라도 붙어 있는 것일까? 오랫동안 그렇게 살다 보면 적응력이 생기는 것일까?

발아래로 아득히 장강을 내려다보며 조금 더 올라가노라니 마을이 하나 나왔다. 마을에는 작은 학교도 하나 있었다. 마을을 지나 10분쯤 더 가니 길이 다소 평평해졌다. 그러나 그곳에 포크레인 한 대가 길을 막고 있었다. 홍수에 파인 길을 메우는 중이었는데 길이 좁아서 비켜 갈 수가 없기 때문에 포크레인이 하던 일을 일단락 짓고 길을 비켜 줄 때까지 한참을 기다렸다. 혹시나 못 지나가는 게 아닌가 하고 불안한 마음이 들었으나 다행히 10분쯤 뒤에 길을 터 주었다.

그렇게 힘든 과정을 거쳐 5시 50분에 마침내 더 이상 찻길이 없는 곳에 도달했다. 걸어서 언덕배기를 올라가니 가정집처럼 생긴 건물이 하나 있는데 벽에 문봉관(文峰觀)에 관한 안내문을 써 놓은 종이가 붙어 있었다. 우리를 뒤따라오던 운전사가 고당관은 앞으로 더 가야 한다기에 5분쯤 더 걸어가니 과연 도관이 하나 나왔다. 장강과 대녕하(大寧河)의 사이에 있는 상당히 높은 산의 꼭대기에서 저 아래로 두 강을 굽어보는 전망 좋은 곳이었다. 봄이 아니어서 복숭아꽃은 없을지라도 유우석이 <죽지사(竹枝詞)>에서 묘사한 "산복숭아 붉은 꽃이 꼭대기에 가득하고, 촉강의 봄물이 산을 치며 흐르는"[12] 장면을 머릿속으로 어렵지 않게 그려볼 수 있었다.

다들 이구동성으로 지금이야 차를 타면 어렵지 않게 올 수 있다지만 그 옛날에 초나라 회왕은 어떻게 이처럼 험한 곳을 찾아왔을까 하고 의아해했다. 말을 타고 왔을 것이라고 추측하는 사람도 있고, 신하야 죽든 말든 가마를 타고 왔을 것이라고 추측하는 사람도 있고, 축지법을 쓰지 않았겠느냐는 사람도 있었지만 어느 쪽

12 "山桃紅花滿上頭, 蜀江春水拍山流."[문연각사고전서본 ≪유빈객문집(劉賓客文集)≫ 권27]

도 석연치가 않았다. 무엇 때문에 그런 짓을 했을까? 일국의 왕이 굳이 이렇게 멀고 험한 곳을 찾아왔을 것 같지가 않았던 것이다.

우리의 의구심은 머지않아 풀렸다. 우리가 오는 것을 보고 뒤따라 온 한 젊은 도사가 그곳은 고당관이 아니라 문봉관이라고 한 것이다. 적지 않은 시간과 차비를 들여 그 험한 산길을 공포에 질린 채 달려왔는데 그것이 우리가 찾는 고당관이 아니었던 것이다. 말하자면 목숨 걸고 허탕 친 것이다. 그 순간의 심경은 허탈 그 자체였다. 아니 도저히 말로는 표현할 수가 없다.

넋 나간 사람처럼 한동안 멍청하게 서 있다가 정신을 가다듬고 젊은 도사에게 고당관의 위치를 물으니 고당관은 지금 없어지고 그 유지가 시내에 있다고 했다. 우리는 들어도 잘 모르기 때문에 운전사에게 상세하게 설명해 주라고 했다. 설명을 듣더니 운전사는 자기들이 늘 마작을 하며 노는 곳 부근이라 길을 잘 안다고 다소 신이 난 말투로 말했다. 또다시 허탕을 치지 않기 위해서는 물론, 내일 아침에는 일찍부터 소삼협과 소소삼협으로 가는 배를 타야 하는 관계로 더 이상 고당관을 찾을 시간을 낼 수가 없기 때문에 운전사에게 설명을 잘 들으라고 신신당부했다.

고당관유지는 우리 호텔 부근에 있었다. 우리나라 농촌의 새마을창고처럼 단순하게 생긴 단층 건물 옆에 '고당관(高唐觀)'이라는 표지석이 세워져 있었다. 건물은 여기저기 벽이 허물어지고 군데군데 지붕이 내려앉은 폐가였다. 운전사는 바로 저기가 자기들이 마작을 하는 곳이라며 손가락으로 가리켜 보였다. 고당관 표지석에서 20미터 남짓 되는 곳이라 거기서 마음먹고 쳐다보면 '고당관(高唐觀)'이라는 글자도 보일 것 같았다. 그리고 오다 보니 그 길에 '고당로(高唐路)'라는 도로표지판도 붙어 있었다. 그런데 이 사람들은 어찌하여 그 유서 깊은 고당관의 유지를 모르고 있었을까? 고당관유지를 몰랐던 게 아니라 외국인들이 이 깊은 산골까지 와서 이처럼 허름한 고당관유지를 찾을 것이라고는 상상도 못했기 때문에 무심코 그 부근에서 가장 그럴싸한 문봉관을 떠올린 것일까?

그나저나 그들 때문에 우리가 적지 않은 시간을 잃었는데 그들은 시간에 대한 보상은커녕 차비를 깎아 줄 생각도 하지 않았다. 기름값이 들었으니 물어줄 리 없다는 것을 잘 알기 때문에 애당초 기대도 하지 않았던 일이라 더 이상 문제 삼지 않았다. 다만 한 마디 사과는 있을 법도 한데 자기들이 길을 잘못 간 것에 대해서는 일언반구도 말이 없었다. 그 사람들이 특별한 것인지 아니면 이것 역시 이 산골 사람들에게는 당연시되는 것인지 궁금했다. 어쨌거나 날이 저물어서 오늘 안으로 고당관유지를 못 보게 될까 봐 걱정했는데 오늘 안으로 볼 수 있어서 그나마 천만다행이다. 이런 경우를 위해 불행 중 다행이라는 말이 있을 것이다. 그리고 덕분에 무산 일대 산골 사람들의 생활상을 한번 볼 수 있었으니 그것도 좀처럼 얻기 어려운 특별한 경험임에 틀림없다. 비록 뜻하지 않게 시간과 경비를 낭비하게 되었지만 완전한 허탕은 아니고 나름대로 의미가 있는 일이다.

고당관유지

❄ 소삼협과 신녀봉

2010년 8월 9일 소삼협과 소소삼협으로 가는 배를 타기 위해 6시 50분에 미리 예약해 놓은 중형버스를 탔다. 또 어떤 젊은 부부가 애기를 데리고 우리 차에 동승했다. 역시 사전에 동의를 구하기는커녕 사후에 감사도 하지 않았다. 이것이 순박한 산골 사람들의 몸에 밴 삶의 방식임에 틀림없다는 확신이 들었다. 그리고 잠시 지나치게 합리주의만 추구하는 도시적인 삶의 방식을 돌이켜 보았다.

150명 정도 탈 수 있는 큰 배에 손님은 겨우 20여 명뿐이었다. 어쨌든 이렇게 큰 배가 다닐 수 있는 것은 물이 그만큼 깊기 때문일 것이다. 옛날에는 40명가량이 타는 작은 배만 다닐 수 있었고 그것도 도중에 있는 여울에서는 승객들로 하여금 내려서 언덕 너머까지 걸어간 뒤 여울을 벗어난 곳에서 다시 타게 했는데, 삼협댐 공사로 수위가 100미터가량이나 더 높아진 지금은 이렇게 큰 배가 다닌다니 참 많이도 달라졌다.

2층으로 올라가니 소파와 탁자가 마련된 방이 있었다. 전망이 보다 나은 곳을 찾느라고 올라간 것인데 종업원이 1인당 30원씩 내면 거기에 앉아서 차를 마시며 편안하게 구경할 수 있다고 했다. 필요하면 바로 앞에 있는 조종실에 들어가서 경치를 구경할 수도 있다고 했다. 크게 비싸지 않은 것 같아서 그 방을 이용하기로 했다. 7시에 출발하는 배라 우리는 아침도 못 먹고 급히 달려왔는데 손님이 너무 적은 탓인지 7시 40분이 다 되어서야 배가 출발했다.

배는 이내 용문교를 지나갔다. 용문교는 1996년에 왔을 때도 있었던 다리인데 수위가 높아져서 물에 잠기게 된지라 옛날 것을 헐고 새로 지었다고 한다. 물속에 그냥 두면 배들이 지나다니다 좌초할 수 있기 때문에 그냥 둘 수가 없었을 것이다. 옛날의 용문교는 산 중턱에 걸려 있어서 아득히 높이 보이는 것이 인상적이었는데 그것보다 약간 더 높은 곳에 새로 지은 지금의 용문교는 그다지 높아 보이지 않았다. 다리보다 수위가 훨씬 더 높아졌기 때문일 것이다.

현관

당시에 현관(懸棺)을 본 일도 상당히 깊숙하게 머릿속에 각인되어 있다. 현관이란 그 지방의 풍속에 따라 깎아지른 바위 절벽 높은 곳에 안치한 죽은 사람의 관이다. 그때는 현관 있는 곳이 망원경으로 보아도 잘 보이지 않을 만큼 까마득하게 높았었는데 지금은 육

안으로도 잘 보일 정도로 나지막하게 보였다. 역시 100미터가량이나 더 가까워졌기 때문이다.

배가 소삼협을 지나가는 동안 나는 또 아련한 추억 한 토막을 더듬고 있었다. 1996년 10월 18일에 나는 40인승쯤 되는 작은 모터보트를 타고 소삼협을 거슬러 올라간 적이 있었는데, 그때는 도중에 승객들에게 배에서 내려 걸어서 언덕을 넘어가라고 했다. 그리고 언덕 너머에서 다시 배를 타라고 했다. 가벼워진 배는 그 사이에 여울을 거슬러 올라갔다. 심할 때는 사공들이 배에 밧줄을 묶어서 당기는 경우도 있다고 했다. 그곳은 비파주(琵琶洲) 좀 못 미친 곳이었는데 계속해서 배를 타고 가려면 2원씩 더 내야 한다며 노약자 몇 명을 제외하고는 모두 내려서 걸어가라고 했다. 나는 지금 그때 있었던 정경 한 가지를 생각하고 있는 것이다. 다음은 그때 쓴 일기의 일부다.

> 배에서 내려 언덕을 중간쯤 올라가자니 조그마한 마을이 하나 있었다. 갑자기 열 살쯤 되어 보이는 여자아이 하나가 우리 일행 앞으로 다가오더니 비닐봉지를 하나 내밀었다. 조약돌이었다. 그곳 강가에서 주운 보통의 조약돌이었다. 그것을 사라는 것이었다. 일행 중 한 명이 손에 잡히는 대로 몇십 전을 주고 조약돌은 그냥 돌려주었다. 여자아이는 만족스러운 표정을 지으며 사라졌다. 감사하다는 말 같은 것은 할 줄 모르는 모양이었다. 이 경우 허리를 굽히며 "감사합니다" 하고 공손하게 인사하면 오히려 아이 같지 않아서 정나미가 떨어지리라.
>
> 나지막한 언덕배기를 넘어가는데 또 열 살 남짓 되어 보이는 여자아이 하나와 여자아이인지 남자아이인지 분간하기 어려운 조금 더 어린 아이 하나가 이번에는 나한테 와서 조약돌을 주지 않고 그냥 돈을 달라고 했다. 아까 우리 일행이 조약돌을 안 받는 것을 보았기 때문이리라. 문득 장난기가 발동하여 아이들에게 몇 마디 말을 시켜 보았다. 그 돈을 어디에 쓸 것이냐는 나의 물음에 아이들은 이구동성으로 "연필 사서 공부할 거예요" 하고 대답했다. 연필이 없어서 공부를 못하고 있으니 돈을 주면 연필을 사서 공부를 하겠다는 말이었다. 손에 잡히지도 않는 몽

당연필을 가느다란 대롱에 끼워서 쓰던 나와 나의 어릴 적 친구들이 생각났다. 돈을 요구하는 명분이 제 나이에 걸맞아서 사람의 마음을 움직였다.

주머니에 손을 넣어 손에 잡히는 대로 10전짜리 대여섯 개를 끄집어내어 두 명에게 나누어 주었다. 작은 아이는 만족한 듯이 저만큼 가 버렸지만 큰 아이는 돈을 세어 보더니 더 달라고 했다. 아이를 데리고 이리저리 장난을 치다가 1원짜리를 하나 더 주었다. 그제야 그 아이는 만족한 듯이 사라졌다. 그것을 본 언니라는 아이가 다시 와서 졸라댔다. 소학교 5학년이라고 했다. 또 1원을 주었다. 이번에는 다른 아이가 왔다. 이러다가는 귀찮은 일이 생기겠다 싶어서 이번에는 근엄한 목소리로 거절했다. 아이는 자기만 거절당한 것이 억울한지 "피!" 하며 가 버렸다. 또 다른 아이가 오더니 내 셔츠 주머니에 꽂혀 있는 볼펜을 달라고 하다가 안 되겠으니까 뺏으려고 했다. 아이들이란 귀여워하면 할수록 버릇이 나빠진다는 말은 동서와 고금을 막론하고 통용되는 말인가 보다. 너무 버릇없이 굴기에 야단을 쳐서 쫓아 보냈다.

우리가 조약돌을 팔아서 스스로 학용품비를 마련하는 생활력 강한 산골 아이들과 장난을 치면서 1킬로미터 가까운 고갯길을 아주 천천히 걸어서 왔는데도 배는 그로부터 한참 더 지나서야 도착했다. 고갯길이 약간 더 가깝기는 하지만 거리의 차이 때문만은 아니고 물살이 세어서 배가 올라오기 힘든 탓인 듯했다.

소동파는 황주에서 유배생활을 할 때 그곳 아이들이 장강에서 목욕하다가 주운 기이한 돌을 떡과 바꾸어 여산 귀종사의 불인선사에게 보낸 적이 있는데,[13] 10년 전의 이곳 아이들은 떡 대신 돈을 받고 조약돌을 내주었으니 그때는 소동파가 부활했다 해도 떡이 아닌 돈을 주어야 했으리라. 어쨌든 이것 역시 장강 일대에서 볼 수 있는 이색적인 정경 중의 하나였는데 삼협댐의 건설로 자갈밭이 없어졌으니 이제는 보기가 힘들 것 같다.

장강삼협뿐만 아니라 대녕하소삼협에도 옛날의 기암괴석과 깎아지른 절벽이

13 소식, <괴석 공양(怪石供)> 참조.

거의 없었다. 강은 넓고 골짜기는 밋밋했다. 말하자면 삼협댐으로 인하여 장강삼협은 물론 대녕하소삼협의 절경까지도 잃어 버린 셈이었다. 옛날에 있었던 소삼협 특유의 정취를 지닌 산골 마을도 더 이상 보이지 않았다. 그 마을도 지금은 물속에 깊숙이 잠겨 있으리라. 다만 소소삼협에만은 그래도 볼만한 것이 좀 남아 있었지만 그것도 옛날의 삼협은 물론 옛날의 소삼협만도 못했다.

12시 30분에 무산항으로 돌아와 국빈주점과 더불어 무산에서 가장 큰 호텔의 하나라는 홍도대주점(洪都大酒店)에서 점심을 먹고 10인승 쾌속정 한 대를 전세 내어 파동(巴東)으로 향했다. 원래 1인당 80원인 보통 쾌속정을 탈 생각이었는데 어제부터 지금까지 우리를 태우고 다닌 운전사가 1,000원만 주면 전세 쾌속정을 구해 주겠다고 해서 그렇게 하기로 한 것이다.

홍도대주점에서 쾌속정 부두까지 가는 차 안에서 운전사에게 물었더니 옛날 무산은 완전히 수몰되고 지금 것은 새로 건설한 것이라고 했다. 지금의 무산은 경사가 더 심해져서 경사도를 줄이기 위해 길이 갈지자(之)형으로 나 있었다. 그렇기 때문에 우리가 묵은 국빈주점이 무산항에서 빤히 올려다보이는데도 불구하고 길은 상당히 멀었다. 그 사이에 오솔길이 있으면 걸어갈 수도 있을 텐데 웬일인지 오솔길이 만들어져 있지 않아서 차를 타고 다녀야 했다.

2시 40분에 출발한 배가 3시 10분에 갑자기 멈추었다. 우리가 부탁한 대로 신녀봉을 가르쳐 주기 위해서였다. 운전사가 왼쪽에 있는 높은 봉우리를 가리키며 신녀봉이라고 했다. 우뚝 솟은 바위 봉우리가 있는데 그 옆에 엄지손가락처럼 생긴 작은 바위가 하나 서 있었다. 그것이 바로 신녀라고 했다. 소동파의 시 <무산(巫山)>에 "외로운 봉우리에 석순이 서 있는데, 우뚝한 게 다른 곳과 무척이나 달랐었죠"[14]라고 했거니와 신녀란 바로 이 석순을 가리키는 모양이었다. 이 시에 또

14 "石筍倚孤峯, 突兀殊不類."(왕문고본 ≪소식시집≫ 권1)

신녀봉

신녀

"멀리 신녀봉의 바위를 보니, 단정한 자태 정말로 신녀라 부를 만하나니, 고개 숙여 기우뚱한 쪽머리를 보이고, 놀을 끄는 듯 기다란 치마를 펄렁인다"[15]라고 했는데, 그렇거니 하고 보니 과연 두 손을 모은 채 먼 곳을 응시하고 서 있는 한 여인의 모습 같기도 했다.

15 "遙觀神女石, 綽約誠有以. 俯首見斜鬟, 拖霞弄修帔."(왕문고본 ≪소식시집≫ 권1)

2. 파동(巴東)에서 의창(宜昌)까지

10인승 배에 운전사까지 열한 명이 탄 데다 가방도 열 개가 넘기 때문에 배가 도중에 문제를 일으켰다. 부근에 있는 작은 부두에서 운전사 친구의 배로 옮겨 타고 갔으나 그 배도 역시 문제가 생겨 되돌아갔다. 경험 많은 친구의 충고로 무게중심이 앞으로 가도록 뒤쪽 의자에 앉아 있던 사람 몇 명이 앞쪽 통로에 앉고 짐도 최대한 앞쪽으로 옮기고 나서야 간신히 갈 수 있었다.

4시 27분에 파동항에 도착했다. 부두 사용료를 아끼기 위함인 듯 운전사는 배를 정식 부두에 대지 않고 접안시설이 없는 언덕 밑에다 댔다. 그 바람에 내가 강물에 빠질 뻔하기도 했고, 운전사가 내 가방을 내려주다가 가방을 강에 빠뜨릴 뻔하기도 했다. 사람이야 나와서 씻으면 되지만 각종 자료가 들어 있는 가방이 빠졌다면 얼마나 큰 낭패를 당할 뻔했던가? 아찔한 순간이었다.

배에서 내려 길게 줄을 선 채 빗물이 덜 말라서 상당히 미끄러운 황토 언덕을 기어가다시피 올라가는 모습을 보고 김민우가 밀항선에서 내려 밀입국하는 사람들 같다고 우스갯소리를 했다. 한 학생이 무산항에서 미끄러지는 바람에 옷에 진흙을 잔뜩 묻히고 있고 그것이 다른 사람의 가방에도 여기저기 옮겨 묻었기 때문에 더욱 그렇게 보였다. 그 바람에 다들 한바탕 웃었다. 그때 내가 꼭 탈북자들 같다고 했더니 나 바로 앞에서 언덕을 오르던 사람이 듣고는 아예 땅바닥에 엎드린 채 어깨를 들먹이며 한참이니 웃음을 진정시키다가 더 이상 참지 못하고 마침내 흐느끼듯 웃음을 터뜨렸다.

5시에 파동국구대주점(巴東國玖大酒店)에 여장을 풀었다. 5일 만에야 중경직할시를 벗어나 호북성으로 들어온 것이다. 컴퓨터가 설치되어 있을 뿐 아니라 인터넷도 쓸 수 있는 쾌적한 방인데 188원이었다.

호텔 식당에서 삼문어(三文魚)와 자라찜(紅燒甲魚)을 먹었다. salmon이라는 영어를 음역한 삼문어, 즉 연어는 익히지 않고 얇게 썰어서 먹는 것이 우리나라의 연어회와 아주 흡사하여 입맛에 잘 맞았다. 자라찜은 맛이 닭고기와 많이 비슷했다. 중국에서 자라탕을 만들 때 닭고기를 섞는 것은 이처럼 두 가지 고기의 맛이 비슷하여 서로 잘 어우러지기 때문일 텐데 강소성 서주(徐州) 사람들은 자라고기와 닭고기로 만드는 그 지방 전통요리의 유래를 특별한 데서 찾아 '패왕별희(霸王別姬)'라는 거창한 이름으로 부르고 있다.[16]

잘 알려져 있다시피 초패왕(楚霸王) 항우(項羽)는 유방(劉邦)과의 전쟁에서 패배하여 사면초가의 곤경에 빠졌을 때 비분강개한 어조로 이렇게 노래했다.

나는 힘이 산을 뽑고 기운이 세상을 뒤덮는데	力拔山兮氣蓋世
시운이 불리하니 오추마가 안 가는구나.	時不利兮騅不逝
오추마가 안 가니 어찌할 거나?	騅不逝兮可奈何
우희여 우희여 너를 어찌할 거나?	虞兮虞兮奈若何[17]

그리고 항우의 노래를 들은 그의 애첩 우희(虞姬)가 이렇게 화답했다.

한나라의 군사가 이미 땅을 다 차지해	漢兵已略地
사방에 초나라의 노랫소리 들리네요.	四方楚歌聲
대왕님의 기상이 다 꺾이고 말았으니	大王意氣盡
비천한 이 몸이 어찌 구차하게 살리오?	賤妾何聊生[18]

16 중국흘망(中國吃網)의 ≪채보대전(菜譜大全)≫ <패왕별희>(http://www.6eat.com/Baike/Cook/201111/332886.htm) 참조.

17 문연각사고전서본 ≪사기≫ 권7 <항우본기(項羽本紀)>.

18 문연각사고전서본 ≪사기≫ 권7 <항우본기>의 정의(正義).

그런 다음 우희는 자기 목을 찔러서 자결하고 말았다. 이렇게 하여 항우와 우희는 영원히 결별하고 말았으니 이것이 유명한 패왕별희 고사다.[19]

서주 전통요리인 패왕별희는 항우와 우희를 기념하기 위해 개발한 음식이라고 알려져 있는데, 아무래도 자라와 닭이라는 뜻의 '鱉鷄(biējī)'가 발음의 유사성으로 인하여 '别姬(biéjī)'로 바뀌고 이것이 다시 '패왕별희(霸王别姬, bàwángbiéjī)'라는 의미심장한 요리 이름으로 발전했다는[20] 말이 맞는 것 같다. 어쨌거나 역사적인 사실과 결부시킴으로써 이 요리의 지명도가 한층 더 높아졌을 것임에 틀림없다.

❄ 삼협댐

2010년 8월 10일 파동국구대주점의 총경리가 가르쳐 준 대로 8시 30분에 파동항에서 쾌속정을 타고 태평계(太平溪)로 갔다. 9시 50분쯤 태평계에 도착하니 전화로 미리 예약해 놓은 그곳 여행사의 관광안내원이 중형버스를 가지고 마중을 나와 있었다. 그 차로 곧장 삼협대파관경구(三峡大壩觀景區)로 갔다. 입장료가 105원이나 되는데도 45인승의 구내 셔틀버스가 금방 만원이 될 만큼 관광객이 많았다. 삼협댐 건설로 장강의 수위가 높아짐에 따라 장강삼협과 대녕하소삼협·마도하소소삼협(馬渡河小小三峡) 등지에서 잃은 관광객을 이곳에서 만회하는 듯한 느낌이 들었다.

관광안내원이 삼협댐이라며 우리더러 자유로이 보고 오라고 한 그곳에는 별로 길지도 않고 그다지 높지도 않은 댐이 하나 있었다. 우리나라의 소양강댐보다 약간 더 커 보였다. 삼협댐은 높이가 180여 미터인 것으로 알고 있는데 180미터에 턱없이 못 미치는 것 같았다. 봉절·무산 등의 도시를 몇 개나 완전히 삼키고 백제성을 섬으로 만든 삼협댐이 절대로 이 정도일 리가 없다고 생각되었다. 나는 잘 알지도 못하면서 일행에게 이것이 본 댐이 아닐 것이라고 우겼다. 그러자 일행은

---

19 《백도백과》 <패왕별희[역사전고(歷史典故)]> 참조.
20 《백도백과》 <패왕별희[채효명칭(菜肴名稱)]> 참조.

삼협댐

강 건너편에 있는 10층짜리 건물과 비교해 보라며 잘 하면 180미터가 되지 않겠느냐고 나를 설득하려 했다. 그러나 나는 아무리 생각해도 그렇지 않은 듯했다. 이리저리 돌아다니며 가늠해 보노라니 강 이쪽에 있는 2층짜리 건물이 하나 보였다. 그 건물을 기준으로 가늠해 보니 댐의 높이가 아무리 넉넉하게 잡아도 그 건물의 다섯 배가 안 될 것 같았다. 너무나 이상하여 궁금증을 참을 수가 없었다. 다른 곳에 본 댐이 있는지 찾아보았으나 그럴 듯한 것이 보이지도 않았다. 관광안내원은 우리가 댐을 구경하는 동안 저 밑에서 기다리고 있기 때문에 그녀에게 물어 볼 수도 없었다.

궁금증을 해소하지 못한 채 오른쪽으로 돌아 나오니 배를 통과시키는 갑문이 보였다. 갑문은 우리가 서 있는 언덕과 연결되어 있었다. 그 순간 문득 한 가지 생각이 떠올랐다. 우리가 서 있는 언덕을 사이에 두고 양쪽에 댐을 쌓았나 보다 하는 생각이었다. 사방을 둘러보니 우리가 서 있는 곳이 과연 섬이었다. 그러니까 공사의 효율을 높이기 위해 강 가운데에 있는 섬을 활용한 것이었다. 그렇게 해서 처음에 들었던 '댐의 길이가 왜 이렇게 짧을까?' 하는 궁금증은 풀렸다.

그러나 댐의 높이가 너무 낮다는 문제는 여전히 풀리지 않았다. 그러다가 지도를 보아 가며 생각을 거듭한 결과 마침내 그럴듯한 이유를 찾아냈다. 조금 하류에 원래의 댐인 갈주댐(葛洲壩)이 있기 때문일 것 같았다. 갈주댐은 삼협댐이 건설되기 훨씬 전부터 있던 오래된 댐으로 삼협댐 아래쪽에 아직도 남아 있다. 마침 우리 쪽으로 다가오고 있는 관광안내원에게 가서 물어보았다.

"삼협댐 아래쪽의 수위가 얼마나 돼요?"

"160미터 정도 됩니다."

그렇다. 그것이 원인이었던 것이다. 댐이 대부분 물에 잠겨 있었던 것이다. 물에 잠긴 부분이 160미터라면 눈에 보이는 것이 20~30미터라는 뜻이니 내 눈짐작과 맞아떨어진다. 바로 얼마 전에 홍수가 나서 갈주댐에 물이 가득 차 있기 때문에 삼협댐이 더욱 낮아 보인 것이다.

갑문은 배를 댐의 위에서 아래로, 또는 아래에서 위로 통과시키기 위해 만들어 놓은 특수장치인데 수압이 세기 때문에 5단계로 나누어서 배를 통과시킨다고 한다. 그리고 갑문 하나를 통과하는 데 약 40분씩 소요되기 때문에 완전히 통과하려면 서너 시간이 걸린다고 한다. 고속전철로 서울에서 부산까지 가고도 남을 시간이다. 서너 시간을 들여서 댐 하나를 통과하는 일은 우리나라 사람들은 잘 못 참을 것 같다. 아니 기차 안에서 며칠씩 묵으면서 고향을 찾아가는 중국인이 아니고는 참을 수 있는 사람이 별로 없을 것 같다. 이런 생각을 하면서 나는 10여 년 전에 있었던 일을 또 하나 떠올렸다. 1996년 10월 19일 오후의 일이었다.

> 우리 배가 의창항(宜昌港)에 도착했다고 생각되어 짐을 챙겨서 출구로 나갔는데 도대체 어디로 내리는지 알 수 없었다. 상점의 판매원에게 물으니 아직 내리지 말라고 했다. 한참이 지나도 배는 꿈쩍도 하지 않았다. 승객들도 아무도 내리려고 하지 않았다. 알고 보니 의창항이 아니라 의창항 좀 못 미친 곳에 있는 갈주댐인

데 댐 위와 댐 아래의 수위가 달라서 그대로는 배가 지나갈 수 없기 때문에 특수장치, 즉 갑문을 통과하도록 되어 있었다. 댐의 한쪽 끝을 트고 사방에 튼튼한 콘크리트 벽을 만든 다음 댐의 위쪽과 아래쪽에 각각 배 한 대가 지나갈 수 있을 만큼 커다란 문을 단 특수장치에서, 먼저 위쪽 문만 열어 장치 내부의 수위가 댐 위와 같아지면 배가 그 안으로 들어가게 한 뒤 다시 위쪽 문을 닫고 아래쪽 문만 열어 장치 내부의 수위가 댐 아래의 수위와 같아지면 배가 나가게 하는 방식이었다. 이런 식으로 갈주댐을 통과하는 데 자그만치 40분이 소요되었다.

오후 4시 5분에 의창항에 내려서 8시 30분에 악양(岳陽)으로 갈 배표를 예매해 놓고 의창대학과 의창 시내를 구경한 뒤 저녁을 먹고 의창항으로 돌아왔다. 9시쯤 되어서야 배가 한 대 들어왔다. 반가워서 얼른 달려갔더니 검표원이 아직 우리 배가 아니니 더 기다리라고 했다. 우리가 탈 배는 화산륜(華山輪)인데 그 배는 강유(江渝)17호였다. 9시 반 가까이 되었을 때 "화산……" 하는 소리가 들리는데 뒷말을 잘 알아듣지 못했다. 그 배로 달려가 표를 보여 주었더니 자기 배를 타려면 매표소로 가서 표를 반환한 뒤 다시 와서 자기 배표를 사라고 했다. 그러다가 다시 표를 보더니 우리 표는 2등실인데 자기 배에는 2등실에 여석이 없으니 3등실로 가야 한다고 했다. 그나마 네 자리가 한데 붙어 있는 것은 없다고 했다. 우리는 모처럼 편안한 밤을 보내고 싶었기 때문에 마음이 내키지 않았다. 그러나 한편으로 화산륜이 결항하면 더 큰일이다 싶었다. 강유17호 검표원에게 물어보았더니 화산륜이 오기는 틀림없이 온다고 했다. 다만 언제 올지는 알 수 없다고 했다. 뒷말이 마음에 걸렸지만 늦어 봐야 얼마나 늦으랴 싶고 오기만 한다면 조금 더 기다리는 것은 감수할 수 있다는 심정이었다. 그래서 차라리 좀 더 기다리다가 열네 시간을 편안하게 가기로 했다.

우리는 부두로 다가오는 배만 보이면 저것이 틀림없는 우리 배일 거라고 좋아했지만 매번 허탕이었다. 9시 반이 지나고 9시 40분이 되어도 배가 오지 않았다. 9시 45분에 매표소로 가서 매표원 아주머니에게 도대체 어떻게 된 거냐고 물었더니 갈주댐에서 배가 밀리기 때문이라고 했다. 그러면서 옆방으로 가서 전화를 거는가 싶더니 다시 와서는 배가 금방 도착할 것이라고 했다. 넉넉잡아서 한 시간 뒤까지는 오겠느냐고 물었더니 아주머니는 펄쩍 뛰면서 한 시간이 무어냐고 했다.

늦어도 9시 55분까지는 올 것이라고 했다. 일행에게로 돌아와 이 기쁜 소식을 전해 주었지만 그들은 별로 신뢰하는 것 같지 않았다. 그동안 그들은 내기를 해 놓고 있었다. 배가 도착하는 시각을 맞추는 내기였다. 지루함을 이겨 보려고 노력하는 품이 안쓰러웠다.

매표원 아주머니가 장담한 9시 55분으로부터 다시 근 한 시간이 지난 10시 45분에 다시 가서 물어보았다. 그러자 그 아주머니는 지금 화산륜이 갈주댐 갑문에 진입할 차례가 되었으니 금방 도착할 것이라고 했다. 그러면서 배를 안 놓치려면 빨리 가서 탈 준비를 하라고 했다. 그러나 배는 그러고도 근 한 시간이 더 지나서야 비로소 도착했다. 예정 시각보다 세 시간 이상 지연된 것이었다. 배가 왜 그렇게 많이 지체되었는지를 생각해 보니 갈주댐에서 갑문을 통과하려고 기다리는 배가 보통 때보다 훨씬 많았기 때문인 것 같았다. 어떤 사정으로 몇 대만 더 많아져도 몇 시간이 더 걸릴 것 아닌가!

오후에는 자귀현(秭歸縣)에 있는 굴원고리(屈原故里)를 답사했다. 삼협댐 바로 위쪽에 위치해 있어서 발밑으로 저만치에 아까 본 삼협댐이 빤히 내려다보였다. 원

굴원고리

래 각각 자귀현의 굴원진(屈原鎭)과 귀주진(歸州鎭)에 있던 굴원의 고향 마을과 굴원의 사당을 그냥 두면 둘 다 수몰될 것이기 때문에 이곳으로 옮겨 와서 한데 모아 놓았다고 한다.

저녁에는 삼협공정대주점(三峽工程大酒店)에 한번 묵어 보기로 했다. 자귀현이 지방 소도시기 때문에 비싸 봐야 얼마나 비싸겠느냐는 생각이었다. 그런데 관광안내원에게 예약을 부탁했더니 이 호텔은 자귀현에서 가장 좋은 호텔로 국가주석 등의 정부 요인들이 묵는 곳이라 빈방이 없을 것이라는 석연치 않은 이유를 대며 예약해 주기를 꺼렸다.

그러더니 길거리의 홍보판에 적혀 있는 전화번호로 우리가 직접 예약하려고 하니까 그제야 자기가 하면 더 싸게 예약할 수 있다면서 대신 해 주겠다고 했다. 자기가 소개하면 소개비를 받을 수 있는 이점이 있기 때문에 그러는 줄 알지만 우리로서도 나쁠 것이 없기 때문에 그렇게 하기로 했다. 이 호텔은 삼협댐 밑의 장강 북쪽에 있는 4성급 호텔인데 우리가 예약하면 320원인 것을 여행사 직원이 260원에 대신 예약해 주었다. 나중에 알고 보니 그 호텔이 자기 회사에서 멀기도 하고 내일 오전에 갈 소군촌(昭君村)에서도 멀기 때문에 꺼린 모양이었다. 지은 지 얼마 안 된 호텔인 만큼 각종 시설이 다 깨끗해서 다들 좋아했다.

❄ 소군촌

2010년 8월 11일 7시 30분에 출발하여 왕소군(王昭君)의 고향인 소군촌으로 향했다. 왕소군은 한나라 원제(元帝)의 후궁으로 서시(西施)·초선(貂蟬)·양귀비와 더불어 중국 4대 미인으로 꼽히는 절세가인이다. 한나라 원제가 수없이 많은 후궁들의 용모를 일목요연하게 파악하기 위해 화가 모연수(毛延壽)에게 후궁들의 초상화를 그려 오게 했을 때, 다른 후궁들은 다 모연수에게 뇌물을 바쳤지만 왕소군은 그러지 않았기 때문에 실제보다 훨씬 못나게 그려졌다.

나중에 흉노족의 왕 호한야(呼韓邪)가 한나라와 화의를 맺기 위한 전제조건으로 한나라의 미인을 자기 왕비로 보내줄 것을 요구했을 때 원제는 왕소군을 지목했다. 왕소군이 길을 떠날 때에야 비로소 그녀의 용모를 본 원제는 그녀의 미모가 후궁들 가운데 으뜸임을 알고 그녀를 보내기로 지목한 것이 한탄스러웠지만 명단이 통보된 뒤라 때는 이미 늦었다. 원제는 초상화를 잘못 그린 모연수를 사형에 처하는 것으로 솟구치는 분노를 삭이는 수밖에 없었다.[21]

그리하여 흉노족의 왕비가 된 왕소군은 황량하기 짝이 없는 머나먼 북방에서 쓸쓸하게 살다가 결국 거기서 죽었다. 그녀의 무덤은 지금의 내몽고자치구 호화호특(呼和浩特) 남쪽에 있는데, 그 지방의 풀이 대부분 가을이 되면 하얗게 시드는 백초인 것과 달리 그녀의 무덤에 있는 풀만은 가을에도 변함없이 파란색을 유지했기 때문에 그녀의 무덤을 청총(青塚)이라고 한다.[22] 수많은 문인들이 이 비운의 미인을 소재로 각종 문학작품을 창작했는데, 시 중에서는 당나라 시인 동방규(東方虯)의 ＜왕소군(王昭君)＞이 널리 알려져 있다.

오랑캐 땅에는 꽃과 풀이 없으니	胡地無花草
봄이 와도 봄 같지 않았으리라.	春來不似春
자연히 허리띠가 헐거워졌겠지만	自然衣帶緩
날씬한 몸매를 위한 것이 아니리라.	非是爲腰身[23]

두 번째 구절 '춘래불사춘'은 특히 인구에 회자하는바, 우리나라에 한창 독재정

21 반고(班固)의 ≪한서(漢書)≫ 권94하 <흉노전(匈奴傳)>, 범엽의 ≪후한서(後漢書)≫ 권119 <남흉노열전(南匈奴列傳)>, 유흠(劉歆)의 ≪서경잡기(西京雜記)≫ 권2 참조.

22 두보(杜甫)의 시 <고적(詠懷古跡)> 제3수에 "청총만이 남아서 황혼을 마주한다(獨留青塚向黃昏)"는 구절이 있는데 이에 대한 구조오(仇兆鰲)의 주석에 ≪귀주도경(歸州圖經)≫을 인용하여 "변방 지역에는 백초가 많은데 왕소군의 무덤만은 유독 푸른색이었다(邊地多白草, 昭君塚獨青)"[문연각사고전서본 ≪두시상주(杜詩詳註)≫ 권17]고 했다.

23 문연각사고전서본 곽무천(郭茂倩) ≪악부시집(樂府詩集)≫ 권29 <상화가사(相和歌辭)>.

치가 심하던 20세기 후반에 해마다 봄이 되면 기자들이 한두 번씩 이 구절을 입에 올리곤 했다. 자연의 봄은 왔는데 정치의 봄은 오지 않았다는 탄식이었다. 뿐만 아니라 요즈음도 이른 봄이면 기자들이 가끔씩 이 구절을 인용하는 것을 볼 수 있다. 갑자기 몰아닥친 꽃샘추위를 두고 하는 말이다.

왕소군을 노래한 시가 대부분 그녀의 생활과 심경을 상상하고 그것을 연민하는 애잔한 내용이지만, 왕안석의 <명비곡(明妃曲)>은 성격을 좀 달리하여 모연수를 죽인 원제를 비판하고 왕소군을 위로함으로써 당시 사대부들의 인식의 틀을 깼다.

왕소군이 한나라의 궁궐을 막 떠날 적에	明妃初出漢宮時
눈물은 춘풍을 적시고 살쩍은 늘어졌으리.	涙濕春風鬢脚垂
머뭇머뭇 자기 모습 돌아보며 얼굴에 핏기가 없었지만	低徊顧影無顔色
그래도 임금님 마음을 못 가누게 했으리.	尙得君王不自持
임금님이 돌아와 도리어 화가를 나무라며	歸來却怪丹靑手
"이리 눈에 드는 사람 평생에 몇이나 있었나?" 했으리.	入眼平生幾曾有
표정과 자태는 본래 그려낼 수 없는데	意態由來畫不成
당시에 억울하게 모연수만 죽인 것이리.	當時枉殺毛延壽
한 번 가면 다시는 못 돌아올 줄 알면서도	一去心知更不歸
가엾게도 한나라에서 가져간 옷만 입었으리.	可憐着盡漢宮衣
소식 띄워 남쪽의 일 물어보고 싶어도	寄聲欲問塞南事
기러기만 해마다 무심히 날아갔으리.	只有年年鴻鴈飛
집안사람 만 리 밖에서 소식을 전하면서	家人萬里傳消息
집 생각 말고 흉노 땅에서 잘 지내라 했으리.	好在氊城莫相憶
지척의 장문궁에 유폐된 아교를 모르는가?	君不見咫尺長門閉阿嬌
인생의 실의에는 남북의 구분이 없었다네.	人生失意無南北[24]

왕안석의 시가 나오자 매요신(梅堯臣)·구양수(歐陽修)·사마광(司馬光) 등 당시의 많은 저명 시인들이 이 시에 창화하여 한때 문단의 화제가 되었다.

소동파도 이 부근을 지나다가 <소군촌(昭君村)>이라는 시를 지어 왕소군의 미모를 노래한 적이 있었다.

왕소군은 본래 이곳 초지방 사람	昭君本楚人
빼어난 미모가 강물을 훤히 비추었네.	艶色照江水
초지방 사람들이 감히 아내로 맞지 못해	楚人不敢娶
한나라의 왕비로 부르게 됐네.	謂是漢妃子
그 누가 알았으리 조국을 떠나	誰知去鄕國
만 리 밖에서 오랑캐 땅의 귀신이 될 줄을?	萬里爲胡鬼
사람들은 딸을 낳으면 가문을 일으킨다고 했지만	人言生女作門楣
왕소군은 당시에 걱정으로 안색이 초췌했네.	昭君當時憂色衰
예로부터 인간사란 모두 이와 같은 것	古來人事盡如此
엎치락뒤치락 종횡무애로 뒤바뀜을 어찌 알리?	反覆縱橫安可知[25]

그러나 가만히 들여다보면 이 시에는 소동파가 소군촌을 직접 방문했다고 할 만한 단서가 없다. 당시 배를 타고 장강을 지나가던 소동파가 말이나 마차로 바꿔 타고 여기까지 와서 소군촌을 찾았을 것 같지는 않다. 그렇다면 그는 배가 소군촌 부근을 지나갈 때 왕소군의 옛날 일을 생각하면서 상상력에 의지하여 이 시를 지었을 가능성이 크다.

삼협댐 아래 장강 북쪽에 있는 삼협공정대주점을 출발한 차는 서릉장강대교(西陵長江大橋)를 건너 다시 장강의 남쪽으로 간 다음 장강을 오른쪽에 두고 서쪽을

24 문연각사고전서본 ≪임천문집(臨川文集)≫ 권4.
25 왕문고본 ≪소식시집≫ 권1.

향해 달리다가 좁고 구불구불한 산길로 접어들었다. 지난번 홍수 때 도로가 움푹하게 파인 곳도 많고 산사태가 난 곳도 있어서 그것을 복구하느라 곳곳에 공사 차량이 길을 막고 있었다.

장작이 어른 키만큼 쌓여 있는 농가들 사이를 헤집고 한참을 가노라니 오른쪽 발아래 저 멀리에 다시 장강이 나타났다. 우리 차가 지나가는 길과 장강 사이에 또 층을 이루며 두 갈래의 길이 있고 길과 길 사이에는 밭이 있었다. 바로 장강삼협 가운데 가장 하류에 있는 서릉협의 남쪽 비탈이었다. 여기도 무산에서 문봉관으로 가는 길과 마찬가지로 경사가 40~50도쯤 되어 보이는 가파른 비탈인데 이렇게 농사를 짓고 있다는 사실이 신기하기만 했다. 자칫 발을 헛디디기라도 하면 저 아래 장강까지 굴러갈 것만 같은데 말이다.

9시 10분에 향계(香溪)나루에 도착했다. 중국의 큰 강에는 윗면이 평평하게 생긴 대형 선박이 자동차나 사람을 싣고 강을 건네주는 나루가 있다. 다리를 건설하려면 비용이 너무 많이 들기 때문에 다리 대신 이용하는 임시방편이다. 말하자면 이동식 배다리인 셈이다. 장강에는 이런 나루가 참 많았는데 지금은 대부분이 콘크리트 다리로 교체되었다. 중국의 눈부신 경제발전이 한편으로는 낭만적인 정경을 자꾸 앗아 가고 있는 것이다. 이런 나루 가운데 사람을 건네주는 것을 '인도(人渡)'라고 하고, 중국어로 '기차(汽車)'라고 하는 자동차를 건네주는 것을 '기도(汽渡)'라고 하는데 향계나루는 '기도'였다.

향계기도

차는 향계나루에서 장강을 건넌 다음 오른쪽에 향계를 끼고 한참을 더 달려 11시경에 고양진(高陽鎭)을 지났다. 상당히 번화한 곳이었다. 이렇게 깊은 산골에 웬 도시가 있나 싶었는데 고양

진은 옛날 흥산현성(興山縣城)이었던 곳이라고 운전사가 설명해 주었다.

거기서 다시 10분 정도 더 가자 소군촌이 나왔다. 오른쪽에는 오사모(烏紗帽)처럼 생겨서 그렇게 부른다는 사모산이 매우 가파르게 솟아 있고, 왼쪽에는 아찔할 정도로 깊고 가파른 계곡이 있었다. 그리고 계곡 저편에도 높이와 경사가 사모산과 비슷한 산이 우뚝 솟아 있었다. 말하자면 소군촌은 가파른 산과 산 사이의 계곡 가에 자리 잡은 산간오지였다. 워낙 깊은 산골인 데다 문학적 중요성도 별로 크지 않기 때문인지 관람객이라곤 우리 이외에 열 명 정도 되는 팀이 하나 더 있을 뿐이었다.

소군택(昭君宅) 경내에 들어가니 입구에 왕소군의 하얀 석고상이 서 있고 그 뒤에 왕소군에 관한 각종 자료를 진열해 놓은 기념관이 있었다. 그리고 그 옆에 왕소군의 방과 부모인 왕양(王穰) 내외의 방 및 오빠 내외의 방도 복원되어 있었다.

경내에 석각되어 있는 <소군택기(昭君宅記)>에 의하면 명나라 영락 13년(1415)

왕소군 거처

에 처음으로 복원하고 1995년에 중건했다고 하는 소군택은 전체적으로 보아 너무 으리으리하다는 느낌을 주었다. ≪후한서≫ <남흉노전(南匈奴傳)>에 "왕소군은 자(字)가 장(嬙)이고 남군 사람이다. 처음 원제 때 양가 자제로서 후궁으로 뽑혀 들어갔다"[26]라고 했으니 그녀가 양갓집 규수였음을 알 수 있고, 왕소군기념관에 진열되어 있는 자료와 <소군택기>에 의하면 왕소군은 기원전 36년에 한나라 원제가 천하에 포고하여 미인들을 선발할 때 황궁으로 들어갔는데 그녀가 입궁한 뒤에 그 집을 확장했다고 한다. 그러나 설사 그렇다고 할지라도 '2,000여 년 전에 그 깊은 산골에 과연 그렇게 큰 집이 있었을까?' 하는 의구심을 지울 수가 없었다.

❁ 삼유동

정문 앞에 있는 소군가연(昭君家宴)이라는 상당히 허름한, 그러나 그 일대에서는 가장 좋다는 식당에서 244원짜리 점심을 먹고 1시 15분에 의창을 향해 출발했다. 세 시간 반 동안 쉬지 않고 산길을 달려 4시 40분에 의창시에 도착하고, 시내를 지나 다시 장강 연안을 따라 서북쪽으로 7킬로미터쯤 더 달려서 5시쯤에 삼유동(三遊洞)에 도착했다.

정문에 들어서서 왼쪽으로 내려가니 이내 삼유동이 나왔다. 당나라 원화 14년(819)에 백거이·백행간(白行簡, 776-826)·원진(元稹, 779-831) 등 세 사람이 함께 노닐었다고 해서 삼유동이라는 이름이 생겼고, 송나라 때 소동파 삼부자가 노닌 뒤로 당나라 때의 세 사람이 노닌 일을 전삼유라고 하고 소씨 삼부자가 노닌 일을 후삼유라고 한다는 동굴이다.[27]

삼유동은 깊이가 약 30미터, 폭이 약 20미터, 높이가 약 10미터 되는 자그마한 동굴이었다. 아무 계곡에서나 흔히 볼 수 있는 그런 평범한 동굴이었다. 당나라

---

26 "昭君, 字嬙, 南郡人也. 初, 元帝時, 以良家子選入掖庭."(문연각사고전서본 ≪후한서≫ 권119 <남흉노전>)
27 ≪백도백과≫ <삼유동> 참조.

때 명인 세 사람이 함께 와서 노닐었고 송나라 때 또 다른 명인 세 사람이 와서 그 명성을 굳혀 주었다는 것 이외에는 아무것도 특별할 게 없는 보통의 동굴이었다.

동굴 안에는 이 동굴을 일약 명승지의 대열에 올려 준 백행간·백거이·원진의 석상이 축축한 절벽 밑에 암울하게 서 있고, 주위의 바위에 백거이의 <삼유동서(三遊洞序)>와 <원미지에게(贈元微之)>를 비롯하여 진자앙(陳子昂, 661-702)의 <형문을 지나 초땅을 바라보며(度荊門望楚)>, 소동파의 <삼유동을 유람하고(遊三游洞)>와 <초송첩(楚頌帖)>, 육유의 <하뢰계에 배를 매고 삼유동을 유람하며(繫舟下牢溪遊三遊洞二十八韻)>, 유대괴(劉大魁, 1698-1779)의 <삼유동기(三遊洞記)>와 같은 시문이 수없이 많이 새겨져 있고, 사이사이에 백거이와 소동파의 초상화 및 소동파가 그린 그림이 새겨져 있었다.

이 가운데 소동파가 고향에서 모친 정씨(程氏)의 삼년상을 마친 뒤 동생과 함께 부친을 모시고 두 번째로 상경하는 도중이던 북송 가우 4년(1059) 겨울에 이곳을 구경하고 지은 <삼유동을 유람하고(遊三游洞)>에는 삼유동 특유의 모습을 묘사한 내용이 거의 없다.

삼유동 입구

삼유동 안의 석상(왼쪽으로부터 백행간·백거이·원진)

언 빗줄기 부슬부슬 반쯤은 눈이 되니	凍雨霏霏半成雪
유람객은 신이 얼어 이끼가 미끄럽네.	游人屨凍蒼苔滑
이불을 끌어당기며 암벽 밑에서 자노라니	不辭攜被巖底眠
동굴 어귀에 구름이 깊어 밤에도 달이 없네.	洞口雲深夜無月[28]

그럼에도 불구하고 이 시를 삼유동의 암벽에 새겨 놓은 것은 아무래도 소동파의 명성에 기대어 이 동굴의 가치를 높여 보려는 의도이리라.

삼유동에 있는 소동파의 <삼유동> 석각

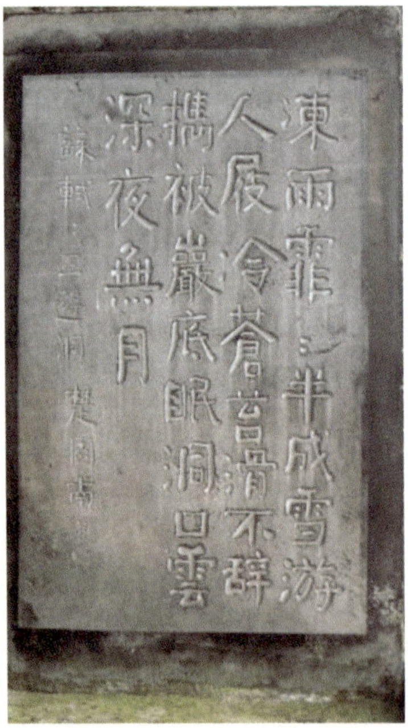

삼유동의 〈동파선생도〉

28 왕문고본 ≪소식시집≫ 권1. 삼유동에 새겨져 있는 석각에는 제목이 <삼유동(三遊洞)>으로 되어 있고, '신이 얼어(屨凍)'가 '나막신이 차고(屐冷)'로 되어 있다.

삼유동에 새겨진 시문을 살펴보며 열심히 사진을 찍고 있노라니 문득 한국말로 이야기하는 소리가 들렸다. 경상북도 안동의 국학진흥원에 근무한다는 중년 남자 한 분이 자신들도 소동파에 대해서 연구할 때가 있다면서 우리의 소동파문학 답사에 관심을 보였다. 그분은 내가 100여 일에 걸쳐 소동파가 다닌 곳을 다 답사했다니까 감탄을 연발했다. 답사기가 책으로 출판되면 좋은 책이 되겠다며 읽어 보고 싶다는 말도 했다. 그리고 책 제목을 어떻게 붙일 거냐는 질문에 '소동파 문학의 현장을 찾아서' 정도로 생각하고 있다니까 '현장'이라는 말은 젊은 사람의 감각에 호소하기 어렵기 때문에 '소동파를 따라서'가 좋겠다고 자기 의견을 제시해 주기도 했다.

삼유동에서 조금 더 들어가니 장강이 훤히 내려다보이는 전망 좋은 언덕에 지희정(至喜亭)이라는 정자가 있었다. 안내문에 의하면 지희정은 주경기(朱慶基)가 협주(峽州, 지금의 호북성 宜昌)태수로 있을 때 이 앞을 지나가는 뱃사공과 행상들이 쉬어 갈 수 있게 하기 위해 지었으며, 구양수가 <지희정기(至喜亭記)>를 지음으로써 송나라 때 협주의 3대 절경 가운데 하나가 되었다고 한다. 그러나 정자에서 쉬려

지희정

면 강에서 한참 올라와야 하는데 지나가는 뱃사공이나 행상들이 과연 힘들게 거기까지 올라와서 쉬었을지 의아해하는 사람이 많았다. 아무래도 사대부들이 놀고 마시는 데나 적당한 장소인 듯했다.

지희정은 구조가 아주 독특한 3층짜리 정자였다. 중앙에 육각정이 하나 있고 주위에 그 정자의 여섯 면 가운데 한 면을 다른 정자의 한 면으로 삼는 세 개의 육각정이 둘러서 있어서 모두 네 개의 육각정이 한데 붙어 커다란 삼각형을 이루는 구조였다.

정자의 벽에는 두보의 <봄밤에 협주의 전시어 장사가 나루터의 정자에서 연회를 벌여 주어(春夜峽州田侍御長史津亭留宴)>, 사공서(司空署)의 <협곡의 어귀에서 친구를 전송하며(峽口送友)>, 대숙륜(戴叔倫)의 <하뢰를 읊은 시에 차운하여(次下牢韻)>, 구양수의 <장난삼아 정판관에게(戲贈丁判官)>, 범성대(范成大)의 <협주의 지희정(峽州至喜亭)> 등 역대 명인들의 시가 쓰여 있었다. 소동파가 삼협을 다 벗어난 뒤의 감회를 노래한 장편시 <협곡에서 나오며(出峽)> 가운데 마지막 열 구절도 누군가의 글씨로 쓰여서 지희정에 붙어 있는데 오랜 세월에 낙관이 다 지워져 누구의 글씨인지 전혀 알아볼 수가 없게 되어 있었다.

소동파에게 <이릉현에 있는 구양영숙의 지희당(夷陵縣歐陽永叔至喜堂)>이라는 시가 있는 것을 보면 지희정 이외에 지희당이 따로 있었을 것 같기도 하지만, 지금은 지희당이라는 건물이 없어서 원래 있던 것이 없어진 것인지 지희정이 곧 지희당인지 확인할 수가 없었다.

지희정 벽에 쓰여 있는 소동파의 〈협곡에서 나오며〉

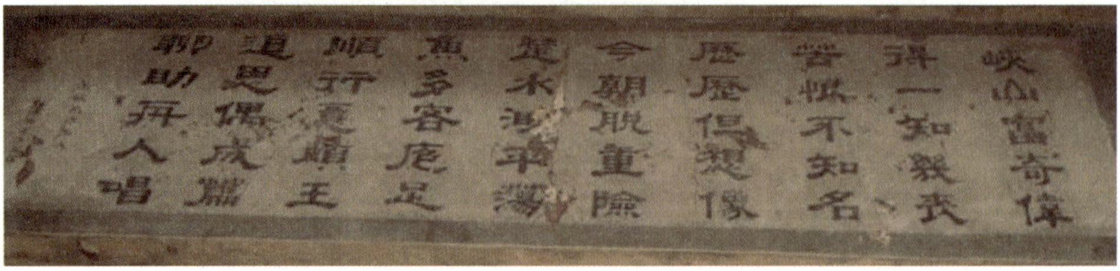

지희정 아래쪽에 '삼협기점(三峽起始點)'이라는 표지석이 세워져 있었다. 상류에서 하류로 내려오는 경우에는 기문(夔門)이 삼협의 기점이지만 하류에서 상류로 거슬러 올라가는 경우에는 이 지점이 바로 삼협의 기점이라는 말이다.

7시 이전에 다 둘러보려면 시간이 부족할 것 같아 마음이 급해졌다. 정문 부근에 있다는 육유천(陸游泉)을 아직 못 보았기 때문에 나중에는 아예 뛰어다녔다. 얼굴에서 땀이 마구 쏟아졌다. 마치 소나기를 맞은 것 같았다. 닦아도 닦아도 소용이 없었다. 그러나 7시가 다 되어 가기 때문에 땀을 식힐 여유가 없었다. 게다가 육유천으로 통하는 통로마저 잘 보이지 않았다.

입장권의 약도에는 정문에 들어서자마자 육유천이 있는 것으로 표시되어 있는데 아무리 찾아도 통로가 없었다. 알고 보니 정문 밖에 통로가 있었다. 거기는 따로 입장료를 내게 되어 있지만 삼유동 입장권이 있으면 그냥 들어갈 수 있다고 했다. 간신히 시간에 맞추어 찾아간 육유천은 외견상 여느 샘물과 다를 바가 없는데 처마에 '심룡지(尋龍池)'라는 현판이 걸려 있었다. 그리고 그 밑에 육유가 효종 건도 6년(1170) 10월 8일 기주(夔州)로 유배되어 가는 길에 들러서 삼유동을 구경할 때 이 샘물로 차를 끓여 마셨기 때문에 육유천이라고 한다는 안내문이 있었다. 이 샘물로 차를 끓여 마신 사람이 어찌 육유뿐이랴! 그런데 하필 육유천이라니! 그리고 입구의 차도 옆에 방옹주가(放翁酒家)라는 여관도 하나 있었다. 육유의 호 '방옹'을 여관

육유천

이름으로 삼은 것이다. 사람은 일단 잘나고 볼 일이다.

7시 30분에 운전사가 의창에서 가장 좋은 호텔이라고 소개한 청강대주점(淸江大酒店)에 도착했다. 4성급인데 조찬을 포함하지 않고 340원이란다. 어지간히 비싼 편이다. 조찬을 포함하면 375원이라고 해서 조찬을 빼기로 했다. 새삼 중경의 박돈미금주점이 생각났다.

저녁에는 그 호텔에서 118원짜리 전갈구이를 먹었다. 이름만 들으면 소름이 끼치지만 바삭바삭하게 구운 것이 마치 잘 구운 메뚜기 다리나 잔 새우 같기도 하고 가재 같기도 하여 상당히 맛있었다. 특히 맥주 안주로 좋을 것 같았다.

3. 형주(荊州)와 양양(襄陽)

❄ 식양유지

2010년 8월 12일 8시 50분에 사시행(沙市行) 버스를 타고 가다가 형주(荊州)에서 내렸다. 10시 20분이었다. 형주고성 남문 밖에 있다는 식양유지(息壤遺址)를 찾아갔다. 식양이란 우임금이 치수할 때 사용한 흙으로 퍼내면 그 자리에 금방 다시 생겨났다는 전설을 지니고 있다. 소동파가 <번식하는 흙(息壤詩)>이라는 시의 서문에서 ≪회남자(淮南子)≫를 인용하여 "곤이 홍수를 막기 위해 천제의 번식하는 흙을 훔치자 천제가 축융으로 하여금 우연에서 그를 죽이게 했는데, 지금 형주의 남문 밖에 마치 지붕이 땅속으로 꺼져 들어갔으면서도 여전히 그 등성마루가 보이는 것 같은 형상이 있다. 그 옆에 있는 돌에 '침범하지 말 것. 삼태기와 삽으로 흙을 퍼내면 금방 예전 모습으로 복원될 것이다. 또 어김없이 뇌우가 칠 것인바, 큰 가뭄이 든 해에 여러 번 파면 감응이 있을 것이다'라는 말이 적혀 있다"[29]라고 한 그 신비의 흙이다. 어찌 그런 흙이 있을 수 있으랴만 도대체 어떻게 생긴 흙이기에 그런 이름이 붙었을까 싶어 꼭 한 번 찾아보고 싶었다.

먼저 시외버스 종점에서 형주 지도를 한 장 사고 주인아저씨에게 물어보았더니 모른다고 했다. 택시를 타고 일단 남문으로 가서 여기저기 물어보아도 아는 사람이 없었다. 그러다가 손수레에 물건을 늘어놓고 부채질을 하며 손님을 기다리는 늙수그레한 아저씨에게 물으니 옛날에는 있었는데 지금은 없어졌다고 했다. 형주시 문화국에 전화를 걸어서 물어보았더니 남문의 바깥쪽에서 서쪽으로 100미터쯤 가면 있다고 했다.

---

29 "鯀湮洪水, 盜帝之息壤, 帝使祝融殺之於羽淵. 今荊州南門外, 有狀若屋宇陷入地中, 而猶見其脊者. 傍有石, 記云: '不可犯. 畚鍤所及, 輒復如故. 又頗以致雷雨, 歲大旱, 屢發有應.'"(왕문고본 ≪소식시집≫ 권2)

형주고성 옆의 식양유지 추정처

성 위에 올라가서 보면 잘 보일까 싶어서 섭씨 약 40도의 폭염이 내리쬐는 한낮에 5원의 입장료를 내고 아무도 올라가지 않는 성 위로 올라갔다. 형주고성은 보존 상태가 매우 양호했다. 형주고성을 천천히 거닐면서 길이가 40미터 정도 되고 넓이가 10미터 정도 되는 토산을[30] 찾았으나 시야에 들어오는 것 중에 토산이라고 할 만한 것은 없었다.

다시 내려와서 성과 해자 사이에 있는 오솔길을 따라가 보았다. 역시 토산이라고 할 만한 것은 없었다. 다만 남문에서 100미터쯤 되는 곳의 성곽과 해자 사이에 면적이 이와 비슷하고 해자보다 5미터 정도 높은 잔디밭이 하나 있는데 그것은 토산이 아니라 평지였다. 주변에 그것 이외에 그럴 듯한 것이 없는 것을 보면, 그리고 나이 든 상인이 옛날에는 있었는데 지금은 없어졌다고 한 것을 보면 그것이 바로 식양의 유지일 가능성이 매우 높다고 생각되었지만 더는 확인할 길이 없었다.

1시 20분에 시외버스를 타고 양양(襄陽)과 번성(樊城)이 합쳐진 고을 양번으로 떠났다. 양양은 유구한 역사를 지닌 화중(華中) 지방의 주요 고을 가운데 하나다.

30 《백도백과》 <식양> 참조.

소동파는 어머니의 삼년상을 마친 뒤 부친 및 동생과 함께 배를 타고 장강을 따라 형주까지 간 뒤 거기서부터 육로를 따라 개봉으로 들어갈 때 이곳을 지나간 적이 있다. 이때 그는 <양양락(襄陽樂)>이라는 양양 지방의 옛날 민가를 지었다.

태수께서 오시기 전엔 양양이 불안하여	使君未來襄陽愁
창을 들고 시장에 들어가 털옷에다 싸 갔는데	提戈入市裹氈裘
털옷쟁이들 남쪽으로 면수를 건너온 뒤	自從氈裘南渡沔
양양이 무사해져 봄놀이가 많아졌네.	襄陽無事多春遊
양양의 봄놀이는 어디에서 즐겼는가?	襄陽春遊樂何許
현산의 남쪽이요 한수의 포구였네.	峴山之陽漢江浦
태수의 붉은 깃발 펄럭펄럭 다가올 때	使君朱旆來翩翩
사람들은 태수가 양호와 두예 같다 했네.	人道使君似羊杜
길가에서 사람 만나 낙양 소식 물어보면	道邊逢人問洛陽
중원은 전쟁으로 농토가 황폐하다 했네.	中原苦戰春田荒
양양이 즐겁다는 말 북쪽 사람 듣고 나서	北人聞道襄陽樂
기러기를 바라보며 애간장을 끊었겠네.	目送飛鴻應斷腸[31]

이 <양양락>은 청상곡사(清商曲辭)의 하나인 <양양악(襄陽樂)>과는 별개의 것으로, ≪남사(南史)≫ <유도산전(劉道産傳)>에 "도산은 처음에 무석령(無錫令)이 되었다. ……나중에 옹주(雍州)태수가 되고 영만교위(寧蠻校尉)를 겸했으며 다시 도독겸양양태수(都督兼襄陽太守)의 관직을 추가했다. 직무를 잘 수행하였는데 옹주에 있을 때 정치적 업적이 특히 두드러져 오랑캐 가운데 아직 교화를 받지 않은 자들이 모두 순순히 복종했다. 백성들이 즐겁게 자신의 생업에 종사할 수 있게 되매 이로부터 <양양락>이라는 노래가 있게 되었으니 바로 도산에게서 비롯된 것이

---

31 왕문고본 ≪소식시집≫ 권2.

다"[32]라고 한 바와 같이, 남조시대 송나라 사람 유도산의 선정을 구가한 노래인데, 소동파의 시는 이 <양양락>이 형성된 역사적 배경을 상기하면서 유도산의 선정 덕분에 양양이 평화로운 고장으로 변모한 일을 노래한 것이다.

19번부터 28번까지의 좌석이 우리 자리인데 먼저 탄 사람들이 아무 데나 마구 앉아서 비켜 달라고 해도 좀처럼 비켜 줄 생각을 하지 않았다. 20대 중반쯤으로 보이는 한 청년은 혼자 두 자리를 차지하고 앉아서는 눈을 감고 자는 척했다. 안내양이 와서 팔을 두드리며 뭐라고 이야기해도 그는 들은 척도 하지 않고 눈만 껌벅이고 있었다. 귀머거리일까? 아니면 빈자리 아무 데나 앉으면 되지 굳이 네 자리 내 자리 따질 필요가 뭐 있느냐는 대범한 성격의 소유자일까? 무척이나 의아했다. 그가 안내양을 거들떠보지도 않자 안내양도 더는 어쩌지 못하고 체념해 버렸다. 그리고 우리도 우리 자리 찾기를 체념해야 했다. 다행히 일행과 함께 앉아 특별히 해야 할 이야기가 있는 것이 아니었기 때문에 각자 다른 자리에 앉아도 큰 문제는 없었다.

그런데 내릴 때 보니 그의 손에 납작한 노트북 컴퓨터용 가방이 하나 쥐어 있었다. 그 순간 나는 저 사람이 다름 아닌 '소황제(小皇帝)'가 아닐까 하는 뜬금없는 생각이 번쩍 들었다. 우리나라에서도 보행신호가 아닌데도 불구하고 주머니에 손을 꽂은 채 어슬렁어슬렁 횡단보도를 지나가는 사람이나 운전석 창문 밖으로 담배꽁초 던지는 사람을 심심찮게 볼 수 있거니와, 자기중심주의가 극도로 심한 요즈음은 어느 나라나 사람들이 자기 편한 것, 자기한테 유리한 것만 생각하는 풍조가 만연해 있다. 그리고 이렇게 다른 사람은 배려할 줄 모르고 자기만 아는 현상은 젊은 사람들에게 더욱 심하다.

중국의 경우 한 가정에 한 자녀만 두게 되어 있는 까닭에 일부 부모들이 자신

32 "道産, 初爲無錫令.……後爲雍州刺史 · 領寧蠻校尉, 加都督兼襄陽太守. 善於臨職, 在雍部政績尤著, 蠻夷前後不受化者皆順服, 百姓樂業, 由此有襄陽樂歌, 自道産始也."(문연각사고전서본 ≪남사≫ 권17)

의 어린 자녀를 황제처럼 떠받든다고 하여 그런 자녀를 '소황제'라고 하는 것으로 알려져 있다. '소황제'가 자라서 어떤 유형의 인간이 되는지에 대해서는 들은 바가 없지만 혹시 이 청년처럼 되는 것이 아닐까 하는 근거 없는 생각이 얼핏 들었다. 우리나라에서는 요즈음 지덕체(智德體) 교육의 균형이 깨어져 '지지지(智智智)' 교육으로 변질되어 버린 나머지 '남'은커녕 '우리'도 생각할 줄 모르고 오직 '지(저, 즉 자기)'만 생각하는 극도의 이기주의 내지 자기중심주의가 만연해 있다고 걱정하는 사람이 많거니와, 공산주의 국가인 중국에조차 이런 현상이 있다는 사실이 놀랍게 여겨졌다. 그러나 다음 순간 이런 현상은 정치이념이나 경제체제와는 무관하고 자식에 대한 부모의 지나친 감성적 사랑에 근본적인 원인이 있겠다는 생각이 들었다.

4시 20분에 양번에 도착하여 비엔나대주점(維也納大酒店)에 숙소를 잡았다. 호화 방이 275원이었다. 거기서는 현산(峴山) · 습가지(習家池) · 융중(隆中)을 살펴볼 요량으로 호텔 종업원에게 위치와 길을 물었으나 종업원은 융중만 알고 다른 것은 모른다고 했다.

현산은 진(晉)나라 사람 양호(羊祜, 221-278)가 양양을 지킬 때 자주 가서 놀던 곳으로, 그가 떠난 뒤 양양 사람들이 그 산에 그의 송덕비를 세웠는데 그 비석을 보는 사람들이 너도나도 양호를 그리며 눈물을 흘렸기 때문에 나중에 두예(杜預)가 타루비(墮淚碑)라는 이름을 붙였다.[33] 두예는 양호가 진나라 무제 사마염(司馬炎)에게 천거함에 따라 양호의 뒤를 이어 양양을 지킨 사람이었다.

진나라 무제 사마염(司馬炎)은 오나라를 멸망시키기 위해 양호를 형주도독(荊州都督)으로 삼아 육항(陸抗)이 이끄는 오나라 군사와 대적하게 했다. 덕망과 겸양이 넘치는 사람인 양호는 양양에 군사를 주둔시키고 국경을 수비하는 동안 그곳 백

33 《진서》 권34 <양호전> 참소.

성들과 자기 병사들을 너그럽게 대하고 좋은 일을 많이 함으로써 크게 인심을 얻었다. 또 육항을 비롯한 오나라 군사들도 도량 있고 신의 있게 대함으로써 그들의 도발 의지를 약화시켰다. 양호는 오나라 군사들의 도발 의지를 약화시킨 다음 국경수비 병력을 감축하여 그 병사들로 하여금 농사를 짓게 했다. 그 결과 그가 막 도착했을 때 100일분도 채 안 남아 있던 군량이 10년분으로 늘어났다.

양호는 그렇게 인내심을 가지고 때를 기다리다가 오나라 황제 손호(孫皓)의 폭정이 극에 달한 나머지 국론의 분열이 최고조에 이르러 지금이야말로 오나라를 정벌할 결정적인 기회라고 판단될 때 사마염에게 오나라를 정벌하라고 주청했다. 그러나 그 자신은 병이 들어 더 이상 변방 수비를 담당할 수 없게 되었기 때문에 자신의 후임자로 두예를 천거했다.[34]

습가지는 현산 남쪽에 있는 연못으로 일명 고양지(高陽池)라고도 한다. 원래 한나라 시중 습욱(習郁)이 판 것인데[35] ≪진서(晋書)≫ <산간전(山簡傳)>에 "산간은 태평스럽게 세월을 보내며 술에나 탐닉했다. 형주 땅의 호족인 습씨들에게 아름다운 정원과 연못이 있었는데 산간은 밖으로 나가서 놀 때면 자주 그 연못으로 가서 술자리를 벌여 취하도록 마시고는 그것을 고양지라고 불렀다. 당시 아동들이 '산공은 어디로 나가시는가? 그분이 가는 곳은 고양지라네. 해가 지면 거꾸로 실려 돌아가는데, 곤드레만드레 아무것도 모른다네. 이따금 준마도 탈 줄 아는데, 백접리 모자를 거꾸로 쓰고 간다네' 하고 노래했다"[36]고 한 바와 같이 산간이 늘 가서 술을 잔뜩 마시고는 인사불성이 되어서 집으로 돌아갔다는 곳이다. 그리고

34 ≪진서≫ 권34 <양호전> 및 나관중의 ≪삼국연의≫ 권24 <양호가 병중에 두예를 천거하다(羊祜病中薦杜預)> 참조.

35 문연각사고전서본 ≪호광통지(湖廣通志)≫ 권54 <양양부(襄陽府)>에 "부성 남쪽에 습가지가 있으니 습욱이 판 것이다(府城南有習家池, 郁所鑿也)"라고 했다.

36 "簡優游卒歲, 唯酒是耽. 諸習氏, 荆土豪族, 有佳園池, 簡每出遊嬉, 多之池上, 置酒輒醉, 名之曰高陽池. 時有童兒歌曰: '山公出何許, 往至高陽池. 日夕倒載歸, 酩酊無所知. 時時能騎馬, 倒著白接䍦.'"(문연각사고전서본 ≪진서≫ 권43 <산간전>)

융중은 제갈량이 살던 곳으로 그가 유비의 삼고초려를 받은 곳이다.

이 세 곳을 둘러보는 데는 시간이 많이 걸리지 않을 것 같아 버스에서 내리자마자 내일 오후 1시에 출발하는 평정산행(平頂山行) 버스표를 예매해 두었는데 뜻하지 않게도 물어보는 사람마다 모른다고 하니 답답한 노릇이었다. 결국 또 양번시 문화국에 전화를 걸어 물어보기도 하고 거기서 여행사를 소개받아 구체적인 상황을 알아보기도 했다. 그리고 여행사 직원의 조언으로 자칫하면 빠뜨릴 뻔한 녹문산도 추가했다. 녹문산은 당나라 시인 맹호연(孟浩然, 689?-740?)이 오랫동안 은거한 산으로 빼놓을 수 없는 중요한 곳인데 깜빡 잊어버릴 뻔한 것이다. 이 몇 군데를 둘러보는 데 이틀은 걸리겠다고 여행사 직원이 말했다. 할 수 없이 버스표를 이틀 뒤의 것으로 바꾸었다.

❄ 녹문산과 미공사

2010년 8월 13일 7시 35분에 출발하여 양번의 동남쪽 교외에 있는 녹문산(鹿門山)으로 갔다. 사방에 평야가 일망무제로 펼쳐져 있었다. 두 시간쯤 걸릴 것이라던 관광안내원의 말과는 달리 8시 20분에 벌써 녹문산에 도착했다.

녹문산에 관한 시는 역시 맹호연의 <밤에 녹문산으로 돌아가며(夜歸鹿門歌)>가 압권일 것이다.

산사의 종이 울리고 날이 이미 저물어	山寺鐘鳴晝已昏
어량의 나루에는 다투어 건너느라 시끌벅적	漁梁渡頭爭渡喧
사람들은 언덕을 따라 강가 마을로 향하고	人隨沙岸向江村
나도 또한 배를 타고 녹문산으로 돌아간다.	余亦乘舟歸鹿門
녹문산에 뜬 달이 안개 걷힌 나무에 비칠 때	鹿門月照開煙樹
갑자기 방덕공이 은거하던 곳에 이르렀나니	忽到龐公棲隱處
바위 문과 솔밭 길이 늘 적막한 이곳에는	巖扉松徑長寂寥

오로지 이 은자만이 혼자 다닌다. 惟有幽人自來去[37]

이 시는 녹문산에 은거하던 맹호연이 저물녘에 배를 타고 녹문산으로 돌아가는 도중에 본 주변의 풍경과 그윽한 곳에 묻혀 사는 은자의 세계를 동시에 보여 주고 있다.

녹문산은 나지막한 산으로 직경 10센티미터 정도 되는 소나무가 숲을 이루고 있었다. 아직 이른 시간이라 그런지 우리 이외에 다른 관람객은 아무도 없었다. 관광안내원의 말이 자기도 오래간만에 왔다고 하니 시간이 이르기 때문만이 아니라 이곳을 찾는 사람이 많지 않은 것도 사실인 모양이다.

녹문산 기슭에 자리 잡고 있는 녹문사는 천왕전(天王殿)과 대웅전, 종루(鐘樓)와 고루(鼓樓) 이외에 객당(客堂)과 용도를 알 수 없는 작은 건물이 하나 더 있을 뿐인 아주 작은 절이었다. 녹문사를 잠시 둘러보고 절 뒤로 돌아가니 대웅전 바로 뒤편에 영일천(靈溢泉)이라는 작은 샘이 있었다. 머리가 반은 빠지고 반은 하얘진 점쟁이 할아버지 한 분이 큼지막한 찻병을 하나 놓고 러닝셔츠 바람으로 샘 옆에 앉아 있었다. 좀처럼 올 것 같지 않은 손님을 기다리고 있는 것이었다. 그리고 샘 옆에 폭이 약 1미터, 높이가 약 40센티미터, 두께가 약 3센티미터 되는 작디작은 시비가 하나 있어서 들여다보았더니 맹호연의 시 <봄 새벽(春曉)>이 새겨져 있었다.

나른한 봄 잠이라 날이 샌 줄 몰랐더니 春眠不覺曉
곳곳에서 새들의 노랫소리 들린다. 處處聞啼鳥
비바람 소리가 밤새 들려왔으니 夜來風雨聲
꽃잎이 얼마나 떨어졌을까? 花落知多少

37 문연각사고전서본 ≪맹호연집≫ 권2.

맹호연의 〈봄 새벽〉 시비

관광안내원에게 물으니 맹호연과 관련된 사적은 그 시비와 산꼭대기에 있는 맹호연정이라는 정자가 전부라고 했다. 녹문산에 오면 맹호연에 관한 유적이나 기념물이 많을 줄 알았는데 참으로 뜻밖이었다.

맹호연정이 있다는 산꼭대기로 가려니까 가는 데 두 시간은 걸릴 것이라며 관광안내원이 은근히 가지 않기를 바랐다. 그러나 여기까지 왔는데 어떻게 안 가 볼 수 있으랴! 망설일 것도 없이 단호하게 결단을 내렸다. 그러자 관광안내원이 말을 좀 바꾸어서 빨리 가면 한 시간 만에 갈지도 모르겠다고 했다. 걸음이 가장 느린 사람을 기준으로 두 시간이 걸린다고 한 모양이었다. 체력이 달리는 사람은 아예 여기서 기다리고 갈 수 있는 데까지 가다가 돌아올 사람은 그렇게 하라고 했다. 관광안내원에게도 따라올 필요가 없다고 했다.

그런데 막상 올라가 보니 그다지 서둘러 간 것도 아닌데 20분 만에 꼭대기에 도착했다. 녹문사가 있는 평지로부터의 수직 고도가 100미터 정도 될 것 같았다.

산꼭대기에 2층짜리 사각 정자가 하나 있었다. 전혀 관리를 안 하는 듯 여기저기 칠이 벗겨지고 천장에 구멍도 나 있었다. 물이 고인 바닥에는 이끼가 끼어 있고 그 위에 플라스틱 물병도 버려져 있었다. 미리 관광안내원의 말을 듣지 않았다면 그 정자가 맹호연정이라는 사실조차 알 길이 없는 상황이었다. 어김없이 관련된 시나 주련(柱聯)이 붙어 있는 보통 정자와는 달리 아무런 글씨도 안 붙어 있음은 물론 심지어 정자의 이름을 쓴 현판조차도 안 걸려 있었기 때문이다. 그러나 아무리 둘러보아도 주위에 다른 정자가 없으니 그것이 맹호연정임은 의심의 여지가 없었다. 무슨 이유에서인지 오래도록 은거한 양양에서 맹호연은 이토록 푸대접을 받고 있었다.

정자의 2층에 올라가 난간에 기대 서 있으니 사방이 툭 트인 데다 상쾌한 바람이 쉬지 않고 불어와서 땀을 식혀 주는지라 그야말로 호연지기가 절로 생기는 것 같았다. 문득 '맹호연의 기운'이 바로 '호연지기(浩然之氣)'라는 생각이 들면서 바람이 맹호연의 기운을 듬뿍 받은 것이 아닐까 하는 엉뚱한 상상에 빠져 보았다.

거기서 마냥 호연지기만 받고 있을 수가 없기 때문에 더 쉬다 가자는 일행을

맹호연정

맹호연정에서 내려다본 녹문산

독려하여 산에서 내려왔다. 내려오면서 보니 산에는 큰 나무가 별로 없고 대부분이 어른 팔뚝만큼 굵은 잡목이었다. 맹호연을 알 리가 없는 어린 나무들이었다. 그 누가 자연은 의구하다 했는가? 나무도 이렇게 세대교체를 하지 않는가? 미시적 관점에서 보면 초목도 쉬지 않고 변하는 것이다.

녹문산은 크지도 않고 그다지 멋지지도 않았다. 내가 청소년 시절에 늘 나무하러 다니던 우리 고향 마을의 몇몇 산들과 조금도 다를 바가 없었다. 아니 우리 고향 마을의 산들 중에도 녹문산보다 높은 산이 더러 있다. 녹문산은 그냥 아무 데서나 다 볼 수 있는 그런 평범한 산이었다. 그런데도 중국 국내에서는 물론 이역만리 타국에서조차 찾아오는 사람들이 있는 것은 무엇 때문인가? 다른 이유가 없다. 맹호연이라는 유명한 시인이 은거하면서 훌륭한 시를 많이 남겼기 때문이다. 이렇게 생각하니 우리 고향에 있는 산들에게 미안한 마음이 든다.

9시 50분에 녹문사를 떠났다. 다음 목적지는 미공사(米公祠)다. 양번 지도에 북송 4대 명필의 한 사람인 유명한 서화가 미불(米芾, 1051-1107)의 사당이 양번 시내에 있는 것으로 나타나 있기에 지나는 길에 잠시 들르기로 한 것이다.

찻길 양쪽에 미루나무 가로수가 두 줄씩 심어져 있고 그 너머에 옥수수밭과 목화밭이 끝없이 펼쳐져 있었다. 옥수수밭은 다른 지역에서도 흔히 볼 수 있지만, 목화밭이 많은 것은 다른 지역에서는 보지 못한 이색적인 광경이었다. 그리고 벼를 심은 논도 적지 않게 보였다.

양양이 고향이라는 미불의 사당은 천복부두(千福碼頭) 맞은편의 한수(漢水) 가에 자리 잡고 있는데 규모도 꽤 클 뿐만 아니라 관리도 잘 되고 있는 듯했다. 경내에 미불의 상과 북송 4대가의 묵적이 진열되어 있었다. 거기에 소동파의 낙관이 있는 특이한 모양의 시가 걸려 있었다. "상화귀거마여비주력미성시이모(賞花歸去馬如飛酒力微醒時已暮)"라는 열네 글자가 중앙 상단에서 시작하여 시계 방향으로 돌아 원형을 이룬 연환시(連環詩)였다.

미공사에 걸려 있는 소동파의 연환시 〈꽃구경〉

<꽃구경(賞花)>이라는 제목의 이 시는 현전하는 소동파의 시집에는 수록되어 있지 않지만 항간에 이 시와 관련된 재미있는 일화가 전해지고 있다.[38]

소동파의 누이동생 소소매(蘇小妹)는 소동파의 제자이기도 하고 북송의 대표적 사인(詞人)이기도 한 진관(秦觀)에게 시집갔다.[39] 어느 날 소소매가 소동파와 함께 호수 가에서 연 따는 모습을 구경하고 있는데 어떤 사람이 진관의 편지를 가지고 왔다. 그 편지에 다음과 같은 진관의 장난기 어린 시가 적혀 있었다.

---

38 풍몽룡(馮夢龍)의 ≪성세항언(醒世恒言)≫ 권11 <소소매가 신랑을 세 번 곤란하게 하다(蘇小妹三難新郎)> 및 포옹노인(抱甕老人)의 ≪금고기관(今古奇觀)≫ 제17권 <소소매가 신랑을 세 번 곤란하게 하다(蘇小妹三難新郎)> 참조.

39 원매(袁枚)가 "세상에 소소매에 관한 이야기가 전해 오고 있거니와 ≪묵장만록≫에 '연안부인 소씨에게 사가 있어서 세상에 널리 알려져 있는데 어떤 사람은 소동파의 여동생으로 유자옥에게 시집간 사람이 지은 것이라고 여긴다'고 했고, ≪국파총화≫에 '노소(즉 소순)의 딸은 어릴 때부터 배우기를 좋아했는데 자기 모친의 오빠인 정준의 아들 정지재에게 시집갔다. 선생이 시를 지어 "네 어머니 오빠인 외삼촌께서, 자기 아들 내세워 혼인 맺자 하는구나. 사람들이 외가와의 혼인을 중시하니, 내가 원치 않은들 어쩌겠느냐?" 하고 읊었다'고 했다. 두 책에서 말한 것을 살펴보건대 동파에게는 누이가 두 명 있었을 뿐으로 한 명은 유씨에게 시집갔고, 다른 한 명은 정씨에게 시집갔다. 지금 세상에 진소유(즉 진관)의 아내가 되었다고 전해 오는데 그렇지 않다(世傳蘇小妹之說, 按≪墨莊漫錄≫云: '延安夫人蘇氏有詞行世, 或以爲東坡女弟適柳子玉者所作.' ≪菊坡叢話≫云: '老蘇之女, 幼而好學, 嫁其母兄程濬之子之才. 先生作詩曰: "汝母之兄汝伯舅, 求以厥子來結姻. 鄕人婚嫁重母族, 雖我不肯將安云?"' 考二書所言, 東坡止有二妹, 一適柳, 一適程也. 今俗傳爲秦少游之妻, 非也)"[건륭14년각본 ≪수원시화(隨園詩話)≫ 권15]라고 한 것처럼, 소소매가 실존 인물인지 여부에 대해서는 이설이 분분한데 실존 인물이 아니라 허구적인 존재라는 견해가 많다. ≪묵장만록≫에 연안부인 소씨는 소송(蘇頌)의 누이라고 했고, 왕문고가 유자옥(본명 柳瑾)의 아들 유중원(柳仲遠)이 소동파의 백부 소환(蘇渙)의 사위라고 한 것을 보면[왕문고본 ≪소식시집≫ 권6 <유자옥이 부쳐온 시에 차운하여(次韻柳子玉見寄)>에 대한 주석 참조], 소동파의 사촌누이가 친누이로 오인되기도 하고 정지재와 결혼한 소동파의 누나 소팔낭(蘇八娘)이 소동파의 누이동생으로 오인되기도 했으며, 소동파와 소송 및 소순과 소환도 많이 혼동되었음을 알 수 있다. 소소매 이야기는 이런 와중에 소동파 형제와 그 누나의 남다른 재주에 근거하여 민간의 호사가들이 재미있게 가공한 것일 가능성이 크다.

憶
期　　別
歸　　　離
阻　　　　時
久　　　　聞
伊　　　漏
思　　轉
靜

소동파가 먼저 본 뒤 소소매에게 넘겨주며 이해하겠느냐고 하자 소소매는 단번에 알아보고는 다음과 같이 해독했다.

하염없이 그대를 그리는데 돌아올 기약 못 지키네.	靜思伊久阻歸期
돌아올 기약 오래 못 지켜 떠나간 사람을 그리네.	久阻歸期憶別離
떠나간 사람 그릴 때에 물시계 소리 들리네.	憶別離時聞漏轉
물시계 소리 이따금 들으며 조용히 그대를 그리네.	時聞漏轉靜思伊

‘정(靜)’에서 시작하여 일곱 자씩을 한 구절로 삼되 앞 구절의 뒷부분을 중첩하여 뒷 구절의 첫머리로 삼은 형식이었다. 소동파가 소소매를 천하에 둘도 없는 재주꾼이라고 칭송하며 각자 이 시에 화답하는 시를 한 수씩 지어서 진관에게 보내자고 했다. 소소매는 자기를 보고 싶어 하는 진관의 의도를 얼른 알아차리고 그의 시와 같은 형식으로 다음과 같이 노래했다.

연 따는 사람 푸른 버들 우거진 나루에 있는데	採蓮人在綠楊津
푸른 버들 우거진 나루에 한 곡조가 새롭네.	在綠楊津一闋新
새 노래 한 곡조는 구슬이 구르는 소리인데	一闋新歌聲嗽玉
구슬이 ㅜ르는 소리기 연 따는 사람에게서 나네.	歌聲嗽玉採蓮人

그녀는 자신을 연 따기를 끝내고 집으로 돌아가기 위해 나루터에 서 있는 채련녀(採蓮女)에 비유함으로써 자기가 곧 돌아간다고 말한 것이다. 소동파도 같은 형식으로 이렇게 읊었다.

꽃구경하고 돌아가니 말이 날아가는 듯하네. 賞花歸去馬如飛
돌아가는 말 날 듯하고 술기운이 조금 있네. 去馬如飛酒力微
술기운이 조금 깨니 날이 이미 저물었네. 酒力微醒時已暮
술이 깨니 날 저물었는데 꽃구경하고 돌아가네. 醒時已暮賞花歸

소동파의 시 가운데 중복된 부분을 제외하면 미공사에 진열되어 있는 열네 글자가 된다. 즉 이 열네 글자를 겹쳐 가면서 읽으면 온전한 소동파의 시가 되는 것이다.

나오다 보니 입구 부근의 한쪽 구석에 '양두이공사(羊杜二公祠)'·'방공사(龐公祠)' 등의 미불과 아무런 관련이 없는 각종 비석과 석각들도 진열되어 있었다.

❄ 융중과 현산

오후에는 다시 양번의 서남쪽 교외에 있는 융중(隆中)을 찾았다. 제갈량기념관도 건립되어 있고 삼고초려의 현장이었던 그의 초가집도 복원되어 있었다. 거기서 얻은 큰 수확은 조두(刁斗)를 본 것이다. 조두란 옛날에 솥 겸 징으로 사용하던 군대용 기구로, 낮에는 밥 짓는 데 쓰고 밤에는 진지의 경계를 위해 두드리는 데 썼다고 한다.

유극장(劉克莊)의 시 <군대생활의 즐거움(軍中樂)>에 "진영에는 사방에다 조두를 달고, 장막 문엔 철통같이 만 사람이 지키네"[40]라고 한 것을 통하여 조두의 모

40 "行營面面設刁斗, 帳門深深萬人守."[문연각사고전서본 ≪후촌집(後村集)≫ 권8]

제갈량의 초려

습을 막연하게 짐작하고 있었는데, 말로만 듣던 것을 직접 보게 되어서 기뻤다.

커다란 놋쇠 양동이를 엎어 놓은 형상으로 밑이 뚫려 있어 뒤집어서 걸어 놓으면 징이 되고 반대 방향으로 앉혀 놓으면 솥이 되게끔 만들어져 있었다. 아랫부분의 사진을 찍으려고 애를 쓰고 있자니 옆에 계시던 할아버지 한 분이 얼른 조두를 기울여서 잡아 주었다.

조두 외부

조두 내부

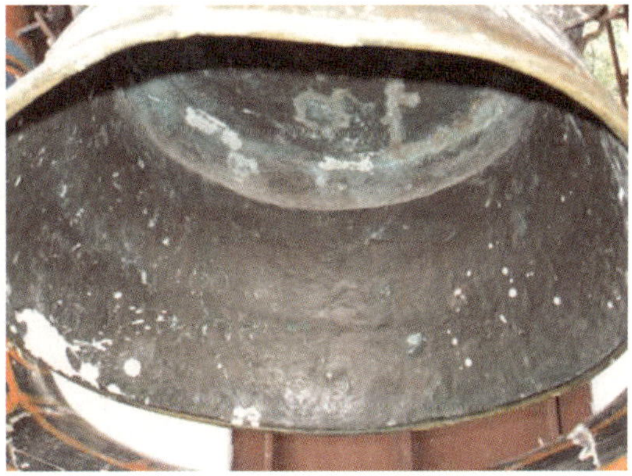

2시 20분에 현산으로 떠났다. 현산에 관해서는 많은 시인들이 시를 지었거니와 소동파도 직접 현산에 올라가 보고 <현산(峴山)>이라는 시를 지었다. 고향 미산에서 어머니의 삼년상을 마치고 아버지 및 동생과 함께 장강을 따라 배를 타고 형주(荊州)까지 가서 거기서부터 육로를 이용하여 개봉으로 들어가는 중이던 가우 5년(1060) 1월의 일이었다. 소동파의 시 <현산(峴山)>은 양호의 일을 생각하면서 아울러 자신의 인생감개를 노래한 것이다.

먼 지방의 손님이 남쪽에서 찾아오니	遠客來自南
먼지가 현산을 자욱하게 뒤덮어	游塵昏峴首
관문을 지나서 백 보도 가기 전의	過關無百步
드넓은 초지방 수풀을 삼켜버렸네.	曠蕩呑楚藪
높은 곳에 올라가 갑자기 슬픔에 빠진	登高忽惆悵
그 마음이 천 년 만에 짝을 만났네.	千載意有偶
그분의 걱정을 누가 또 알아주랴?	所憂誰復知
아아 나는 태어남이 너무 늦었네.	嗟我生苦後
그가 심은 둥그런 노송나무는	團團山上檜
느릅나무와 버드나무를 해마다 검열하네.	歲歲閱楡柳
큰 재주는 원래부터 특이한 데가 있는 법	大才固已殊
범상한 것이야 어떻게 그와 함께 영원하랴?	安得同永久
가련케도 산 앞을 지나가는 나그네들은	可憐山前客
별빛이 통발을 지나듯 금방 사라질 존재라	倏忽星過霤
현명한지 멍청한지 분간할 틈도 없으니	賢愚未及分
후세인이 스스로 판단해야 하리라.	來者當自剖[41]

41 왕문고본 ≪소식시집≫ 권2.

관광안내원이 현산은 큰 산이기는 하지만 특별한 관광명소가 없는데 거기 가서 도대체 무엇을 볼 것이냐고 따지듯이 물었다. 양호의 일을 설명하고 타루비를 보고 싶다고 했으나 그녀는 타루비가 무엇인지 전혀 알지 못했다. 할 수 없이 차가 들어갈 수 있는 곳까지 들어가 현산을 멀리서 한번 바라보기로 했다. 2시 50분에 차가 현산 기슭에 있는 어느 마을에 멈추었다. 저기 보이는 것이 바로 현산이라고 했다. 녹문산보다는 높지만 그 역시 그다지 높지 않은 산이었다. 지도를 보니 현산은 한강의 남쪽으로 양양고성에서 동쪽으로 조금밖에 안 떨어져 있는지라 성안에 사는 옛날 관리들이 찾아가서 놀기에 적당할 것 같았다.

조금이라도 가까이 가서 산세를 한번 살펴보기 위해 골목길을 따라 산 쪽으로 조금 올라가 보았다. 할아버지 한 분이 평상에 앉아서 부채질을 하고 있기에 다가가서 현산이 어디 있느냐고 물으니 아까 관광안내원이 가리킨 것과 같은 방향을 가리켰다. 타루비는 어디 있느냐고 하니까 그런 것은 없다고 했다. 맹호연은 <여러 사람과 함께 현산에 올라(與諸子登峴山)>에서 "양공의 공덕비가 아직도 남아 있어, 읽고 나니 눈물이 옷을 적신다"[42]라고 했는데 언제 없어졌는지 타루비는 이제 그곳 주민이나 관광안내원마저도 들어본 적이 없는 기억 밖의 물건이 되어 있었다.

별 도리 없이 다시 차를 타고 습가지로 향했다. 습가지는 <조성백에게 화답하면서 아울러 교우공을 희롱하여(奉和成伯兼戲禹功)>에서 "수없이 많은 어린애들이 일제히 박수치니, 산공이 또 습가지에서 놀다 왔나 보군요"[43]라고 하기도 하고, <이공택이 국자박사 부씨의 집에서 술을 마시고 대취했다는 말을 듣고(聞李公擇飮傅國博家大醉)>에서 "아이들이 박수치며 황혼 녘이 떠들썩하게, 습씨의 정원에서 산공이 취했다 웃었겠군요"[44]라고 하기도 하는 등 소동파 시에도 자주 언급된 곳이다.

42 "羊公碑尙在, 讀罷淚沾襟."(문연각사고전서본 ≪맹호연집≫ 권3)
43 "無限小兒齊拍手, 山公又作習池遊."(왕문고본 ≪소식시집≫ 권14)

습가지

관광안내원의 말이 습가지는 차에서 내려 포장되지 않은 오솔길을 따라 30분쯤 걸어가야 있는데 가 봐야 낚시터 하나밖에 없다고 했다. 그래도 일단 시간이 허락하는 데까지 걸어가 보기로 하고 갔는데, 막상 가 보니 차에서 내리자마자 정문이 있었다. 현산의 북쪽 기슭이었다. 한나라 시중 습욱 이래로 지금까지 약 2,000년 동안 죽 습씨 집안의 정원으로 사용되어 왔는지 대문 기둥에 붉은 페인트로 큼지막하게 '습가지(習家池)'라고 쓰여 있고, 안으로 들어가니 '습씨종사(習氏宗祠)'라는 현판이 걸린 집안 사당이 있었다. 사당은 지은 지 얼마 안 된 것 같았다.

사당 앞에 오래된 담장이 있고 담장 상부의 벽돌에 또 '습가지(習家池)'라는 글씨가 쓰여 있는데 쓴 지가 오래된 듯 글씨가 거의 다 뭉개져 있었다. 담장을 지나가니 작은 연못이 하나 있었다. 그것이 바로 습가지인 모양이었다. 연못가에 글씨를 알아보기 힘들 정도로 오래된 비석이 여러 개 모여 있었다.

---

44 "兒童拍手鬧黃昏, 應笑山公醉習園."(왕문고본 ≪소식시집≫ 권 16)

연못 저편에는 2층짜리 육각정이 하나 있는데 가까이 가 보니 그 입구에 또 '습가지(習家池)'라고 쓰여 있었다. 관광안내원의 말에 의하면 작년에 이곳 출신으로 중국 국가부주석이 된 습근평(習近平)이 다녀간 이후로 습가지 일대가 크게 개발되었다고 한다. 그러니까 연못이 원래부터 있던 습가지고 사당과 연못 주변의 원림은 최근에 조성한 모양이었다.

관광안내원을 붙잡고 늘어져서 끈질기게 양호의 타루비에 대해 이야기하다가 마침내 현산에 속하는 작은 산으로 양호산이 있다는 사실을 알게 되었다. 그녀가 'Yánggùshān'이라고 해서 처음에는 양호와 연관 짓지 못했는데 한번 써 보라고 했더니 '양호산(羊祜山)'이라고 썼다. 순간 눈이 번쩍 뜨였다. '祜(hù)'를 왜 'gù'로 발음하는지 모르지만[45] 양호와 관련이 있는 산임에 틀림없다고 생각되었다. 그렇다면 거기가 바로 양호가 자주 가던 곳이고 따라서 거기에 타루비가 세워졌을 가능성이 매우 크다는 생각이 들었다. 원래 계약 사항에 없는 것이지만 관광안내원에게 부탁하여 호텔로 돌아가는 길에 잠시 들러 달라고 했다.

현산의 한 자락이라는 양호산이 현산 중에서 양양고성에 가장 가까운 곳임을 알게 되자 양호가 자주 가서 놀았을 법하다는 생각이 더욱더 확고해졌다. 기슭에 열사능원(烈士陵園)이 조성되어 있을 뿐만 아니라 산 전체가 공동묘지로 쓰이고 있어서 무덤마다 서 있는 하나하나의 묘비가 저마다 자기가 바로 타루비라고 말하고 있는 듯했다. 그러나 그 일대에 진짜 타루비가 있는지 어떤지는 확인할 수 없었다.

양번에는 특별한 한류가 흐르고 있었다. 호텔로 돌아오는 길에 보니 '한국식 온

45 ≪진서≫ 권34 <양호전>에 "형주 사람들은 양호의 이름자 사용을 피하기 위해 집의 문을 지칭할 때 '호(戶)'라고 하지 않고 '문(門)'이라고 했으며 '호조'를 '사조'로 개칭했다(荊州人, 爲祜諱名, 屋室皆以門爲稱, 改戶曹爲辭曹焉)"라고 했다. 양호에게 경의를 표하기 위해 그의 이름자인 '호(祜)'와 발음이 같은 '호(戶)'자를 함부로 입에 올리지 않았다는 뜻인바, 이는 옛날에도 '祜'의 발음이 'gù'가 아니었다는 증거다.

돌 양번 상륙(韓式地暖登陸襄樊)'이라는 재미있는 광고문구가 아파트 입주자를 찾고 있었다. 한국식 온돌이 그 아파트의 큰 장점이라는 뜻이고 그 아파트가 양번에서 처음으로 한국식 온돌을 도입했다는 말일 것이다.

3시 50분에 양번에서의 일정이 모두 끝났다. 이틀이 걸릴 것이라고 해서 내일 오후 1시 차표로 바꾸어 놓았는데 이틀은커녕 하루도 채 안 걸린 것이다. 대단히 미안한 일이지만 총무 일을 보고 있는 김민우에게 표를 다시 내일 아침 7시 30분 것으로 바꾸어 오라고 했다. 마지막 일정인 서안에서 시간을 좀 더 많이 갖기 위해서였다.

4. 겹현(郟縣)에서 화음(華陰)까지

❄ 삼소원

2010년 8월 14일 7시 30분에 평정산으로 출발했다. 삼소원(三蘇園)이 있는 하남성 겹현(郟縣)이 평정산시의 속현이기 때문에 우선 그곳으로 갔다가 거기서 다시 겹현으로 가는 방법을 알아볼 요량이다. 고속도로를 열심히 달려가던 버스가 10시 30분에 무양(舞陽) 방향으로 빠졌다. 평정산까지는 조금 더 가야 하는데 무슨 일인지 궁금했다. 잠시 후에 버스가 어느 주유소 앞에 서더니 조수와 승객 몇 명이 승강이를 하기 시작했다. 무양까지 태워 주어야지 여기서 내려 버리면 어떻게 하느냐는 항의에, 여기서 다른 차로 옮겨 주겠다고 대응하는 눈치였다. 승객들이 잠시 뒤에 들어온 다른 버스로 가서 무언가 이야기를 하더니 화를 내면서 다시 차에 올라와서는 절대로 안 내린다고 고함을 질러 댔다. 그러다가 그들을 무양까지 태워 주기로 했는지 차가 다시 움직였다.

그러나 5분쯤 가서 다른 주유소 앞에 또 세웠다. 거기서 예의 그 승객들이 다른 버스로 옮겨 탔다. 그 틈에 50대 아주머니 둘이 차 안으로 들어와서 옥수수를 파는 것을 보니 이것이 일상사인 모양이다. 그 사이에 10여 분이 지나갔다. 11시 30분에 평정산에 도착하니 그동안 제법 세차던 빗줄기가 많이 약해져 있었다. 그리고 우리가 차에서 내린 뒤로도 조금씩 더 약해지더니 이내 그쳤다. 시쳇말로 '착한' 날씨나.

여기저기 수소문하여 얻은 정보를 종합해 본 결과 택시를 타고 화보상장(華寶商場) 앞까지 간 다음 거기서 중형버스를 한 대 전세 내어 겹현을 거쳐 산서성 영제(永濟)까지 가는 것이 가장 합리적인 방법이라는 결론에 이르렀다.

화보상장 앞에서 중형버스를 찾고 있는데 한 아저씨가 다가와서 자기 차를 타라고 했다. 우리는 그 아저씨가 중형버스 운전사인 줄 알았는데 그 아저씨는 중형버스 운전사가 아니라며 자기 친구 차를 불러내어 우리를 두 대에 나누어 태우고 겹현의 삼소원을 거쳐 산서성 영제까지 곧장 가 줄 테니 2,400원을 내라고 했다. 마음이 별로 내키지 않아 계속 중형버스를 찾아보았으나 한참이 지나도록 마땅한 중형버스가 나타나지 않는지라 할 수 없이 그 아저씨의 제안을 수용하기로 했다.

겹현에서 가장 큰 호텔이라는 양광반점(陽光飯店)에서 점심을 먹고 3시 30분에 삼소원에 도착했다. 정문 앞에 승용차가 몇 대 서 있어서 소동파 삼부자가 외롭지 않을 것임을 짐작케 했다.

지난번 제2차 답사 때에는 그곳이 산이라는 생각이 전혀 들지 않았을 뿐만 아니라 날씨가 맑지 않아 뒤에 산이 있다는 것도 느끼지 못했다. 나중에야 그곳이 소동파가 자기 고향에 있는 아미산과 비슷하기 때문에 소아미산이라고 부르며 동생에게 자기가 죽거든 그곳에 묻어 달라는 유언을 남겼다는 사실이 떠올랐다. 그래서

삼소원 정문

삼소원 경내의 동파호 뒤로 희미하게 보이는 소아미산(즉 연화산)

북경대학 박사과정에 재학 중인 류소진이 2010년 4월에 지도교수인 북경대학 중문과의 장명(張鳴) 교수 및 동문 대학원생들과 함께 삼소원에 갔을 때 그곳 사람들에게 좀 물어보라고 했는데 현지인들도 사람마다 대답이 달라서 어떤 사람은 뒤에 있는 산이 연화산(蓮花山)이라 하고 어떤 사람은 소아미산이라 하더라고 했다.

삼소원에서는 이 사실을 확실히 파악하기 위해 해설사의 도움을 받았는데 그 여자 해설사에게 물으니 연화산이 곧 소아미산이라고 했다. 그리고 그 산은 중악 숭산(嵩山)의 한 자락이라고 했다. 그제야 궁금증이 확 풀렸다. 그러나 1986년 8월 10일에 세웠다는 동파중년포의상(東坡中年布衣像)의 안내문에 "동파중년포의상은 동파비림에서 동쪽으로 50미터 떨어진 곳의 소아미산 위에 위치해 있다(東坡中年布衣像位於東坡碑林東50米處的小峨眉山上)"고 했음에도 불구하고 그곳은 아무래도 산

기슭이라고 하기는 어려울 것 같았다. 억지로 그렇게 보면 약간의 경사가 있는 듯도 했지만 역시 산의 기슭이라고 하기에는 석연치 않은 면이 있었다. 소동파가 막연하게 소아미산에 묻어 달라고 했기 때문에 소철이 형의 유언을 받들기 위해 소아미산 일대의 지세를 살펴보니 지금 이 자리가 가장 좋은 것 같고, 또 소동파가 <서림사 벽에(題西林壁)>라는 시에서 말한 것처럼 소아미산 안에서는 소아미산이 잘 안 보일 것이기 때문에 소아미산을 잘 바라볼 수 있도록 일부러 소아미산에서 조금 떨어진 평지에 묻었는데 후세 사람들이 소동파의 유언에 집착하여 이곳을 소아미산이라고 하는 것이 아닌가 하는 생각이 다 들었다.

해설사에게 물으니 삼소원 주위에 있는 마을이 소분촌(蘇墳村)인데 소분촌에는 왕씨(王氏)가 많이 살고 소씨는 없다고 했다. 소씨는 허창(許昌)에 살면서 일이 있을 때만 와서 제사를 지낸다고 했다. 제2차 답사 때 삼소분을 관리하는 스님에게 들은 바로는 지금도 소씨의 후손이 그 마을에 살고 있다고 했는데 스님이라 속세의 일을 잘 알지 못한 것일까? 몇 년 사이에 상황이 바뀐 것일까? 어쩌면 소씨 가

삼소분 입구

소원청우의 현장

운데 극소수만 소분촌에 살고 대다수가 허창에 산다는 뜻일 수도 있겠다. 나중에야 생각났기 때문에 해설사에게 상세하게 물어보지 못한 것이 무척 아쉬웠다.

소씨 삼부자의 무덤인 삼소분(三蘇墳) 경내에 '소원청우(蘇園聽雨)'라는 팻말이 있어서 해설사에게 무슨 의미인지 물었더니 겹현팔경(郟縣八景) 가운데 하나로 삼소분 주위에 있는 측백나무들이 바람에 흔들려 소리를 내는 것이 마치 빗소리 같기 때문에 하는 말이라고 했다. 또 삼소원 주변에 오래된 측백나무가 수백 그루 있어서 바람이 불면 이 나무들이 서로 마찰하여 마치 비가 오는 듯한 소리를 내는데, 그런 현상이 밤에 더 뚜렷하기 때문에 '소원야우(蘇園夜雨)'라고도 한다고 했다. 바람이 세게 부는 날 삼소원의 측백나무 밑에서 눈을 감고 그 소리를 들으면 마치 바람이 거세게 불고 빗방울이 후드득후드득 몰아치는 것 같은데, 그러다가 눈을 떠 보면 옷도 머리카락도 전혀 젖지 않음에 놀라게 된다고도 했다.

그리고 놀랍게도 이곳의 측백나무는 바람이 불면 항상 서남쪽으로 기울어진다고 했다. 서남쪽은 바로 소씨의 고향인 미산 방향이다. 그래서 이곳 사람들은 소씨 부자가 고향을 그리워해서 그런 것으로 알고 이 측백나무들을 '사향백(思鄕柏)'이라고 부르는데, 과학적으로 조사해 보니 이곳은 지형상 바람이 대개 동북쪽에서 불게 되어 있기 때문에 이런 현상이 일어나는 것이라고 했다. 신비로운 현상이 알고 보면 이렇게 싱겁기 짝이 없다. 이런 과학적 증명들은 사람들의 궁금증을 풀어주어서 고맙기도 하지만, 때로는 사람들의 낭만적 상상을 여지없이 짓밟아버리는 고약한 짓을 하기도 한다.

제2차 답사 때 이미 보았지만 동파비림은 시사비원(詩詞碑園)과 문부비원(文賦碑園)으로 나누어져 있고 별도로 대강동거비원(大江東去碑園)이 있어서 그의 사 <염노교—적벽회고—>를 새긴 비석만 따로 모아 놓았다. 다른 사람이 쓴 것은 다 사방의 벽에 새겨 놓았는데 유독 모택동(毛澤東)이 쓴 것만은 붉은 글씨로 새겨서 정원 안에다 독립된 비석으로 만들어 놓았다.

삼소분 안에 <옥중에서 자유에게(獄中遺子由)>라는 시를 새긴 시비가 있었다.

하늘 같은 성덕으로 만물이 봄을 맞았는데　聖主如天萬物春
이 몸은 어리석어 스스로 몸을 망쳤구나.　小臣愚暗自亡身
백 년이 다 가기 전에 빚부터 갚을 일이거늘　百年未滿先償債
열 식구 갈 곳 없어 남에게 또 누를 끼치누나.　十口無歸更累人
이곳의 청산은 뼈를 묻을 만하건만　是處青山可埋骨
훗날 밤비 내리면 혼자 상심하겠구나.　他年夜雨獨傷神
그대와 이 세상에서 형제가 되었으니　與君今世爲兄弟
못다 한 인연일랑 내세에 또 맺으세나.　更結來生未了因

이 시는 원래 <내가 일로 인하여 어사대 감옥에 구속되어 있을 때 간수들이 나를 좀 괴롭혔다. 스스로 생각해 보니 견디지 못하고 옥중에서 죽으면 자유와 작별 인사도 못할 것 같아 시 두 수를 지어 간수 양성에게 주며 자유에게 전해 달라고 했다(予以事繫御史臺獄, 獄吏稍見侵, 自度不能堪, 死獄中, 不得一別子由, 故作二詩, 授獄卒梁成, 以遺子由)>[46]라는 기다란 제목을 가진 시로, 여기에는 눈물겨운 일화가 있다.

소동파가 오대시안으로 개봉에 있는 어사대의 감옥에 갇혀 있을 때 장남 소매(蘇邁)가 옥바라지를 했다. 부자는 두 사람 사이에만 통하는 신호로 평소에는 채소와 고기를 넣다가 심상치 않은 상황이 발생하면 생선을 넣기로 했다. 그러던 어느 날 소매는 양식을 구하기 위해 다른 지방으로 가면서 친척에게 자기가 없는 동안 부친에게 음식을 좀 넣어 달라고 부탁했는데 친척이 무심코 생선을 넣어 주었다. 소매가 깜박 잊고 부친과의 약속을 친척에게 일러 주지 않았던 것이다. 죽음이 임박했다고 생각한 소동파는 양성(梁成)이라는 간수가 자기한테 친절하게 대해 주는 것을 떠올리고는 용기를 내어 그에게 한 가지 부탁을 했다. 결과적으로 이 시는 황제에게까지 전해져서 신종황제의 마음을 움직였다. 신종황제는 원래부터 소동파를 사형에 처할 생각이 없었지만 이 시를 보고 난 뒤에 소동파에게 더욱 관대해졌다고 한다.[47]

삼소분 안에 있는 소동파의 〈옥중에서 자유에게〉 시비

이 시의 시비가 여기에 세워져 있는 것은 별로 적절해 보이지 않는다. 소동파가 나중에 유배지를 황주에서 여주(汝州)로 옮기게 되었고 궁극적으로 여기에 묻혔기 때문에 이 시의 다섯 번째 구절이 이곳의 청산을 찬양한 것처럼 보이지만 이 시의 '이곳(是處)'은 겹현을 가리키는 말이 아니다. 당시에는 아직 소동파가 황주로 유배를 떠나지도 않은 상태로 아직까지 여주의 속현인 겹현과 아무런 인연도 없을 때였다. 그러므로 '이곳'이 차라리 자기가 당시 감옥살이하고 있던 개봉을 가리

46 왕문고본 《소식시집》 권19.
47 섭몽득(葉夢得), 《피서록화(避暑錄話)》 권하(卷下) 참조.

킬 수는 있어도 겹현을 가리킬 수는 없다.

그러나 그보다도 자신은 어디에 묻히든 상관없지만 살아남은 동생이 슬픔과 그리움에 빠지게 될 것이 안쓰럽다는 뜻으로 한 말일 것이다. 왜냐하면 그들 형제는 개봉에서 제과(制科)라는 특별 과거시험을 준비하던 젊은 시절에 위응물의 시 <전진과 원상에게(示全眞元常)>에서 "나는 군수 직인을 내놓고 떠났는데, 그대들은 바깥일에 끌려 다니니, 어찌 알리 바람 불고 비 오는 밤에, 또 이렇게 마주보고 잘 수 있을지?"[48]라는 구절을 읽고 크게 감명을 받은 나머지 형제가 함께 일찌감치 벼슬에서 물러나 오순도순 정담을 나누며 살자는 이른바 '대상야우(對床夜雨)'의 약속을 해 놓은 상태였는데 이제 그것을 못 지키게 되었기 때문이다. '시처(是處)'는 흔히 '도처'라는 뜻으로 쓰이는데 이 시의 '시처(是處)'가 '도처(到處)'로 되어 있는 판본도 있어서[49] 이 시비가 이곳에 세워진 것이 별로 합당하지 않음을 말해주고 있다.

5시 20분에 삼소원을 떠나 영제로 향했다. 운전사의 말이 9시쯤이면 영제에 도착할 수 있을 것이라고 했는데 9시 15분에 겨우 삼문협(三門峽)휴게소에 도착했다. 도중에 공사로 길이 좀 막히기도 했지만 단순히 그 때문만은 아니고 거리가 생각보다 먼 모양이었다.

두세 시간은 더 가야 할 것 같아 거기서 간단하게 저녁을 먹고 다시 출발했다. 그러나 동관(潼關)나들목 이후 출구가 없어서 영제 방향으로 빠질 수가 없었다. 도대체 어떻게 된 영문인지 알 수가 없었다. 할 수 없이 출입 가능한 첫 번째 나들목인 위남(渭南)나들목에서 빠져나가 가장 먼저 눈에 띄는 호텔인 해흥상무주점(海興商務酒店)으로 들어갔다. 창문이 없어서 좀 답답하기는 하지만 대신에 인터넷이 연

48 "余解郡符去, 爾爲外事牽. 寧知風雨夜, 復此對床眠?"[문연각사고전서본 축목(祝穆) ≪고금사문유취(古今事文類聚)≫ 후집권8(後集卷八)]

49 사신행의 주석에 "'시(是)'가 어떤 판본에는 '도(到)'로 되어 있다('是'一作'到')"(≪소시보주≫ 권19)고 했다.

결된 컴퓨터가 있는데도 방값이 겨우 130원이었다. 벌써 새벽 2시가 되어 있었다.

오늘 안에 영제까지 들어가기 위해 원래 기차를 타기로 한 계획을 바꾸어 차비를 더 들여 가면서 전세차를 탔던 것인데 이렇게 우리 일정에 차질을 주게 되었으니 잃어버린 시간에 대하여 운전사들이 배상을 해 주어야 한다는 것이 우리 생각이었다. 그러나 운전사들은 우리와 생각이 전혀 달랐다. 그들은 차가 예상했던 것보다 훨씬 더 멀리까지 왔고 자기들이 여기서 자고 가야 하기 때문에 숙박비가 든다며 1,000원을 더 달라고 했다. 한참을 다투었으나 도저히 그들에게 이길 수가 없었다. 결국 700원을 더 주었다.

그나저나 일정에 차질이 생기게 되어서 여간 난감하지 않았다. 내일 거기서 영제로 갈 차를 알아보니 낮 12시 반쯤에 출발하여 오후 3시쯤 영제에 도착하는 기차가 있었다. 그러나 그 기차를 타면 동관까지 보기는 힘들 것 같아서 아침에 다시 여행사를 찾아 전세차를 알아보기로 했다. 새벽 3시가 넘어서야 잠자리에 들었다.

❄ 동관

2010년 8월 15일 10시 30분에 전세 낸 중형버스를 타고 호텔을 떠났다. 동관 부근에 정체가 심하다며 차비를 더 요구하기에 운전사의 요구를 그대로 받아들여서 1,800원에 동관을 거쳐 영제까지 가기로 했다. 원래 10시에 출발하기로 했는데 전화로 독촉을 할 때마다 운전사가 자꾸만 다 왔다고, 5분 이내에 도착한다고 하면서 결국 30분이나 늦게 오는 바람에 10시 30분에야 출발할 수 있게 된 것이다.

차는 고속도로를 타고 동관나들목을 향하여 시원스럽게 달렸다. 그러더니 동관나들목 부근에 이르자 길이 많이 막혔다. 도로에 문제가 있는지 하행선은 차단하고 상행선 두 개 중의 하나를 하행선으로 사용하고 있기 때문이었다.

한동안 서 있자니 한 청년이 다가와서 우리 차 운전사에게 잘 들리지 않는 낮은 목소리로 무어라고 얘기했다. 우리 차 운전사가 뒤차로 가서 둘러보고 오더니 차를 앞으로 조금 당겨 주었다. 그 사이에 뒤차 운전사는 임시 중앙선으로 놓아둔 차선변경금지봉을 두어 개 치우고 그 사이로 자기 차를 돌려서 오던 방향으로 되돌아갔다. 잠시 뒤에 우리 차 운전사도 그렇게 했다. 고속도로에서 빠져 나가 국도로 가는 편이 더 낫겠다고 판단한 모양이었다.

법규를 무시하고 고속도로에서 무단 회전한 차는 반대 방향으로 다시 신나게 달렸다. 그러다가 잠시 뒤에 국도로 진입하기 위해 또 무단 좌회전을 감행했다. 국도를 향하여 내려가노라니 거기 경찰관 서너 명이 대기하고 있었다. 상습 무단 좌회전 지역인가 보았다.

경찰관과 승강이를 하느라 또 약 10분을 보낸 뒤 차는 마침내 한산한 국도를 시원하게 달렸다. 그러나 동관현을 지나 시골길을 두 시간쯤 달린 다음 더 큰 길로 진입하려는데 진입로가 차단되어 있었다. 다른 길도 없었다. 이 길의 초입에 표지판을 세워 이곳이 진입금지라는 사실을 알리지도 않고 도중에도 아무런 안내가 없어 코앞에 와서야 진입금지인 줄 알게 되는 바람에 난처한 상황이 발생한 것이다.

그런데 문제는 그게 아니었다. 더 큰 문제가 생겼다. 그 길이 아니면 하남성 쪽으로 돌아가야 하는데 그렇게 되면 밤중에나 영제에 도착할 수 있다는 것이었다. 한참을 고심하다가 일단 영제는 놓아두고 동관만 보기로 했다.

길을 반도 안 왔는데 차비를 1,500원 주어야 한다고 했다. 목적지까지 가지 못했기 때문에 보상을 받아도 위안이 안 될 판인데 운전사는 오히려 터무니없이 많은 차비를 달라고 했다. 조금 더 기다렸으면 될 것을 고속도로가 막힌다고 대뜸 무단으로 회전하여 국도를 선택함으로써 생긴 문제도 자기가 책임질 일이라고 생각되는데 그런 것은 아예 생각도 하지 않는 듯 운전사는 길이 없는 걸 내가 어떻게 하느냐고 도리어 큰소리를 쳤다. 일정을 그르치게 되어 속이 엄청 상했지만 우리가 이길 수 없다는 것을 잘 알고 있기에 결국 200원을 깎아 1,300원을 주고 동관까지만 타기로 합의했다.

무산에서 고당관을 찾아갈 때도 그랬고, 어제 겹현에서 영제를 찾아가다가 못 갔을 때도 그랬고, 오늘도 결국 이렇게 되고 말았다는 사실에서 이 지역 운전사들의 공통점을 찾을 수 있다. 이들에게는 자신이 고객을 목적지까지 신속하고 안전하게 태워 주는 데 필요한 정보를 미리 파악하고 있어야 한다는 생각이 없다는 점이다. 이들은 자기가 엉뚱한 방향으로 갔을지라도 운행 거리가 멀면 차비를 더 많이 받아야 한다고 생각하고 있다. 운행에 필요한 정보 파악의 책임이 운전사에게 있고 따라서 사전에 정보를 파악하지 못해서 생기는 문제에 대해서는 당연히 운전사가 책임을 져야 한다는 생각은 가지고 있지 않다. 이 때문에 운전사와 승객 사이에 자주 의견충돌이 생긴다. 이런 문제를 예방하기 위해서는 자동차 운행에 필요한 교통정보를 운전사에게만 의존하지 말고 승객 자신이 직접 파악해 두는 것이 현명할 것이다.

동관현으로 되돌아온 운전사는 또 엉뚱한 소리를 했다. 거기가 동관이라는 것이었다. 우리가 보고자 하는 것이 동관이라는 고을이 아니라 동관이라는 옛날 관문인 줄 알면서 억지를 쓰는 것이었다. 강력하게 항의하자 관문은 이미 없어졌다고 우겼다. 우리가 동관현 문화재 담당자에게 전화를 걸려고 하자 그제야 여기저기 알아보고는 동관의 유지(遺址)로 데려다 주었다.

동관유지에 도착하니 포장이 되지 않은 찻길 옆에 표지석 하나가 세워져 있었다. 앞면에는 '서문유지(西門遺址)'라고 적혀 있고 뒷면에는 <동관고성서문유지간개(潼關古城西門遺址簡介)>라는 세목의 안내문이 적혀 있었다. 바로 옆에는 싯누런 흙탕물이 흐르는 큰 강이 있었다. 황하라고 했다.

표지석과 황하 사이에 잡초에 덮여 있는 토담의 잔재가 있었다. 동관고성의 일부인 것 같았다. 육유(陸游)의 ≪노학암필기(老學庵筆記)≫에 "검문관은 온통 돌뿐으로 한 지의 흙도 없고, 동관은 온통 흙뿐으로 주먹만 한 돌도 없다. 비록 둘 다 천

동관고성 잔재와 황하

하에서 으뜸가는 험준하고 튼튼한 관문이라고 할지라도 한마디로 말해서 동관은 검문관만 못하다. 그러나 진나라 이래로 검문관 역시 여러 차례 파괴되었으니 험준함이란 이처럼 믿을 것이 못 된다"[50]고 하여 동관이 흙으로만 이루어진 관문이라고 했거니와, 동관고성 주위에는 과연 흙만 보이고 돌은 보이지 않았다.

영제로 가는 문제를 해결하지 못한 채 3시 50분에 화음(華陰)에 있는 화산객잔(華山客棧)에 투숙했다. 별로 좋지도 않은 방이 아침밥도 주지 않고 300원이었다. 관광지라 좀 비싼 것은 감수할 수밖에 없었다.

거기는 실장갑 파는 아주머니들이 유독 많았다. 화산을 오르내릴 때 쇠사슬을 잡고 다니려면 필요하다고 했다. 우리도 호텔에서 한 켤레에 1원씩 주고 열 켤레를 샀다.

그 무렵 나는 속으로 다른 사람들이 화청지와 병마용박물관에 가는 시간을 이

---

50 "劍門關皆石無寸土, 潼關皆土無拳石. 雖皆號天下險固, 要之, 潼關不若劍門. 然自秦以來, 劍門亦屢破矣, 險之不可恃如此."(문연각사고전서본 ≪노학암필기≫ 권7)

용하여 혼자 영제에 갈 궁리를 하고 있었다. 이번 답사에는 시간을 절약하기 위해 전세차를 많이 이용한 덕분에 초반에 시간을 상당히 많이 절약해 둔지라 화산을 본 뒤에 다시 영제행을 시도할 수도 있지만 서안에서 하루 더 머물고 싶어하는 일행의 소망을 꺾고 싶지 않았기 때문이다.

점심 겸 저녁을 먹으면서 일행의 의견을 물어보았다. 원래대로 서안에 하루만 머물기로 하고 화산을 본 뒤에 다시 영제행을 시도하는 방안과, 영제를 포기하고 서안에 이틀 머무는 방안 중에서 어느 것이 더 나은지 물어보았더니 예상했던 대로 영제행을 원하는 사람이 아무도 없었다. 서안에 처음 가는 사람이라면 응당 그럴 것이라고 생각되지만 서안에 한두 번 가 본 사람 중에는 영제를 선호하는 사람도 있을 줄 알았는데 아무도 없었다. 나는 아무래도 영제에 있는 관작루(鸛雀樓)를 한번 보고 싶은 미련을 버릴 수가 없고 화청지와 병마용박물관은 두 번이나 가 보았기 때문에 나 혼자라도 영제에 갔다 오겠다고 했다.

밤에 다 같이 모여서 과일을 먹다가 좀 일찍 방으로 돌아와 누워 있자니 잠시 뒤에 김지현과 김민우가 함께 나를 찾아왔다. 그들은 저녁마다 그날그날의 지출 상황을 정리하느라 수고하는데 오늘도 함께 그 일을 하고 나서 나를 따라 영제에 가기로 합의했다는 것이다. 마침 두 사람은 화청지와 병마용박물관을 한두 번씩 가 보았기 때문에 이번에는 관작루를 보는 것이 더 유익하겠다는 생각이 들었다고 했다. 혹시 나 혼자 가는 것이 안쓰러워서 그러는 것이 아닌가 하는 생각에 그럴 필요 없다고 했더니 그 때문이 아니라고 했다. 그들의 진심은 알기 어렵지만 영제행을 선택하는 것이 결코 후회할 일은 아님을 확신하기에 더 이상 말리지 않았다. 나로서는 얼마나 든든한 일인지 모른다.

❄ 화산

2010년 8월 16일 7시 50분에 퇴실수속을 마치고 호텔에 짐을 맡겨 놓은 뒤

천제

8시 10분에 택시를 타고 동산문(東山門)으로 갔다. 5분 만에 동산문의 여객중심에 도착하여 케이블카 승강장까지 가는 20원짜리 차표를 사고 100원짜리 화산 입장권도 거기서 샀다. 8시 35분에 차에서 내려 15분쯤 걸어가자 케이블카 승강장이 있었다. 머리 위로 케이블카가 여러 대 날아다니고 줄 서 있는 사람도 200~300명은 되어 보였다. 기다리는 사람이 많았지만 운행하는 케이블카가 워낙 많고 속도도 빨라서 9시 20분에 승차하여 5분 만에 북봉 밑에 도착했다.

높다란 암벽에 거의 수직으로 나 있는 계단 길인 천제(天梯)를 쇠사슬에 의지하여 오르고, 고래 등만큼이나 좁아서 눈을 돌리면 양옆으로 천 길 낭떠러지가 보이는 데다 경사마저 너무 심해 한 발짝 올라가기가 여간 힘들지 않은 창룡령(蒼龍嶺)을 지나 허위허위 올라간 끝에 마침내 화산의 주봉 다섯 개 가운데 경치가 가장 아름답다는 서봉에 도착했다. 서봉은 꼭대기에 있는 암석이 연꽃처럼 생겼다 하여 연화봉이라고도 부를 만큼 아름다운 봉우리다.

서봉으로 가는 길과 남봉으로 가는 길이 갈라지는 분기점에서 먼저 서봉 가는 길로 들어섰다. 두 사람이 겨우 비켜 다닐 수 있을 만큼 좁은 바윗길인데 오른쪽은 경사가 좀 완만하지만 왼쪽은 완전히 수직 절벽이었다. 말하자면 참외 모양의 거대한 바위를 반으로 길게 잘라서 옆으로 세워 놓은 형상이었다. 왼쪽으로 두어 발자국만 나가면 깊이를 알 수 없는 낭떠러지로 떨어지게 되어 있었다. 안전장치라고는 어른 허리 높이의 쇠사슬이 한 줄 쳐져 있는 것이 전부였다. 한껏 용기를 내어 왼쪽 아래를 내려다볼라치면 갑자기 온몸에 힘이 쭉 빠지고 발바닥이 찌릿

찌릿해졌다. 내려다보고 싶은 호기심을 꾹 참고 가급적 눈을 왼쪽으로 돌리지 않으면서 서봉까지 갔다.

서봉 정상까지 갔다가 내려오는 길에 오악 가운데 가장 높은 봉우리에 위치한 도교 사원이라는 취운궁(翠雲宮)의 매점에서 컵라면으로 점심을 때웠다. 그런 다음 남봉으로 가기 위해 갔던 길을 되돌아 나왔다. 돌아오는 길은 약간 내리막이라 갈 때보다 더 위험했다.

화산 남봉 가는 길에 내려다본 화산 서봉

서봉과 남봉의 분기점에서 일행 중 두 명이 먼저 호텔로 돌아갔다. 아직도 화산에서의 일정이 많이 남아 있는데 그것을 다 답파하면 몸에 무리가 올까봐 미리 조심하는 것이었다.

분기점에서 조금 더 올라가니 해발 2,154.9미터로 화산 중에서 가장 높은 봉우리일 뿐만 아니라 오악 가운데 가장 높은 봉우리이기도 한 남봉이 있었다. 남봉은 지나가던 기러기가 잠시 쉬어 가는 곳이라고 해서 낙안봉(落雁峰)이라고도 부른다고 한다. 그만큼 높다는 말이다. 남봉 꼭대기로 올라가다가 방금 우리가 다녀온 서봉을 돌아보니 수직으로 솟아 있는 낭떠러지의 높이가 200~300미터는 되어 보였다. 눈이라도 내려서 길이 미끄럽기라도 했다면 어땠을까? 들어갈 때는 눈이 오지 않았는데 나올 때는 눈이 조금 내려 있다면 어떻게 되었을까? 공연한 상상으로 머리카락이 쭈뼛 섰다.

서악의 최고봉, 아니 오악의 최고봉에 오른 일을 기념하기 위해 일행이 다 함께

장공잔도(상단)

두세 걸음만 더 나가면 천 길 낭떠러지인 짜릿한 바위 끝에 늘어서서 기념사진을 찍었다. 휴대용 카메라로 찍은 것이 아니라 전문 사진사에게 60원이나 주고 찍어 즉석에서 한 장을 인화했다. 나중에 그것을 스캔하여 하나씩 나누어 가질 요량이었다.

남봉에서 내려와 오른쪽으로 돌아가니 남천문이 나오고, 거기서 조금 더 가니 화산에서 가장 험난한 길이라는 장공잔도(長空棧道)가 있었다. 땅으로부터 수직으로 200~300미터쯤 되는 곳의 암벽에, 몸을 옆으로 완전히 돌려야 두 사람이 간신히 비켜갈 수 있을 만큼 좁은 길을 낸 뒤 그 가장자리에 허리 높이도 채 안 되는 말뚝을 박고 말뚝과 말뚝 사이를 쇠사슬로 연결하여 그것을 유일한 안전장치로 삼고 있었다. 다른 사람들은 대체로 잘 지나다녔지만 고소공포증이 좀 있는 나는 아래로 내려다보지도 못할 지경이었다.

20미터쯤 들어가니 좀 넓은 공간이 있어 먼저 간 사람들이 거기에 모여 있었다. 거기까지가 장공잔도인 줄 알고 오금이 저리는 것을 참고 간신히 들어왔는데 그것이 아니었다. 거기까지는 장공잔도의 상단일 뿐이고 아직까지 거기서 수직으로 내려가는 중단과, 중단의 아랫부분에서 다시 안쪽을 향해 나무판자를 엮어서 암벽 옆에 걸쳐 놓은 하단이 또 있다고 했다.

중단과 하단으로 내려가려면 30원씩의 입장료를 내게 되어 있었다. 거기는 경관을 구경하기 위해서 내려가는 것이 아니라 암벽타기를 하듯이 관리인이 채워 주는 안전장비를 차고 수직계단인 중단을 내려가서 나무판자를 엮어 수평으로 이어 놓은 하단을 따라 반절동(半截洞)까지 갔다가 되돌아오는 일종의 스포츠였다. 다른 사람들은 다 내려가고 나와 여학생 한 명만 남아서 그들의 가방을 지켰다. 어떤 중국인은 옆에 있는 조원동(朝元洞)이라는 도교 사원에서 얼마씩의 돈을 내고 기도를 했다. 그러자 일흔 살도 넘어 보이는 한 도사가 그를 위해 종을 쳐 주었다. 암벽타기를 하러 가기 전에 거기서 기도를 드리면 옥황상제가 안전을 지켜 준다는 생각에서 그렇게 하는 사람이 더러 있는 모양이었다. <대조원동간개(大朝元洞簡介)>에 의하면 조원동은 원나라 때 도사 하지진(賀志眞)이 제자들을 데리고 지원 13년(1276)에서 황경 원년(1312)까지 약 40년에 걸쳐서 판 바위 동굴이라고 한다. 범인들의 상상을 초월하는 무지막지한 일이다.

하단으로 내려간 일행이 돌아오기를 기다리느라 한참 동안 조원동 입구에 앉아 있자니 많은 사람이 그곳까지 들어왔다. 그 사람들 가운데 일부는 등반을 했지만 대부분은 그냥 돌아갔다. 돌아가는 이유는 대략 세 가지였다. 다른 곳으로 가기 위해 꼭 지나가야 하는 길이 아니라는 것이 그 가운데 하나요, 안전이 보장되지 않는다는 것이 또 하나요, 입장료를 30원이나 내야 한다는 것이 마지막 하나였다.

나는 오금이 저려서 난간 가까이 가기도 힘든데 다른 사람들은 대부분 난간에 붙어 서서 낭떠러지 저편의 칼날같이 날카롭고 기다란 산줄기를 배경으로 사진을 찍었다. 심지어 조원동을 관리하는 늙은 도사는 몸을 돌려 난간에 걸터앉은 채, 입장료도 받고 안전장비도 채워 주는 젊은 남자와 담담하게 대화를 나누기까지

했다. 자칫 잘못하여 몸의 무게 중심이 바깥으로 기울어지기라도 하면 200~300미터 아래로 떨어질 판인데 전혀 아무렇지도 않은 표정으로, 마치 평지의 돌계단에 앉아서 이야기를 나누듯 태연했다. 더구나 그 주변의 난간은 쇠사슬을 걸친 돌기둥이 약간 흔들리기까지 했다. 그야말로 '도사'였다. 그것을 보면서 나는 스스로를 한번 돌이켜보았다. '삶에 대한 집착이 크지 않다면 낭떠러지에서 떨어지는 것을 이렇게 두려워할 리가 없다. 평소 삶과 죽음에 대해서 초연하다고 생각했는데 내가 이렇게도 삶에 집착하는 사람이었나?'

고소공포증이 좀 있기 때문이라고 해도 고소공포증 자체가 삶에 대한 집착에서 생기는 증상일 것이다. 자신의 이러한 태도에 적이 실망한 나는 좀 초연해져 보려고 노력했으나 뜻대로 되지 않았다. 그런 것이 아니라 불필요한 일에 목숨을 거는 것은 개인적으로 보아도 어리석은 일이고 이 사회에 대해서도 자신의 사명을 다하지 않는 무책임한 짓이라는 무의식적 판단 때문일 것이라고 자위를 해 보았지만 그래도 영 기분이 개운하지 않았다.

4시 20분이 되어서야 하단으로 내려간 사람들이 돌아왔다. 시간이 좀 부족할 것 같아 서둘러 동봉, 즉 조양봉(朝陽峰)을 둘러보고 지체 없이 중봉으로 갔다. 중봉은 옥녀봉이라고도 하는바, 옥녀는 춘추시대 진(秦)나라 목공(穆公)의 딸 농옥(弄玉)을 가리킨다.

진나라 목공 때 소사(蕭史)라는 사람이 퉁소를 잘 불어 퉁소소리로 공작이나 백학을 불러 내릴 줄 알았는데, 목공의 딸 농옥이 그를 좋아하는지라 목공이 그에게 시집보냈다. 소사가 농옥에게 날마다 퉁소로 봉황소리 내는 법을 가르친 결과 몇 년 뒤에 마침내 퉁소를 불어 봉황소리를 내자 지붕 위에 봉황이 내려앉았다. 목공이 봉황대를 지어서 두 사람이 살게 하니 두 사람은 몇 년 동안 누대에서 내려오지 않았다. 그러던 어느날 두 사람은 함께 봉황을 타고 하늘로 날아갔다.[51]

중봉, 즉 옥녀봉에는 옥녀궁(玉女宮)이라는 옥녀의 사당이 있었다. 옥녀봉에는 옥녀가 세수하던 대야라는 옥녀세두분(玉女洗頭盆)이 있다는 사실을 알고 갔는데 옥녀궁만 보고 옥녀세두분은 깜박 잊고 말았다. 옥녀궁 안내문에 옥녀세두분은 옥녀궁의 문 앞에 있다고 했기에 나중에 사진을 확대하여 자세히 들여다보니 문 앞에 거대한 반석이 있는데 문에서 얼마 안 떨어진 곳에 세숫대야처럼 생긴 부분이 있었다. 옥녀궁 앞에는 달리 대야처럼 생긴 바위가 없었으니 이것이 옥녀세두분임이 거의 확실하다. 그리고 그 맞은편에는 쓰레기 소각장처럼 경칫돌을 쌓아 놓은 것이 있는데 가운데가 비어 있고 그 위에 고목이 한 그루 있는바, 옥녀궁 앞에는 그것말고는 다른 나무가 한 그루도 없었으니 그것이 무근수(無根樹)임에 틀림없는 것 같다. 무근수는 뿌리가 바로 밑으로 뻗지 않고 옆으로 뻗어 바로 밑에서 보면 뿌리가 없는 것처럼 보이기 때문에 생긴 이름이라고 생각된다.

이렇게 우리는 하루 동안에 서악 화산의 주봉 다섯 개를 다 올라가 보았다. 이로써 나는 중국의 오악 가운데 북악 항산(恒山)을 빼고는 다 가 본 셈인데 그중에서도 화산을 가장 알뜰하게 보았다. 화산은 웅장하면서도 험준하기 짝이 없는 험산 중의 험산이다. 가히 뭇 산을 압도할 위엄을 지니고 있다고 하겠다. 황산과 비슷하되 더욱 험준하고 장가계의 원가계와 비슷하되 더욱 웅장하다. 말하자면 황산과 원가계의 장점을 합쳐 놓은 셈이라고 할 수 있겠다.

"오악에서 돌아오면 다른 산을 보지 않고, 황산에서 돌아오면 오악을 아니 본다(五岳歸來不看山, 黃山歸來不看岳)"라는 말이 있다. 256구절에 달하는 명나라 여행가 서하객(徐霞客, 본명 弘祖, 1587-1641)의 초장편 칠언고시 <황산의 선경에서 마음대로 노닐고(漫遊黃山仙境)> 제251~252구에서 비롯되어 중국인들 사이에 속담처럼 널리 쓰이는 말이다. 오악이 너무나 아름답기 때문에 그것을 보고 나면 다른 산이 다 시시해 보이고, 황산이 워낙 멋지기 때문에 그것을 보고 나면 오악을 비롯한

51 유향(劉向), ≪열선전(列仙傳)≫ 권상(卷上) <소사(蕭史)> 참조.

다른 산악들이 다 눈에 차지 않는다는 뜻이다. 황산과 화산을 둘 다 보고 난 지금의 내 느낌으로는 화산이 황산보다 더 멋있다고 생각된다. "황산에서 돌아오면 오악을 아니 본다"는 말에서 적어도 화산은 제외해야 할 것 같다.

화산북역에서 8시 49분에 출발하는 고속열차를 타야 하는데 호텔에 가서 짐을 찾아가지고 다시 역으로 가면 늦을 것 같아 곧장 역으로 가기로 하고 먼저 내려간 두 사람에게 짐을 찾아서 역으로 오라고 했다. 짐 보관증을 총무인 김민우가 가지고 있기 때문에 호텔 측에서 짐을 내주지 않는다고 하기에 보관증의 일련번호를 불러 주어서 확인시키고 짐을 찾았다. 여성 두 명이 그 많은 짐을 다 들고 택시를 잘 탈 수 있을까 걱정했는데 그들은 현명하게도 큰길까지 나가서 택시를 잡아타고 호텔로 들어가 짐을 싣고는 우리보다 먼저 역에 도착해 있었다.

기차를 기다리는 동안 나는 한 젊은 남자 역무원에게 가서 화음에서 영제로 가는 기차가 하루에 몇 번이나 있는지 물어보았다. 외국인임을 밝히는 것이 도움 받기에 유리할 것 같아서 먼저 한국인이라고 했더니 예상대로 친절하게 도와주었다. 영제로 가는 일반 열차는 화산역에 서고 자기가 근무하는 화산북역에는 고속열차만 서기 때문에 자세하게는 모르지만 하루에 서너 번은 있을 것이라고 했다. 화산역에서 영제로 가는 기차 시각을 알고 싶어서 조심스럽게 부탁해 보았더니 다른 직원에게 시켜서 시간표를 한 장 얻어 주었다. 그러나 그 역무원의 생각과는 달리 그 시간표에도 우리가 알고 있는 바와 같이 오후 1시쯤에 한 번 있을 뿐이었다.

하남성 정주(鄭州)에서 섬서성 서안(西安) 사이를 운행한다는 고속열차에는 한국사람이 꽤 많이 타고 있는 듯했다. 우리가 타는 것을 보고 두세 군데서 한국인이 많이 탄다며 반가워하는 소리가 들렸다. 정주가 하남성 제1의 도시고 서안이 섬서성 제1의 도시니 그럴 만도 한 것 같았다. 기차는 50분 만에 서안역에 도착했다.

서안역에 내리자마자 먼저 모레 아침에 영제로 갈 시외버스 표를 예매해 놓기로 하고 마지막으로 다시 한 번 희망자를 파악해 보니 여섯 명이나 되었다. 그렇게 되면 화청지와 병마용 쪽이 썰렁해지기 때문에 여섯 명 가운데 서안에 처음 오는 세 사람은 그쪽으로 가라고 하고 원래 가기로 했던 세 사람만 영제에 가기로 확정했다.

우리가 우왕좌왕하고 있는 것을 보고 50대 아저씨 한 사람이 호텔을 잡아 주겠다며 접근해 왔다. 영제 가는 시외버스도 알아봐 주겠다고 했다. 일단 그의 중형버스를 타고 그가 안내하는 남방주점(南方酒店)으로 갔다. 시각이 11시가 되어 있었다. 남방주점이 위치한 곳은 서목두시(西木頭市)라는 곳으로 서안의 중심가인 종루(鐘樓)와 고루(鼓樓)에서 멀지 않았다. 3성급 호텔인데 방값이 조반을 포함하여 268원으로 비교적 싼 편이고 오래된 건물인 까닭에 냄새가 조금 나는 것말고는 별로 문제될 것이 없어서 3일 동안 계속 거기서 묵기로 했다.

호텔로 오는 사이에 운전사가 자기 여행사에 전화하여 알아낸 바에 의하면 영제 가는 시외버스는 두 시간에 한 번씩 있다고 했다. 소요시간은 세 시간 정도라고 했다. 그렇다면 아무런 문제도 없이 쉽게 갔다 올 수 있을 것이기 때문에 안심이 되었다. 내일과 모레도 그 아저씨의 차를 타기로 했다. 그것이 그 아저씨가 노린 바였겠지만 우리로서도 늦은 시각에 내일 탈 차를 미리 예약해 놓을 수 있어서 잘 된 일이었다.

5. 서안(西安)과 영제(永濟)

❄ 낙유원과 곡강지

2010년 8월 17일 9시에 출발하여 먼저 낙유원(樂遊原)으로 갔다. 낙유원은 장안(長安, 지금의 섬서성 서안)에서 가장 높은 고원으로 사방이 훤히 내려다보이기 때문에 장안 사람들이 자주 찾아가서 노닐었다는 곳인데,[52] 당나라 시인 이상은(李商隱, 813?-858?)의 <낙유원(樂遊原)>이라는 시가 있어서 특히 잘 알려진 곳이다.

저물녘에 기분이 울적한지라	向晩意不適
수레 몰아 옛 언덕에 올라 보았네.	驅車登古原
석양이 한없이 아름다운데	夕陽無限好
다만 안타깝게도 황혼이 다가오네.	只是近黃昏[53]

2002년의 제1차 답사 때도 낙유원을 찾으려고 백방으로 노력했으나 알 만한 사람들이 다들 모른다는 바람에 할 수 없이 포기했었기 때문에 이번에는 반드시 찾아보려고 준비에 만전을 기했다. 인터넷을 통하여 미리 서안의 남부에 있으며 대안탑(大雁塔)의 동북쪽이요 곡강(曲江)의 북쪽이라는 사실, 그 위에 청룡사(靑龍寺) 유지가 있고 그 안에 일본 승려 공해(空海)의 기념관이 있다는 사실 등을 알아내고 인터넷 지도를 검색하여 정확한 위치도 파악했다. 운전사가 모르면 내가 길을 안내할 수 있을 정도로 치밀하게 준비했다. 그런데 싱겁게도 이번에는 운전사가 낙유원을 잘 알고 있었다.

---

52 ≪섬서통지(陝西通志)≫ 권73 <낙유원(樂遊苑)> 및 ≪대청일통지(大淸一統志)≫ 권178 <낙유원(樂遊原)> 참조.

53 문연각사고전서본 ≪어정전당시≫ 권539.

낙유원 정문

낙유원에 도착하니 정문의 중앙에 옆으로 길게 뻗은 2층짜리 누각이 있는데 그 누각의 처마에 '낙유원(樂游原)'이라는 현판이 걸려 있고 양쪽 옆에는 중앙의 2층짜리 누각과 연결된 3층짜리 누각이 하나씩 있었다. 건물이 아주 깨끗한 것이 지은 지 얼마 안 되는 듯했다. 제1차 답사 때는 아직 지어지지 않았음에 틀림없어 보였다.

경내에 들어서니 '낙유승경(樂游勝景)'이라고 쓴 커다란 바위가 하나 세워져 있고 그 옆에 공해기념관이 있었다. 공해는 당나라에 유학한 적이 있는 일본 승려로 ≪문경비부론(文鏡秘府論)≫이라는 문학이론서를 지은 사람이다. 공해기념관은 안에 몇 가지 자료가 진열되어 있고, 외벽에 이상은의 <낙유원>을 비롯한 시 몇 수가 새겨져 있었다. 기념관 앞에 무척 단조로워 보이는 사각탑이 하나 서 있어서 가까이 가 보니 '공해기념비(空海記念碑)'라고 쓰여 있었다. 탑의 양식이나, 기념을 '기념(紀念)'으로 쓰지 않고 '기념(記念)'으로 쓴 사실 등으로 미루어 보아 최근에 일본 사람들이 세운 것이 아닐까 하는 의구심이 들었다. 최근에 일본 사람들이 중일

낙유원 입구의 토산

우호니 중일합작이니 하는 명분을 내세워 중국 땅 여기저기에 그들의 존재를 부각시키려고 애쓰고 있기 때문이다.

넓지 않은 경내를 한 바퀴 다 돌고 다시 정문 쪽으로 나오니 정문 부근의 담장에 청룡사(青龍寺)에 관한 시가 10~20수 새겨져 비림을 이루고 있었다.

낙유원은 가장 높은 곳인 청룡사 일대의 해발 고도가 467미터, 폭이 약 1킬로미터, 길이가 약 5킬로미터 라고 하니[54] 원래 이 일대가 다 낙유원이었다고 한 운전사의 말이 맞을 것 같다. 정문을 지나자마자 평지에서의 높이를 말해 주듯 높이가 10미터 남짓 되어 보이는 토산의 일부가 속을 드러내 놓고 있었는데, 그것은 개발되고 남은 자투리 땅이겠지만 어느 정도 낙유원의 원래 모습을 가늠해 보게 하는 가늠자 역할을 하고 있었다.

대안탑에 가서는 다른 사람들만 올라가라고 하고 나는 밑에서 기다렸다. 옛날에 이미 두 번이나 올라가 보았기 때문이다.

대안탑에서 동남쪽으로 조금 떨어진 곳에 곡강지(曲江池)가 있었다. 수면이 굽이져 있기 때문에 곡강이라고 불리는 이곳은 진한(秦漢) 시기에 이미 황실 동산 상림원(上林苑)의 일부인 의춘원(宜春苑)의 소재지였으니 2,000년이 훨씬 넘는 역사를 지니고 있는 셈인데, 당나라 때에 이르러서는 이곳에서 황제와 대신들이 참석하는 성대한 연회가 벌어지곤 했다고 한다. 그리고 이런 연회들 중에서 음력 3월 3일, 즉 상사절(上巳節)의 연회와 진사급제자들에게 베풀어 준 축하연이 가장 성대했다

54 양문수(楊文秀), <낙유원 인문경관의 한대부터 당대까지의 변화(樂遊原人文景觀從漢到唐的變化)>[섬서성문물국, ≪문박(文博)≫ 2005년 제5기] 27쪽 참조.

곡강지와 곡강정

고 한다.[55]

곡강은 마침내 문인들이 즐겨 찾아가서 함께 노닐며 시를 주고받는 명승지가 되었다. 특히 두보에게 곡강을 노래한 시가 많아 제목에 직접 '곡강'이라는 표현을 쓴 것만 해도 <곡강을 노래한 다섯 구절짜리 시 세 수(曲江三章章五句)>·<중양절날 곡강에서(九日曲江)>·<곡강에서 남사처럼 강직한 사관이신 정팔 어르신을 모시고 술을 마시며(曲江陪鄭八丈南史飮)>·<곡강(曲江)>·<곡강에서 술 마시며(曲江對酒)>·<곡강에서 비를 보며(曲江對雨)> 등 여러 수가 있다. 그렇기 때문에 곡강정 옆의 연못가에 도포자락을 휘날리며 뒷짐을 지고 연못을 향해 서 있는 동상이 하나 있는 것을 보고 다들 두보의 상인 줄 알았다. 그러나 그것은 뜻밖에도 두보의 상이 아니라 이상은의 상이었다. 그리고 그의 동상 뒤편 잔디밭의 조그만

55 공윤상(孔潤常), <당나라 때의 유명한 연회(唐代名宴)—곡강연(曲江宴)>[산서성위노간부국, ≪산서노년(山西老年)≫ 2014년 제6기] 54쪽 참조.

돌에 그의 시 <늦가을에 혼자 곡강에서 노닐며(暮秋獨游曲江)>가 쓰여 있었다.

연잎이 돋아날 땐 봄의 한이 생기더니 荷葉生時春恨生
연잎이 시들 때엔 가을 한이 맺힌다. 荷葉枯時秋恨成
내 육신이 있는 한 정이 어찌 없으리? 深知身在情長在
쓸쓸히 언저리의 강물 소리 바라본다. 悵望江頭江水聲

이것은 어느 가을날 곡강에 나가, 사랑하는 사람을 상징하거나 사랑하는 사람과의 옛날 일을 추억케 하는 존재인 연꽃을 바라보기도 하고, 마치 무슨 이야기라도 하는 것처럼 강물이 나직하게 소리 내는 곳을 바라보기도 하면서 사랑하는 사람에 대한 그리움을 노래한 시다. 이 시는 곡강에서 지었다는 사실 이외에는 두보의 시들보다 곡강을 위해 공헌한 바가 더 클 것이 없을 것 같은데, 어째서 곡강을 노래한 두보의 많은 시들을 다 제쳐 놓고 이 시를 여기에 써 놓았는지, 그리고 두

곡강정

보의 동상 대신 이상은의 동상을 세워 놓았는지 심히 의아했다.

곡강정은 소박한 사각 정자인데 1층 중앙에 어른 키 두 배도 넘는 커다란 자연석에다 붉은 글씨로 '곡강지(曲江池)'라고 쓴 표지석이 세워져 있어 정자의 무게를 더해 주고 있었다. 젊은 연인들이 끊임없이 그 표지석을 배경으로 사진을 찍고 있었다. 사진을 많이 찍는 것을 보니 자주 오는 사람들은 아닌 것 같았다. 그렇다면 곡강의 역사적 의미를 알고 멀리서 찾아온 사람이 그렇게 많다는 뜻이 된다.

당나라 때의 민간사(民間詞) <망강남(望江南)—연못 가의 버들(臨池柳)—>에 "나는 곡강지 가의 버드나무라, 이 사람 저 사람이 꺾고 잡아당기지만, 나를 사랑하는 것은 한순간일 뿐이네"[56]라고 하여 곡강지에 버드나무가 많음을 암시했는데 곡강지 가에는 과연 버드나무가 많았다.

비림(碑林)에서는 탁본 뜨는 과정을 자세하게 관찰할 수 있었다. 먼저 약간 촉촉한 종이를 비석에 붙이고 부드러운 솔로 조심스럽게 문질렀다. 그러자 글자가 새겨진 부분은 약간 밀려 들어가고 글자가 없는 부분은 평평한 상태를 유지했다. 그런 다음 종이가 마르기를 기다렸다가 넓적하고 반반한 헝겊 뭉치에 먹을 조금 묻혀서 종이 위를 골고루 두드렸다. 결과적으로 글자가 없는 부분은 검은색이 되고 글자가 있는 부분은 흰색이 되었다. 탁본의 글자 부분이 약간 올록볼록한 것은 글자 부분의 밀려 들어가는 정도가 약간씩 다르기 때문이었다.

서안 시내 답사를 끝내고 다른 사람들이 호텔로 돌아가 쉴 때 김민우와 나는 내일 아침에 영제로 갈 차표를 예매하기 위해 삼부만(三府灣)에 있는 시외버스 종점으로 갔다. 그러나 내일 표는 내일 팔지 미리 팔지 않는다고 하는지라 살 수가 없었다. 차가 몇 시간마다 한 대씩 있는지 물으니 상황에 따라서 조금씩 다르지만 대개 아침 7시 반부터 시작해서 약 40분마다 한 대씩 있다고 했다. 소요시간은 대

---

56 "我是曲江臨池柳, 者人折了那人攀, 恩愛一時間."[임반당(任半塘), ≪돈황가사총편(敦煌歌辭總編)≫, 상해: 상해고적출판사, 1987, 320쪽]

략 세 시간 정도라고 했다. 어제 그 운전사는 자기 여행사를 통하여 확인해 보고 두 시간마다 한 대씩 있다고 했는데 왜 말이 서로 다른지 모르겠다. 여행사 직원의 말보다는 매표소 직원의 말이 더 정확할 것이다. 그렇다면 내일 영제에 갔다 오는 데 문제 될 것이 없다. 그나마 얼마나 다행스러운 일인가!

7시에 저녁을 먹으러 덕발장(德發長)이라는 만두전문 식당으로 갔다. 제1차 답사 때도 이 집에서 여러 가지 만두를 맛본 적이 있었다. 아까 낮에 방을 하나 예약하려고 했더니 그러려면 1인당 100원 · 120원 · 150원인 코스 요리 중에서 한 가지를 선택해야 한다고 했다. 100원짜리를 선택한다고 해도 술은 물론 차나 음료도 따로 계산하고 순수하게 만두값만 1인당 100원이라니 확실히 비싼 가격임에 틀림없었다. 너무 비싸다며 다들 그냥 일반석에서 먹자고 했다. 그러나 나는 우리끼리 오붓하게 이야기를 나누면서 덕발장 만두를 제대로 한번 맛보자며 굳이 독립된 방을 하나 예약하자고 우겼다. 생각하는 바가 있기 때문이었다.

맛도 좋고 모양도 예쁜 만두 열두 가지에 일반 물만두 세 가지 등 총 열다섯 가지의 만두가 나오고 마지막으로 청나라 말에 서태후가 즐겨 먹었다는 만두 훠궈인 태후훠궈(太后火鍋)도 나왔다. 여러 가지 만두를 한데 넣고 삶은 태후훠궈는 깊고 걸쭉한 맛이 나는 것이 마치 담백한 곰탕 같았다.

좋은 요리는 좋은 술이 곁들여져야 더 맛이 나겠기에 먼저 한 병에 13원씩 하는 청도순생(青島純生)이라는 맥주 다섯 병으로 갈증을 좀 푼 뒤 섬서지방의 전통 명주인 서봉주(西鳳酒)를 마셨다. 서봉주 중에서도 고급에 속하는 20년짜리가 500밀리리터 한 병에 368원이었다. 값은 좀 비싸지만 술값이 아깝지 않을 정도로 맛이 일품이었다. 술을 잘 못 마시는 사람들도 지금까지 술을 왜 마시는지 몰랐는데 이걸 마셔 보니 그 이유를 알겠다며 몇 잔씩 마셨다. 술값을 포함하여 식대가 총 1,446원 나왔다.

10시쯤에 나와서 노래방으로 갔다. 규모가 으리으리한 데다 조명 또한 눈부실 정도로 휘황찬란한 것이 지금까지 어디에서도 본 적이 없는 호화 노래방이었다. 그런데도 손님이 엄청 많았다. 중국의 변화와 발전이 눈에 보였다. 거기는 노래만 부르는 것이 아니라 술도 마실 수 있도록 한쪽 구석에 별도의 시설이 마련되어 있었다. 갖추고 있는 노래도 중국노래는 물론 한국노래 · 일본노래 · 서양노래까지 다 있었다. 한 시간에 100원씩 내고 두 시간 동안 불렀다. 우리나라처럼 추가로 10~20분씩 더 부르게 하는 서비스는 아예 없었다.

❄ 관작루

2010년 8월 18일 혹시 택시 잡기가 쉽지 않을까봐 걱정이 되어 시간 여유를 좀 두고 7시 20분에 호텔 문을 나섰다. 고맙게도 마치 콜택시를 불러 놓기라도 한 것처럼 택시 한 대가 호텔 앞에서 기다리고 있었다. 시외버스 종점으로 가서 알아보니 8시 55분에 출발하는 차가 있다고 했다. 좀 오래 기다려야 했지만 그래도 너무 늦지 않게 출발하는 차가 있어서 다행이었다.

차 안에서 한참 졸다가 눈을 떠 보니 차창 밖으로 '염양(閻陽)'이라고 적힌 도로 표지판이 휙 지나갔다. 하도 열심히 지도를 들여다본 나머지 영제로 가는 길에 있는 도시 이름은 대략 다 기억하고 있는데 이것은 영 낯선 이름이었다. 얼른 지도를 펴서 확인해 보니 차가 황하 서쪽에 있는 고속도로를 따라 북쪽으로 올라가고 있었다. 조금 가다가 동쪽으로 길을 바꾸겠지 하며 계속 창밖을 주시하자니 차가 계속해서 부평(富平) · 형요(荊姚) · 포성(蒲城) · 징성(澄城) 방면으로 올라갔다. 차가 진행하는 노선을 보니 그 고속도로를 따라 후마(侯馬)까지 올라갔다가 거기서 운성(運城)을 통해 영제로 내려올 것 같은 불길한 예감이 들었다. 그래도 '그렇게 되면 길이 두 배로 더 먼데 설마 그러기야 하겠나? 중간에 빠져서 국도로라도 가겠지' 하고 생각했는데 차는 끝내 나의 기대를 저버리고 합양(合陽)을 거쳐 한성(韓城)까지 갔다.

한성휴게소에서 잠시 쉬는 동안에 이 사람 저 사람에게 물어보니 동관에서 영제로 가는 황하대교가 보수공사 중이기 때문에 할 수 없이 둘러간다는 것이었다. 원래의 길로 가면 두 시간 반 정도 걸린다고 했다. 그 사이에는 황하를 건널 수 있는 다리가 없어서 약 100킬로미터를 둘러가는 셈이라고 했다. 그리고 황하대교가 바로 1주일 전에 금이 갔고 앞으로 1주일 뒤면 보수공사가 끝난다고 했다. 그러니까 우리의 영제 답사가 황하대교를 보수하는 2주일 사이에 끼여 있었던 것이다. 정말 운 나쁘게도 확률적으로 일어나기 매우 힘든 일이 일어난 것이다. 겹현에서 탔던 차와 위남에서 탔던 차가 모두 영제로 가는 길을 찾지 못한 것도 바로 이 때문이었던 것이다.

운전사 머리 위에 켜져 있는 비디오에 이 차가 오후 4시에 영제에서 서안을 향해 출발한다는 자막이 나왔다. 그러나 이렇게 둘러가는 차를 다시 탄다는 것은 생각조차 하기 싫은지라 영제역에 내려서 잘 궁리해 보면 혹시 기차를 이용하는 방법이 있을지도 모른다는 막연한 희망을 가져 보았다. 영제에서 반대 방향인 운성으로 갔다가 거기서 기차를 타면 더 유리할 수도 있고, 영제에서 버스로 삼문협까지 갔다가 거기서 며칠 전에 화산북역에서 탔던 고속열차를 타는 방법이 있을 것도 같았다. 왜냐하면 운성이나 삼문협은 큰 도시기 때문이다.

차는 가장 시간이 많이 걸리는 길로 갔다. 하진(河津)에서부터는 국도인지 지방도인지 모를 좁디좁은 비포장도로를 느리게 아주 느리게 달렸다. 차라리 후마까지 갔다가 거기서 다른 고속도로를 타고 운성을 거쳐 영제로 가면 거리는 좀 더 멀어도 시간은 덜 걸릴 것이다. 하진에서는 사잇길로 빠진다고 해도 거리가 더 단축되지 않는데도 불구하고 이 길을 택한 것은 아마도 고속도로 통행료를 절약하기 위해서 그런 것이 아닌가 싶다.

그렇게 해서 출발시각으로부터 다섯 시간 15분이 지난 2시 10분에야 영제에 도착했다. 아까 버스 안의 비디오 자막에서 본 내용을 확인하기 위해 버스에서 내릴 때 운전사에게 물어보니 이 차가 5시에 영제역 앞에서 출발한다고 했다. 텔레비전 자막에 적혀 있던 것보다 한 시간 늦은 시각이지만 우리로서는 오히려 잘 된 일이었다. 관작루와 보구사(普救寺) 등지를 둘러보려면 최소한 두 시간은 걸릴 텐데 다른 방법을 찾느라 시간만 낭비하고 마땅한 방법을 찾지 못하면 정말 큰일이라는 생각에 일단 그 차라도 확보해 놓고 싶어졌다. 허리가 아파서 또 다섯 시간 넘게 차를 탄다는 것이 엄두가 안 났지만 그래도 그것은 감수할 수 있는 일이었다. 차표를 어디서 사느냐니까 영제역에서 산다고 했다.

건너편에 있는 영제역으로 가려고 길을 건넜더니 역광장 입구에 마침 이마에 '서안(西安)'이라고 써 붙인 버스가 한 대 서 있었다. 몇 시에 가느냐니까 3시에 간다고 했다. 막차가 몇 시에 있느냐니까 이게 막차라며 빨리 타라고 했다. 운전사인 듯한 중년 아저씨도 그러고 옆에 있던 다른 아저씨 두 명도 한결같이 이것이 막차라고 했다. 눈앞이 캄캄했다. 이것이 막차라면 이것을 타고 바로 돌아가지 않을 수가 없다. 어떻게 왔는데 영제 땅만 밟아 보고 바로 돌아간단 말이냐? 그럴 수는 없었다. 나중에 삼수갑산을 가는 한이 있더라도 그 차는 안 타기로 하고 일단 영제역으로 가 보았다.

김민우가 재빠르게 역사 안으로 들어간 사이 뒤따라가던 나와 김지현이 역사 앞에 붙어 있는 기차 시간표를 보니 내일 아침 9시 5분에 서안역에 도착하는 기차가 눈에 띄었다. 다른 방법이 없으면 그거라도 타면 되겠다는 생각에 조금 안도감이 들었다. 기차가 연착하지만 않는다면 서안에 있는 일행에게 우리 가방을 챙겨서 전세 내 놓은 중형버스를 다고 서안역으로 와서 우리를 태우고 공항으로 가면 될 것이라는 생각이었다. 그러나 조금이라도 연착하면 난감한 상황이 벌어질 것이라 걱정이었다.

역사 안으로 들어가니 50명쯤 되어 보이는 사람이 길게 줄을 서 있었다. 모두 기차표를 사려는 사람들이었다. 김민우는 그 끄트머리에 서 있었다. 최소한 30분은 걸릴 것 같았다. 급한 마음에 줄 서기를 포기하고 다시 밖으로 나왔다. 건너편에 영제시외버스종점이라는 간판이 붙어 있고 그 앞에 버스가 많이 서 있었다. 대부분이 운성행이었다. 영제가 운성시에 속하는 현급시기 때문이다. 발빠른 김민우가 먼저 건너가고 김지현과 내가 뒤따라 건너갔다. 그런데 웬일인지 거기는 매표소도 없고 대기실도 없었다. 아예 아무 사무실도 없었다. 한 바퀴 돌아서 나오자니 김민우가 한 아가씨와 함께 3시에 출발한다는 아까 그 버스가 있는 쪽으로 뛰어가고 있었다. 김민우가 다급해하는 것을 보고 그 아가씨가 가던 길을 멈추고 도와주는 상황임을 짐작할 수 있었다.

아가씨가 사투리로 얘기하는 그 아저씨들과 우리 사이에서 사투리와 표준말을 번갈아 써 가며 우리 입장을 설명하고 몇 번이나 되물어 가며 확인하자 그 아저씨들이 마침내 막차가 5시에 있다고 말을 바꾸었다. 그 말을 듣자 이제는 우리가 믿어지지 않았다. 만약 5시 차가 없으면 어떻게 하느냐고 묻자 아저씨가 씩 웃으면서 틀림없이 있다고 했다. 만약 없으면 당신이 책임지겠느냐는 말에 그는 그냥 웃기만 했다. 그 아가씨가 상황을 가늠해 보고는 5시에 틀림없이 막차가 있을 것이라고 확인해 주었다. 아까 타고 온 차의 운전사가 정확하게 말한 것이었다. 그렇다면 이 아저씨들은 왜 한결같이 3시 차가 막차라고 했을까? 관작루에 갔다 오는 택시 안에서 곰곰이 생각해 보니 아무래도 일이 이렇게 된 것 같았다.

그 아저씨 세 명이 모두 같은 회사 동료거나, 그중의 한 사람이 스스로 버스를 구입하여 지입제처럼 영업하는 운전사고 나머지 두 사람은 그의 친구들이다. 그들 세 사람은 우리가 영제에 막 도착했다는 사실을 모르기 때문에 3시 차를 타고 가도 되는 줄 알고 같은 값이면 자기 차 또는 친구 차를 타라고 거짓말을 했다. 그런데 우리가 관작루를 보지 않고는 절대로 안 돌아갈 사람이라는 사실을 알고 그제야 사실대로 말했다.

마침 타고 온 버스에 놓여 있던 명함을 하나 가지고 왔기에 전화를 걸어서 확인해 보았더니 역시 5시에 서안으로 간다고 했다. 차표를 미리 사 두고 싶었지만 미리 팔지 않고 출발하기 전에 차 안에서 판다고 했다.

2시 35분에야 우리는 택시를 잡아타고 관작루로 향했다. 그 아저씨들이 바로 말해 주지 않는 바람에 황금보다 더 귀한 시간을 반 시간 가까이나 낭비한 것이다. 점심 먹을 시간이 없어서 택시 안에서 과자 부스러기를 몇 개 먹는 것으로 한 끼를 때우며 관작루로 갔다. 관작루는 황학루(黃鶴樓)·악양루(岳陽樓)·등왕각(滕王閣)과 더불어 중국 4대 명루(名樓)의 하나로 꼽히기도 하는 유서 깊은 누각이다.[57] 도중에 보구사가 있었으나 관작루부터 먼저 보기로 하고 지나쳤다. 오늘 일정이 끝날 때까지 계속해서 그 택시를 이용하기로 했다.

관작루 정문에 '관작원(鸛雀園)'이라는 현판이 걸려 있었다. 관작루를 중심으로 널찍한 원림을 조성할 계획인지 부지를 굉장히 넓게 잡아 놓고 있었지만 아직까

관작루

57 ≪백도백과≫ <사대명루(四大名樓)> 참조.

지 관작루 이외의 다른 건물은 하나도 없었다. 옛날의 관작루는 3층이었다고 하는데[58] 지금의 관작루는 6층짜리의 현대식 고층건물이었다. 무한에 있는 황학루와 비슷한 인상이었다.

시간을 조금이라도 덜 들이기 위해 먼저 요금이 1원씩인 엘리베이터를 타고 6층까지 올라간 다음 한 층씩 내려오면서 보기로 했다. 엘리베이터에서 내리자 위쪽으로 올라가는 통로가 있는데 관람객의 출입을 금지하고 있었다. 먼저 6층 난간으로 나가 주위의 경관을 한번 살펴보았다. 옅은 안개가 끼어 있어서 좀 뿌옇기는 하지만 그래도 드넓게 펼쳐져 있는 대평원의 한가운데에 관작루가 우뚝하게 솟아 있고 그 서쪽으로 저만치 도도하게 흘러가는 황하가 보였다. 당나라 시인 창당(暢當)의 시 <관작루에 올라서(登鸛雀樓)>가 떠올랐다.

날아가는 새들을 굽어보면서	迥臨飛鳥上
세속의 먼지 위로 높이 솟았다.	高出世塵間
하늘이 평야를 에워쌌는데	天勢圍平野
산 끊어진 곳으로 강물이 흘러간다.	河流入斷山[59]

이 시에서 말한 산은 바로 관작루의 동남쪽에 있는 중조산(中條山)일 텐데 안타깝게도 안개 때문에 잘 안 보였다. 날씨가 맑으면 동남쪽의 중조산뿐만 아니라 더 멀리 있는 서남쪽의 화산까지도 보인다고 들었는데 오늘은 시야가 거기까지 미치지 않았다. 황하도 북쪽에서 남쪽으로 흐르는 부분만 보이고 동관에서 방향을 바꾸어 다시 동쪽으로 흐르는 부분은 보이지 않았다.

---

58 문연각사고전서본 심괄(沈括) ≪몽계필담(夢溪筆談)≫ 권15 <예문2(藝文二)>에 "하중부의 관작루는 3층이라 앞으로 중조산을 바라보고 아래로 황하를 굽어보는바 당나라 사람 가운데 시를 남긴 사람이 매우 많다(河中府鸛雀樓, 三層, 前瞻中條, 下瞰大河, 唐人留詩者甚多)"라는 기록이 있다.

59 문연각사고전서본 ≪어정전당시≫ 권287.

게다가 때가 아직 해질 녘이 아닌지라 서산에서 턱걸이하는 태양은 더더욱 볼 수 없었다. 그러나 머릿속으로 가만히 그려 볼 수는 있겠기에 6층의 서쪽 난간에 다가가서 저만치에 흘러가는 황하를 굽어보며 왕지환(王之渙, 688-742)의 시 <관작루에 오르며(登鸛雀樓)>를 나직이 읊조려 보았다.

빛나는 하얀 해는 서산에 걸려 있고	白日依山盡
누런 강은 출렁출렁 바다로 흘러간다.	黃河入海流
천리안의 시력을 한껏 발휘하고파	欲窮千里目
다시금 한 층을 더 올라간다.	更上一層樓[60]

나는 평소에 이 시의 두 번째 구절이 별로 잘 다듬어지지 않았다고 생각해 왔다. 관작루에서 황해까지는 거리가 200여 리나 되니 황하가 바다로 들어가는 모습이 보일 리 없고 따라서 황하가 '바다로' 흘러간다고 한 것은 보편적인 이치에 근거한 추상적인 표현으로 사족에 불과하기 때문이다. 그러던 터에 이렇게 직접 관작루에 올라와서 드넓은 평원을 두 쪽으로 가르며 도도하게 흘러가는 황하를 보노라니 '바다로 흘러간다(入海流)' 대신에 '들을 가르며 흘러간다(分野流)'라고 했으면 더 좋았겠다는 주제넘은 생각이 들었다.

시간에 쫓긴 나머지 왕지환처럼 누각을 한 층씩 올라가는 것이 아니라 반대로 한 층씩 내려오면서 보아야 하는 상황이 너무나 안타까웠지만, 그래도 '이렇게나마 한 번 와 본 것이 어디냐?' 하고 스스로를 위로하며 1층까지 내려왔다. 그런데 관작루를 이 층 저 층 다 돌아다니며 살펴보았는데도 왕지환의 시가 없었다. 관작루와 아무 상관도 없는 소동파의 사 <염노교—적벽회고—>는 오히려 세 가지 서체로 써서 걸어 놓았는데 관작루를 읊은 시의 대명사라고 할 왕지환의 이 시는

60 문연각사고전서본 고병 ≪당시품휘≫ 권40.

관작루에 걸려 있는 소동파의 〈염노교—적벽회고—〉

왜 없는 것일까? 우리가 놓친 것인가 싶어서 1층에 있는 관리인에게 왕지환의 시가 어디에 걸려 있는지 물어보았더니 퉁명스러운 말투로 걸려 있지 않다고 했다.

돌아오는 길에 보구사 정문 앞에 차를 세웠으나 안으로 들어갈 시간이 없어 문밖에서 잠시 살펴보는 것으로 만족해야 했다. 보구사는 나지막한 산 하나를 차지하고 꼭대기에 10층도 넘는 높은 탑을 하나 세워 놓아서 멀리서도 보이게 되어 있지만 규모가 그다지 커 보이지는 않았다. 정문 앞의 벽에 <서상기(西廂記)>의 줄거리를 형상화한 부조가 길게 새겨져 있는 것이 인상적이었다.

보구사를 과문불입하고 서둘러 돌아오는 도중에 김민우의 청에 따라 잠시 차를

보구사

세워 중조산만 한 번 촬영한 후 시외버스 종점으로 달려갔다. 보구사에도 들어가 보지 못했으니 원래 일정에는 들어 있지만 양귀비고거(楊貴妃故居)는 생각도 할 수 없는 상황이었다.

오는 길에 택시 운전사에게 관작루에 왜 왕지환의 시가 없느냐고 따지듯이 물었더니 뜻밖의 대답이 돌아왔다. 맨 꼭대기에 가면 왕지환의 시도 있고 왕지환의 상도 있다고 했다. 그 말을 듣는 순간 '엘리베이터에서 내리자마자 본 관람객 출입금지 구역이 바로 거기였구나' 하는 생각이 들었다. 원래는 개방해 놓는데 지금은 공사 중이라 관람객의 출입을 금지시킨 모양이었다. '그런 줄 알았더라면 살짝 올라가 볼 걸. 어떻게 왔는데……' 하는 생각도 들었지만, 한편으로 '아무래도 지금은 관작루 답사의 적기가 아닌가 보다' 하는 생각도 들었다. 요 며칠 사이에 있었던 여러 가지 심상치 않은 정황들이 그런 생각을 갖게 했다. 하늘이 말리는 일이니 무리하게 하지 않게 된 것이 잘된 일이리라.

4시 35분에 영제역 앞에 도착하니 서안행 버스가 손님을 기다리고 있었다. 반가운 마음에 얼른 표를 샀다. 그러나 5시에 떠난다던 차는 5시 25분에야 출발했다. 미리 이럴 줄 알았더라면 보구사를 한번 보고 왔을 텐데 보구사도 못 보고 허겁지겁 달려와서 또 50분을 낭비하니 속이 엄청 상했다.

그런데 차가 정시보다 25분 늦게 출발하는데도 승객들이 아무도 불평을 하지 않았다. 순간 그들에게는 5시 차라는 말이 5시 정각에 출발하는 차로 받아들여지지 않고 5시 이후에 출발하는 차로 받아들여지는지도 모르겠다는 생각이 들었다. 이것 역시 중국식 '똘레랑스'의 일종인가 보다. 그렇다면 운전사가 정시에 출발하지 않는다고 탓할 것이 아니라 이 문화를 이해하지 못하는 우리 자신을 탓할 일이다. 이렇게 생각하자 '우리가 이 문화를 제대로 이해했다면, 그리하여 상황에 따라서는 전화로 좀 기다려 달라고 부탁할 수도 있다는 생각을 했다면, 오는 길에 잠시 보구사에 들를 수도 있었을 텐데' 하는 아쉬움이 가슴을 짓눌렀다.

서안에서 영제로 오는 길에 본 풍경은 사방으로 지평선이 보이는 드넓은 평야, 가끔씩 나타는 황토 구릉, 그렇게 넓은 평야인데도 논은 거의 안 보이고 옥수수밭이 끝없이 이어져 있는 모습 등 토질과 경작 상황이 하남성이나 산동성과 거의 비슷했다. 대문 위에 '천사만복(天賜萬福, 하늘이 만복을 내린다는 뜻)'이라는 행복을 갈구하는 문구를 많이 붙여 놓은 것도 '행복지가(幸福之家)'라는 문구를 많이 붙여 놓은 하남성과 흡사했다. 그리고 영제는 다른 지역에 비해 비교적 낙후된 듯한 인상이었다.

다행히도 서안으로 돌아가는 차의 운전사가 사잇길을 잘 아는 모양이었다. 영제에서 얼마 안 간 곳에서 경운기나 다님직한 시골길로 접어들더니 골목길을 돌고 돌아 마침내 황하에 이르렀다. 거기에 드럼통을 여러 개 연결하여 만든 부교가 있었다. 그 다리에서 얼마 안 가 넓은 국도가 나오고 곧이어 합양(合陽)이었다. 거기서 바로 고속도로에 진입했다. 올 때도 운전사가 이 지름길을 알았다면 얼마나 좋았을까?

7시 20분쯤 되자 비가 내리기 시작하더니 이내 번개와 천둥을 동반한 폭우로 바뀌었다. 참 고맙게도 답사 도중에는 비가 내리지 않다가 답사가 끝나니까 이렇게 비가 내린다. 이제는 비가 오든 눈이 오든 걱정이 없다. 업어 주고 싶을 만큼 고맙다. 정말 '착한' 날씨다.

폭우가 쏟아지는 가운데 고속도로 위에 승객을 내려 주느라 두세 차례 정차하면서 왔지만 그럼에도 불구하고 똑똑한 운전사 덕분에 시간을 한 시간 20분이나 단축할 수 있었다. 서안의 삼부만 시외버스 종점에 도착하니 9시 20분이었다.

예정된 시각보다 한 시간 늦게 시작한 호텔 방에서의 과일 파티로 이번 답사를 마무리했다. 자칫하면 과일 파티를 못할 뻔했는데 한 시간 늦추어서나마 할 수 있게 되었으니 얼마나 다행인가? 아니 어쩌면 내일 귀국하지 못할 수도 있었는데 이 얼마나 천행인가? 하루에 열 시간도 넘게 차를 탔지만 조금도 피곤한 느낌이 들지 않았다.

2010년 8월 19일 아침 8시에 밖으로 나가 호텔 부근에 있는 종루(鐘樓)와 고루(鼓樓)·화각항(化覺巷)·청진사(淸眞寺)를 둘러본 뒤 9시 20분에 전세 낸 중형버스를 타고 함양공항으로 떠났다. 차창에 빗물이 주룩주룩 흐른다. 그래서 더 통쾌하다.

바로 탑승수속을 끝내 놓고 면세점 구경이나 하면서 시간을 보내려고 했는데 11시 30분이 되어야 탑승수속을 시작한다고 했다. 50분 동안이나 지루하게 기다려야 했다. 일찌감치 탑승수속을 시작하는 우리나라 공항과 다른 점이다.

그러나 막상 면세점에 들어가니 너무 작아서 구경할 것이 별로 없었다. 어제 저녁에 호텔 앞 슈퍼마켓에서 우리가 덕발장에서 마신 것과 같은 서봉주를 보고 사려다가 면세점에서 사는 편이 더 나을 것 같아서 안 샀는데 면세점에는 그것이 없었다. 다른 물건도 가격이 슈퍼마켓보다 오히려 더 비싼 듯했다. 중국의 면세점은 슈퍼마켓보다 비싸다고 하는 이야기를 자주 들었는데 여기서 그 사실을 확인하게 되었다. 비행기는 한 시간이나 지연되어 2시가 되어서야 이륙했다. 두 시간 45분이 걸려 한국시각 5시 45분에 인천공항에 착륙했다.

맺음말

하남성 겹현(郟縣)의 삼소원(三蘇園) 안에 있는 동파비림(東坡碑林)
소동파 서거 900주년을 기념하기 위해 유명 서예가 189명이 소동파의 작품 132편을 써서 새긴 것이다.

2002년 8월 11일에 시작된 소동파문학의 창작 현장 답사가 2010년 8월 19일에 끝났다. 일곱 차례에 걸쳐 105일 동안 실시된 답사가 8년 만에 마무리된 것이다. 소동파가 관직생활이나 유배생활을 위해 장기간 거주한 지역을 중심으로 그의 창작 현장을 두루 다 둘러보고 나니 그의 인생역정이 누구보다 고달팠겠다는 느낌이 많이 들었다. 그리고 그가 머물렀던 곳이면 어디나 지금도 그가 아직 살아서 그곳 주민들의 사랑과 존경을 받고 있다는 사실을 알 수 있었다.

먼저, 그는 북송의 서쪽 끝인 미산에서 태어났고, 동쪽 끝인 등주와 북쪽 끝인 정주에서 태수로 재임했으며, 대륙의 남쪽 끝인 혜주와 국토의 최남단인 담주에서 유배생활을 했으니, 넓디넓은 국토를 구석구석 다 돌아다닌 것이다. 이번 답사를 통해 중국이 얼마나 넓은지를 실감할 수 있었다. 그리고 국토의 끝에서 끝으로 돌아다녀야만 했던 소동파의 인생이 파란만장 그 자체였을 것임을 짐작할 수 있었다.

그러나 소동파 인생의 이러한 파란이 결코 인생의 낭비였다고 할 수는 없다. 오히려 파란으로 점철된 그의 인생역정이 그로 하여금 다양한 감정을 경험하게 하고, 다양한 부류의 사람들을 만나게 하고, 각지의 풍토와 풍속과 인정을 맛보게 하고, 백성들의 애환을 가까이에서 들여다 보게 함으로써, 그에게 잠재해 있던 문학적 재능을 촉매로 삼아 다양한 형태의 문학작품으로 승화했다고 할 수 있다. 이러한 인생역정 덕분에 그는 세상을 떠나기 두 달 전에 자신의 초상화를 보면서 지은 시에서 "너의 평생 공적이 무엇이더냐? 황주 · 혜주 · 담주의 유배생활뿐이네"[1]라고 하여 자신이 평생 동안 황주·혜주·담주 등지로 유배 다닌 것밖에 한 일이 없다고 회고한 것과는 달리, 인류사회를 위해 수많은 공적을 남길 수 있었다고 생각된다.

다음으로, 소동파는 아직도 그가 머물렀던 곳 도처에 살아서 숨 쉬고 있었다. 도처에 그가 지은 누대가 있고 제방이 있고 다리가 있었다. 그가 생전에 학문을 강론한 학당과 후세 사람들이 그를 기리기 위해 세운 서원이 있고, 그를 추모하고 기념하기 위해 지은 사당과 기념관이 있었다. 그리고 거기에는 그의 묵적이 전시되어 있거나 작품이 새겨져 있을 뿐만 아니라, 그의 초상화가 걸려 있거나 조각상이 세워져 있기도 했다. 또 그의 성이나 호를 따서 명명한 학교·공원·누대·정자·탑·아파트·도로가 있고 그의 호를 상호(商號)로 삼은 상점이 수없이 많이 있었다. 소동파는 임종하기 직전에 아들들에게 "제발 울고불고 하며 변화하는 것을 슬퍼하지 말아라"[2]라고 하여 자신의 죽음을 존재양식의 변화라고 했거니와, 그는 과연 생전과는 다른 모습으로 그가 머물렀던 곳 도처에 아직도 생생하게 살아 있었다.

그가 이처럼 근 1,000년이 지난 지금까지도 많은 사람에게 존경받고 사랑받는 것은 뭐니뭐니 해도 그의 남다른 백성 사랑과 그것에서 비롯된 선정(善政) 때문일 것이다. 그는 밀주태수로 재임할 때 버려진 영아를 거두어 양육해 주었고, 서주태수로 재임할 때 몸을 아끼지 않고 나서서 제방을 쌓음으로써 서주성이 물바다가 되는 것을 막아 주었다. 황주에 유배되어 있을 때 동파육을 개발하여 백성들의 식생활을 개선해 주었고, 며칠밖에 재임하지 않은 등주에서도 상소문을 올려 그 고

---

1 "問汝平生功業, 黃州惠州儋州."(왕문고본 ≪소식시집≫ 권48 <금산사의 내 초상화를 보고(自題金山畫像)>)

2 "愼無哭泣以怛化."[문연각사고전서본 소철 ≪난성집≫ 후집권22(後集卷二十二) <망형자첨단명묘지명(亡兄子瞻端明墓誌銘>] ≪장자≫ <대종사(大宗師)>에 "변화하는 것을 슬퍼하지 마시오(無怛化)"[문연각사고전서본 곽상(郭象) ≪장자주(莊子注)≫ 권3]라는 말이 있는바, 소동파가 죽음에 대하여 이토록 초연했던 것은 장자의 영향을 받은 것이라고 할 수 있다.

을이 소금전매 규정의 적용대상에서 제외되게 해 주었다. 항주태수로 재임할 때 서호를 준설하여 호수의 범람을 막아 줌은 물론 그곳 농민들이 호수의 수면을 효율적으로 이용하게 해 주기도 했고, 양주태수로 재임할 때 만화회를 폐지하여 화훼 농민들의 수고를 덜어 주고 관리에 의한 수탈을 없애 주었다. 혜주에 유배되어 있을 때 강가에 뒹구는 객사자들의 해골을 수습하여 안장해 주었을 뿐만 아니라 다리를 건설하여 백성들의 안전과 편의를 도모해 주기도 했다. 북방 사람이 살기 힘든 열대지역 담주에 유배되어 있을 때와 유배가 완화되어 북쪽으로 돌아오는 도중 두 달도 채 안 되게 머문 합포에서도 그곳 젊은이들을 가르치고 그곳 백성들에게 중원문화를 보급해 주었다.

소동파는 하루 종일 마셔도 다섯 홉(반 되)이 넘지 않을 정도로 주량이 약했기 때문에 천하에 자기보다 술을 못 마시는 사람이 없을 것이라고 생각했다. 그러나 그는 늘 술을 담가 놓았다가 손님이 오면 대접하기를 좋아했다. 그는 또 늘 약초를 캐어서 모아 두었다가 필요한 사람에게 나누어 주었다. 어떤 사람이 이 사실을 알고 그에게 "선생은 병도 없으면서 약초를 많이 모아 놓고, 마시지도 않으면서 술을 많이 담그는군요. 자신을 수고롭게 하여 남을 위하는 것은 무엇 때문입니까?"[3]라고 하자 소동파가 웃으면서 "병자가 약을 얻으면 내 몸이 가뿐해지고, 술 마신 사람이 얼큰해지면 내 기분이 거나해지니 아마도 전적으로 나를 위해서 그러는 것이겠지요"[4]라고 했다.[5] 그의 다른 사람에 대한 배려와 사랑이 가히 살신성인의 경지였다고 하겠다. 그의 백성 사랑은 바로 이러한 살신성인의 마음가짐에서 비롯되었던 것이다.

맹자(孟子)는 "백성이 가장 귀중하고 사직이 그 다음이며 임금은 중요하지 않

---

3 "子無病而多蓄藥, 不飮而多釀酒. 勞己以爲人, 何也?"

4 "病者得藥, 吾爲之體輕; 飮者困於酒, 吾爲之酣適, 蓋專以自爲也."

5 공범례본 ≪소식문집≫ 권66 <동고자전을 읽고(書東皐子傳後)> 참조.

다"[6]고 하여 백성을 가장 귀중하게 여겼는데 소동파 역시 백성을 지극히 중시했다. 소박(邵博)의 ≪문견후록(聞見後錄)≫에 소동파의 백성 사랑을 여실히 보여 주는 일화가 수록되어 있다.

> 소동파가 양주태수로 있을 때 증민(曾旼)이 주학교수(州學教授)를 그만두고 진주(眞州)를 지나가다가 여혜경(呂惠卿)을 만났다. 여혜경이 "소식(즉 소동파)은 어떤 사람인가?" 하고 묻자 증민이 "총명한 사람입니다" 하고 대답했다. 여혜경이 화가 나서 "요임금의 총명이나 순임금의 총명인가? 위대한 우임금의 총명인가?" 하자 증민이 "비록 세 분의 총명은 아닐지라도 이 역시 총명입니다" 했다. 여혜경이 "소식은 누구를 배웠는가?" 하자 증민이 "맹자를 배웠습니다" 했다. 여혜경이 더욱 화를 내며 일어서서 말하기를 "어째서 말 같지 않은 소리를 하는가?" 하자 증민이 "맹자는 백성을 귀중하게 여기고 사직을 그다음으로 여겼는데 이것이 소공(蘇公)이 맹자를 배웠다는 사실을 알 수 있는 까닭입니다" 하자 여혜경이 입을 다물었다.
>
> 東坡帥揚州, 曾旼罷州學教授, 經眞州見呂惠卿. 惠卿問: "軾何如人?" 旼曰: "聰明人也." 惠卿怒曰: "堯聰明·舜聰明邪? 大禹之聰明邪?" 旼曰: "雖非三者之聰明, 是亦聰明也." 惠卿曰: "軾學何人?" 旼曰: "學孟子." 惠卿益怒, 起立曰: "何言之不倫也?" 旼曰: "孟子以民爲重, 社稷次之, 此所以知蘇公學孟子也." 惠卿默然.[7]

북송 사람 증민(曾旼)이 소동파의 정적(政敵)인 여혜경(呂惠卿)에게 한 말을 통하여 소동파가 백성을 얼마나 사랑하고 중시했는지 알 수 있거니와, 맹자와 맞먹는 그의 애민정신이 그로 하여금 자신이 다스리는 고을의 백성들을 그토록 사랑하게 했을 것이다. 그리고 그것이 다시 그 고을 백성들로 하여금 오늘날까지도 소동파를 경애하게 했을 것이다. 다음의 일화는 백성들이 그를 얼마나 경애했는지를 잘

6 "民爲貴, 社稷次之, 君爲輕."[문연각사고전서본 ≪맹자집주(孟子集註)≫ 권7 <진심장구하(盡心章句下)>]
7 문연각사고전서본 ≪문견후록≫ 권21.

보여 주는 단적인 예다.

> 소흥 2년(1132)에 건주(虔州, 지금의 강서성 贛州) 도적 사달(謝達)이 혜주(惠州)를 함락시켜 민가와 관사를 남김없이 모조리 불태워 버렸는데 유독 소동파의 백학봉(白鶴峰) 옛집만은 남겨두었으며, 또 부하들을 거느리고 육여정(六如亭)을 수리한 뒤 양을 삶아서 제사를 올리고 갔다. 이듬해에 해적 여성(黎盛)이 조주(潮州, 지금의 광동성 조주)를 침범하여 성곽을 모두 무너뜨리고 불을 지르기도 했는데, 오자야(吳子野)가 근래에 살던 집에 이르러 우르르 개원사탑에 올라가서 보고 좌우에 있는 사람들에게 "이것은 소내한(蘇內翰, 한림학사를 역임한 소동파를 가리킴)이 도서를 보관하던 곳이 아니냐?" 하고 묻고는 병사들을 지휘하여 불을 끄고 또 오씨의 세한당도 손질했거니와 부근에 있던 민가 가운데 그 덕분에 불타지 않은 집이 매우 많았다. 두 사람은 모두 극악한 도적인데도 이처럼 소공(蘇公)을 존경할 줄 알았다.
>
> 紹興二年, 虔寇謝達陷惠州, 民居官舍, 焚蕩無遺, 獨留東坡白鶴故居, 并率其徒葺治六如亭, 烹羊致奠而去. 次年海寇黎盛犯潮州, 悉毁城堞, 且縱火, 至吳子野近居, 盛登開元寺塔見之, 問左右曰: "是非蘇内翰藏圖書處否?" 麾兵救之, 復料理吳氏歲寒堂, 民屋附近者賴以不爇甚衆. 兩人皆劇賊而知尊敬蘇公如此.[8]

혜주에 침입하여 그곳을 불바다로 만든 도적이 옛날에 소동파가 살던 집을 건드리지 않음은 물론 그의 시첩(侍妾) 조운(朝雲)의 무덤에 제사까지 올리고 갔는가 하면, 조주에 침입한 해적이 소동파가 도서를 보관한 건물을 보호해 주었다는 이야기다. 도적들조차도 소동파를 이토록 존경했다고 하니 일반 백성들이야 더 말할 필요가 없을 것이다.

소동파가 오늘날까지도 많은 사람들에게 기억되고 추앙받는 또 하나의 요인은

---

8 십만권루총서본(十萬卷樓叢書本) 홍매(洪邁) ≪이견갑지(夷堅甲志)≫ 갑권10(甲卷十) <도적이 동파를 존경하다(盜敬東坡)>.

그가 수많은 명작을 남겼다는 사실일 것이다. 중국인은 물론 전 세계 사람들의 심금을 울리는 명작들이 그로 하여금 오래오래 추앙받게 할 것이다. 이런 그가 자칫하면 일찍이 억울한 죽음을 당할 뻔했다. 그가 만약 오대시안 때 사형에 처해졌다면 지금과 같은 높은 수준의 문학적 성취를 이루지 못했을 것이다. 그랬다면 지금도 창작 현장 여기저기에 새겨져 있을 정도로 독자들의 사랑을 듬뿍 받는 수많은 불후의 명작들이 탄생하지 못했을 것이다.

소동파는 예부시(禮部試)를 치를 때 다음과 같은 답안을 제출하여 구양수・매요신(梅堯臣, 1002-1060) 등의 고시관들을 깜짝 놀라게 한 적이 있었다.

> 요임금 때 고요(皐陶)가 법관이 되었는데 한 사람을 사형에 처할 일이 생겼다. 고요가 "사형에 처해야 합니다"라고 하자 요임금이 "용서하시오"라고 했다. 이런 식으로 고요는 세 번이나 사형에 처해야 한다고 주장하고 요임금은 세 번이나 용서하라고 명했다. 그러므로 천하가 고요의 법 집행이 준엄함을 두려워하고 요임금의 형벌 적용이 관대함을 좋아한다. 사방 제후의 수장들이 말하기를 "곤(鯀)이 쓸 만합니다"라고 하자 요임금이 말하기를 "안 되오. 곤은 명령을 어기고 동족을 해쳤소"라고 했다가 잠시 뒤에 다시 "어디 한번 써 봅시다"라고 했다. 어찌하여 요임금이 고요가 사형에 처해야 한다고 한 말은 듣지 않고 사방의 제후들이 곤을 등용하라고 한 말은 따랐겠는가? 그러니 이런 점을 통해서도 성인의 마음을 대략적으로 엿볼 수 있는 것이다. ≪서경(書經)≫에 이르기를 "죄가 확실하지 않을 때는 가볍게 처벌하시고 공이 미심쩍을 때는 후하게 포상하셨으며, 무고한 사람을 죽이느니 차라리 원칙에서 좀 벗어나셨습니다"라고 했다. 아아! 이것은 더할 나위 없이 훌륭한 말씀이다. 상을 줄 수도 있고 상을 안 줄 수도 있을 때 상을 주는 것은 지나치게 인자한 것이고, 벌을 줄 수도 있고 벌을 안 줄 수도 있을 때 벌을 주는 것은 지나치게 정의로운 것이다. 인자함은 지나쳐도 군자로서 문제가 없지만, 정의로움이 지나치면 그것이 발전하여 잔인한 사람이 된다. 그러므로 인자함은 지나쳐도 되지만 정의로움이 지나쳐서는 안 된다.

當堯之時，皐陶爲士，將殺人．皐陶曰："殺之"三，堯曰："宥之"三．故天下畏皐陶執法之堅，而樂堯用刑之寬．四岳曰："鯀可用．" 堯曰："不可，鯀方命圮族．" 旣而曰："試之．" 何堯之不聽皐陶之殺人，而從四岳之用鯀也? 然則聖人之意，蓋亦可見矣．≪書≫曰："罪疑惟輕，功疑惟重，與其殺不辜，寧失不經．" 嗚呼! 盡之矣．可以賞，可以無賞，賞之過乎仁; 可以罰，可以無罰，罰之過乎義．過乎仁，不失爲君子; 過乎義，則流而入於忍人．故仁可過也，義不可過也.[9]

그가 이 예부시의 답안에서 "죄가 확실하지 않을 때는 가볍게 처벌하시고 공이 미심쩍을 때는 후하게 포상하셨으며, 무고한 사람을 죽이느니 차라리 원칙에서 좀 벗어나셨습니다"라는 ≪서경≫ <대우모(大禹謨)>의 말을 인용하면서 함부로 사형에 처하는 것을 경계한 것이 결과적으로 자신을 위한 사전 변론이 된 셈이다. 그는 자신에게 억울한 죽음이 닥칠지도 모른다는 예감이 들어 미리 경종을 울린 것일까?

소동파에게 만약 정치적 역경이 주어지지 않았다면 우리는 그의 수준 높은 문학적 성취를 향유하기 어려웠을지 모른다. 그러나 그가 만약 오대시안 때 억울한 죽음을 당했다면 우리는 그것을 향유하기가 더욱 어렵게 되었을 것이다. 소동파 문학의 창작 현장 답사는 일찍이 그가 주장한 '사람 함부로 죽이지 말기'의 지당성을 실감하는 계기가 되기도 했다.

---

9 공범례본 ≪소식문집≫ 권2 <성시에서의 처벌과 포상을 지극히 충후하게 함에 관한 논설(省試刑賞忠厚之至論)>.

인용문헌 목록

≪가우집(嘉祐集)≫, 소순(蘇洵), 문연각사고전서본(文淵閣四庫全書本)
≪각소편(却掃編)≫, 서도(徐度), 문연각사고전서본
≪강서고고록(江西考古錄)≫, 왕모(王謨), 건륭문송원각본(乾隆問松園刻本)
≪강서통지(江西通志)≫, 문연각사고전서본
≪거가필용사류전집(居家必用事類全集)≫, 무명씨, 명각본(明刻本)
≪검남시고(劍南詩藁)≫, 육유(陸游), 문연각사고전서본
≪견호집(堅瓠集)≫, 저인확(褚人穫), 강희각본(康熙刻本)
≪고금사문유취(古今事文類聚)≫, 축목(祝穆), 문연각사고전서본
≪고금사통(古今詞統)≫, 탁인월(卓人月), 숭정각본(崇禎刻本)
≪곡유구문(曲洧舊聞≫, 주변(朱弁), 지부족재총서본(知不足齋叢書本)
≪관중금석기(關中金石記)≫, 필원(畢沅), 건륭경훈당각본(乾隆經訓堂刻本)
≪구당서(舊唐書)≫, 유후(劉昫), 문연각사고전서본
≪귀산집(龜山集)≫, 양시(楊時), 문연각사고전서본
≪금고기관(今古奇觀)≫, 포옹노인(抱甕老人), 대남(臺南): 국정서국(國正書局), 1987
≪금석록보(金石錄補)≫, 섭혁포(葉奕苞), 도광24년별하재각본(道光二十四年別下齋刻本)
≪기구속문(耆舊續聞)≫, 진곡(陳鵠), 문연각사고전서본
≪난성유언(欒城遺言)≫, 소주(蘇籀), 월아당총서본(粤雅堂叢書本)
≪난성집(欒城集)≫, 소철(蘇轍), 문연각사고전서본
≪난정고(蘭亭考)≫, 상세창(桑世昌), 문연각사고전서본
≪남사(南史)≫, 이연수(李延壽), 문연각사고전서본
≪남송원화록(南宋院畫錄)≫, 여악(厲鶚), 문연각사고전서본
≪노신전집(魯迅全集)≫, 노신(魯迅), 북경(北京): 인민문학출판사(人民文學出版社), 1982
≪노학암필기(老學庵筆記)≫, 육유(陸游), 문연각사고전서본
≪논어집주(論語集注)≫, 주희(朱熹), 문연각사고전서본
≪담원(談苑)≫, 공평중(孔平仲), 문연각사고전서본

≪당감(唐鑑)≫, 범조우(范祖禹), 문연각사고전서본
≪당송사감상(唐宋詞欣賞)≫, 하승도(夏承燾), 천진(天津): 백화문예출판사(百花文藝出版社), 1981
≪당시품휘(唐詩品彙)≫, 고병(高棅), 문연각사고전서본
≪당오대사(唐五代詞)≫, 임대춘(林大椿)[양가락(楊家駱) 주편(主編), ≪전당오대사휘편(全唐五代詞彙編)≫, 대북(臺北): 세계서국(世界書局), 1971]
≪당음계첨(唐音癸籤)≫, 호진형(胡震亨), 문연각사고전서본
≪당재자전(唐才子傳)≫, 신문방(辛文房), 문연각사고전서본
≪대청일통지(大清一統志)≫, 문연각사고전서본
≪도연명연보(陶淵明年譜)≫, 허일민(許逸民) 교집(校輯), 북경(北京): 중화서국(中華書局), 1986
≪도연명집(陶淵明集)≫, 도연명(陶淵明), 문연각사고전서본
≪독성잡지(獨醒雜志)≫, 증민행(曾敏行), 문연각사고전서본
≪돈황가사총편(敦煌歌辭總編)≫, 임반당(任半塘), 상해(上海): 상해고적출판사(上海古籍出版社), 1987
≪동경몽화록(東京夢華錄)≫, 맹원로(孟元老), 문연각사고전서본
≪동국이상국전집(東國李相國全集)≫, 이규보(李奎報), 서울: 한국민족문화추진회, 1990
≪동파기년록(東坡紀年錄)≫, 부조(傅藻)[왕수조(王水照) 편(編), ≪송인소찬삼소연보휘간(宋人所撰三蘇年譜彙刊)≫, 상해: 상해고적출판사, 1989]
≪동파선생연보(東坡先生年譜)≫, 왕종직(王宗稷)[왕수조 편, ≪송인소찬삼소연보휘간(宋人所撰三蘇年譜彙刊)≫, 상해: 상해고적출판사, 1989
≪동파시집주(東坡詩集註)≫, 왕십붕(王十朋), 문연각사고전서본
≪동파전집≫, 소식(蘇軾), 문연각사고전서본
≪동파지림(東坡志林)≫, 소식(蘇軾), 문연각사고전서본
≪두보시전역(杜甫詩全譯)≫, 한성무(韓成武) · 장지민(張志民), 석가장(石家莊): 하북인민출판사(河北人民出版社), 1997
≪두산백과≫, 두피디아(http://www.doopedia.co.kr)
≪두시상주(杜詩詳註)≫, 구조오(仇兆鰲), 문연각사고전서본
≪만수당인절구(萬首唐人絕句)≫, 홍매(洪邁), 문연각사고전서본
≪맹자집주(孟子集注)≫, 주희(朱熹), 문연각사고전서본
≪맹호연집(孟浩然集)≫, 맹호연(孟浩然), 문연각사고전서본
≪명일통지(明一統志)≫, 이현(李賢), 문연각사고전서본
≪몽계필담(夢溪筆談)≫, 심괄(沈括), 문연각사고전서본
≪몽량록(夢粱錄)≫, 오자목(吳自牧), 문연각사고전서본
≪묵자(墨子)≫, 묵적(墨翟), 문연각사고전서본

≪묵장만록(墨莊漫錄)≫, 장방기(張邦基), 문연각사고전서본
≪문견후록(聞見後錄)≫, 소박(邵博), 문연각사고전서본
≪문슬신화(捫蝨新話)≫, 진선(陳善), 민국교각유학경오본(民國校刻儒學警悟本)
≪문장변체휘선(文章辨體彙選)≫, 하복징(賀復徵), 문연각사고전서본
≪문충집(文忠集)≫, 구양수(歐陽修), 문연각사고전서본
≪문충집(文忠集)≫, 주필대(周必大), 문연각사고전서본
≪민간전설고사(民間傳說故事)≫, 임열(任列), 미산(眉山): 동파시사(東坡詩社), 2001
≪박물지(博物志)≫, 장화(張華), 문연각사고전서본
≪박택편(泊宅編)≫, 방작(方勺), 문연각사고전서본
≪백도백과(百度百科≫, http://baike.baidu.com
≪백범일지≫, 도진순 주해, 파주: 돌베개, 2007
≪백씨장경집(白氏長慶集)≫, 백거이(白居易), 문연각사고전서본
≪봉상동호(鳳翔東湖)≫, 중국인민정치협상회의(中國人民政治協商會議) 섬서성봉상현위원회(陝西省鳳翔縣委員會) 문사자료연구위원회(文史資料研究委員會), 1987
≪사기(史記)≫, 사마천(司馬遷), 문연각사고전서본
≪사종(詞綜)≫, 주이준(朱彝尊), 문연각사고전서본
≪사품(詞品)≫, 양신(楊愼), 명각본(明刻本)
≪산곡집(山谷集)≫, 황정견(黃庭堅), 문연각사고전서본
≪삼국연의(三國演義)≫, 나관중(羅貫中), 가정원년각본(嘉靖元年刻本)
≪삼국지(三國志)≫, 진수(陳壽), 문연각사고전서본
≪삼소생평간개(三蘇生平簡介)≫, 중소(重蘇), 미산(眉山): 내부자료(內部資料), 2002
≪삼소의 재질과 위인(三蘇的成才與爲人)≫, 팽택량(彭澤良), 성도(成都): 서남교통대학출판사(西南交通大學出版社), 1996
≪서경잡기(西京雜記)≫, 유흠(劉歆), 문연각사고전서본
≪서주부지(徐州府志)≫, 유상(劉庠), 동치13년각본(同治十三年刻本)
≪석호시집(石湖詩集)≫, 범성대(范成大), 문연각사고전서본
≪선화봉사고려도경(宣和奉使高麗圖經)≫, 서긍(徐兢), 문연각사고전서본
≪섬서통지(陝西通志)≫, 문연각사고전서본
≪성세항언(醒世恒言)≫, 풍몽룡(馮夢龍), 천계섭경지간본(天啓葉敬池刊本)
≪성의백문집(誠意伯文集)≫, 유기(劉基), 사부총간영명본(四部叢刊景明本)
≪소동파가 개발한 요리와 간식(東坡菜與東坡小吃)≫, 정영회(丁永淮), 북경: 중국부녀출판사(中國婦女出版社), 1993
≪소동파사(蘇東坡詞)≫, 조수명(曹樹銘), 대북: 대만상무인서관(臺灣商務印書館), 1984

≪소동파신전(蘇東坡新傳)≫, 이일빙(李一冰), 대북: 연경출판사업공사(聯經出版社業公司), 1985
≪소동파전시집(蘇東坡全詩集)≫, 암수헌덕(岩垂憲德) 외, 동경(東京): 일본도서(日本圖書), 1978
≪소문충공시편주집성총안(蘇文忠公詩編注集成總案)≫, 왕문고(王文誥), 성도(成都): 파촉서사(巴蜀書社), 1985
≪소시보주(蘇詩補註)≫, 사신행(查愼行), 대북: 신문풍출판사(新文豊出版社), 1979
≪소식문집(蘇軾文集)≫, 공범례(孔凡禮) 점교(點校), 북경: 중화서국, 1990
≪소식사편년교주(蘇軾詞編年校註)≫, 추동경(鄒同慶)·왕종당(王宗堂), 북경: 중화서국, 2002
≪소식선집(蘇軾選集)≫, 왕수조(王水照), 상해: 상해고적출판사, 1984
≪소식시(蘇軾詩)≫, 엄기징(嚴旣澄), 대북: 대만상무인서관, 1986
≪소식시집(蘇軾詩集)≫, 왕문고(王文誥) 집주(輯註)/공범례(孔凡禮) 점교(點校), 북경: 중화서국, 1982
≪속자치통감장편(續資治通鑑長編)≫, 이도(李燾), 문연각사고전서본
≪송사(宋史)≫, 탁극탁(托克托), 문연각사고전서본
≪송시기사(宋詩紀事)≫, 여악(厲鶚), 문연각사고전서본
≪수옥사(漱玉詞)≫, 이청조(李淸照), 문연각사고전서본
≪수원시화(隨園詩話)≫, 원매(袁枚), 건륭14년각본(乾隆十四年刻本)
≪승암집(升菴集)≫, 양신(楊愼), 문연각사고전서본
≪시인옥설(詩人玉屑)≫, 위경지(魏慶之), 문연각사고전서본
≪시주소시(施注蘇詩)≫, 시원지(施元之), 대북: 광문서국(廣文書局), 1981
≪시화총귀(詩話總龜)≫, 완열(阮閱), 문연각사고전서본
≪악부시집(樂府詩集)≫, 곽무천(郭茂倩), 문연각사고전서본
≪야어(野語)≫, 정대암(程大萛), 도광25년증수본(道光二十五年增修本)
≪양태진외전(楊太眞外傳)≫, 악사(樂史), 고씨문방소설본(顧氏文房小說本)
≪어선당시(御選唐詩)≫, 문연각사고전서본
≪어선역대시여(御選歷代詩餘)≫, 왕혁청(王奕清), 문연각사고전서본
≪어은총화(漁隱叢話)≫, 호자(胡仔), 문연각사고전서본
≪어정전당시(御定全唐詩)≫, 문연각사고전서본
≪여산기(廬山記)≫, 진순유(陳舜俞), 문연각사고전서본
≪역대시여(歷代詩餘)≫, 심진원(沈辰垣), 문연각사고전서본
≪역대시화(歷代詩話)≫, 오경욱(吳景旭), 문연각사고전서본
≪열선전(列仙傳)≫, 유향(劉向), 문연각사고전서본
≪영규율수(瀛奎律髓)≫, 방회(方回), 문연각사고전서본
≪오지기(吳地記)≫, 육광미(陸廣微), 문연각사고전서본

≪옹록(雍錄)≫, 정대창(程大昌), 문연각사고전서본
≪왕사마집(王司馬集)≫, 왕건(王建), 문연각사고전서본
≪요산당외기(堯山堂外紀)≫, 장일규(蔣一葵), 명각본(明刻本)
≪용재수필(容齋隨筆)≫, 홍매(洪邁), 문연각사고전서본
≪운록만초(雲麓漫抄)≫, 조언위(趙彦衞), 문연각사고전서본
≪운어양추(韻語陽秋)≫, 갈입방(葛立方), 문연각사고전서본
≪위남문집(渭南文集)≫, 육유(陸游), 문연각사고전서본
≪위키백과(維基百科)≫, 중국어판(http://zh.wikipedia.org)
≪위키백과≫, 한국어판(http://ko.wikipedia.org)
≪유빈객문집(劉賓客文集)≫, 유우석(劉禹錫), 문연각사고전서본
≪육유시사상석집(陸游詩詞賞析集)≫, 육견(陸堅), 성도(成都): 파촉서사(巴蜀書社), 1990
≪율곡선생전서(栗谷先生全書)≫, 이이(李珥), 한국고전번역원 한국고전종합DB
≪이견갑지(夷堅甲志)≫, 홍매(洪邁), 십만권루총서본(十萬卷樓叢書本)
≪이백시가감상(李白詩歌鑑賞)≫, 곽송림(霍松林) 외, 상해: 상해교육출판사(上海教育出版社), 1989
≪이의산시집주(李義山詩集注)≫, 주학령(朱鶴齡), 문연각사고전서본
≪이태백문집(李太白文集)≫, 이백(李白), 문연각사고전서본
≪이태백집주(李太白集注)≫, 왕기(王琦), 문연각사고전서본
≪일본국지(日本國志)≫, 황준헌(黃遵憲), 광서각본(光緒刻本)
≪임천문집(臨川文集)≫, 왕안석(王安石), 문연각사고전서본
≪장자주(莊子注)≫, 곽상(郭象), 문연각사고전서본
≪재조집(才調集)≫, 위곡(韋縠), 문연각사고전서본
≪전당오대사(全唐五代詞)≫, 장장(張璋)·황여(黃畬), 상해: 상해고적출판사, 1986
≪정화록(精華錄)≫, 왕사정(王士禎), 문연각사고전서본
≪제동야어(齊東野語)≫, 주밀(周密), 문연각사고전서본
≪조림잡조(棗林雜俎)≫, 담천(談遷), 청초본(清鈔本)
≪조선왕조실록(朝鮮王朝實錄)≫, 한국고전번역원 한국고전종합DB
≪종공록(從公錄)≫, 대조진(戴肇辰), 대씨잡저본(戴氏雜著本)
≪종교학대사전≫, 한국사전연구사, 1998
≪주역정강성주(周易鄭康成注)≫, 왕응린(王應麟), 문연각사고전서본
≪주원공집(周元公集)≫, 주돈이(周敦頤), 문연각사고전서본
≪주자어류(朱子語類)≫, 주희(朱熹), 문연각사고전서본
≪죽파시화(竹坡詩話)≫, 주자지(周紫芝), 문연각사고전서본

≪중국고전시사지명사전(中國古典詩詞地名辭典)≫, 위숭산(魏嵩山), 남창(南昌): 강서교육출판사(江西教育出版社), 1989
≪중국역사지명대사전(中國歷史地名大辭典)≫, 위숭산(魏嵩山), 광주(廣州): 광동교육출판사(廣東教育出版社), 1995
≪진서(晉書)≫, 방현령(房玄齡), 문연각사고전서본
≪창랑시화(滄浪詩話)≫, 엄우(嚴羽), 문연각사고전서본
≪채보대전(菜譜大全)≫, 중국흘망(中國吃網, http://www.6eat.com)
≪천중기(天中記)≫, 진요문(陳耀文), 문연각사고전서본
≪청구풍아(青丘風雅)≫, 김종직(金宗直), 서울: 아세아문화사, 1980
≪청속문헌통고(淸續文獻通考)≫, 유금조(劉錦藻), 영십통본(景十通本)
≪춘저기문(春渚紀聞)≫, 하원(何薳), 문연각사고전서본
≪취옹의 세계(醉翁的世界)≫, 홍본건(洪本健), 정주(鄭州): 중주고적출판사(中州古籍出版社), 1990
≪폭서정집(曝書亭集)≫, 주이준(朱彝尊), 문연각사고전서본
≪피서록화(避暑錄話)≫, 섭몽득(葉夢得), 문연각사고전서본
≪하남통지(河南通志)≫, 문연각사고전서본
≪학림옥로(鶴林玉露≫, 나대경(羅大經), 문연각사고전서본
≪학림집(鶴林集)≫, 오영(吳泳), 문연각사고전서본
≪한국고대인명사전≫, 장세경, 서울: 역락, 2007
≪한국민족문화대백과사전≫, 성남: 한국정신문화연구원, 1988
≪한국사대사전≫, 변태섭・강우철, 서울: 교학사, 2013
≪한국역사인물사전≫, 신규호, 서울: 석필, 1998
≪한서(漢書)≫, 반고(班固), 문연각사고전서본
≪한어대사전(漢語大詞典)≫, 상해: 한어대사전출판사(漢語大詞典出版社), 1986
≪함순임안지(咸淳臨安志)≫, 잠열우(潛說友), 문연각사고전서본
≪항주여유지남(杭州旅游指南)≫, 전균(錢鈞)・장효파(蔣曉波)・주수춘(周秀春), 항주(杭州): 절강인민출판사(浙江人民出版社), 1996
≪호광통지(湖廣通志)≫, 문연각사고전서본
≪호남통지(湖南通志)≫, 증국전(曾國荃), 광서11년각본(光緒十一年刻本)
≪화암사선(花菴詞選)≫, 황승(黃昇), 문연각사고전서본
≪회암집(晦庵集≫, 주희(朱熹), 문연각사고전서본
≪회해사(淮海詞)≫, 진관(秦觀), 문연각사고전서본
≪회해집(淮海集)≫, 진관(秦觀), 문연각사고전서본
≪후촌시화(後村詩話)≫, 유극장(劉克莊), 문연각사고전서본

≪후촌집(後村集)≫, 유극장(劉克莊), 문연각사고전서본

≪후한서(後漢書)≫, 범엽(范曄), 문연각사고전서본

＜구천의 '와신상담'에 관한 변론(勾踐'臥薪嘗膽'辨)＞, 창효매(倉曉梅)[절강성사회과학원(浙江省社會科學院), ≪절강학보(浙江學報)≫ 1991년 제1기]

＜김구 선생 친필＞, 김일근(1979년 7월 21일자 동아일보 ＜청론탁설＞)

＜낙유원 인문경관의 한대부터 당대까지의 변화(樂遊原人文景觀從漢到唐的變化)＞, 양문수(楊文秀)[섬서성문물국(陝西省文物局), ≪문박(文博)≫ 2005년 제5기]

＜눈밭을 밟다(踏雪)＞, 휴정(休靜)/고영섭(高榮燮) 역주(한국불교사연구소, ≪문학/사학/철학≫ 창간준비 5호, 2006)

＜당나라 때의 유명한 연회(唐代名宴)＞, 공윤상(孔潤常)[산서성위노간부국(山西省委老幹部局), ≪산서노년(山西老年)≫ 2014년 제6기]

＜복주에서의 식생활과 남녀 관계(飮食男女在福州)＞, 욱달부(郁達夫)[중국문화보사(中國文化報社), ≪문화월간(文化月刊)≫ 2008년 11기]

＜소공과 양공의 '염천야화'(蘇・陽二公的'廉泉夜話')＞, 증쟁(曾崢)[중국통속문예연구회(中國通俗文藝硏究會), ≪신주(神州)≫ 2004년 제3기, 2004.3.]

＜소식이 북쪽으로 돌아갈 때 매령을 넘으며 지은 시에 대한 비평과 분석(蘇軾北歸度梅嶺詩評析)＞, 왕조안(王朝安)・왕집문(王集門)[해남대학(海南大學), ≪해남대학학보(海南大學學報) 사회과학판(社會科學版)≫ 1985년 제2기]

＜소식채보(素食菜譜): 동파병(東坡餠)＞, 봉황망(鳳凰網, http://www.ifeng.com)

＜안국사와 동파병(安國寺與東坡餠)＞, 중국경제망(中國經濟網, http://www.ce.cn)

＜야설(野雪)＞, 안대회(2013년 2월 19일자 조선일보 ＜가슴으로 읽는 한시＞)

＜일본의 양귀비묘(日本的楊貴妃墓)＞, 오정지(吳正芝)[산서성과학기술협회(山西省科學技術協會), ≪과학지우(科學之友)≫ 2010년 제8기]

＜지금도 얘기되는 천고의 야화(千古夜話說到今)＞, 주건화(周建華)[낙산사범학원(樂山師範學院), ≪낙산사범학원학보(樂山師範學院學報)≫ 제18권 제2기, 2003.4.]

＜천하제일천(天下第一泉)＞, 요요전(廖耀前)[강서성사회과학원(江西省社會科學院), ≪농업고고(農業考古)≫ 2000년 제2기]

＜화순 물염정(勿染亭)과 적벽문화(赤壁文化)＞, 권수용(호남사학회, ≪역사학연구≫ 제44집, 2011)

[부록 1] 소동파의 인생 역정

소동파(蘇東坡, 1036-1101)는 본명이 식(軾)이고 자(字)가 자첨(子瞻)이며 호가 동파거사(東坡居士)인데 우리나라에서는 주로 그의 호를 사용한다. 그는 미주(眉州) 미산현(眉山縣, 지금의 사천성 미산시)에서 소순(蘇洵, 1009-1066)의 아들로 태어났다. 그와 부친 및 동생 소철(蘇轍, 1039-1112)이 모두 당송팔대가(唐宋八大家)의 일원으로 꼽힐 정도로 뛰어난 문장가였기 때문에 이들 삼부자를 흔히 삼소라고 부른다.

소동파는 여덟 살 때 향교에 입학했는데 약 100명의 아동 중에서 가장 뛰어났음은 물론 2등인 아동도 그와 비교가 안 되었을 만큼 특출한 재능을 드러냈다. 그는 재주가 뛰어났을 뿐만 아니라 패기도 남달랐다. 하루는 도성에서 온 한 선비가 석개(石介)의 <경력성덕시(慶曆聖德詩)>를 가져와서 향교 선생에게 보여 주었는데, 소동파가 옆에서 슬쩍 기웃거려 보고는 시에서 칭송한 열한 명이 어떤 사람이냐고 여쭈었다. "어린아이가 그것은 알아서 무엇 하느냐?"는 향교 선생의 꾸지람에 "이분들은 하늘나라에 사는 분들입니까? 그렇다면 제가 감히 여쭈어 볼 수 없겠지만, 만약에 이분들 역시 보통 사람이라면 무엇 때문에 안 됩니까?"라고 대꾸하여 향교 선생을 놀라게 했다.

소동파는 열 살 때 향교를 그만두고 2년 동안 모친의 가르침을 받았는데, 하루는 후한(後漢) 사람 범방(范滂)이 누명을 쓰고 사형에 처해지게 되었을 때 도망갈 기회가 있었음에도 불구하고 어머니의 가르침에 따라 당당한 죽음의 길을 선택했다는 얘기를 듣고 "제가 만약 범방이 된다면 어머니께서는 허락하시겠습니까?" 하고 물음으로써 어머니를 놀라게 한 적이 있었다. 이때 그의 어머니는 "네가 만약 범방이 된다면 난들 어찌 범방의 어머니가 못 되겠느냐?" 하고 대답했다. 이 일은 그의 가슴에 매우 깊이 각인되었던 듯 그는 평생 불의와 타협할 줄 몰랐고, 그 바람에 정적들의 미움을 사 일생의 대부분을 지방관 생활과 유배생활로 보내야 했다.

소동파가 열두 살 되던 해 5월에 할아버지가 세상을 떠남으로써 과거시험에 낙방한 후 각지를 떠돌아다니던 부친이 집으로 돌아왔다. 이때부터 소동파는 동생과 함께 본격적으로 엄격한 부친의 가르침을 받기 시작했다.

소동파는 열아홉 살 때 이웃 고을 청신(青神)에 사는 왕방(王方)이라는 선비의 딸 왕불(王弗, 1039-1065)을 아내로 맞이했다. 이때 환어지라는 연못이 두 사람을 이어 주는 데 중요한 역할을 했거니와, 지금도 민강(岷江) 가의 중암산(中岩山) 계곡에 그때 그가 썼다는 '환어지(喚魚池)'라는 글씨가 바위에 새겨져 있다.

소동파는 스물한 살 때 동생과 함께 부친을 따라 육로로 북상하여 사천 지방과 섬서 지방 사이에 가로놓여 있는 높고 험한 산과 계곡을 지나 온갖 고생을 다 겪은 끝에 개봉(開封)으로 가서 스물두 살 되던 해 3월에 진사시험에 급제했다. 그는 이때 작성한 답안 <성시에서의 처벌과 포상을 지극히 충후하게 함에 관한 논설(省試刑賞忠厚之至論)>에서 "인자함은 지나쳐도 군자로서 문제가 없지만 정의로움이 지나치면 그것이 발전하여 잔인한 사람이 된다. 그러므로 인자함은 지나쳐도 되지만 정의로움이 지나쳐서는 안 된다(過乎仁, 不失爲君子; 過乎義, 則流而入於忍人. 故仁可過也, 義不可過也)"라는 논리를 전개했다. 이는 바로 요즘 한창 거론되고 있는 사형제도폐지론과 맥락을 같이하는 주장이다. 당시 문단의 영수로서 과거시험을 주관한 구양수(歐陽修, 1007-1072)가 이 답안을 보고 "나는 이제 이 사람에게 자리를 내주지 않을 수 없소(吾當避此人出一頭地)"(문연각사고전서본 ≪송사)≫ 권338 <소식전>)라며 그의 문장력을 극구 칭찬했다. 가히 소동파의 문장력을 짐작케 하는 일화다.

진사과에 급제하자마자 모친이 세상을 떠나는 바람에 소동파 형제는 부친을 모시고 고향으로 돌아가 삼년상을 치렀다.

스물네 살에 모친의 삼년상을 마친 소동파는 그해 10월에 다시 부친 및 동생과 함께 개봉으로 들어갔다. 이번에는 지난번과 달리 민강(岷江)에서 배를 타고 남쪽으로 내려가 장강(長江)을 따라 형주(荊州)까지 가서 거기서부터 육로를 통하여 개봉으로 들어갔다. 이때 삼부자는 긴 여행의 무료함을 달래기 위해 함께 시도 짓고 부(賦)도 지었다. 이때 지은 시부를 모아서 ≪남행집(南行集)≫을 만들었는데, 이 책은 지금 전해지지 않고 여기에 수록되었던 작품들 가운데 일부가 세 사람의 문집에 산재해 있다.

스물여섯 살 되던 해 8월에 소동파는 특출한 인재를 발굴하기 위해 황제가 특명을 내려

친히 시행하는 특별 시험으로 대신의 추천을 받아야 응시할 수 있는 제과(制科)에 응시하여 최고의 성적으로 합격했다. 그 덕분에 그는 일반인보다 상당히 유리한 위치에서 관직생활을 시작했다. 이해에 소씨 일가는 개봉성 의추문(宜秋門) 부근에 있는 집을 한 채 샀다. 비록 조그마하기는 해도 홰나무 · 버드나무 · 대나무 · 측백나무 · 포도나무 · 석류나무 · 갈대 · 원추리 · 해바라기 · 나팔꽃 등이 제각기 적재적소에 서 있고, 게다가 소순이 마당 앞에 작은 연못을 하나 파고 거기에 고향에서 가지고 온 목가산(木假山)도 안치해 놓았다. 목가산이란 소순이 고향에 있을 때 강물 위에 떠다니는 것을 주워서 고향집 마당에 관상용으로 놓아두었던 세 개의 산봉우리 모양을 한 고목의 그루터기다. 소순은 이것을 하도 좋아하여 <목가산기(木假山記)>라는 문장을 지었음은 물론 개봉으로 갈 때 그 먼 곳까지 옮겨 가기까지 한 것이다. 그의 두 아들도 이 목가산에 대한 애착이 대단하여 소철이 <목가산에 물을 대며(木山引水)>라는 시를 두 수 지었고, 소동파도 동생의 이 시에 화답하여 <목가산에 물을 끌어댄 일을 노래한 자유의 시에 화답하여(和子由木山引水)>를 두 수 지었다. 목가산은 말하자면 그 당시 소씨 집안의 보물 제1호였던 셈이다.

이해 12월에 소동파는 첫 관직인 봉상부첨판(鳳翔府簽判)으로 부임했다. 봉상에서 근무하는 동안 그는 태수를 도와 동호(東湖)라는 호수도 만들고 희우정과 능허대도 세워 <희우정기(喜雨亭記)> · <능허대기(凌虛臺記)>와 같은 유명한 문장을 지었다. 그리고 공무출장이나 개인적인 유람을 통해 봉상 주변에 있는 명승고적도 두루 탐방했다.

봉상에서 3년 동안 근무하고 스물아홉 살 되던 해 12월에 봉상을 떠나 서른 살 되던 해 1월에 개봉으로 돌아가 조정에서 판등문고원(判登聞鼓院)을 지냈다. 이 무렵 소동파에게는 불행이 겹쳐 서른 살에 부인을 잃고 서른한 살에는 부친을 여의었다. 그는 다시 고향으로 가서 부친의 삼년상을 지냈다.

서른세 살 되던 해 7월에 부친의 삼년상을 마친 그는 그해 10월에 첫 번째 부인의 사촌누이인 왕윤지(王閏之, 1048-1093)와 재혼하고 육로를 이용하여 또다시 귀경길에 올랐다. 이것이 고향과의 영원한 이별이었다.

조정으로 돌아가서 판관고원겸판상서사부(判官告院兼判尙書祠部) · 개봉부추관(開封府推官) 등의 관직을 맡고 있던 소동파는 왕안석(王安石)을 비롯한 신법파 인사들과의 정쟁을 피하기 위해 서른여섯 살 때 자청하여 항주통판(杭州通判)으로 나가 버렸다. 항주(지금의 절강성 항주)에 있는 동안 그는 서호 및 그 일대의 절과 명승지를 유람하며 많은 시를 지었다. 이 시기에 그는 또 왕조운(王朝雲, 1063-1096)을 시첩(侍妾)으로 맞아들였다. 겨우 열두 살박에 안 된 조운은 오랫동안 소동파의 인품을 흠모해 온 착하고 총명한 항주 소녀였다. 그 뒤로 그녀는 한시도 소동파의 곁을 떠나지 않고 22년 동안 고락을 함께했다.

서른아홉 살 때 밀주(密州, 지금의 산동성 諸城)태수로 부임했다. 밀주에 있는 동안 그는 그곳에 있는 오래된 누대를 수리하여 초연대라는 새 누대로 만들었다. 누대의 이름은, 자기 형 소동파가 세속적인 물질세계에 대해 지극히 초연하기 때문에 어떠한 환경에 처하더라도 즐겁게 지낼 수 있다고 생각하여 동생 소철이 지은 것이다. 소동파 자신도 <초연대기(超然臺記)>라는 문장에서 동생의 이러한 견해에 동의하는 말을 했다.

마흔두 살 때는 서주(徐州, 지금의 강소성 서주)태수로 부임했다. 서주태수로 부임하자마자 황하의 둑이 터져 그 물이 빠른 속도로 서주를 향해 밀려오고 있는지라 도망가려는 유지들을 설득하고 장정들을 동원하여 직접 감독해 가며 공사를 추진한 결과 마침내 서주가 홍수에 잠기는 것을 막아냈다. 조정에서 이 일을 치하하여 내려 준 상금으로 황루(黃樓)라는 누각을 지었다.

마흔네 살 때는 호주(湖州, 지금의 절강성 호주)태수로 부임했는데, 부임한 지 석 달 만에 신법파의 신진인사들이 소동파의 시 가운데 왜곡할 수 있는 것을 다 들추어내어 그가 황제를 모독하고 조정을 비난했다며 누명을 씌워 어사대 감옥에 투옥시키는 이른바 오대시안(烏臺詩案)이라는 필화사건이 일어났다. '오대'란 한나라 때 까마귀가 많이 서식한 어사대의 별명이니 오대시안이란 어사대에서 일으킨 시로 인한 공안사건(公案事件)이라는 뜻이다. 이 사건으로 소동파는 사형에 처해지기 직전까지 갔다가 동생과 여러 대신들의 변호에 힘입어 간신히 사형을 면하고 마흔다섯 살 되던 해 정월 초하룻날 황주(黃州, 지금의 호북성 黃岡市 黃州區)로의 유뱃길에 올라 2월 1일에 도착했다.

황주로 유배된 직후 소동파는 상당히 의기소침해 있었다. 그러나 오래지 않아 이를 극복하고 유배생활을 한 4년 내내 대체로 초연한 태도를 견지했다. 세속적인 일에 대하여 초연할 수 있게 하는 불가적(佛家的) 가치관과 도가적(道家的) 가치관 덕분이었다. 이 4년은 절정에 달한 균형상실의 심리상태를 철학적으로 해소하고 문학적으로 승화시킨 시기로서 그의 사상이 한층 원숙해진 시기였고 문학활동이 가장 왕성한 시기였다고 할 수 있다. 만인이 주지하는 <적벽부(赤壁賦)>·<염노교—적벽회고—> 등의 많은 걸작이 이 시기에 지어졌으며, 친구의 도움으로 얻은 옛날의 군사 주둔지를 개간하여 동파(東坡)라 명명하고 동파거사(東坡居士)라는 자호(自號)를 지은 것도 이때의 일이었다. 그리고 소동파가 개발한 동파육(東坡肉)이라는 돼지고기 요리도 황주에 있을 때 개발한 것이다.

황주에서 4년 넘게 유배생활을 한 소동파는 마흔아홉 살 되던 해에 유배지를 여주(汝州, 지금의 하남성 여주)로 옮기게 되어 이동해 가는 도중에 상주(常州) 의흥(宜興)에서 거주해도 좋다는 윤허를 받아 그곳에 집과 농지를 사서 은거를 시작했다. 그러나 그의 은거생활은 며칠 만에 끝났다.

신법을 추진하던 신종이 세상을 떠나고 철종이 즉위하자 어린 철종을 대신하여 영종의 황후이자 철종의 할머니인 선인태후가 섭정하게 되었는데, 선인태후가 신법파 인사들을 조정에서 몰아내고 구법파 인사들을 불러들이는 바람에 소동파에게도 사면과 복권의 은택이 내려졌다. 선인태후는 특히 소동파를 총애했기 때문에 당장 그를 조정으로 불러들이고 싶었지만 당시의 관례에 의하면 중죄인이었던 사람을 한꺼번에 조정으로 불러들일 수 없게 되어 있었기 때문에 일단 등주(登州, 지금의 산동성 蓬萊)태수로 임명했다.

쉰 살 되던 해 6월에 의흥을 떠나 다시 길을 떠난 소동파는 그해 10월에 등주에 도착했다. 그리고 등주에 도착한 지 5일 만에 다시 조정으로 들어오라는 어명을 받았다. 등주로 부임해 오는 사이에 그는 이미 예부낭중(禮部郎中)으로 임명되어 있었던 것이다. 이로써 그는 항주통판으로 나간 이후 지방관 생활과 유배생활을 계속하다가 15년 만에 다시 조정으로 들어가게 되었다.

그러나 즉시 조정으로 들어오라는 어명을 받고 그는 오히려 좀 당황스러웠다. 등주에 온 김에 그 지방 명물인 신기루를 꼭 한번 보고 싶었기 때문이다. 그곳 노인들의 말에 의하면 등주의 신기루는 주로 봄에서 여름 사이에 나타난다는데, 그때는 벌써 음력 10월 중순으로 초겨울이었으니 아무래도 꿈을 접을 수밖에 없을 것만 같았다. 그래도 그는 혹시나 하는 마음으로 바다의 신인 광덕왕(廣德王)의 사당에 가서 기도를 올려보았다. 별로 기대를 하지 않고 다급한 김에 한번 시도해 본 것인데 소동파의 정성에 감동한 것인지 그 이튿날 과연 신기루가 나타났다. 그는 즉시 <신기루(海市詩)>라는 장편시를 지어 그때의 감개를 토로했다.

그해 12월에 조정으로 돌아가 예부낭중에 취임한 그는 초고속으로 승진을 계속하여 예부낭중에 취임한 지 반달 만에 기거사인(起居舍人)이 되고 그로부터 석 달 뒤인 쉰한 살 되던 해 3월에는 중서사인(中書舍人)이 되었다. 소동파의 고속 승진은 거기서도 멈추지 않아 그로부터 5개월 뒤에 또 한림학사지제고(翰林學士知制誥)에 임명되어 2년 반 동안 재임했다. 이 몇 년은 그의 정치 생애에 있어서 가장 득의한 시기였다고 할 수 있다.

온건한 성향을 지닌 선인태후는 신법파 인사들을 조정에서 몰아내고 사마광(司馬光, 1019-1086)을 비롯한 구법파 인사들을 불러들였다. 재상이 된 사마광은 신법파가 제정한 신법을 모조리 폐지하려고 했는데, 합리적인 사고의 소유자로서 파당의 이익보다는 국가의 안위와 백성의 이익을 우선시한 소동파는 신법 중에서도 가치가 있는 것은 존속시켜야 한다고 강력하게 주장하다가 사마광과의 사이에 심한 의견충돌을 일으켰다. 이리하여 그는 여러 차례 주청한 끝에 다시 항주태수로 나갔다. 쉰네 살 때의 일이었다.

항주태수로 재임할 때 그는 서호를 준설했는데 이때 생긴 진흙을 서호의 서쪽에 길게 쌓음으로써 새로운 제방이 생겼다. '소제(蘇堤)'라는 이름의 이 제방은 주민들의 통행을 편리하게 해 줌은 물론 아름다운 경관도 제공하여 '소제춘효(蘇堤春曉)'가 서호십경(西湖十景)의 하나로 꼽히게 되었다.

쉰여섯 살에 그는 1년 반 정도의 항주태수 생활을 끝내고 다시 조정으로 들어가 한림학사승지(翰林學士承旨)를 맡았다. 그러나 석 달 만에 다시 영주(潁州, 지금의 안휘성 阜陽)태수로 나갔다가 쉰일곱 살 때 양주(揚州, 지금의 강소성 양주)태수로 옮겼다.

양주태수로 옮긴 지 약 반년 만인 쉰일곱 살 되던 해 9월부터 이듬해 8월까지 약 1년 동안 병부상서(兵部尙書)와 예부상서(禮部尙書)를 역임하고 다시 지방관을 자청하여 쉰여덟 살 때에는 정주(定州, 지금의 하북성 정주)태수로 나갔다.

쉰아홉 살 되던 해에 철종의 친정으로 인하여 신법파가 다시 조정을 장악하게 되자 진사급제 동기로 재상이 된 장돈(章惇, 1035-1105)이 소동파를 멀리 혜주(惠州, 지금의 광동성 혜주)로 유배 보냈다. 혜주는 장독(瘴毒)이 기승을 부리는 아열대지방으로 북쪽 사람은 지내기 힘든 곳이었다. 그러나 소동파는 사면을 받아 다시 북쪽으로 돌아갈 가망이 없다고 판단하고 백학봉이라는 나지막한 봉우리에 아예 자기 집까지 하나 지어 놓고 느긋하게 살았다.

혜주에서 2년 반 동안 아무렇지도 않은 듯이 태연하게 지내는 소동파를 보고 약이 오른

장돈 일당이 그를 담주(儋州, 지금의 해남성 담주시 中和)까지 보내 버렸다. 혜주가 중국 대륙의 최남단이라면 담주는 중국 대륙에서 멀리 떨어진 열대 섬 지방으로 전 국토의 최남단이다. 혜주에서 담주로 옮겨 가는 도중에 소동파는 뇌주(雷州, 지금의 광동성 뇌주)로 유배 가는 중이던 동생을 만나 함께 가다가 뇌주반도 남단의 서문(徐聞)에서 작별했다. 이것이 그들 형제의 영원한 이별이었다.

예순두 살의 고령으로 담주에 도착한 그는 혜주보다 훨씬 심한 장독 속에서도 특유의 낙천주의 정신으로 무난히 유배생활을 견뎌 냈다. 담주에서 지낸 근 3년 동안 그는 그곳 젊은이들에게 학문을 가르치고 그곳 주민들에게 중원문화를 전수했다. 이 때문에 그는 지금도 해남도 주민들에게 중원문화를 전수해 준 은인으로 추앙받고 있다.

중원문화권 바깥에 있는 열대 섬 지방에서 3년에 가까운 유배생활을 무사히 마친 소동파는 예순다섯 살 때 죄가 다소 경감되어 유배지를 염주(廉州, 지금의 광서장족자치구 合浦)로 옮겼다. 철종이 세상을 떠나고 휘종이 즉위함으로써 다시 구법파가 득세했기 때문이다. 염주로 가는 도중 소동파는 뇌주에서 유배생활 중인 제자 진관(秦觀, 1049-1100)을 만났다. 그것 역시 진관과의 마지막 만남이었다.

유배지를 염주로 옮긴 뒤 얼마 안 지나서 그는 죄가 완전히 사면되어 거주의 자유를 회복했다. 그는 어디로 갈지 한동안 고심한 끝에 결국 상주로 가기로 했다. 그리고 상주에 도착한 지 한 달 남짓 지나 세상을 떠나고 말았다. 오랜 기간에 걸친 여독 때문에 병마를 물리치지 못한 것이었다. 향년 66세였다.

이듬해 윤6월 20일 그의 유언에 따라 숭산 남쪽의 여주(汝州) 겹성현(郟城縣, 지금의 하남성 平頂山市 郟縣) 조대향(釣臺鄉) 상서리(上瑞里)에 있는 소아미산(小峨眉山)에 두 번째 부인 왕윤지와 합장했다.

[부록 2] 작품 색인

【ㅇ】

【ㅈ】

[부록 3] 지명 색인

【ㄴ】

【ㅇ】

[부록 4] 사진 목록

【제3장】

【제5장】

【제7장】

Abstract

Field Studies on the Creation Sites of Su Dongpo's Literature

Liu Jong Mok

Su Dongpo(蘇東坡, 1036-1101) made very remarkable achievements in several fields such as prose, poem, song-poem, calligraphy, picture, Confucianism, cooking and civil engineering. Such a talented man who made brilliant achievements in several fields is very rare. In the genre of literature, he was a great poet who had established the poetic characteristics of the Song(宋) Dynasty, and also was one of the most famous prose writers of the Tang(唐) and Song Dynasties.

I had planned to translate his whole poems into Korean, and began to study them together with some part-time lecturers and graduate students of Seoul National University. We have been holding a seminar for two hours every week from April 8th, 1998 till now. By exchanging opinions with each other, we could understand his poems without big difficulties. But there still remained some very difficult phrases to understand, we thought the fact that we did not know the creation sites of Su Dongpo's literary works would be one of the most important reasons. We finally decided to visit the creation sites to observe the things which were described in his poems.

Chapter 1 is detailed descriptions of the first field survey which was done from August 11th to 25th, 2002. During this period, we chiefly visited Sansuci(三蘇祠) at Meishan(眉山) area, Huanyuchi(喚魚池) at Qingshen(青神) area, Dongpolou(東坡樓) at Leshan(樂山) area, Louguantai(樓觀臺) and Xianyoutai(仙遊潭) at Zhouzhi(周至) area, Xiyuting(喜雨亭), Lingxutai(淩虛臺) and Donghu(東湖) at Fengxiang(鳳翔) area to survey the remains connected with Su Dongpo's works.

Chapter 2 is detailed descriptions of the second field survey which was done from August 12th to 26th, 2004. During this period, we chiefly visited Sugongci(蘇公祠) and Wobeiting(臥碑亭) at Penglai(蓬萊) area, the site of Chaorantai(超然臺) and Changshan(常山) at Zhucheng(諸城) area, Huanglou(黃樓) and Sugongta(蘇公塔) at Xuzhou(徐州) area, Sansuyuan(三蘇園) at Jiaxian(郟縣) area, Yingzhouxihu(潁州西湖) and Yinghe(潁河) at Fuyang(阜陽) area, Dongposhuanghuai(東坡雙槐) at Dingzhou(定州) area to survey the remains connected with Su Dongpo's works.

Chapter 3 is detailed descriptions of the third field survey which was done from August 10th to 25th, 2005. During this period, we chiefly visited Wanghulou(望湖樓), Wushan(吳山), Fantiansi(梵天寺), Hupaoquan(虎跑泉), Jingcisi(淨慈寺), Sudi(蘇堤), Qiantangjiang(錢塘江) at Hangzhou(杭州) area, Fengshuidong(風水洞) and Linglongshan(玲瓏山) at Linan(臨安) area, Biyanshan(碧巖山) at Changxing(長興) area, Tiaoxi(苕溪) and Taihu(太湖) at Huzhou(湖州) area to survey the remains connected with Su Dongpo's works.

Chapter 4 is detailed descriptions of the fourth field survey which was done from August 13th to 27th, 2006. During this period, we chiefly visited Dongpochibi(東坡赤壁), Chibishan(赤壁山), Kuaizaiting(快哉亭), Dongpoanjing(東坡暗井), Anguosi(安國寺), the site of Lingaoting(臨皐亭) at Huangzhou(黃州) area, Xilinsi(西林寺), Gulianquan(谷簾泉), the site of Guizongsi(歸宗寺) and Shizhongshan(石鐘山) at Jiujiang(九江) area to survey the remains connected with Su Dongpo's works.

Chapter 5 is detailed descriptions of the fifth field survey which was done from

August 9th to 23rd, 2007. During this period, we chiefly visited the site of Chuihongqiao(垂虹橋) and Huqiu(虎丘) at Suzhou(蘇州) area, Huishan(惠山) and Huishanquan(惠山泉) at Wuxi(無錫) area, Jingxiqiao(荊溪橋), Dongpohaitang(東坡海棠), Dongposhuyuan(東坡書院) at Yixing(宜興) area, Dongpogongyuan(東坡公園) at Changzhou(常州) area, Jinshansi(金山寺), Zhonglingquan(中泠泉) and Beigushan(北固山) at Zhenjiang(鎭江) area, Shouxihu(瘦西湖), Damingsi(大明寺), Zhuxiting(竹西亭) and Shujing(蜀井) at Yangzhou(揚州) area, Wenyoutai(文游臺) at Gaoyou(高郵) area, Qinhuaihe(秦淮河) and Zhongshan(鍾山) at Nanjing(南京) area, Zuiwengting(醉翁亭) and Fengleting(豊樂亭) at Chuzhou(滁州) area to survey the remains connected with Su Dongpo's works.

Chapter 6 is detailed descriptions of the sixth field survey which was done from February 10th to 23rd, 2009. During this period, we chiefly visited Dongpoting(東坡亭), Dongpojing(東坡井) and Haijiaoting(海角亭) at Hepu(合浦) area, Sugongting(蘇公亭) and Tianningsi(天寧寺) at Leizhou(雷州) area, Sugongci(蘇公祠) at Haikou(海口) area, the site of Tongchaoge(通潮閣) at Chengmai(澄邁) area, Dongposhuyuan (東坡書院), Dongpojing(東坡井) and the site of Guanglangan(桄榔庵) at Danzhou(儋州) area, Dongpo Xiaoxue(東坡小學), Baihefeng(白鶴峰), Hejianglou(合江樓), Xihu(西湖), Gushan(孤山) at Huizhou(惠州) area, Luofushan(羅浮山) and Tangquan(湯泉) at Boluo(博羅) area, Tongtianyan(通天巖), Bajingtai(八境臺), Yugutai(鬱孤臺) at Ganzhou(贛州) area, Dayuling(大庾嶺) at Nanxiong(南雄) area, Hegongqiao(何公橋) at Yingde(英德) area, Sudongpojinianguan(蘇東坡紀念館) at Conghua(從化) area, Tanquan(貪泉), Sujiashan(蘇家山) and Liurongsi(六榕寺) at Guangzhou(廣州) area to survey the remains connected with Su Dongpo's works.

Chapter 7 is detailed descriptions of the seventh field survey which was done from August 5th to 19th, 2010. During this period, we chiefly visited Baidicheng(白帝城) and Qutangxia(瞿塘峽) at Fengjie(奉節) area, Gaotangguan(高唐觀) and Shennüfeng(神女峰) at Wushan(巫山) area, Zhaojuncun(昭君村) at Xingshan(興山) area,

Sanyoudong(三遊洞) at Yichang(宜昌) area, the site of Xirang(息壤) at Jingzhou(荊州) area, Lumenshan(鹿門山), Longzhong(隆中) and Xianshan(峴山) at Xiangyang(襄陽) area, Sansuyuan(三蘇園) at Jiaxian(郟縣) area, Tongguan(潼關) and Huashan(華山) at Weinan(渭南) area to survey the remains connected with Su Dongpo's works.

Through this field studies, I found that Su Dongpo is still alive at every places where he has ever lived. The people of these places are preserving the towers, the pavilions, the embankments, the bridges and the springs which Su Dongpo personally built or the later generations built to express their admiration for him. There still remain not only the schools where he has personally taught young people but also the memorial halls to honor him. In general, his calligraphies and pictures are exhibited, his portraits are hung, his statues are erected at these places. And there are so many schools, parks, towers, pavillions, apartments, stores and streets named after his nickname or family name.

When he was just about to breathe his last breath, he said to his sons, "Please, don't be sad for a variation." This means that he regarded his death as a variation of the way of existence. I can say that So Dongpo certainly is still alive at every places where he has ever lived in a different form from one of his lifetime.

저자 소개

류종목(柳種睦)은 서울대학교 중어중문학과를 졸업하고 동 대학원에서 문학박사 학위를 취득했으며, 대구대학교 중어중문학과 교수를 거쳐 현재 서울대학교 중어중문학과 교수로 재직 중이다. 저서 및 역서로 ≪소식사연구(蘇軾詞硏究)≫, ≪당송사사(唐宋詞史)≫, ≪여산진면목(廬山眞面目)≫, ≪논어의 문법적 이해≫, ≪송시선(宋詩選)≫, ≪한국의 학술연구 — 인문사회과학편 제2집≫, ≪범성대시선(范成大詩選)≫, ≪팔방미인 소동파≫, ≪육유시선(陸游詩選)≫, ≪소동파시선≫, ≪소동파사선(蘇東坡詞選)≫, ≪소동파사(蘇東坡詞)≫, ≪당시삼백수(唐詩三百首) 1·2≫, ≪중국고전문학정선 — 시가 1·2≫, ≪정본완역소동파시집 1·2≫, ≪중국고전문학정선 — 시경 초사≫, ≪소동파산문선≫, ≪중국고전문학정선 — 사곡(詞曲)≫ 등이 있다.